2012年度国家社会科学基金重大项目：绿色经济实现路径——中国碳金融交易机制研究(项目批准号：12&ZD059)

中国碳金融交易内在运行和管理机制研究

杜莉 等 著

CARBON

Research on the Internal Operation
and Management Mechanism of

FINANCIAL
TRANSACTION IN CHINA

中国社会科学出版社

图书在版编目(CIP)数据

中国碳金融交易内在运行和管理机制研究 / 杜莉等著. —北京：中国社会科学出版社，2021.3
ISBN 978 - 7 - 5203 - 7861 - 1

Ⅰ.①中… Ⅱ.①杜… Ⅲ.①二氧化碳—排污交易—金融交易—研究—中国 Ⅳ.①F832.5

中国版本图书馆 CIP 数据核字（2021）第 022822 号

出 版 人	赵剑英
责任编辑	马　明
责任校对	任晓晓
责任印制	王　超

出　　版	中国社会科学出版社
社　　址	北京鼓楼西大街甲 158 号
邮　　编	100720
网　　址	http://www.csspw.cn
发 行 部	010 - 84083685
门 市 部	010 - 84029450
经　　销	新华书店及其他书店
印　　刷	北京明恒达印务有限公司
装　　订	廊坊市广阳区广增装订厂
版　　次	2021 年 3 月第 1 版
印　　次	2021 年 3 月第 1 次印刷
开　　本	710×1000　1/16
印　　张	23.25
插　　页	2
字　　数	335 千字
定　　价	119.00 元

凡购买中国社会科学出版社图书，如有质量问题请与本社营销中心联系调换
电话：010 - 84083683
版权所有　侵权必究

前　言

《中国碳金融交易内在运行和管理机制研究》一书，是依托我主持完成的2012年度国家社会科学基金重大项目"绿色经济实现路径——中国碳金融交易机制研究"（项目批准号：12&ZD059）的研究报告，经修改完善而成。

全书内容共由五篇组成。

第一篇——碳金融交易市场参与主体和交易客体及其影响因素分析。本篇共含4章内容：第一章中国碳金融交易市场参与主体的构成分析；第二章中国碳金融市场交易客体的构成分析；第三章碳金融市场参与主体和交易客体的影响因素分析；第四章发展和完善中国碳金融市场主体与客体的政策建议。

第二篇——中国碳金融交易市场的供求机制。本篇共含2章内容：第五章中国碳金融交易产品：供给机制的选择与确定；第六章中国碳金融交易的需求机制研究。

第三篇——中国碳金融交易价格机制研究。本篇共含4章内容：第七章碳金融交易价格形成机制研究；第八章中国碳金融交易价格运行机制研究；第九章中国碳金融交易价格管理机制研究；第十章研究结论与政策建议。

第四篇——中国碳金融交易风险及其防控。本篇共含4章内容：第十一章国内外碳金融交易的发展及风险管控；第十二章中国碳金融交易风险的实证分析；第十三章中国碳金融交易市场的风险度量；第十四章中国碳金融交易市场风险管控的对策建议。

第五篇——中国碳金融交易的效率及溢出效应。本篇共含 2 章内容：第十五章碳金融交易体系效率研究；第十六章碳金融交易体系溢出效应研究。

项目实施期间，项目研究团队在《中国社会科学》、《管理世界》、《经济研究》、*Energy Policy* 等国内外有较大影响的学术期刊共发表学术论文 120 余篇，多项研究成果获省部级一等、二等奖励。

本书的研究成果是在吉林大学杜莉教授、王倩教授、朴英爱教授，厦门大学林伯强教授和武汉大学齐绍洲教授共同协作和努力下完成的，研究成果不仅包含了各位教授作为子课题负责人的直接贡献，还包括各子课题研究团队成员程炜博、张云、孙兆东、武俊松、王扬雷、李锴、张益纲、田彪、马遥遥等人的辛勤付出和贡献。作为项目首席专家，我负责完成了本项目的最终研究报告，并在此基础上修改完善形成了本书文稿。

本书虽然取得了较高水平的研究成果，但是，由于研究者水平有限，难免存在错误、疏漏和不足，因此，欢迎各界朋友和同仁予以批评指正。

杜　莉
2020 年 5 月 18 日

目　　录

第 一 篇
碳金融交易市场参与主体和交易客体及其影响因素分析

第一章　中国碳金融交易市场参与主体的构成分析 ……………（3）
  第一节　中国碳金融交易市场组织管理机构 ……………（3）
  第二节　中国碳金融市场监管机构 ………………………（6）
  第三节　中国碳金融市场中介服务机构 …………………（15）
  第四节　市场交易者 ………………………………………（32）

第二章　中国碳金融市场交易客体的构成分析 ……………（37）
  第一节　中国初级阶段碳金融市场交易客体的构成 ……（37）
  第二节　中国碳金融市场交易客体的进一步发展和创新 ………（43）

第三章　碳金融市场参与主体和交易客体的影响因素分析 ………（46）
  第一节　影响碳金融市场发展的政策因素 ………………（46）
  第二节　影响碳金融市场发展的法律制度因素 …………（48）
  第三节　影响碳金融市场发展的风险因素 ………………（51）
  第四节　影响碳金融市场发展的技术支持因素 …………（53）
  第五节　影响碳金融市场发展的流动性因素 ……………（54）
  第六节　影响碳金融市场发展的投资收益因素 …………（70）

第四章　发展和完善中国碳金融市场主体与客体的政策建议 ……（76）
　第一节　完善中国碳金融市场法律法规体系 ………………………（76）
　第二节　增强中国碳金融市场的流动性 ……………………………（77）
　第三节　培养中国碳金融市场的专业人才队伍 ……………………（78）
　第四节　提高中国碳金融市场参与主体的职能水平 ………………（79）
　第五节　丰富中国碳金融市场交易客体的种类和交易模式 ………（81）

第二篇
中国碳金融交易市场的供求机制

第五章　中国碳金融交易产品：供给机制的选择与确定 ………（85）
　第一节　中国碳金融基础产品的选择和确定 ………………………（85）
　第二节　中国碳金融衍生品的选择和发展 …………………………（102）

第六章　中国碳金融交易的需求机制研究 ………………………（127）
　第一节　发达国家碳金融交易的形成及需求测算 …………………（127）
　第二节　中国碳金融交易的需求测算 ………………………………（133）
　第三节　基于碳需求量的中国碳交易市场设计 ……………………（144）

第三篇
中国碳金融交易价格机制研究

第七章　碳金融交易价格形成机制研究 …………………………（151）
　第一节　国外碳金融交易价格形成机制研究 ………………………（151）
　第二节　中国碳金融交易价格形成机制研究 ………………………（163）

第八章　中国碳金融交易价格运行机制研究 ……………………（185）
　第一节　国外碳金融交易价格运行机制研究 ………………………（185）
　第二节　中国碳金融交易价格影响因素 ……………………………（195）

第九章　中国碳金融交易价格管理机制研究……………………(207)

第一节　碳金融交易价格管理的必要性………………………(207)

第二节　碳金融交易价格管理方式……………………………(208)

第三节　价格管理的阶段性特征………………………………(217)

第四节　中国碳金融交易价格管理机制设计…………………(220)

第十章　研究结论与政策建议……………………………………(222)

第一节　研究结论………………………………………………(222)

第二节　政策建议………………………………………………(225)

第四篇
中国碳金融交易风险及其防控

第十一章　国内外碳金融交易的发展及风险管控……………(233)

第一节　国际碳交易市场发展现状……………………………(233)

第二节　中国碳交易市场发展状况……………………………(242)

第三节　碳金融市场的主要风险结构…………………………(247)

第四节　碳交易市场风险管控现状——以欧盟为例…………(250)

第十二章　中国碳金融交易风险的实证分析…………………(258)

第一节　中国碳金融产品价格特征分析………………………(258)

第二节　风险成因分析…………………………………………(261)

第三节　巴塞尔协议框架下的碳金融市场风险管控分析……(266)

第十三章　中国碳金融交易市场的风险度量…………………(274)

第一节　VaR 与 CVaR 风险度量模型…………………………(274)

第二节　CVaR 和 VaR 进一步比较……………………………(280)

第三节　不同计算方法间的比较………………………………(282)

第四节　基于实证的中国区域碳金融交易市场 VaR 与
　　　　CVaR 值比较…………………………………………(287)

　　第五节　CVaR 方法在中国碳交易市场风险度量应用中存在的问题 …………………………………………… (289)

第十四章　中国碳金融交易市场风险管控的对策建议 ……… (291)
　　第一节　完善法律框架、加强政策指导，建立规范的碳交易市场体系 ……………………………… (291)
　　第二节　运用技术手段、建立严格的碳金融风险防控体系 ………………………………………… (294)
　　第三节　循序渐进地构建中国统一的碳金融交易市场 …… (297)
　　第四节　对中国统一碳金融交易市场建设中风险管控的措施建议 ……………………………………… (300)

第五篇
中国碳金融交易的效率及溢出效应

第十五章　碳金融交易体系效率研究 ……………………………… (305)
　　第一节　碳金融交易体系效率评价 ……………………… (305)
　　第二节　碳金融交易体系效率影响因子分析 ……………… (320)
　　第三节　提升碳金融交易体系效率的政策建议 …………… (325)

第十六章　碳金融交易体系溢出效应研究 …………………… (328)
　　第一节　碳金融交易体系溢出效应的表现形式 …………… (328)
　　第二节　碳金融交易体系溢出效应的模型均衡分析 ……… (331)
　　第三节　合理利用碳金融交易体系溢出效应的政策建议 ……… (336)

附　录 ……………………………………………………………… (340)

参考文献 …………………………………………………………… (342)

第一篇

碳金融交易市场参与主体和交易客体
及其影响因素分析

第一章　中国碳金融交易市场参与主体的构成分析

第一节　中国碳金融交易市场组织管理机构

一　国家发展和改革委员会

2007年6月，由国务院牵头，组织成立了专门应对气候变化问题的领导小组。领导小组最新领导成员，包括：组长国务院总理李克强，副组长为国务院副总理张高丽和国务委员杨洁篪，组员为相关的各大部委负责人，日常工作由国家发展和改革委员会进行管理。①

由于中国为发展中国家，不受《京都议定书》框架项下的强制减排约束，中国参与国际碳金融市场交易的主要途径是在清洁发展机制的相关要求下开发CDM（Collaborative Desision Making）项目，因此，中国成为世界上成功注册CDM项目最多的国家，是核证碳排放量的最大输出国家，同时，中国已在7个试点城市尝试构建区域性碳金融市场，为下一阶段构建全国性碳金融市场积累了经验，奠定了基础。为确保清洁发展机制下的CDM项目开发有序进行，并保证中国新设立的区域性碳金融交易市场稳定发展，中国设立了专门的组织管理机构——国家发展和改革委员会。

二　中国清洁发展机制项目管理中心

中国清洁发展机制项目管理中心是由国家发展和改革委员会成立的

---

① 中国清洁发展机制网（http://cdm.ccchina.gov.cn）。

专项负责中国清洁发展机制项目的管理机构。在业务上，由国家发展和改革委员会气候司进行指导；在行政上，由国家发展和改革委员会能源研究所进行归口管理。

该中心的职责主要包括：一是以组织专家评审会的形式对上报的清洁发展机制项目进行审核，并出具评审意见；二是负责建设清洁发展机制项目的信息系统，登记和记录有关清洁发展机制项目以及核证减排量的相关信息，保证信息系统正常运行以及相关信息的完备性和准确性；三是负责跟踪和监测清洁发展机制项目的建设和运行情况；四是提供与清洁发展机制项目相关的技术和信息咨询服务。

三　中国清洁发展机制基金管理中心

为促进中国CDM项目的快速发展，保障和维护中国CDM项目交易市场的可持续健康发展，拓宽CDM项目开发企业的融资渠道，增强CDM项目开发企业的资金实力，于2006年8月，由国务院批准成立了中国清洁发展机制基金，并设立了基金管理机构——中国清洁发展机制基金管理中心。

该基金管理中心由财政部统一管理，专门负责中国清洁发展机制基金的筹集和使用等日常管理工作。该基金管理中心下设5个业务部门，分别包括：办公室（人事部）、财务与风险管理部、收入管理部、研究发展部、项目开发部。具体如图1.1所示：

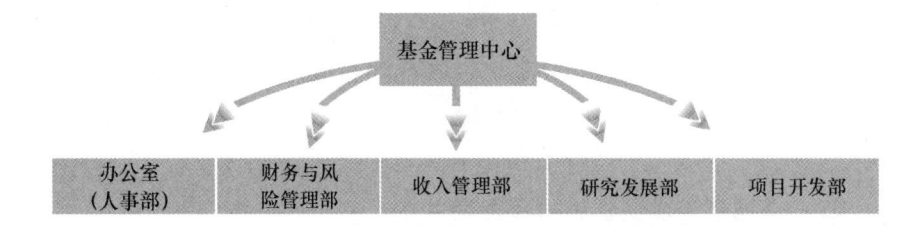

图1.1　中国清洁发展机制基金管理中心组织结构图

资料来源：中国清洁发展机制基金网（http：//www.cdmfund.org）。

四　中国碳金融市场组织管理机构职责履行情况的评价

国家发展和改革委员会作为中国关于应对气候变化、节能减排以及清洁发展机制项下 CDM 项目的日常组织管理机构，其职责包括：协助制定中国关于应对气候变化的战略决策和方针政策、贯彻落实国务院制定的有关节能减排工作的方针政策、协调和帮助解决节能减排工作中遇到的问题和困难、制定关于碳排放权交易等政策法规以及审批和监管清洁发展机制项下 CDM 项目等。

该机构自成立以来，已先后制定了包括《清洁发展机制项目运行管理暂行办法》（2004 年 6 月 30 日实施）、《清洁发展机制项目运行管理办法》（2005 年 10 月 12 日实施）、《清洁发展机制项目运行管理办法》（修订版本，2011 年 8 月 3 日实施）、《温室气体自愿减排交易管理暂行办法》（2012 年 6 月 13 日实施）、与财政部联合制定了《中国清洁发展机制基金有偿使用管理办法》和《中国清洁发展机制基金捐赠项目管理办法》（2012 年 10 月 30 日实施）、《碳排放权交易管理暂行办法》（2015 年 1 月 10 日实施）等管理办法，进一步完善了中国清洁发展机制项目和碳排放权交易的组织管理体系，加强了中国政府对于碳金融市场交易的监督和管理。[1] 尤其是《碳排放权交易管理暂行办法》的颁布和实施，进一步明确了中国碳排放权交易体系中，各级组织管理机构的职责、交易主体的权利和义务、碳配额的分配和管理以及清晰的惩罚措施等，有力地推动了中国统一碳金融交易市场的建立和发展。

中国清洁发展机制项目管理中心作为国家发展和改革委员会的直属机构，专门针对中国清洁发展机制项目进行监督和管理。该机构自成立以来，有力地推动了中国清洁发展机制项目的快速发展，中国获得核证减排量签发的 CDM 项目数量不断增加，规模不断扩大。截至 2014 年 12 月 16 日，中国已经获得核证减排量签发的 CDM 项目达到了 1428 个。[2]

---

[1] 中国国家发展和改革委员会网站（http://www.ndrc.gov.cn）。
[2] 中国清洁发展机制网（http://cdm.ccchina.gov.cn）。

中国清洁发展机制基金管理中心作为中国清洁发展机制基金的组织管理机构，严格按照《清洁发展机制项目运行管理办法》（修订）和《中国清洁发展机制基金管理办法》等相关管理办法的要求，充分发挥其管理职能，积极支持与应对气候变化和节能减排的学术和政策研究，大力发展对于清洁发展机制项目的研发和评审，为清洁发展机制项目提供有力的资金支持等。例如：中国清洁发展机制基金管理中心以委托贷款的形式支持全国各地方的清洁发展机制项目的开发和建设，并取得了较好的碳减排效果。截至目前，已经为9个可再生能源项目提供资金支持，预计碳减排量将达到134.62万吨二氧化碳当量/年；为12个节能和提高效能项目提供资金支持，预计碳减排量将达到130.71万吨二氧化碳当量/年；为10个新能源装备和材料制造项目提供资金支持，预计碳减排量将达到892.53万吨二氧化碳当量/年。[①]

第二节　中国碳金融市场监管机构

一　区域碳交易所

（一）北京环境交易所

该交易所成立于2008年8月5日，是由北京市人民政府批准成立的集碳排放权交易、排污权交易、节能量交易、低碳转型服务、国际项目运营以及促进会员与机构合作等各类服务功能为一体的综合型交易平台。

北京环境交易所的股东包括：北京产权交易所有限公司、中海油新能源投资有限责任公司、中国国电集团公司、中国光大投资管理公司、中国石化集团资产经营管理有限公司、中国节能环保集团公司和鞍钢集团公司等。[②] 交易所在运营管理过程中实行会员管理制，并根据会员的

[①] 中国清洁发展机制基金网（http://www.cdmfund.org）。
[②] 杨永杰、王力琼、邓家姝：《碳市场研究》，西南交通大学出版社2011年版，第175页。

功能与作用,将会员分为四种类型:战略会员、经纪会员、服务会员和买方会员。截至2014年2月19日,已经成功引入战略会员41家,经纪会员13家,服务会员17家和买方会员5家,合计会员76家。①

北京环境交易所于2013年11月22日正式颁布实施了《北京环境交易所碳排放权交易规则(试行)》。在该交易规则中,一是制定了交易总则;二是明确了交易市场的要素:包括交易场所、交易参与人、交易品种与形式、交易时间;三是详细阐述了公开交易的相关规定:包括一般规定、申报和报价的交易模式、竞价与成交、交易监督、交易异常情况处理等内容;四是详细阐述了协议转让的相关规定:包括转让申请、交易签约、结算等内容;五是规定了包括交易信息、交易纠纷、交易费用以及附则等内容。同时,北京环境交易所针对交易参与人制定了《北京环境交易所碳排放权交易参与人管理办法》,有效地规范了碳排放权参与人的交易行为,促进了北京市碳排放权交易的公平、公正和公开,维护了北京市碳排放权交易市场秩序的稳定。

该交易所为完善其组织架构,满足其提供综合性服务功能的实际需求,成立了以下部门,具体包括:碳交易中心、排污权交易中心、节能量交易中心、低碳转型服务中心、国际项目办公室、会员与机构合作部、研究发展部、风险控制部、财务结算部、综合管理部以及北京绿色金融协会办公室等。② 其中,北京环境交易所碳交易中心通过建立比较完善的碳交易系统,制定完备的交易规则以及简便高效的审批流程,为碳金融市场中的买卖双方搭建了一个公开、高效的交易平台,规范了碳金融市场的交易行为,促进了碳金融市场的交易活跃度,提高了碳金融市场的交易效率。

从2009年6月18日至2012年9月12日,在北京环境交易所碳交易中心挂牌的CDM项目达到91个,从2009年7月20日至2013年8月21日,在北京环境交易所碳交易中心挂牌的VER项目达到57个。同

---

① 北京环境交易所网站(http://www.cbeex.com.cn)。
② 同上。

时，国内第一单自愿碳中和交易在北京环境交易所产生，是由天平汽车保险股份有限公司购买在北京奥运会期间产生的 8026 吨碳减排指标产生的。[①]

北京环境交易所碳交易中心 CDM 项目的交易流程，一是 CDM 项目开发企业进行挂牌申请，包括提供《转让申请书》、《服务委托合同》、自身的营业执照和组织机构代码证等资质文件、自身的有效决议、CDM 项目的立项和环评批复、项目概况以及资本金到位情况等；二是对 CDM 项目开发企业提交的资料以及文件进行审查，对于审查通过的 CDM 项目开发企业出具《转让受理通知书》；三是对挂牌申请的 CDM 项目通过北京环境交易所网站等媒体进行公开信息披露；四是在 CDM 项目挂牌期间，若有购买意向的企业、投资机构或个人可以向北京环境交易所提交申请，附带《受让申请书》和自身的资质证明文件等；五是北京环境交易所将按照 CDM 项目开发企业的要求，对所有提交受让申请的购买企业进行审核，并出具《受理通知书》和《不受理通知书》；六是当 CDM 项目挂牌时间到期后，若只有一个购买企业符合 CDM 项目开发企业的要求，买卖双方可直接进行洽谈，确定合作；若出现两个以上购买企业符合 CDM 项目开发企业的要求，则需要通过拍卖、招投标、网络竞价或北京环境交易所指定的方式进行确定受让方；七是 CDM 项目开发企业与购买企业签订《购买碳排放量协议》。

2013 年 11 月 28 日，北京市作为 7 家碳排放权交易试点城市之一正式对外开展碳交易活动。北京环境交易所为提高北京市碳排放权交易的效率，建立了北京市碳排放权电子交易平台，也是北京市碳交易市场中唯一的官方指定电子交易平台。该平台的交易模式分为线上交易和线下交易。其中，线上交易又分为整笔交易和部分交易，整笔交易是指碳排放权的卖方准备在北京市碳排放权电子交易平台出售的碳排放权量只能整体买卖，并且只有唯一买家，而部分交易是指碳排放权的卖方准备在北京市碳排放权电子交易平台出售的碳排放权量可以进行部分交易，买

[①] 北京环境交易所网站（http://www.cbeex.com.cn）。

方并不唯一，线上交易的最大优势是体现了碳排放权交易价格的发现功能，能够为买卖双方寻找最佳的交易价格；线下交易是指由碳排放权买卖双方进行协议转让，买卖双方商定后，可即刻成交，该模式具有较强的时效性。该平台的建立，极大地促进了北京市碳排放权交易的快速发展，为中国下一步建立全国性碳交易市场积累了经验，奠定了基础。

截至 2014 年 3 月 12 日，北京市碳排放权电子交易平台碳交易成交量累计达到 69017 吨，成交额累计 3520667 元人民币。[①] 每天的成交均价均在 50 元/吨以上，交易价格比较稳定，并有持续走高的趋势，尤其是 2014 年年初以来，流动性持续增强。具体如图 1.2 所示：

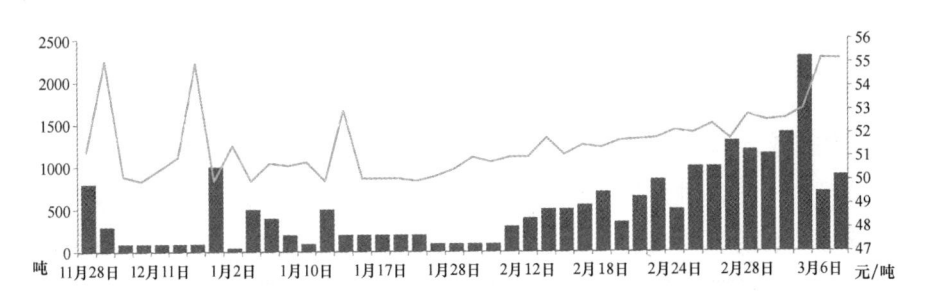

图 1.2 2013 年 11 月 28 日至 2014 年 3 月 7 日北京碳市场行情图
资料来源：北京市碳排放权电子交易平台网站（http://www.bjets.com.cn）。

（二）上海环境能源交易所

该交易所成立于 2008 年 8 月 5 日，是上海市人民政府批准设立的服务全国、面向世界的国际化综合性的环境能源权益交易市场平台，是集环境能源领域的物权、债权、股权、知识产权等权益交易服务于一体的专业化权益性资本市场服务平台。[②] 其运营管理过程中实行会员制，会员种类多样，包括资产管理公司、节能科技公司、资讯公司、杂志、律师事务所等。截至 2014 年 3 月，上海环境能源交易所的会员单位已

---

① 北京市碳排放权电子交易平台网站（http://www.bjets.com.cn）。
② 杨永杰、王力琼、邓家姝：《碳市场研究》，西南交通大学出版社 2011 年版，第 192—193 页。

经达到29个。

上海环境能源交易所将会员分为两种，一种是自营类会员，另一种是综合类会员，其中，纳入上海市碳配额管理的企业将自动成为自营类会员，而其他的投资企业则需要向上海环境能源交易所申请会员资格，并需要经过上海环境能源交易所审核批准后，方可正式成为会员。自营类会员可以开展自营业务，综合类会员既可以开展自营业务，也可以开展代理业务。上海环境能源交易所为了保障和维护上海碳配额交易市场的安全和稳定，制定了严格的会员准入制度。其中，对于综合类会员的准入要求要高于自营类会员。同时，不具备上海环境能源交易所的会员准入要求的企业或个人，可以委托综合类会员进行碳配额交易。

上海环境能源交易所于2013年12月2日正式颁布实施了《上海环境能源交易所碳排放交易规则》。在规则中，一是制定了总则；二是详细阐述了交易市场的要素：包括交易地点、交易品种、交易时间、交易方式等；三是针对会员制定了相应的管理措施；四是详细阐述了碳排放权配额买卖的相关内容；五是规定了风险管理、清算交割、异常交易情况处理、交易信息、监督管理、交易费用、争议处理以及附则等内容。

2013年11月26日，上海市正式对外开展碳交易活动。截至2014年3月7日，上海环境能源交易所的碳配额成交量累计达到129222吨，成交额累计4644365元人民币[①]。2013年度上海碳交易市场的成交情况，具体如图1.3所示。

从上海市2013年度的碳交易市场成交情况图来看，上海环境能源交易所的交易品种包括三类：SHEA13、SHEA14和SHEA15。分别表示2013年的碳配额、2014年的碳配额和2015年的碳配额。在上海环境能源交易所的开市当天，SHEA13、SHEA14和SHEA15均有交易，SHEA13的成交均价为27元/吨、SHEA14的成交均价为26元/吨和SHEA15的成交均价为25元/吨。从开市第二天开始，即只有SHEA13有交易发生。每天的成交均价在28元/吨至30.5元/吨之间波动，成交

---

① 上海环境能源交易所网站（http://www.cneeex.com）。

均价比较稳定。

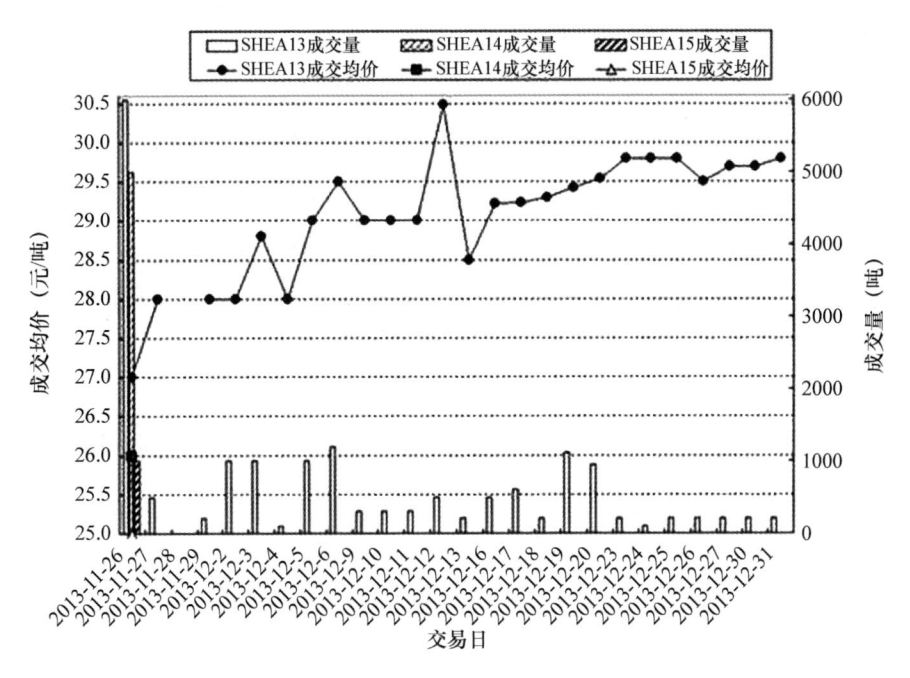

图 1.3　2013 年 11 月 26 日至 12 月 31 日上海市碳交易市场成交情况图
资料来源：上海环境能源交易所网站（http://www.cneeex.com）。

截至 2014 年 3 月 7 日，除了首日 SHEA14 和 SHEA15 有交易外，一直只有 SHEA13 有交易发生，而 SHEA14 和 SHEA15 均无交易发生。从此也可以判断出，纳入到碳配额管理的企业经过对自身碳配额的实际需求量进行预测和判断后，对于 2013 年的碳配额需求量较大，但对于 2014 年和 2015 年的碳配额还处于观望和等待状态。

上海环境能源交易所的组织、管理和决策架构比较完善，最高权力机构为股东大会，下设董事会和监事会，并由董事会任命总经理 1 名，副总经理 3 名。

（三）天津排放权交易所

该交易所于 2008 年 9 月 25 日成立，是按照《国务院关于天津滨海新区综合配套改革试验总体方案的批复》中的相关要求成立的中国首家综合性环境权益交易机构,是一个利用市场化手段和金融创新方式促进节能减排的国家化交易平台。①

天津排放权交易所的股东包括:中油资产管理有限公司、天津产权交易中心和芝加哥气候交易所。其中,中油资产管理有限公司是中国石油天然气集团公司的全资子公司,注册资本金达到50.2亿元人民币;天津产权交易中心是于1994年4月,经过天津市人民政府批准组建的;芝加哥气候交易所是2003年正式运营的全球化的碳排放权交易平台。②交易所针对自身经营的碳交易业务、合同能源管理业务、清洁发展机制项目业务等业务板块,构建了比较完善的组织管理体系,最高权力机构为股东大会,下设董事会和监事会,并由董事会任命1名总经理,3名副总经理,同时,下设9个职能部门,具体包括:综合管理部、研究规划部、交易运营部、核证与交割部、市场开发部、项目开发部、财务结算部、信息技术部、北京联络处。③

天津排放权交易所在运营管理过程中也是采取会员制,并于2014年1月3日,颁布实施了《天津排放权交易所会员管理办法(试行)》。在该办法中,一是明确了会员的种类以及对应的准入要求,具体包括:交易会员和服务提供商会员,其中,交易会员又分为经纪类交易会员、综合类交易会员和试点企业会员3种,经纪类交易会员只能开展碳排放权益的代理业务,综合类交易会员既可以开展碳排放权益的代理业务,也可以开展碳排放权益的自营业务,试点企业会员是指被天津市纳入碳配额管理的企业;二是明确了会员的权利和义务;三是制定了日常管理、监督检查以及纪律处分等相关规定。截至2014年3月14日,天津排放权交易所合计已经吸纳48家会员单位。④

天津排放权交易所于2013年12月25日,正式颁布实施了《天津

---

① 杨永杰、王力琼、邓家姝:《碳市场研究》,西南交通大学出版社2011年版,第197页。
② 同上书,第198页。
③ 天津排放权交易所网站(http://www.chinatcx.com.cn)。
④ 同上。

排放权交易所碳排放权交易规则（试行）》。在该规则中，一是制定了总则，明确了该规则的意义和目的；二是将交易模式分为三类，包括：网络现货交易、协议交易和拍卖交易，同时，明确了网络现货交易过程中的交易标的、交易时间、交易主体、交易程序和申报流程等内容，明确了协议交易和拍卖交易的交易程序等内容；三是制定了结算与交收制度；四是制定了风险管理、监管机制、信息披露以及违规处理等内容。

2013年12月26日，天津市正式启动碳排放权交易。截至2014年2月11日，天津排放权交易所的碳排放权成交量累计达到77560吨，累计成交额达到2124059.6元。①

二　第三方核查和认证机构

在中国碳金融市场中，交易规模最大，交易活动最活跃，市场服务体系相对比较完善的就是清洁发展机制项目交易市场。因此，清洁发展机制项目的第三方核查和认证机构是中国碳金融市场中重要的监管机构之一，也是重要的参与主体之一。

全球对于清洁发展机制项目的第三方核查和认证机构总共有63个，中国清洁发展机制项目的第三方核查和认证机构合计为19个。具体包括：Japan Quality Assurance Organization（JQA）、JACO CDM., LTD（JACO）、Det Norske Veritas Certification AS（DNV Certification AS）、TÜV SÜD Industrie Service GmbH（TÜV-SÜD）、TÜV SÜD Industrie Service GmbH（TÜV-SÜD）、Tohmatsu Evaluation and Certification Organization Co., Ltd.（TECO）、Japan Consulting Institute（JCI）、Bureau Veritas Quality International Holding S. A.（BVQI Holding S. A.）、Societe Generale de Surveillance UK Ltd.（SGS）、The Korea Energy Management Corporation（KEMCO）、TÜV Rheinland Japan Ltd.（TÜV Rheinland）、KPMG Sustainability B. V.（KPMG）、British Standards Institution（BSI）、Spanish Association for Standardisation and Certification（AENOR）、TüV NORD CERT GmbH（RW-

---

① 天津排放权交易所网站（http://www.chinatcx.com.cn）。

TUV)、Lloyd's Register Quality Assurance Ltd（LRQ）、Colombian Institute for Technical Standards and Certification（ICONTEC）、Korean Foundation for Quality（KFQ）、PricewaterhouseCoopers-South Africa（PwC）。[①]

三 中国碳金融市场监管机构职责履行情况的评价

中国碳金融市场监管机构主要包括各区域碳交易所和第三方核证机构，主要负责监督和管理中国碳金融市场的运行，维护碳金融交易的安全、公平和高效。

中国各区域碳交易所作为中国主要的碳金融市场监管机构，能够充分履行其监管职责，发挥其交易平台的作用。一方面，作为碳金融交易平台，为碳金融交易双方提供交易场所、信息咨询和技术支持等综合系列服务；另一方面，制定了一系列碳金融交易所需的制度和规则，积极探索新的碳金融交易模式，不断完善中国碳金融交易的服务体系，为建立中国统一的碳金融交易市场积累了丰富的市场管理经验，奠定了坚实的基础。但由于各区域碳交易所分布于7个试点省份（或城市），各自制定自身的交易制度和规则，监管措施和手段也是不尽相同，所发挥的市场功效有局限性，有待于建立中国统一的碳金融交易平台，从而充分发挥其监管职能和市场功效。

中国的第三方核证机构主要是负责对清洁发展机制项目的核证减排量进行核查和认证，主要是由CDM执行理事会指定的经营实体构成的，但以国外的第三方核证机构为主，国内的第三方核证机构较少。例如：在中国负责核证清洁发展机制项目的18家第三方核证机构中，只有3家是中国国内的机构。由于第三方核证机构的工作效率，决定了清洁发展机制项目的审批速率，因此，建议应该快速增加中国自身的第三方核证机构数量，减少审批的环节和时间，从而能够有效提高其工作效率，加快清洁发展机制项目的审批，降低项目开发商的建设开发成本，促进中国清洁发展机制项目的快速发展。

---

① 中国清洁发展机制网（http://cdm.ccchina.gov.cn）。

第三节　中国碳金融市场中介服务机构

一　商业银行

(一) 中国商业银行碳金融业务的发展现状

中国的商业银行可分为四类，具体包括：一是由政策性银行转制而建立的商业银行，如国家开发银行；二是全国性股份制商业银行，包括中国银行、农业银行、工商银行、建设银行、交通银行、中信银行、招商银行、浦发银行、民生银行、兴业银行、光大银行、华夏银行、中国邮政储蓄银行等；三是城市和农村商业银行；四是村镇银行。

由于中国开展碳金融交易活动较晚，尚未构建统一和完善的碳金融市场体系，正处于探索过程中，而且中国商业银行受到自身追求利润最大化与履行社会责任之间矛盾的制约，因此，中国商业银行在碳金融市场中参与还不够深入，提供的金融服务还不够丰富。目前，中国商业银行在碳金融市场中比较活跃的是国家开发银行和全国性股份制商业银行。其中，碳金融业务规模较大、市场运营管理经验比较丰富的是兴业银行和浦发银行。

兴业银行作为全国股份制商业银行，自建行以来，始终坚持可持续发展理念，将自身的经营发展与履行社会责任相统一，不断丰富和创新自身碳金融业务的服务手段，扩大自身碳金融业务规模，是中国第一家和唯一自愿执行"赤道原则"的商业银行，在中国金融界起到了较好的示范作用，为其他各商业银行开展碳金融业务积累了经验，明确了方向，开拓了发展之路。兴业银行在碳金融业务方面，经过多年的积累和创新，管理服务体系日趋完善，在国内碳金融市场上竞争力日趋增强，碳金融业务带来的节能减排效果日趋显著。兴业银行的碳金融业务主要包括三个方面：一是关于节能减排项目的碳金融服务；二是关于排污权的碳金融服务；三是关于个人业务的碳金融服务。[①] 截至 2013 年年末，

---

① 程炜博：《银行碳金融业务模式》，《中国金融》2014 年第 4 期。

兴业银行碳金融业务累计投放金额 3413.14 亿元，其中信贷资金达到 2097.05 亿元，非信贷资金达到 1316.09 亿元。①

浦发银行作为全国性股份制商业银行，积极贯彻落实国家绿色信贷政策，从 2006 年开始，即不断加快信贷结构调整，不断加大对绿色信贷业务的支持力度，自身通过不断摸索，以客户为中心，以市场为导向，建立创新出拥有五大板块和十大产品的碳金融服务体系。截至 2013 年 12 月 31 日，浦发银行累计实现绿色信贷发放超过 3000 亿元，信贷余额达到 1521 亿元。② 浦发银行是国内首家同时与国际金融公司（IFC）、法国开发署（AFD）以及亚洲开发银行三家国际金融机构开展绿色信贷合作的商业银行。浦发银行于 2009 年率先在同业内发放首单碳资产抵押贷款，于 2012 年，成为国内首家与碳排放交易所合作的核证减排量离岸托管银行。③ 2013 年 5 月，浦发银行太原分行为山西恒宇电源节能技术服务有限公司发放了 3 年期的合同能源保理贷款，实现了浦发银行该业务品种的零突破。④

（二）中国商业银行碳金融业务的服务模式

第一，传统信贷服务模式。传统信贷服务模式主要包括抵押担保模式和供应链模式。

抵押担保模式是指节能减排企业根据自身资金的实际需求，向商业银行申请短期流动性贷款，期限为 1 年至 3 年，保证方式为提供有效的抵押物或由有资质的第三方企业提供有效担保，或由有资质的担保公司提供有效担保。在该模式下，商业银行对于节能减排企业的资质是有严格要求和准入标准的。一方面，节能减排企业需要有一定规模的总资产，生产制造型企业资产负债率需在 50% 以下，流通型企业资产负债率需在 70% 以下，具有较高的营运能力、盈利能力和管理能力，同时，在自身所处行业中要有一定的经营管理经验，运营时间需在 2 年以上；

---

① 李仁杰：《市场化与绿色金融发展》，《中国金融》2014 年第 4 期。
② 《浦发银行 2013 企业社会责任报告》，第 65 页。
③ 浦发银行官方网站（http://www.spdb.com.cn）。
④ 《浦发银行 2013 企业社会责任报告》，第 66 页。

另一方面，在具备以上条件的同时，必须具备以下条件其中之一：一是节能减排企业拥有产权有效、权属清晰的可抵押固定资产，具体包括：以出让方式获得的土地、已经获得产权证和土地证的厂房和办公楼、使用年限未到期的设备等；二是节能减排企业有符合商业银行信贷要求的第三方担保企业提供有效担保；三是节能减排企业有商业银行认可的担保公司提供有效担保。由此可见，该模式对节能减排企业的制约因素较多。一方面，企业需有较高的经营管理水平和较强的盈利能力；另一方面，企业财务成本也较高，因为不仅需要支付正常的商业银行贷款利息费用，而且需要支付担保费用，中国商业银行的贷款利息一般为同期贷款基准利率上浮30%左右，担保费用一般为贷款金额的2%左右，因此，若节能减排企业采取由第三方担保企业或担保公司提供有效担保的融资模式，则所需支付的财务成本将达到10%左右，甚至更高，有些资金实力较弱、规模较小的企业很难承担。

供应链模式是指节能减排企业根据自身的实际需求，向商业银行提交贷款申请，期限一般较短，6个月或1年，保证方式采取的是用节能减排企业与其他实力较强的企业之间形成的有效的应收账款进行质押。在该模式下，一方面，商业银行对于与节能减排企业形成应收账款的企业具有比较严格的信贷要求，包括：该企业应具有较大的资产规模，较强的运营管理能力和盈利能力，较强的现金流和支付能力，较好的社会信用记录等；另一方面，商业银行对于应收账款本身有以下要求：一是时间最长不超过一年，二是保持相对稳定的余额，三是没有形成过坏账的记录。该模式能够使得节能减排企业在不提供任何抵押担保的条件下，仅以未来的应收账款向商业银行进行质押，提前获得信贷资金的支持。一方面，降低了节能减排企业融资的准入条件，尤其是解决了那些轻资产、规模较小的企业的融资难题；另一方面，能够有效缓解节能减排企业的资金压力，及时满足其资金需求，增强其资金实力。

第二，清洁发展机制（CDM）服务模式。清洁发展机制（CDM）是《京都议定书》框架下的三大碳金融市场交易机制之一，也是中国参与国际碳金融市场交易所能参照的唯一机制。商业银行的清洁发展机制（CDM）服务模式正是基于该机制的原理，为中国 CDM 项目开发企业提供一系列的综合性碳金融服务。一是商业银行通过自身的信息渠道为 CDM 项目开发企业提供信息和技术咨询服务；二是商业银行可以为 CDM 项目开发企业提供财务顾问服务，提高其资金使用效率，降低其财务成本；三是商业银行根据 CDM 项目开发企业的实际资金需求，通过核定 CDM 项目未来产生的碳减排指标的销售收入，为 CDM 项目开发企业提供信贷资金支持。但需要审核 CDM 项目开发企业的资质和 CDM 项目的相关批复文件，包括：CDM 项目开发企业的营业执照、组织机构代码证、以往的社会信用记录、资本金到位情况，以及 CDM 项目的立项批复、环评批复、联合国注册批复等。

在该种模式下，商业银行的风险控制重点不再是 CDM 项目开发企业现在的经营和管理情况，而是更注重 CDM 项目开发企业的未来发展潜力和 CDM 项目所产生的未来收益，是一种风险评估思维模式的转变，是以未来思考现在，从而使得 CDM 项目开发企业在不提供抵押物或第三方担保的条件下，预先获得商业银行的信贷支持，有效地促进了 CDM 项目的开发建设。

第三，合同能源管理（EMC）服务模式。在合同能源管理（EMC）中，交易角色分为节能服务商和用能企业。节能服务商无偿为用能企业提供节能减排的设备和技术支持，并与用能企业之间签订节能服务合同，在合同中约定由节能减排设备和技术所产生的碳减排指标的销售收入，节能服务商与用能企业可按一定比例共同分享。

商业银行正是基于合同能源管理（EMC）的原理为节能服务商提供综合性金融服务。一方面，节能服务商可在不提供抵押担保的条件下，仅向商业银行提供节能服务合同，由商业银行核定该合同中的节能减排项目未来所获得的碳减排指标的销售收入，若符合商业银行的信贷要求，便可获得商业银行的贷款，期限一般为 3 年，保证方式为将未来所获得的碳减排指标的销售收入进行质押，并按照一定的质押率（最高可达到 80%）获得贷款；另一方面，节能服务商在购买节能减排设备的过程中，通过向商业银行提供购买节能减排设备的合同，并由商业银行审核其贸易背景真实性以及节能减排设备供应商的生产经营情况，若符合商业银行的信贷要求，便可获得商业银行的信贷资金支持，但在贷款期间需要由节能减排设备供应商提供设备回购担保。

第四，融资租赁服务模式。融资租赁服务模式是指以租赁公司为融资主体，向商业银行申请关于合同能源管理项目的节能减排设备采购的贷款，期限一般与合同能源管理项目的期限相匹配，保证方式为用租赁公司采购的设备作为抵押物，并按照一定的抵押率抵押给商业银行。同时，租赁公司获得的信贷资金必须专项用于采购节能减排设备，不得挪为他用。

该种服务模式的实质是合同能源管理项目中的节能服务商由于自身资产规模较小，基本无可抵押的固定资产，单独向商业银行申请贷款比较困难，但自身又有采购节能减排设备的实际需求，因此，通过与租赁公司合作，以租赁公司为融资主体向商业银行进行融资获得贷款，专项用于采购节能减排设备，然后，节能服务商再向租赁公司租赁其所需的节能减排设备，并向租赁公司按时支付租金。一方面，节能服务商解决了自身的融资困难，拓展了融资渠道；另一方面，租赁公司拓展了自身的业务服务范围，增加了自身的经营收入，可以说是一种双赢的合作模式。同时，在该种服务模式下，商业银行的经营风险也得到了有效控制，一方面，通过控制节能减排设备的所有权，可随时进行处理变现；另一方面，通过设计封闭的资金运行路径，如租赁公司的贷款账户和租赁公司收取租金的两个账户必须开立在为其贷款的商业银行，从而有效控制租赁公司的还款来源和现金流。

第五，非信贷服务模式。非信贷服务模式主要包括：理财、信托和信用卡三种服务模式。

理财服务模式。即是指商业银行通过开发创新理财产品，将理财产品与碳减排指标联系在一起。投资者在购买理财产品时，一方面，可以获得理财产品带来的收益；另一方面，可以获得相应吨数的碳减排指标。例如：2010年，光大银行推出的阳光理财·低碳公益理财产品（T计划2010年第十期）预期年化收益率为4%，扣除购买碳额度的金额后，投资者实际预期年化收益率为 3.93%。① 在该种服务模式下，可以有效提高支持碳减排的投资者的积极性，在理财的同时，也为中国碳减排贡献了自己的力量。

信托服务模式。即是指商业银行针对节能减排项目设计一款理财产品，向社会公开发行，用于筹集节能减排项目开发建设所需的资金，然后与信托公司合作，将筹集到的资金再以信托贷款的形式发放给节能减排项目的开发企业，及时满足开发企业的短期资金需求。例如：兴业银行联合信托公司，以某节能减排项目的开发企业的资产进行抵押，未来收入为还款来源，向本行的客户发行理财产品来筹集资金，从而为该企业发放信托贷款 5.7 亿元，期限一年。② 该服务模式为节能减排项目的开发企业拓展了融资渠道，进一步提高了开发企业资金使用的灵活度。

信用卡服务模式。即是指商业银行通过自身的设计，将信用卡的使用与碳减排指标联系在一起。即消费者在使用该种信用卡时，可以购买碳减排指标，商业银行将根据购买碳减排指标的数量，为消费者自动记录信用卡积分，消费者可以通过积分获得商业银行赠予的相应礼品或其他优惠活动。同时，商业银行与碳交易所进行合作，消费者购买碳减排指标的数量也将被记录在碳交易所，并保留对于其购买的碳减排指标的所有权。

二 保险公司

（一）中国保险行业碳金融业务的发展现状

2008 年 2 月，由国家环保总局和中国保监会联合发布了《关于环境污染责任保险工作的指导意见》。该意见从国家层面弥补了环境污染责任保险制度的空白，进一步完善了中国应对环境污染的管理体系。该意见首先明确了开展环境污染责任保险工作的重大意义。环境污染责任

---

① 中金在线网站（http://yhcs.bank.cnfol.com/100428/138，1400，7618729，00.shtml）。

② 兴业银行网站（http://www.cib.com.cn）。

保险是指以企业发生污染事故对第三方造成的损害依法应承担的赔偿责任为标的的保险。该种保险能够有效解决产生污染的企业与受害人之间的纠纷，降低企业的经营风险，及时补偿受害人的经济损失，从金融的角度促进中国环境保护管理体系的完善；其次，逐步完善了中国的环境污染责任保险制度，建立健全环境污染责任保险的风险评估机制、明确该种保险的投保主体、建立健全环境污染事故的勘察机制、损失和责任认定机制等。[1]

2009年8月5日，天平汽车保险股份有限公司向北京环境交易所购买了8026吨碳减排指标，用于抵消该保险公司从2004年至2008年年末经营过程中所产生的二氧化碳排放量，从而成为中国第一家自愿购买碳减排量，并实现"碳中和"的保险公司。[2] 2014年，平安保险公司作为国内资产规模最大的民营保险公司，继2010年提出"低碳100行动计划"后，再次提出"低碳100行动计划"。其在2010年的"低碳100行动计划"中主要提出了包括实现自身保单电子化等100项低碳行动，仅保单电子化一项低碳行动，每年节约纸张1.4亿张，从而实现碳减排量1344万吨；2014年"低碳100行动计划"中主要是提出了包括与雾霾相关的两款保险产品，即雾霾健康险和雾霾指数险。

（二）中国保险公司碳金融业务的服务模式

由于中国保险公司碳金融业务开展时间较短，国内各大保险公司还没有建立起完善的碳保险业务服务体系，以碳排放量为标的物的保险产品种类很少，正处于摸索和研发阶段。因此，中国保险公司碳金融业务的服务模式还比较单一，整体上可分为两类：一是直接参与碳金融业务的服务模式，包括保险公司研发关于低碳环保的保险品种、建立低碳的运营管理体系以及主动成为碳金融市场的交易者等服务模式；二是间接参与碳金融业务的服务模式，即保险公司利用自身雄厚的资本实力，参

---

[1] 中华人民共和国环境保护部官方网站（http://www.zhb.gov.cn/gkml/zj/wj/200910/t20091022_172498.htm）。

[2] 郭福春：《中国发展低碳经济的金融支持研究》，中国金融出版社2012年版。

与国内各项低碳环保活动,提供资金支持,从而促进中国二氧化碳排放量的减少。

第一,直接参与碳金融业务的服务模式。首先,保险公司研发低碳保险产品,利用保险产品保护关注低碳环保的投保人的健康和其他权益,鼓励和引导消费者积极参与低碳环保活动。例如:平安保险2014年推出的两款保险产品,即平安雾霾健康险和平安雾霾指数险。平安雾霾健康险是指平安保险公司针对受雾霾影响而身体健康受到损害的人群,尤其是老人和儿童,开发的一款人寿健康保险产品,只要投保人是因为雾霾而产生的呼吸系统疾病,平安保险都会按照投保人的投保金额为其提供相应标准的医疗津贴;平安雾霾指数险是指平安保险公司向包括北京、石家庄等7座城市的居民,推出一款关于当地城市空气质量指数的保险产品,这7座城市的居民通过在平安保险公司投保,并关注自身所在城市的空气质量指数的变化,如果空气质量指数爆表,则投保的居民将获得平安保险公司的理赔。其次,保险公司自身在运营过程中,时刻注重低碳环保,不断完善自身的低碳运营管理体系。例如:平安保险公司采取保单电子化,1年节约纸张1.4亿张,减少二氧化碳排放量1344万吨,除此之外,平安保险公司采取定时关闭电脑等措施节约用电,减少能耗,从而减少二氧化碳的排放量。最后,保险公司作为碳金融市场的参与主体,自愿购买碳减排量,从而抵消自身在运营过程中产生的碳排放量,实现碳中和。

第二,间接参与碳金融业务的服务模式。中国的保险公司资产规模较大,盈利能力较强,资金实力比较雄厚。其通过提供资金支持,推动中国低碳环保活动的快速发展。例如:平安保险公司于2012年4月,与中国青少年发展基金会联合启动了"万亩平安林"活动计划,截至2013年年末,已经在全国13个城市,种植了130万株各类树木。[①] 中国人保集团有限公司与中国绿色碳汇基金会联合发起了"千亩公益防护

---

① 中国平安保险集团官方网站 (http://about.pingan.com/pinganxinwen/1395125960371.shtml)。

林"活动。保险公司通过此种模式，直接支持了中国植树造林工程的快速发展，间接地减少了中国二氧化碳的排放量。

三 证券公司

（一）中国证券行业碳金融业务的发展现状

截至 2013 年年末，按照总资产规模排名，中国前十大证券公司具体包括：中信证券、海通证券、国泰君安、广发证券、华泰证券、招商证券、国信证券、银河证券、中信建设、申银万国。其中，总资产已经超过 1000 亿元的证券公司包括中信证券、海通证券、国泰君安和广发证券，中信证券总资产为 1929 亿元，海通证券总资产为 1290 亿元，国泰君安总资产为 1178 亿元，广发证券总资产为 1088 亿元。[①]

2008 年 2 月，由国家环保总局牵头，联合证监会等部门，共同制定发布了《关于加强上市公司环保监管工作的指导意见》。该意见作为中国证券行业在碳金融业务方面的指导性意见，对于提高中国上市公司的环境保护意识，规范其经营行为绿色环保行为，促进中国资本市场的绿色运营和发展，起到了积极的推动作用。这也是中国继绿色信贷、绿色保险后提出的又一绿色政策。该意见一是明确规定了对上市公司的环保核查制度，尤其是对从事重污染行业的上市公司，将进一步加强和完善环保核查力度，并且制定了详尽的工作指南，规范和健全了环保核查的专家评审机制；二是进一步探索和完善上市公司关于环境信息的公开披露制度，国家环保总局将与证监会建立相互通报机制，使其制度化、常态化，从而有效监控上市公司的经营行为是否对环境有重大影响；三是研究和完善对于上市公司环境绩效的评估体系，奖励前者，鞭策后者；四是进一步加强对于上市公司的惩治力度，对于严重污染环境的上市公司的信息将被公开，并按照相关规定进行处罚。

截至 2014 年 3 月，中国国内 A 股市场上已经有围绕高能源效率和

---

① 中商情报网（http://www.askci.com）。

清洁能源结构两大核心,覆盖 10 多个新兴行业的近 200 家上市公司。[①]可见,中国绿色证券的发展规模日趋扩大,发展速度日趋加快。

(二)中国证券公司碳金融业务的服务模式

由于中国开展碳金融业务较晚,尚未建立完善的关于碳金融业务的资本市场体系。目前,中国碳金融业务中,碳排放权交易基本全部以现货交易方式为主,以金融衍生品方式交易的产品尚未推出,因此,中国证券公司作为中国资本市场的参与者之一,尚未建立比较完善的关于碳金融业务的服务模式,但也正在进行不断探索和研究。例如:深圳证券信息公司联合南方报业集团,并邀请中山大学岭南(大学)学院作为学术支持单位,共同开发了国内首只低碳交易所指数"巨潮·南方报业·低碳 50"。该低碳交易所指数交易代码为 399378,于 2010 年 9 月 20 日正式在深圳证券交易所挂牌。[②] 该指数是反映中国经营业务中具有低碳环保特征的上市公司的股票价格总体趋势,能够为中国建立低碳证券提供有效的信息和决策依据。该指数从中国的上市公司中选取 50 个在低碳环保方面有突出业绩的上市公司作为成份股,并从成份股的选择范围和标准上设定了严格的准入条件。该低碳交易所指数的基准日为 2010 年 6 月 30 日,基准日指数定为 1000。

四 碳基金

(一)中国碳基金的发展现状

碳基金的本质是通过向政府、金融投资机构、企业以及个人等各种渠道筹集资金后,将资金按照基金相应的管理办法投入到节能减排项目中,从而有效促进节能减排项目的开发建设。[③]

中国碳基金发展得较晚,但发展迅速,管理体系比较完善,运行情况良好的碳基金主要包括:中国清洁发展机制基金和中国绿色碳基金。

---

① 郭福春:《中国发展低碳经济的金融支持研究》,中国金融出版社 2012 年版,第 71 页。

② 周逢民:《透视碳金融》,中国金融出版社 2011 年版,第 221 页。

③ 张健华:《低碳金融》,上海交通大学出版社 2011 年版,第 111 页。

以上两种基金均为政府类基金，中国国内还没有真正意义上的自负盈亏的碳基金。

第一，中国清洁发展机制基金。中国清洁发展机制基金是于2006年8月28日，由国务院批准设立的。该基金的作用主要是推动中国清洁发展机制项目的开发建设，搭建中国与国际上关于清洁发展机制项目的先进信息和技术的合作平台；促进中国金融机构、法律机构、信息咨询机构等中介服务机构以及投资企业进一步参与清洁发展机制项目。该基金组织管理架构中主要包括基金审核理事会和基金管理中心。其中，基金审核理事会主要由国家发展和改革委员会、财政部、外交部、科学技术部、环境保护部、农业部和中国气象局的代表组成，是清洁发展基金的决策机构，而基金管理中心是基金的日常管理机构。[1]

该基金的主要资金来源：一是按照《清洁发展机制项目运行管理办法》由国家收取的清洁发展机制项目产生的碳减排指标的销售收入；二是由基金自身运营产生的经营收益；三是由国内外机构、社会团体、企业以及个人等的捐赠资金等。截至2013年12月31日，该基金累计获得由国家收取的清洁发展机制项目产生的碳减排指标的销售收入大约为133.9亿元。[2]

该基金的使用用途主要包括：一是通过自身对于全国各地区的清洁发展机制项目调研，并根据各个清洁发展机制项目的实际资金需求情况，以捐赠的方式推动其顺利进行开发建设；二是通过委托贷款的形式，即有偿使用的形式，支持清洁发展机制项目的开发建设；三是基金对筹集来的资金进行投资和理财，进一步提高资金使用效率，提高资金的增值空间。

该基金自2011年开展委托贷款业务以来，已审核通过了110个项目，覆盖全国20个省（市），投放贷款资金合计63.36亿元，撬动社会

---

[1] 中国清洁发展机制基金网站（http://www.cdmfund.org/about_us.aspx?m=20121126141927200900）。

[2] 《中国清洁发展机制基金2013年报》，第5页。

资金345.20亿元。截至2013年12月31日，该基金已经累计安排了7.1亿元资金，用于支持364个捐赠项目。①

第二，中国绿色碳基金。中国绿色碳基金是于2007年7月，由国家林业局、中国石油天然气集团公司、中国绿化基金会、美国大自然保护协会、保护国际及嘉汉公司共同发起设立的政府碳基金。该基金的发起资金来源于中国石油天然气集团公司捐赠的3亿元人民币。②

中国绿色碳基金是中国绿化基金会下设的一只专项基金。中国绿化基金会是全国性公募基金会，基金会的初始基金规模为800万元人民币，其业务管理部门为国家林业局。该基金的来源主要包括：一是社会团体、企业或个人的捐赠；二是国家的资助；三是通过利用基金资金开展理财或再投资，获得的收益。该基金主要是投向包括碳汇项目在内的所有节能减排项目，促进中国碳排放量的降低，从而从根本上改善中国的气候条件。

该基金会的宗旨是通过国内外机构、企业和个人的捐助以及政府的资助获得资金，再通过自身的调研审核，为资金短缺的绿化项目提供资金支持，从而促进中国绿化事业的快速发展。截至2013年12月31日，该基金会共筹集资金1.11亿元，签订捐赠合作、实施等协议163个，组织开展大型公益活动10次，参与绿化和生态公益事业的人数超过百万。投资开发建设了包括金山岭、幸福家园——西部绿化行动、宝马绿荫行动、金叶生态专项基金等一批植树示范基地项目，项目管理水平不断提高，社会影响力不断提升。③

（二）中国碳基金的服务模式

第一，针对清洁发展机制项目的碳基金服务模式。针对清洁发展机制项目的碳基金服务模式主要包括两种方式：一种是碳基金以有偿服务模式为项目提供资金支持；另一种是碳基金以无偿赠予的服务模式为项

---

① 《中国清洁发展机制基金2013年报》，第7页。
② 张健华：《低碳金融》，上海交通大学出版社2011年版，第114页。
③ 中国绿化基金会网站（http://www.cgf.org.cn）。

目提供资金支持。清洁发展机制基金的有偿服务模式主要包括三种：第一种是委托贷款；第二种是股权投资；第三种是为清洁发展机制项目的融资提供第三方担保。

委托贷款是指清洁发展机制基金、商业银行（或非银行类金融机构，或财政系统）和清洁发展机制项目开发企业之间进行合作，由清洁发展机制基金提供资金，委托给商业银行（或非银行类金融机构，或财政系统）进行代理，并提供贷款给清洁发展机制项目开发企业，期限一般不超过 3 年，对于节能减排功效显著的项目，可以享受贷款利率优惠政策。例如：2013 年当年，清洁发展基金审核通过了北京、天津等 17 个省（市、自治区）的 44 个清洁发展委托贷款项目，贷款金额达到 28.365 亿元，撬动了社会资金达到 110.44 亿元，减少二氧化碳排放量可达到千万吨。[1]

股权投资是指以清洁发展机制基金作为投资主体，直接向符合自身要求的清洁发展机制项目开发企业或投资基金进行投资入股，但股权比例不能超过企业总股本的 25%。例如：清洁发展机制基金出资 6800 万元，以有限合伙方式入股北京国联能源产业投资基金，专项用于西气东输二线（西段）项目的开发建设，项目建设成功后，预计每年将减少二氧化碳排放量 1.29 亿吨。[2]

为清洁发展机制项目的融资提供第三方担保是指在清洁发展机制项目开发企业自身资产规模较小，盈利水平一般，偿债能力一般的条件下，清洁发展机制基金为帮助清洁发展机制项目开发企业获得商业银行或其他非银行类金融机构的资金支持，专门为其提供连带责任保证，减轻清洁发展机制项目开发企业的资金压力，有效推动清洁发展机制项目的开发建设。例如：清洁发展机制基金发起的中国节能减排融资江苏项目，在该项目中，清洁发展机制基金对项目的风险损失进行分担，在该项目支持下，截至 2013 年年底，江苏银行已开展的节能贷款项目达到

---

[1] 《中国清洁发展机制基金 2013 年报》，第 9 页。
[2] 同上书，第 10 页。

14个，投放2.1亿元。①

以上三种有偿服务模式若基金提供资金规模低于7000万元，可直接由清洁发展机制基金管理中心审批，若基金提供资金规模高于7000万元（含），则需要将该项目报送到清洁发展机制基金审核理事会进行审核批准。同时，以上三种有偿服务模式均需要严格按照《中国清洁发展机制基金有偿使用管理办法》进行资金监管和使用，并且有着严格的风险防控体系对于所投资项目进行审核和风险评估。

无偿赠予的服务模式是指清洁发展机制项目开发企业需要撰写捐款项目申请书，并报送国家发改委应对气候变化司，由国家发改委应对气候变化司组织专家进行评审，形成初审意见后，再报送清洁发展机制基金审核理事会，并由其报送国家发改委进行最终审核。审核通过后，则由国家发改委、项目组织申报单位、清洁发展机制基金管理中心、项目申请人共同签署《赠款项目合同》。同时，赠款项目需要接受国家发改委的监管和验收，赠款项目必须按照合同中约定的时间完成，若不能及时完成，需要在原定结束时间基础上，提前三个月向国家发改委申请延期，但只能延期一次，且不能超过一年。例如：由清洁发展机制基金赠款、北京华风气象影视信息集团制作的《应对气候变化——中国在行动》宣传片以及科普图册，每年都在联合国气候变化大会上进行展出。②

第二，针对碳汇项目的碳基金服务模式。中国碳基金对于碳汇项目的服务模式采取的是项目立项审批制度。实施中，由国家林业局应对气候变化领导小组针对碳汇项目，制定了《中国绿色碳基金碳汇项目管理暂行办法》，明确了中国对于碳汇项目的服务模式。一是明确了碳汇项目的定义：以吸收固定二氧化碳等为主要目的的植树造林、森林经营活动以及与碳汇相关的技术规范和标准制定、科学研究和成果推广、技术

---

① 《中国清洁发展机制基金2013年报》，第12页。
② 中国清洁发展机制基金网站（http://www.cdmfund.org）。

培训和宣传等项目①。二是规定了碳汇项目的立项原则，尤其是对碳汇项目的投向和规模有相关要求，项目投向主要是优先考虑生态环境相对较差和薄弱的地区，同时，项目规模不低于 5000 亩。三是规定了碳汇项目的申报采取立项审批制，以各地区的县为申报单位，且每个县一次只能申报一个项目。各县申报碳汇项目的过程包括以下四个阶段。第一阶段，需要撰写项目建议书，包括：项目的名称、实施单位、项目管理公司相关信息、计划造林的规模、投资总额、实施意义、可行性分析、实施的条件以及资金用途等，并将项目建议书上报到各地区的林业主管部门，由各地区的林业主管部门向国家林业局应对气候变化领导小组办公室统一报送。第二阶段，由国家林业局应对气候变化领导小组办公室对项目建议书进行初步审核，通过初步审核的碳汇项目将被提交到中国绿色碳基金执行理事会进行最终审核和批准。第三阶段，碳汇项目获得中国绿色碳基金执行理事会的最终批复后，由申报县组织具有乙级以上的编写单位编写项目实施方案，并报国家林业局应对气候变化领导小组办公室批准。第四阶段，项目实施方案获得批准后，将由申报县与国家林业局应对气候变化领导小组办公室正式签订《项目实施合同》。四是碳汇项目在实施期间内，需要进行自查、验收和核查。碳汇项目的实施周期为 20 年，项目实施单位需要在项目实施 1 年以后，开展自查工作，并形成自查报告，然后，由国家林业局应对气候变化领导小组办公室进行验收，在碳汇项目实施 3 年以后，由国家林业局应对气候变化领导小组办公室进行核查。同时，每隔 5 年，有相应的技术测量单位对实施的碳汇项目进行碳汇计量。五是基金的资金拨付将按照合同制的方式，根据碳汇项目的实施进度进行，并不得挪作他用。

五　律师事务所

随着中国碳金融市场交易规模的不断扩大，对于碳交易相关的法律服务需求越来越大。越来越多的律师事务所成为中国碳金融市场的重要

---

① 中国绿色碳基金网站（http://www.cgf.org.cn/zt_lst/detail3.asp）。

参与者之一。

上海环境能源交易所会员包括大成律师事务所、上海市捷华律师事务所、隆安上海律师事务所；北京环境交易所会员包括北京市百瑞律师事务所、北京市华堂律师事务所等。另外，还有专注于CDM项目开发的金杜律师事务所等。

大成律师事务所成立于1992年，是中国成立时间最早、规模最大的合伙制律师事务所。随着其经营规模不断扩大，其服务网络也在不断扩大和完善，已经在国内30多个省会城市设立分所，并且布局国际市场，在国外设立了29个分支机构。其项下的律师数量已经达到3000人以上，且均毕业于国内外名校和具有丰富的实践经验。并与多家国际知名会计事务所、审计公司、评估公司、咨询公司常年保持合作伙伴关系。除此之外，大成律师事务所的服务范围广泛，包括传统的民商事诉讼仲裁，刑事，公司综合业务，公司收购、兼并与重组等业务领域，同时，也包括新兴的矿业能源、碳交易、金融衍生品等业务领域。

金杜律师事务所成立于1993年，是中国最早的合伙制律师事务所之一。该所总部设立在北京，而且在国内外大型城市设立分支机构。现在其律师团队人数达到了1200人左右，综合竞争力较强。该所的业务范围覆盖公司业务、融资业务、资本市场和证券业务、反垄断与国际贸易业务、争议解决业务以及知识产权业务等。尤其是在碳金融市场上，金杜律师事务所参与程度较高，针对清洁发展机制项目，该所已经建立起了比较完善的碳金融服务体系，服务内容包括：尽职调查、协议审核、提出合法合规性的建议等。

六 中国碳金融市场中介服务机构职责履行情况的评价

由于中国开展碳金融业务时间较短，碳金融市场的中介服务体系尚属于初步建立阶段，碳金融市场的法律体系和风险防控体系还不够完善和健全，各中介服务机构尚未建立独立的、有针对性的经营管理体系，服务手段相对单一，产品种类不够丰富。因此，各中介服务机构只是初步地参与中国的碳金融交易，创新研发还不够深入，参与度还不够高。

对于中国商业银行来说，由于其经营的目的是在有效控制风险的前提下，追求利益最大化，因此，在尚未建立有效的风险防控体系之前，中国商业银行对于碳金融市场交易还处于初步的尝试阶段。具体表现为服务手段相对单一，经营规模较小，碳金融交易产品种类不够丰富，对于碳金融交易尚未建立独立的、有针对性的经营管理体系，包括但不限于碳金融经营管理部门、碳金融产品研发部门、碳金融风险管理部门、碳金融信贷审批部门等相关职能机构。例如：在中国商业银行中，绝大多数的商业银行都只是在传统信贷领域参与碳金融市场交易，且经营规模较小，尤其是对于碳金融及其衍生产品创新研发得较少，参与度不高。只有兴业银行、浦发银行等较少数的商业银行能够积极开发碳金融交易的相关产品，具有一定的经营规模。

对于中国保险公司来说，参与中国碳金融市场交易不够深入，主要原因是其虽然拥有雄厚的资本实力，探索新盈利模式的积极性较高，但由于受到中国监管制度的限制，无法直接参与碳金融市场交易，只能是创新研发一些比较简单的保险产品，或者是自身参与节能减排的相关活动，参与中国碳金融市场交易的空间有限。因此，应该进一步完善中国的保险行业监管体系，在有效控制风险的前提下，创新研发针对碳金融交易的相关保险产品，拓宽中国保险公司的经营范围，允许其直接参与碳金融市场的交易，盘活中国保险行业的闲置资金，提高资金使用效率，有效增强中国碳金融市场的流动性。

对于中国证券公司来说，目前，参与中国碳金融市场交易的积极性不高，主要原因是中国碳金融交易的产品主要以现货为主，还没有创新开发出在资本市场上流通的相关金融衍生品，包括碳期货和碳期权等。因此，中国应该加快对于碳期货和碳期权等碳金融衍生产品的研发，同时，应该借鉴和学习欧盟和美国等发达国家的相关市场经验，不断完善中国证券资本市场的服务体系，为将来中国碳金融衍生产品提供完全、稳定的交易环境，推动中国碳金融市场交易的快速发展。

对于中国基金公司来说，目前，服务手段不够丰富，基金的经营规模较小，支持的碳减排项目数量较少。主要原因是中国尚未建立其多层次、多种类的基金市场结构，基金资金的来源比较单一，中国参与碳金融市场交易的全部为国有控股的基金公司，还没有真正意义上的自负盈亏的基金公司，专门参与中国的碳金融市场交易。因此，中国应该不断完善碳金融交易的投资体系，提供相关的扶持和优惠政策，引导民营基金积极参与中国的碳金融交易活动，丰富资本渠道和来源，创新研发更多更好的碳金融交易产品，从而有效增强中国碳金融市场的流动性。

随着中国碳金融市场交易规模的不断扩大，对于律师事务所的需求不断增强。目前，中国的律师事务所基本能够在其服务范围和能力内，积极参与中国的碳金融市场交易，但服务的对象相对比较单一，服务的手段不够丰富，绝大多数律师事务所是以中国碳交易所的会员身份来对碳金融交易机构提供法律服务。因此，中国应该进一步完善关于碳金融交易的法律体系，律师事务所应扩大其服务的对象范围，包括碳金融交易机构和个人等，同时，不断丰富其法律服务种类，包括提供法律咨询和法律援助等。

第四节　市场交易者

一　碳排放权受约束的企业

自 2013 年 6 月 18 日起，中国陆续启动了 7 家区域性碳金融交易市场，在各个区域性碳金融交易市场中，采取的是总量控制、强制减排的交易制度，因此，各个区域性碳金融交易市场均对碳排放权受约束企业的准入标准进行了详尽的规定。

在北京市碳金融交易市场中，碳排放权受约束的企业是指在北京市行政区域内的固定设施二氧化碳直接排放与间接排放总量 1 万吨（含）以上，且在中国境内注册的企业、事业单位、国家机关及其他单位。[①]

在上海市碳金融交易市场中，针对不同行业的碳排放权受约束的企业，设计和规定了确定年度碳排放配额的方法。对于工业行业的碳排放

---

① 北京市碳排放权电子交易平台网站（http://www.bjets.com.cn）。

权受约束的企业来说，采用的是历史排放法来确定年度碳排放配额总量，工业行业细分为钢铁、石化、化工、有色、建材、纺织、造纸、橡胶以及化纤等行业；对于商场、宾馆、商务办公楼建筑及铁路站点等行业中的碳排放权受约束的企业来说，采用的也是历史排放法来确定企业年度碳排放配额总量；对于电力行业的碳排放权受约束的企业来说，采用的是基准线法，即综合考虑电力企业不同类型发电机组的年度单位综合发电量碳排放基准、年度综合发电量以及负荷率修正系数等因素，从而确定企业的年度碳排放配额总量；对于航空、机场以及港口等行业中的碳排放权受约束的企业来说，也是采取基准线法，确定企业的年度碳排放配额总量。[1]

在天津市碳金融交易市场中，碳排放权受约束的企业是指在天津市的行政区域内钢铁、化工、电力、热力、石化、油气开采等重点排放行业和民用建筑领域中 2009 年以来排放二氧化碳 2 万吨以上的企业或单位。[2]

在广东省碳金融交易市场中，碳排放权受约束的企业是指年排放二氧化碳 1 万吨及以上的工业行业企业，年排放二氧化碳 5 千吨以上的宾馆、饭店、金融、商贸、公共机构等企业和单位，以及新建（含扩建、改建）年排放二氧化碳 1 万吨以上项目的企业。[3]

在深圳市碳金融交易市场中，碳排放权受约束的企业是指任意一年的碳排放量达到 3000 吨二氧化碳当量以上的企业；或大型公共建筑和建筑面积达到 10000 平方米以上的国家机关办公建筑的业主；或自愿加入并经主管部门批准纳入碳排放控制管理的碳排放单位；或市政府指定的其他碳排放单位。[4]

---

[1] 上海市发展和改革委员会网站（http：//www.shdrc.gov.cn/main? main_ colid = 319&top_ id = 312&main_ artid = 23535）。
[2] 《天津市人民政府办公厅文件》，津政办发〔2013〕12 号。
[3] 广东省人民政府网站（http：//zwgk.gd.gov.cn/006939748/201401/t20140117_ 462131.html）。
[4] 深圳市人民政府法制办公室网站（http：//fzj.sz.gov.cn：8080/cms/templates/fzb/fzb-Details.action? siteName = fzb&pageId = 4684）。

截至2014年6月20日,除了重庆市碳金融交易市场刚刚正式启动外,其他6个区域碳金融交易市场均已正式启动,并且碳配额交易量已经达到了1.16亿元,突破了亿元大关。其中,深圳市碳金融交易市场的碳配额交易均价最高,已经达到了70元/吨,湖北省碳金融交易市场的碳配额交易活动最活跃,截至2014年5月23日,累计碳配额成交量已达到1051265.81吨。仅2014年5月23日当日,湖北省碳金融交易市场的碳配额成交量就达到了43977吨,比其他5个区域碳金融交易市场的碳配额成交量合计数还多。其中,上海市碳金融交易市场的碳配额成交量为11000吨,深圳市碳金融交易市场的碳配额成交量为10057吨,北京市碳金融交易市场的碳配额成交量为4700吨,天津市碳金融交易市场的碳配额成交量为820吨,广州市碳金融交易市场的碳配额成交量为6吨。①

(二) 中国碳配额交易模式

中国的碳配额交易模式主要是通过中国各大碳交易所的电子碳交易平台进行交易。以北京环境交易所为例,北京市的碳配额通过北京市碳排放权电子交易平台进行线上交易。首先,北京市需要履行碳减排义务的企业以及非履约碳减排义务的企业均可以在该电子交易平台上进行注册登记,并进行网上预约开户,预约成功后,需要携带自身的相关申请资料到现场进行开户。其次,碳减排履约企业开户成功后,可直接登录北京市碳排放权电子交易平台进行碳配额交易,交易过程中,需要选择申报类型和交易方式,其中,申报类型包括买入碳配额和卖出碳配额,交易方式包括整体交易和部分交易。

二 中国碳自愿减排量

(一) 中国碳自愿减排量交易市场发展现状

2013年6月13日,中国国家发展和改革委员会颁布了《温室气体自愿减排交易管理暂行办法》,自此办法颁布后,中国的自愿减排服务

---

① 湖北碳排放权交易中心网站 (http://www.hbets.cn/)。

体系不断改进和完善。

　　自愿减排项目发展的核心要素有两个：一是审定与核证项目的机构资质是否达标；二是自愿减排项目的方法学是否完备。自愿减排量的来源分两类：一是由一般的自愿减排项目产生；二是由一部分 CDM 项目产生，即核证自愿减排量（CCER）。截至 2014 年 5 月末，中国具备审定和核证自愿减排项目资质的机构有 3 个，且分为两批在国家发展和改革委员会气候司进行了备案。分别是：第一批备案的中国质量认证中心、广州赛宝认证中心服务有限公司两家公司；第二批备案的中环联合（北京）认证中心有限公司。① 中国自愿减排项目的方法学已经在国家发展和改革委员会备案 4 批，合计达到 178 个。其中，第一批方法学为 52 个；第二批方法学为 2 个；第三批方法学为 123 个，其具体包括：常规自愿减排项目方法学为 69 个、小型自愿减排项目方法学 52 个以及农林自愿减排项目方法学 2 个；第四批方法学为 1 个。中国已经通过审定和核证的自愿减排项目达到 185 个，其中，12 个项目正在进行公示。正在备案的项目为 2 个。②

　　按照中国已经启动的 7 个区域碳交易市场的相关规定进行预测，未来中国每年的自愿减排交易量最高可达 8715 万吨。具体情况见表 2.2：

表 2.2　　中国区域碳交易市场年自愿减排交易量预测表

区域碳交易市场	年碳配额总量	年自愿减排交易量占年碳配额总量的最高比例	年自愿减排交易量预测值
北京市碳交易市场	4700 万吨	5%	235 万吨
上海市碳交易市场	16000 万吨	5%	800 万吨
广东省碳交易市场	38800 万吨	10%	3880 万吨
深圳市碳交易市场	3000 万吨	10%	300 万吨
湖北省碳交易市场	19000 万吨	10%	1900 万吨

---

① 中国自愿减排交易信息平台（http://203.207.195.145:92/）。
② 同上。

续表

区域碳交易市场	年碳配额总量	年自愿减排交易量占年碳配额总量的最高比例	年自愿减排交易量预测值
天津市碳交易市场	16000万吨	10%	1600万吨

资料来源：中国自愿减排交易信息平台（http：//203.207.195.145：92/）。

（二）中国碳自愿减排量交易模式

中国碳自愿减排量交易模式主要分为两种：一是通过中国自愿减排交易信息平台等交易平台进行线上交易；二是买卖双方通过自主协商，进行线下交易。

中国线上交易模式的服务体系比较完善，交易规则公开、透明，能够与中国包括北京环境交易所、天津排放权交易所、上海能源环境交易所、广州碳排放权交易所、深圳排放权交易所、湖北碳排放权交易中心、重庆联合产权交易所等多家碳金融交易平台进行信息共享，能够有效提高碳自愿减排量交易的流动性和安全性，降低买卖双方的交易风险。在线上交易模式中，碳自愿减排量买卖双方的信息均需要进行公开披露，尤其是对于碳自愿减排项目的申请备案信息需要进行公示，征求多方意见后，方可进行备案批复，同时，碳自愿减排项目的监测报告需要进行公示，公开对碳自愿减排项目产生的碳减排量进行核准和备案。因此，该种交易模式是中国碳自愿减排量的主要交易模式。

三 中国CDM项目核证减排量（CERs）

（一）中国CDM项目核证减排量（CERs）交易市场发展现状

截至2014年10月23日，中国CDM项目通过国家发展和改革委员会审批的项目数量达到5059个。截至2014年5月6日，中国CDM项目在CDM执行理事会成功注册的项目数量达到3793个。截至2014年10月31日，中国CDM项目已经获得核证减排量签发的项目数量达到1415个。[1]

---

[1] 中国清洁发展机制网（http://cdm.ccchina.gov.cn）。

从以上数据可以看出，中国 CDM 项目在 CDM 执行理事会成功注册的项目占比为 74.98%，最终获得核证减排量签发的项目占比为 27.97%，即中国 CDM 项目注册成功率较高，但最终获得核证减排量签发的成功率较低。

中国国家发改委批准的 CDM 项目按减排类型分类，数量以及占比如下：新能源和可再生能源 3727、73.83%；节能和提高能效 627、12.42%；甲烷回收利用 462、9.15%；垃圾焚烧发电 54、1.07%；燃料替代 51、1.01%；氧化亚氮分解消除 43、0.85%；HFC-23 分解 11、0.22%；造林和再造林 5、0.1% 以及其他类型 68、1.35%。[①] 具体如图 2.1 所示：

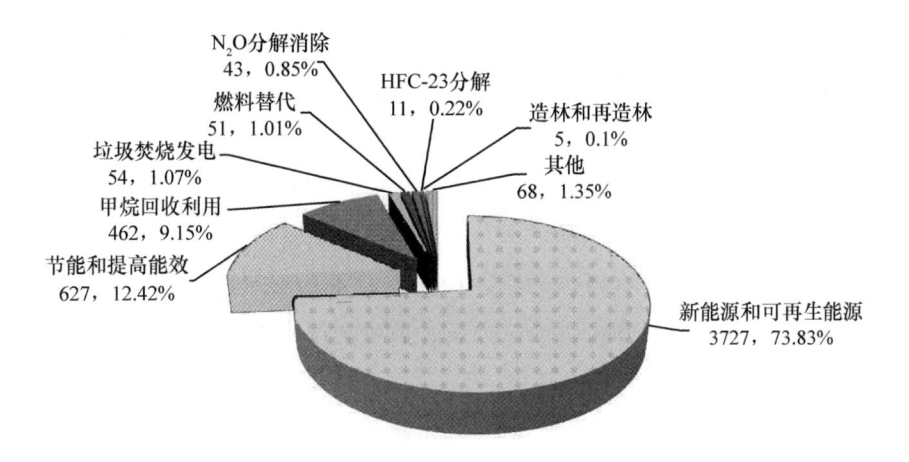

图 2.1　CDM 项目减排分类数量以及占比图

资料来源：中国清洁发展机制网（http://cdm.ccchina.gov.cn）。

从图 2.1 可以看出，中国经批准的 CDM 项目的减排类型主要集中在新能源和可再生能源、节能和提高能效以及甲烷回收利用三大减排类型。

中国国家发改委批准的 CDM 项目按地域划分，数量分布具体如表

[①] 中国清洁发展机制网（http://cdm.ccchina.gov.cn）。

2.3 所示：

表2.3　　　　　　　　　CDM 项目地域划分数量表

省区市	项目数	省区市	项目数	省区市	项目数	省区市	项目数
四川省	546	云南省	483	内蒙古自治区	380	甘肃省	269
河北省	258	山东省	249	新疆维吾尔自治区	200	湖南省	200
山西省	186	贵州省	175	河南省	174	宁夏回族自治区	162
辽宁省	158	吉林省	155	黑龙江省	141	湖北省	135
江苏省	130	广西壮族自治区	128	广东省	125	福建省	123
陕西省	122	浙江省	121	安徽省	96	江西省	84
重庆市	80	青海省	72	北京市	28	上海市	25
海南省	25	天津市	18	西藏自治区	0	合计	5048

资料来源：中国清洁发展机制网（http://cdm.ccchina.gov.cn）。

从表2.3中的数据可以看出，中国经批准的 CDM 项目主要集中在四川省、云南省、内蒙古自治区以及甘肃省四个省份，项目数量分列前4名。

截至2013年8月16日，中国已经获得签发的核证减排量（CERs）为374649110吨二氧化碳当量，按照10美元/吨的价格进行计算，通过出售以上获得签发的核证减排量（CERs），所获得的收益将超过37亿美元。[1]

（二）中国 CDM 项目核证减排量（CERs）交易模式

中国 CDM 项目核证减排量（CERs）交易模式主要分为三种：一是单方交易模式；二是双方交易模式；三是多方交易模式。

单方交易模式主要是指 CDM 项目由中国国内的项目开发企业在未

---

[1] 中国清洁发展机制网（http://cdm.ccchina.gov.cn）。

引入任何国外企业开展合作的前提下，独立进行开发，在CDM项目开发建设完毕后，自身通过"中国清洁发展机制网"等交易平台，将项目信息挂到交易平台上，由国外的买方在了解和分析该CDM项目后，自愿进行购买。以单方交易模式进行交易的CDM项目信息主要包括：项目名称、减排类型、项目所在地、项目进展情况、预计年减排量、开发企业名称、项目所有企业的相关信息以及项目概况等。由于信息披露得比较完整和详尽，因此，便于国外买方进行分析和决策。

双方交易模式又分为两种类型。具体包括：一是由中国国内的项目开发企业和国外企业进行合作，共同出资开发建设CDM项目，CDM项目产生的碳减排量按国内项目开发企业和国外企业的出资比例进行分配；二是由国外企业独立出资开发建设CDM项目，CDM项目产生的碳减排量归国外企业所有。

多方交易模式主要是指中国国内的项目开发企业与国外的基金进行合作，共同开发建设CDM项目。国外的基金是由国外多个企业共同出资设立的，因此，由CDM项目产生的碳减排量由国外出资成立基金的多个企业共同拥有。

第二节　中国碳金融市场交易客体的进一步发展和创新

随着中国碳金融市场法律体系不断健全，功能不断完善，除了目前中国碳金融市场已经存在的碳配额、CDM项目核证减排量、自愿减排量等碳现货产品外，也将不断增加和完善中国其他的碳金融衍生产品类型，包括碳期货和碳期权等。

由于中国不属于《京都议定书》所约定的履约国家，不承担强制碳减排的义务，同时，中国是世界上最大的CDM项目核证减排量供应国，因此，中国的碳期货和碳期权等碳金融衍生产品的发展应该以CDM项目核证减排量为基础，不断增强中国在国际碳金融市场中的定价主导权。

中国在国际碳金融市场中取得定价主导权的标志,主要包括三方面:一是中国国内建设开发的清洁发展机制项目产生的核证减排量,其一级市场交易价格的制定须以中国 CDM 项目核证减排量期货市场的交易价格为基础;二是其他发展中国家的清洁发展机制项目产生的核证减排量,其一级市场交易价格的制定须以中国 CDM 项目核证减排量期货市场的交易价格为基础;三是中国关于 CDM 项目核证减排量期货的产品和交易规则的创新与变化将会对国际碳金融市场的发展产生较大影响。①

增加和完善中国的 CDM 项目核证减排量期货等碳金融衍生产品,有以下几点优势:

(1) 可以实现套期保值,规避碳金融市场风险。由于 CDM 项目核证减排量期货产品与其他期货产品类似,因此,也具有套期保值的功能。套期保值是指交易者为规避现货交易的风险,通过期货产品进行市场对冲操作,从而实现现货保值。即当交易者通过对市场交易价格的预测和判断,当交易价格未来有上涨趋势时,采取买入操作;当交易价格未来有下降趋势时,采取卖出操作。换句话说,交易者可以通过在现货市场和期货市场同时操作,从而实现对现货的保值,即交易者在现货市场买入或卖出一定数量的产品时,可以同时在期货市场进行相反的操作,卖出或买入一定数量的产品。通过这种对冲操作,无论现货市场的价格是升高还是降低,交易者都不会产生损失,从而实现现货的保值。

由于 CDM 项目建设周期较长,CDM 项目核证减排量的交易价格波动性较大,因此,交易者通过 CDM 项目核证减排量期货产品可以实现对冲操作,从而降低碳金融交易者的市场风险,实现 CDM 项目核证减排量现货的保值。

(2) 增强碳金融市场的流动性。由于 CDM 项目核证减排量期货产品具有套期保值功能,能够有效降低交易者的市场风险,因此,增强了

---

① 鄂德春:《中国碳市场建设——融合碳期货和碳基金的行动体系》,经济科学出版社 2010 年版,第 134—135 页。

投资者参与碳金融市场交易的信心,提高了其参与碳金融市场交易的积极性,从而有效增强了碳金融市场的流动性。

投资者的目的就是通过在碳金融市场的交易,实现交易价差的收益。而投资者的出现,也为 CDM 项目核证减排量期货产品实现套期保值功能奠定了基础,即投资者成了套期保值者的交易对手,提高了碳金融市场的活跃度。

(3) 促进中国 CDM 项目核证减排量合理交易价格的实现。中国的 CDM 项目核证减排量期货产品的交易是公开的、远期交割的合约交易,因此,需要交易者根据当前大量存在的现货交易价格,对于远期的交易价格走势进行预判,从而决策自身的操作。同时,由于这些交易者来自不同的地区,其知识结构、思考角度和信息来源均不同,因此,这些交易者的决策和判断也不尽相同,有的会看涨,有的会看跌,从而形成了 CDM 项目核证减排量期货市场中的供需双方和交易价格。由于此种交易价格是连续的、公开的且可以进行预期,因此,该交易价格可以真实地反映中国 CDM 项目核证减排量的合理交易价格。

第三章　碳金融市场参与主体和交易客体的影响因素分析

第一节　影响碳金融市场发展的政策因素

一　碳排放权分配制度

（一）碳配额的初始分配方式

碳排放权初始分配方式包括免费、拍卖、免费和拍卖混合三种。初级阶段的碳排放权初始分配方式采取免费方式；过渡阶段的碳排放权初始分配方式采取免费和拍卖混合方式；成熟阶段的碳排放权初始分配方式采取拍卖方式。碳配额不同的初始分配方式，将会对碳金融市场参与主体的交易行为和交易客体的价格发现产生较大的影响。

在碳金融市场的初级阶段，碳配额免费分配方式有助于碳金融市场参与主体中的碳排放权受约束企业降低自身的生产成本，有效提高了其参与碳金融市场交易的积极性，为下一步碳金融市场的构建和完善奠定了坚实的基础。在碳金融市场的过渡阶段，碳配额免费和拍卖混合方式是指由政府主管部门制定碳配额免费分配和拍卖分配的合理比例，逐渐减少免费分配的比例，逐渐增加拍卖分配的比例。该种碳配额混合分配方式，能够给碳金融市场参与主体中的碳排放权受约束企业留有一定的操作空间和过渡时间，从而使其根据自身的实际生产经营情况，有效调控自身节能减排的投入成本，有助于碳金融市场参与主体中的碳排放权受约束企业在不影响自身正常经营发展的情况下，实现减少二氧化碳排放量的目标。在碳金融市场的成熟阶段，碳配额分配全面实施拍卖方式。该种碳配额分配方式具有显著的优势。一方面，由于拍卖方式完全公正和公开，交易成本较低，碳配额由价高者得，有利于碳配额资源的优化配置，使得碳配额能够流向碳金融市场参与主体中的生产效率较高，经营效益较好的碳排放权受约束企业；另一方面，由于拍卖方式是通过公开竞价方式进行的，有助于发现碳金融市场交易客体的真实价格，避免交易价格偏离碳金融市场交易客体的真实价值。

(二) 碳配额的初始分配数量

碳配额初始分配数量的多与少，将会直接影响碳金融市场参与主体中碳排放权受约束企业的生产成本和积极性的高与低。若碳配额的初始分配数量过多，碳金融市场的流动性将降低，从而降低参与主体中碳排放权受约束企业的积极性；若碳配额的初始分配数量过少，不能满足碳金融市场参与主体中碳排放权受约束企业合理的经营发展，则会间接地增加其自身的生产成本，降低其参与碳金融市场交易的积极性。

以我国为例，由于我国的碳金融市场建立时间较短，还处于初级发展阶段，因此，在我国的碳金融市场中，碳配额的初始分配方式以免费分配为主。2013年11月22日，由上海市发展和改革委员会颁布了《上海市2013—2015年碳排放配额分配和管理方案》，其中，根据不同行业的特征和具体情况，分别制定了不同的碳配额分配方法，具体包括：对于工业（除电力行业外），以及商场、宾馆、商务办公等建筑，采用历史排放法；对于电力、航空、港口、机场等行业，采用基准线法。[①] 截至2014年6月30日，上海市碳金融市场累计成交量达到155.3万吨，累计成交额达到6091.7万元，碳排放权受约束的企业履约率达到100%。[②] 因此，在我国碳金融市场建立的初步阶段，碳配额免费分配方式有利于提高碳排放权受约束的企业参与碳交易的积极性，

---

① 中国碳排放交易网（http://www.tanpaifang.com）。

② 同上。

促进了我国碳金融市场的快速发展。

二 影响碳金融市场发展的激励政策

推动碳金融市场发展的激励政策的制定和出台，能够为碳金融市场参与主体中的交易者和投资者，创造一个相对宽松舒适的市场环境，有效引导闲置金融资本向碳金融市场流动，促进金融资本的优化配置，提高碳金融市场的活跃度，增强碳金融市场的流动性。

由于我国的碳金融市场处于建立初级阶段，为了促进我国碳排放权受约束的企业积极参与碳金融交易活动，提高碳金融市场的活跃度和流动性，需要建立和完善我国对于碳金融市场交易活动的激励政策体系，具体包括：行业扶持政策、税费减免政策、贷款贴息政策以及投资补贴政策等。

我国已经出台了针对可再生能源项目的激励政策。例如：可再生能源项目的建设开发者可以直接获得由政府或绿色基金提供的贷款贴息；可再生能源项目的建设开发者可根据自身的装机容量或绿色发电量，获得由政府提供的投资补贴等。

我国地方政府也推出了一些关于有助于推动节能减排项目发展的具体激励方案。例如：2013年8月22日，上海市政府推出了《上海市燃煤电厂脱硝设施超量减排补贴政策实施方案》，有效提高了上海市燃煤电厂开展碳减排活动的积极性，促进了上海市节能减排工作的快速发展。但从我国的国家层面，尚未出台针对碳金融交易活动相关的激励政策，主要是因为我国处于碳金融市场建立初级阶段，尚未形成统一的碳金融市场，相关政策法规体系正在处于起草与修改阶段，还不够完善和健全。

第二节 影响碳金融市场发展的法律制度因素

完善的法律制度和法规细则，是碳金融市场运行正常、稳定和可持续发展的重要前提，也是碳金融市场快速发展的核心动力。

第一，通过制定相应的法律法规，可以明确碳金融市场参与主体的范围、责任和权利，使得参与主体职责清晰和目标明确。

第二，通过制定相应的法律法规，可以使碳排放权成为一种法律认可的权利，产生了碳排放权的内在价值，使得碳金融市场的交易客体具有了商品价值，使得碳金融市场产生了供应者和需求者，使得碳金融市场的交易具有可能性。

第三，通过制定相应的法律法规，可以明确碳金融市场的交易规则、交易流程以及监管体系，使得碳金融市场参与主体的交易行为规范，确保了碳金融市场运营的健康和稳定，碳金融市场交易的公平性和公正性。

一　欧盟相关法律制度体系对碳金融市场要素的影响

欧盟碳金融市场的快速发展，是建立在欧盟 2003/87/EC 法案基础上的。欧盟 2003/87/EC 法案是经过欧盟各国反复讨论研究，最终于 2003 年 10 月正式通过的。

该法案一方面，明确了欧盟碳金融市场参与主体中碳排放权受约束企业的范围、责任和权利；另一方面，制定了完备的碳配额交易程序和制度。一是明确了温室气体的类型和范围，包括：二氧化碳、甲烷、氧化亚氮、氟烃、全氟碳化物以及六氟化硫等六种气体。二是根据上述规定的温室气体类型，将欧盟境内排放上述温室气体且达到一定规模的企业纳入到了强制减排体系中。欧盟碳排放权受约束的企业包括以能源为燃料的大型企业，有色金属和黑色金属的冶炼企业，水泥、玻璃以及纸浆等碳排放量较大的生产企业。截至 2012 年年末，纳入到欧盟强制减排体系的企业数量已经超过了 11000 家。[①] 三是明确了欧盟碳排放权受约束企业的碳配额交易程序和制度。包括碳排放权的申请，碳排放配额的注册、转移、注销等交易规则。欧盟碳排放权受

---

① 中国清洁发展机制基金管理中心、大连商品交易所：《碳配额管理与交易》，经济科学出版社 2010 年版，第 49 页。

约束的企业具有申请碳排放权的责任和义务，即该类企业不能随意排放二氧化碳等温室气体，必须先以正式的申请报告向主管部门进行报批，并得到主管部门的审核通过和法律认可后，方可进行二氧化碳等温室气体排放。

欧盟2003/87/EC法案的推出和启动，对于欧盟碳金融市场参与主体的交易行为和交易客体的产品功能起到了指引和规范的重要作用。

第一，法案中明确参与主体的范围、责任和权利，有助于欧盟有效监控碳金融市场参与主体的交易行为，维护欧盟碳金融市场的稳定和健康运行。

第二，法案中将11000家企业纳入到欧盟的碳金融市场中，增强了欧盟碳金融市场交易活动的活跃度，有效提高了欧盟碳金融市场的流动性。

第三，法案中对于交易程序和交易制度的相关规定，也为欧盟开发创新碳金融市场交易客体提供了具体和有效的参考依据。

二 美国相关法律制度体系对碳金融市场要素的影响

美国碳金融市场能够在世界范围内获得较大影响力，得益于其创造性地制定了符合自身碳金融市场发展实际情况的法律制度体系，该法律制度体系中，最为重要的就是《芝加哥协定》。

《芝加哥协定》是于2006年，由来自美国电力行业、制造业、能源行业、农业等多个行业的30家公司以及相关领域专家，共同商讨制定的。首先，该协定中明确规定了温室气体的类型和范围。包括：二氧化碳、甲烷、氧化亚氮、氟烃、全氟碳化物以及六氟化硫等六种气体。其次，该协定明确规定了参与主体中交易者的类型和范围。包括：美国芝加哥气候交易所会员和普通的碳金融市场投资者。最后，该协定明确规定了碳减排计划和方式、碳排放量的核查和监测制度以及碳金融交易的相关规则。

《芝加哥协定》的制定和出台，使得以自愿减排型为主的美国碳金融市场运行规范、减排效果显著，对于美国碳金融市场参与主体中的交易者和交易客体有重要的规范和指导作用。

第一，在该协定中，明确了参与主体中交易者的类型和范围，有助于监控美国碳金融市场参与主体的交易行为，维护美国碳金融市场的稳定和健康运行。

第二，在该协定中，明确了碳减排计划和方式和碳金融交易的相关规则，有助于美国碳金融市场交易客体的开发和创新。

第三节 影响碳金融市场发展的风险因素

碳金融市场的风险类别主要包括：国际组织或国家政策和政治风险、信用风险、流动性风险、操作风险和项目开发建设风险等。

一 国际组织或国家政策和政治风险对碳金融市场要素的影响

国际组织或国家碳金融市场的政策持续性和稳定性，对于碳金融市场的参与主体来说具有重大的影响。由于碳金融市场是以国际组织或国家制定的政策法规为建立基础，国际组织或国家政策法规的调整或不稳定，将会对碳金融市场参与主体的切身利益和交易客体的交易价格产生不可确定的影响。如：《京都议定书》中规定全球需要履约碳减排义务国家的承诺到期日为2012年，2012年后如何约定和执行相关履行碳减排义务的条款还未确定，使得很多碳金融市场参与主体中的投资者无法准确地分析和判定未来碳金融市场的发展趋势，从而使其投资决策失误，造成投资损失，同时，由于碳金融市场参与主体中的投资者持观望态度，对于碳金融市场交易客体的交易价格也产生巨大影响，交易价格一直处于低迷状态。

二 碳金融市场信用风险对碳金融市场要素的影响

由于碳金融市场的参与主体类别较多，交易情况相对比较复杂，参与主体中交易者的信用资质和道德水准参差不齐，尤其是在固定交易所之外的场外交易，比较容易出现碳金融交易履约未按时执行的信用风险，从而对交易者造成损失，并影响交易客体的交易价格。例如：在欧洲的碳金融市场中，存在着交易欺诈和套取增值税的行为，即一些个人通过设立虚假公司，买入碳排放信用，转卖到其他的企业并收取增值税，但交易完成后，并未向国家政府缴纳相关税费，造成相关的市场交易者以及国家政府的巨大损失。①

三 碳金融市场流动性风险对碳金融市场要素的影响

由于碳金融市场的交易机制不够健全，交易平台的建设不够完善，使得碳金融市场参与主体中的交易者不能及时获得交易信息，或者获得的交易信息不够齐全，使得碳金融市场的流动性降低，出现了流动性风险，从而增加了交易者的交易成本，包括时间成本和机会成本，同时，也降低了交易客体的交易价格水平。以我国的区域碳金融市场为例，由于我国的碳金融市场处于建立的初级阶段，尚未形成国内统一的交易市场，市场流动性较弱，从而使得交易价格较低。截至 2014 年 10 月 31 日，我国 7 个碳金融交易试点的碳配额成交量合计为 1375 万吨，仅占我国发放的碳配额总量的 1% 左右，成交量较低，成交均价在 23 元/吨与 68 元/吨之间，交易价格整体较低。②

四 碳金融市场操作风险对碳金融市场要素的影响

碳金融市场的运行基础之一即为碳金融市场交易系统。该交易系统存储信息较多，内在的交易规则相对比较复杂，如果碳金融市场参与主体中的系统管理者不能熟练掌握和运用好该交易系统，或者该系统受到网络侵害或攻击，则会出现系统瘫痪或交易欺诈等严重事件，从而对碳金融市场中参与主体造成较大的损失，造成交易客体的价格受到较大影响。例如：2010 年 2 月，德国的碳金融交易市场出现了"网络钓鱼欺

---

① 陈鹏：《欧美碳交易市场监管机制比较研究及对我国的启示》，硕士学位论文，华东政法大学，2012 年，第 14 页。

② 中国碳排放交易网（http://www.tanpaifang.com）。

诈"案件，该案件涉及 25 万份碳排放许可证的丢失，总金额达到 300 万欧元，德国碳金融市场交易者的损失巨大。①

五　CDM 项目的开发建设风险和市场风险对碳金融市场要素的影响

对于 CDM 项目来说，项目建设周期较长，不可预见的影响因素较多，包括：资金问题、自然环境条件、技术问题、设备采购问题以及市场交易价格等。因此，CDM 项目的开发建设风险和市场风险将直接影响到 CDM 项目的开发企业以及相关投资者的投资利益，同时，也对 CDM 项目一级市场和二级市场的交易价格产生较大影响，尤其是二级市场中的碳金融衍生产品，由于其金融杠杆比例较大，交易价格波动幅度较大，从而对于相关投资者的损失也较大。例如：2013 年 5 月，由于受国际碳金融市场交易价格大幅降低的影响，即从 20 欧元/吨降至 2 欧元/吨，我国郑州燃机 CDM 项目的合作者拒绝接受由该 CDM 项目产生的碳减排量，并仅按行业的普遍赔偿标准 20 万元进行赔偿，使得我国郑州燃机蒙受巨大的损失。②

第四节　影响碳金融市场发展的技术支持因素

一　碳排放量的监测方法对参与主体和交易客体的影响分析

碳金融市场中对于碳排放量的监测数据，是各国政府制订碳减排计划的重要决策依据，同时，也是碳金融市场进行交易的基础和前提。只有准确地测量各个碳排放权受约束企业的二氧化碳排放量，各国政府才能有效确定本国内的碳减排总量，制订详尽有效的减排计划，从而确定碳配额初始发放的总量，确定具体分配给碳排放权受约束的国家或企业

---

① 陈鹏：《欧美碳交易市场监管机制比较研究及对我国的启示》，硕士学位论文，华东政法大学，2012 年，第 14 页。
② 中国碳排放交易网（http://www.tanpaifang.com）。

的碳配额数量,保障碳金融市场运行有序和交易价格稳定。

目前,世界上比较常用的碳排放量监测方法有两种:一种是基于计算的方法;另一种是基于测量的方法。

基于计算的方法是指碳排放权受约束的企业需要以自身运营所需要购买的原材料总量为数据依据,同时,确定原材料在燃烧或处理过程中,每种原材料单位数量所排放的二氧化碳的数量,以及充分燃烧的比例等,从而代入计算公式,得出碳排放权受约束企业的碳排放总量。

基于测量的方式是指碳排放权受约束的企业需要对自身所有的碳排放源,在单位时间内进行抽样,并利用二氧化碳排放量的专业测量工具连续测量二氧化碳的浓度,然后根据相关规定,对于样本数据进行处理,并折算成年度的二氧化碳排放总量。

欧盟在对于碳排放量监测的相关规定中,明确指出可以对基于计算和基于测量两种方法进行自由选择,而且,如果碳排放权受约束的企业选择基于测量的方法对碳排放量进行监测,则需要用基于计算的方法进行佐证,从而确保获得准确真实的碳排放量,美国则比较常用基于测量的方式进行碳排放量的监测。

二 碳金融市场交易系统对参与主体和交易客体的影响分析

碳金融市场交易系统为碳金融市场的参与主体和交易客体实现自身功能和作用,提供了强有力的技术支持。一方面,碳金融市场交易系统为碳金融市场参与主体提供了交易活动平台,提高了参与主体的交易效率,规范了参与主体的交易行为;另一方面,碳金融市场交易系统有效提高了碳金融市场交易客体的流动性,为实现碳金融市场交易客体的价格发现功能,提供了信息和技术支持。

第五节 影响碳金融市场发展的流动性因素

一 碳金融市场流动性对于参与主体和交易客体的影响分析

碳金融市场流动性的定义,各国的学者均进行了较为深入的研究,但现在学术界还没有统一的说法。比较流行的说法是，在具有较好流动性的碳金融市场中，在大量交易产生的情况下，交易价格波动幅度较小，比较稳定。

因此，碳金融市场具有较好的流动性，对于碳金融市场参与主体的交易行为和交易客体的交易价格是具有重要影响的。一方面，流动性较好的碳金融市场的交易活动频繁，交易信息比较充分，交易者的选择空间较大，交易者参与碳金融市场交易的积极性较高，碳金融市场的交易量呈现增长趋势；另一方面，流动性较好的碳金融市场中交易客体的交易价格波动性较小，呈现稳定趋势。

二 基于欧盟碳金融市场流动性对市场主体和客体影响的实证分析

（一）数据的选取及处理

在全球碳金融市场中，欧盟碳金融市场的交易机制比较全面和完善，交易规模最大，交易信息最完整和充分，是全球碳金融市场的发展核心，能够有效代表全球碳金融市场的发展变化趋势。

欧盟碳金融市场发展分为三个阶段，第一阶段为2005年1月1日至2007年12月31日；第二阶段为2008年1月1日至2012年12月31日；第三阶段为2013年1月1日至2020年12月31日。目前，欧盟碳金融市场正在进入到第三发展阶段。其中，第二阶段的交易规模较大，交易活动较活跃，交易数据信息较完整，交易市场机制日渐成熟和完善。

欧盟碳金融市场中最具代表性的产品就是EUA期货合约，在2008年1月2日至2014年8月8日期间，欧洲气候交易所（ECX）的期货合约包括：DEC08、DEC09、DEC10、DEC11与DEC12（表示合约分别于2008年12月、2009年12月、2010年12月、2011年12月、2012年12月到期）。其中，具有代表性的碳期货合约是DEC10，该合约于2010年12月20日到期。

综上所述，本章选取欧洲气候交易所的碳期货合约 DEC10①（2008年1月2日至2010年12月20日，剔除部分异常数据后，一共732个数据样本）作为实证的研究数据样本，对碳金融市场流动性对参与主体中的交易者及交易客体的影响进行实证研究。

（二）指标说明及数据特征描述

针对欧洲气候交易所中碳期货合约 DEC10 的日成交价、日成交量、日持仓量、日换手率、日流动性比率、日收益率等数据和指标，给出指标说明及描述性统计特征。

1. 日成交价及其变化趋势

本书中的日成交价，采用开盘价、最高价、最低价和收盘价的均值来表示（计算公式：$p_t = (F_t + H_t + L_t + S_t)/4$）。

图 3.1 给出了欧洲气候交易所碳期货合约 DEC10 的日成交价及其变化趋势的图形。从图 3.1 中可以看出，DEC10 的日成交价格在 2008 年至 2009 年之间的变化较为剧烈，日成交价从将近 35 欧元的高价下跌到 10 欧元以下，而在 2009 年 5 月以后，DEC10 的日成交价的变化趋于平稳，基本稳定在 10 欧元到 15 欧元之间震荡波动。

2. 日成交量及其变化趋势

日成交量表示 DEC10 期货合约每日交易的总数量，是市场交易活跃程度的直接体现，日成交量越大，说明欧盟碳金融市场越活跃，交易规模越大。

图 3.2 给出了欧洲气候交易所碳期货合约 DEC10 的日成交量及其变化趋势，从图 3.2 中可以看出，DEC10 在 2008 年年初至 2010 年年初期间的日成交量基本处于 5000 吨以下，这一期间出现日成交量较低的情况，也是受欧盟碳金融市场第一阶段碳配额免费发放量过多的影响，市场活跃度较低，其参与主体中交易者的积极性不高，然而从 2010

---

① https://www.quandl.com/c/futures/ice-eua-futures。该合约中的持仓量都比较大，交易比较活跃，合约价格能比较全面地反映欧盟碳金融市场流动性长期趋势与变化，同时，由于该合约到期日期距离现在较近，也能较好地反映市场流动性近期的特征。

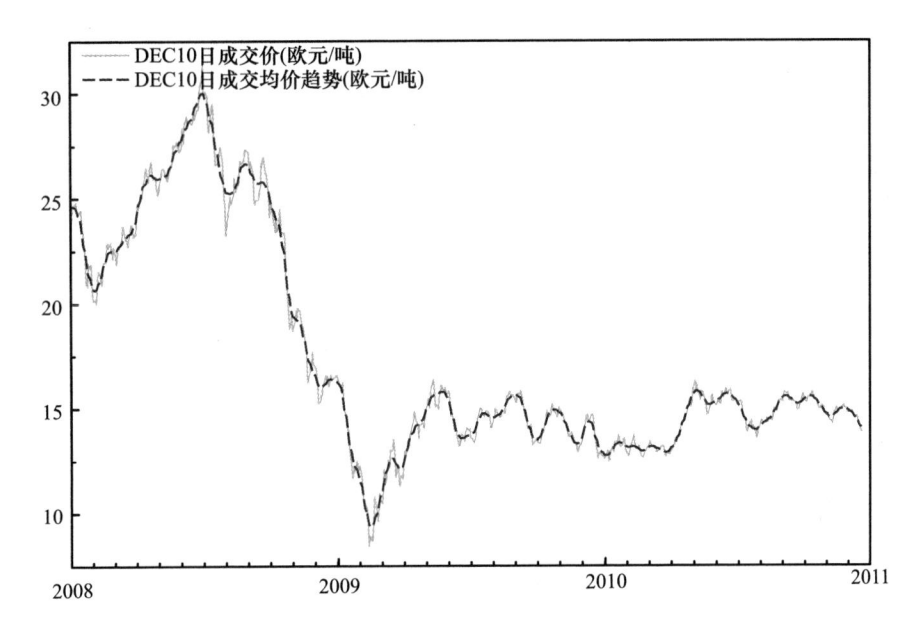

图 3.1 欧洲气候交易所碳期货合约 DEC10 的日成交价及其变化趋势

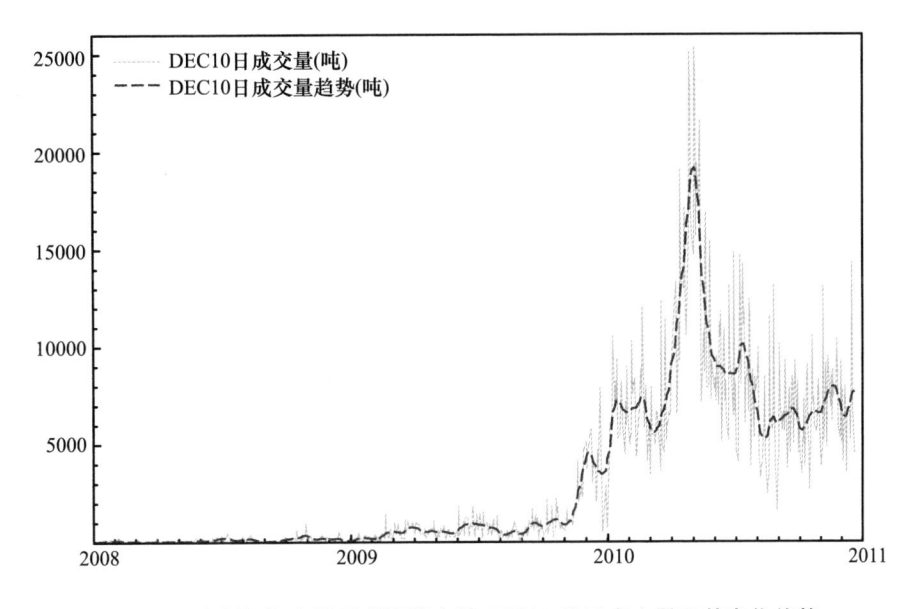

图 3.2 欧洲气候交易所碳期货合约 DEC10 的日成交量及其变化趋势

初以后，DEC10 的日成交量增长趋势明显，在 2010 年 5 月份，DEC10 的最高日成交量达到了 25000 吨，这充分反映了欧盟通过调整初始碳配额发放制度，减少免费碳配额的发放量后，其碳金融市场的流动性不断增强，交易规模不断增加。从图 3.2 中可以看出，2010 年至 2011 年之间的日成交量波动性较大，也说明欧盟碳金融市场的稳定性还不算高，还需要进一步完善和提高。

3. 日持仓量及其变化趋势

日持仓量是市场容量大小的直接反映，其数值越大，表明参与碳期货合约 DEC10 交易的资金额度越高，参与碳金融市场的交易者积极性越高，碳金融市场流动性将越强。

图 3.3 给出了欧洲气候交易所碳期货合约 DEC10 的日持仓量及其变化趋势，从图 3.3 中可以看出，从 2008 年到 2010 年，DEC10 的持仓量不断增加，随后基本保持平稳，并略有下降。这说明 DEC10 碳期货交易吸引了大批交易者，引入了大量资金，一方面增强了市场的流动性；另一方面持仓量的稳步增长，体现了欧盟碳金融市场的稳定和快速

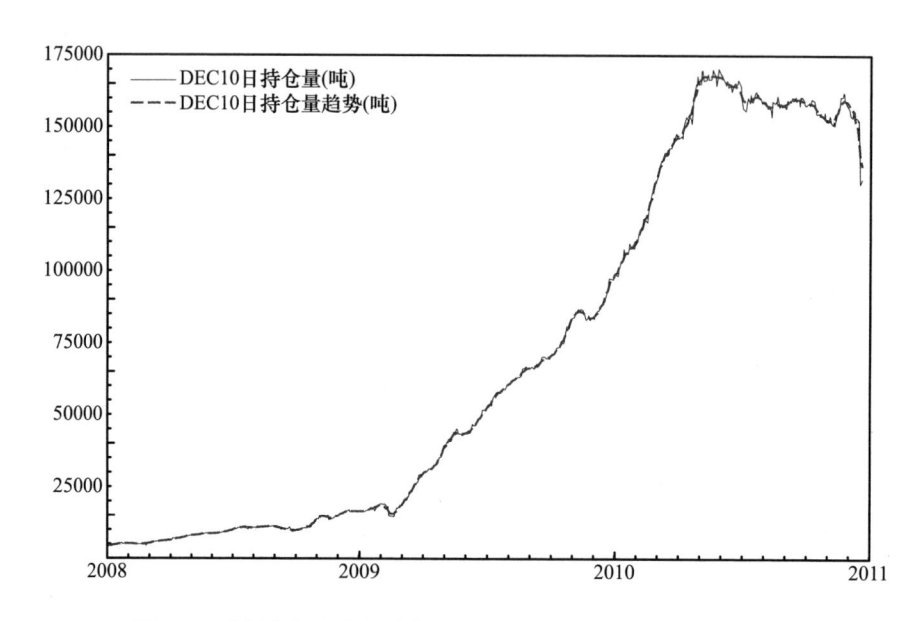

图 3.3　欧洲气候交易所碳期货合约 DEC10 的日持仓量及其趋势

发展，有效减少了交易者的交易时间和成本，同时，也反映出欧盟碳金融市场中的交易者倾向于长期持仓，而且对碳期货合约 DEC10 的保值和获利充满信心。

4. 日换手率及其变化趋势

日换手率是衡量欧盟碳金融市场中碳期货合约的持有时间，是反映欧盟碳金融市场流动速度的一个重要指标，可以用日成交量与日持仓量的比值来表示，即 $T_t = v_t/o_t$。

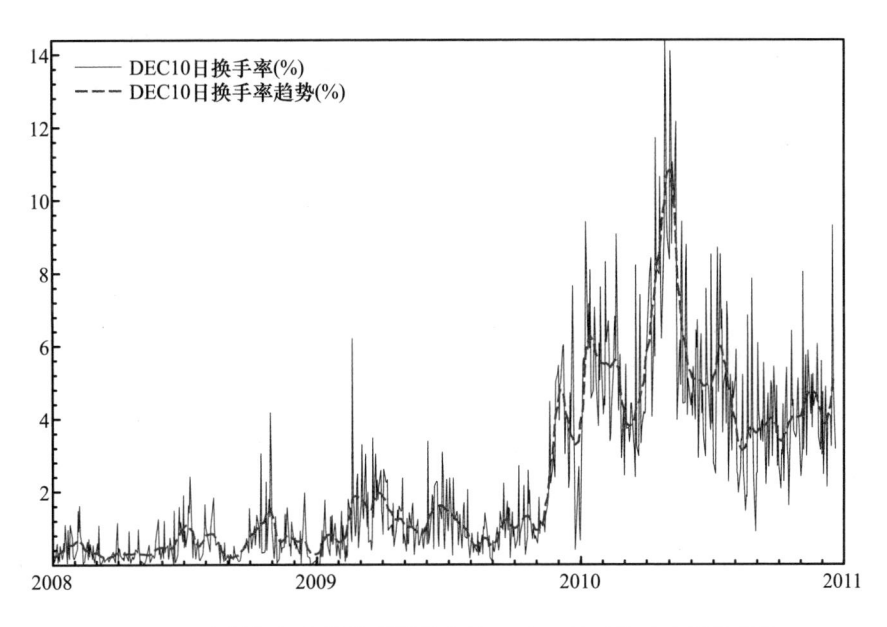

图 3.4 给出了欧洲气候交易所碳期货合约 DEC10 的日换手率及其变化趋势，从图 3.4 中可以看出，欧盟碳期货合约 DEC10 的日换手率在 2010 年之前的变化较小，比较稳定，而在 2010 年以后的换手率有了显著提高，在 2010 年 5 月左右的日换手率高达 15%，这说明欧盟碳期货合约 DEC10 的日换手率在推出之初，市场参与度不高，流动性不强，但随着欧盟碳金融市场的日趋完善，其流动性不断增强。

图 3.4　欧洲气候交易所碳期货合约 DEC10 的日换手率及其趋势

5. 日流动性比率及其变化趋势

日流动性比率，是衡量欧盟碳金融市场微观流动性的主要指标。计算公式如下①：

$$L_t = \frac{(\ln p_t - \ln p_{t-1})^2}{v_t / o_t}$$

其中，$p_t = (F_t + H_t + L_t + S_t)/4$，表示 t 时刻期货合约的价格，H_t、L_t、F_t、S_t 分别表示合约每日交易的最高价、最低价、开盘价和结算价。v_t / o_t 即换手率，等于合约每日的交易量与持仓量的比值。

选择该种流动性比率计算方法的原因包括：首先，该流动性比率的计算方法以价格波动的平方表示价格的变化，避免了价格变化正负抵消的缺陷；其次，流动性比率将交易量和持仓量纳入公式，充分考虑了两者对流动性比率的影响；最后，以最高价、最低价、开盘价和结算价的均值表示成交价，避免成交价受其中某种价格的极端值的影响，全面反映了 DEC10 每日价格的变化。

从上述计算公式来看，流动性比率的数值越高，说明交易量变化引起的价格变化越大，市场流动性越差；流动性比率的数值越低，则表明大量交易引起的价格变化越小，流动性越好。

图 3.5 给出了欧洲气候交易所碳期货合约 DEC10 的日流动性比率及其变化趋势，从图 3.5 中可以看出，以 2009 年 6 月份为分界点，在此之前 DEC10 的流动性较差，说明此时的欧盟碳金融市场机制还不够完善，处于调整阶段，交易量相对较小，流动性不足；但在 2009 年 6 月份之后，DEC10 的流动性随着欧盟碳金融市场机制不断完善，碳金融市场参与主体的积极性不断提高，市场交易规模不断扩大，交易价格日趋稳定，欧盟碳金融市场流动性不断增强。

6. 日收益率及其变化趋势

日收益率是指当期价格与上期价格相比后，取其对数，可以用如下

---

① 文葵：《国际碳排放权市场流动性研究》，硕士学位论文，湖南大学，2010 年，第 30 页。

的公式计算得到，即 $R_t = 100 \times (\ln p_t - \ln p_{t-1})$。

图 3.6 给出了欧洲气候交易所碳期货合约 DEC10 的日收益率及其变化趋势，从图 3.6 中可以看出，碳期货合约 DEC10 的收益率在 0 值上下波动，且波动幅度在 2009 年 6 月之前较大，在 2009 年 6 月以后，

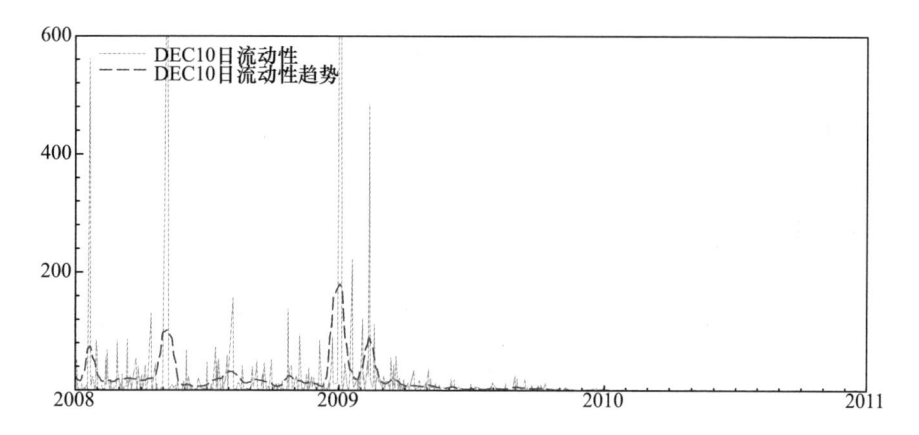

图 3.5 欧洲气候交易所碳期货合约 DEC10 的日流动性比率及其趋势

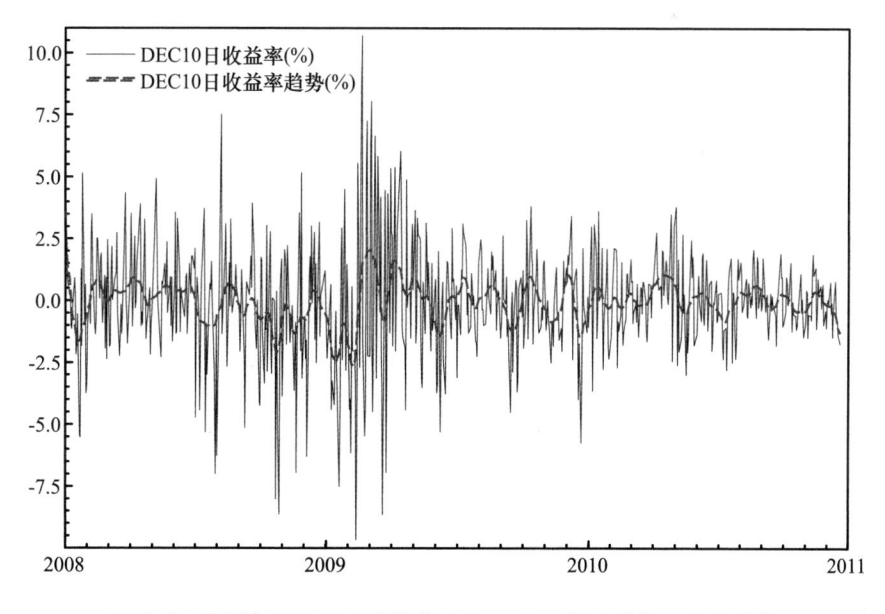

图 3.6 欧洲气候交易所碳期货合约 DEC10 的日收益率及其趋势

其波动幅度逐渐趋于平稳,这也说明碳期货市场日趋完善,收益日趋稳定。

7. 日成交价波动及其变化趋势

为了说明欧洲气候交易所碳期货合约 DEC10 的日成交价波动,我们采用成交均价的 ARMA(1,1) - GARCH(1,1) 模型计算出的成交价的条件波动方差。

从图 3.7 中可以看出,DEC10 的日成交价的波动自 2008 年年初开始逐步上升,随后从 2008 年下半年开始呈现有波动的下降,从 2009 年 5 月份之后,日成交价的波动基本趋于稳定。

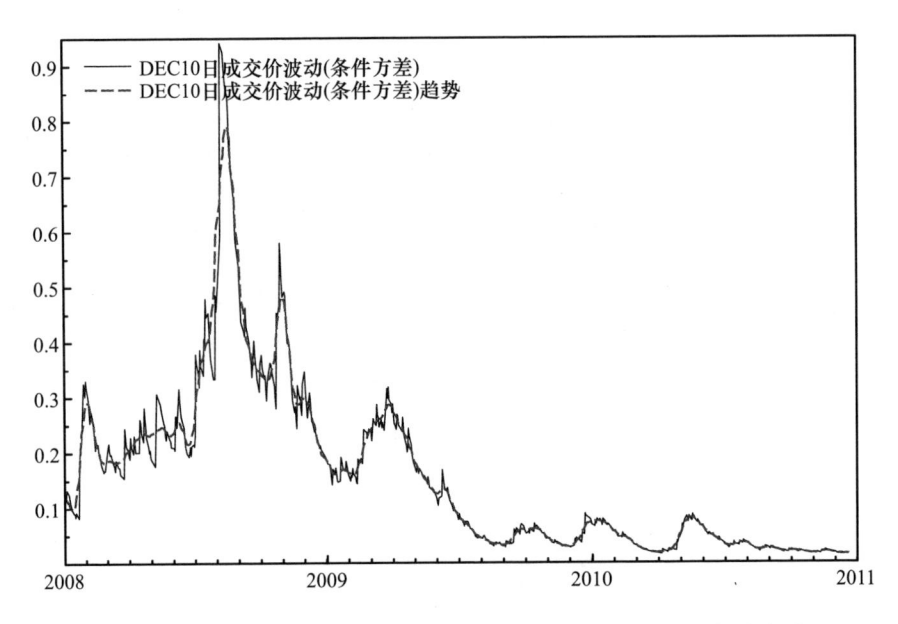

图 3.7　欧洲气候交易所碳期合约 DEC10 的日成交价波动(条件方差)及其变化趋势

(三) 研究模型及方法

在对欧洲气候交易所碳期合约 DEC10 的相关数据变量进行描述性统计的基础上,第一,利用 ADF(Augment Dickey Fuller)和 PP(Phillips and Perron)检验法来检验各变量的平稳性;第二,利用 Granger 因果关系分析方法，检验了各变量间的格兰杰因果关系；第三，利用Johansen 协整检验的方法检验各变量间的协整关系；第四，利用欧洲气候交易所碳期货合约 DEC10 的成交量变化、成交价波动和流动性变化构建 VAR（2）模型，并得到其脉冲响应函数，分析流动性变化、成交价波动和成交量变化之间相互作用关系和机制；第五，利用滚动时变参数的方法来具体分析流动性变化与交易量变化、流动性变化与交易价格波动、流动性波动与交易价格波动、投资收益率变化与交易量变化、投资收益率变化与交易价变化之间的关联性。

（四）检验分析

1. 各变量的平稳性检验

因为非平稳的经济变量得到的结果不能采用传统的线性回归分析方法来检验其相关性。所以在建模之前，须对各变量进行平稳性分析，因此，我们采用目前普遍流行的 ADF（Augment Dickey Fuller）和 PP（Phillips and Perron）检验法来检验各变量的平稳性。检验结果如表 3.1 所示。

表 3.1　　欧洲气候交易所碳期货合约 DEC10 中各变量平稳性检验

变量	ADF 检验	PP 检验	平稳性结论
成交价（p_t）	-1.54189	-1.44632	非平稳
成交价差分（Δp_t）	-23.76241***	-23.76821***	平稳
成交价波动（$\sigma^2_{p_t}$）	-2.73728*	-2.41989*	平稳
成交价波动差分（$\Delta \sigma^2_{p_t}$）	-13.01577***	-25.15365***	平稳
成交量（v_t）	-1.83438	-7.30695***	不确定
成交量差分（Δv_t）	-20.28792***	-39.42347***	平稳
持仓量（o_t）	-0.52353	-0.52353	非平稳
持仓量差分（Δo_t）	-23.88270***	-23.88270***	平稳
换手率（T_t）	-2.45646	-9.77989***	不确定
换手率差分（ΔT_t）	-19.32103***	-78.79751***	平稳
收益率（R_t）	-19.07894***	-22.49597***	平稳
收益率差分（ΔR_t）	-12.12616***	-162.9519***	平稳

续表

变量	ADF 检验	PP 检验	平稳性结论
流动性比率（L_t）	-26.27955***	-26.27955***	平稳
流动性比率差分（ΔL_t）	-15.52259***	-15.52259***	平稳

注："***""**"和"*"分别表示在1%、5%和10%的显著性水平下显著，拒绝存在单位根的原假设。

从表3.1可知，除了收益率 R_t 和流动性比率 L_t 在原始序列上是平稳的外，其他变量的原始序列都是不平稳的，但是各变量经一阶差分后，都是平稳的序列，因此 p_t、v_t、o_t 和 T_t 序列是一阶单整序列。

2. 因果关系检验

在进行实证分析之前，我们首先对流动性变化（即用流动性比率的变化来表示）、成交价波动和成交量变化之间的因果关系进行分析，结果如表3.2所示。

表3.2　　　　　　　　Granger 因果关系分析

方程	原假设	观测值	F 统计量
流动性变化方程	成交价波动非 G 影响流动性变化	728	14.2292***
	成交量变化非 G 影响流动性变化	728	0.04459
成交价波动方程	流动性变化非 G 影响成交价波动变化	728	3.97147**
	成交量变化非 G 影响成交价波动变化	728	0.25400
成交量变化方程	流动性变化非 G 影响成交量变化	728	0.00456
	成交价波动非 G 影响成交量变化	728	0.06913

注："***""**"和"*"分别表示在1%、5%和10%的显著性水平下显著。

从表3.2中可以看出，成交价波动对流动性具有单向的格兰杰因果关系影响，流动性变化对成交价变化也存在单向的格兰杰影响，变量间的其他格兰杰影响关系的检验皆不显著，说明并不存在显著的格兰杰因果关系。

3. 协整检验

我们利用 Johansen 协整检验的方法对流动性变化、成交价波动和成交量变化三个变量之间的协整关系进行了检验，检验的结果如表 3.3 所示。结果表明：流动性变化、成交价波动和成交量变化这三个变量在 5% 的显著性水平下存在 3 个协整向量。

表 3.3　　　　　　　　　Johansen 协整检验的结果

原假设	特征根	迹统计量	λ – max 统计量
0 个协整向量	0.615028	1253.221	694.9370***
至少有 1 个协整向量	0.531997	558.2843***	552.7570***
至少有 2 个协整向量	0.007564	5.527306**	5.527306***

注："***""**"和"*"分别表示在 1%、5% 和 10% 的显著性水平下显著。

4. 脉冲响应函数检验

利用欧洲气候交易所碳期货合约 DEC10 的成交量变化、成交价波动和流动性变化构建 VAR（2）模型，并得到其脉冲响应函数，分析流动性变化、成交价波动和成交量变化之间相互作用关系和机制，具体图形如图 3.8 所示。

从图 3.8 中脉冲响应冲击可看出：首先，流动性变化具有较强的记忆性，其冲击的持续性和强度相对较大，同时，流动性变化对成交价波动的响应要显著大于对交易量的响应；其次，交易量变化对流动性变化和成交价波动的响应都不是很大，且集中在零值附近，说明流动性变化和成交价波动对交易量的影响相对有限，而对自身滞后期的响应也相对较大；最后，成交价波动对流动性变化比对交易量变化的响应要敏感得多，同样成交价波动也具有较强的持续性。

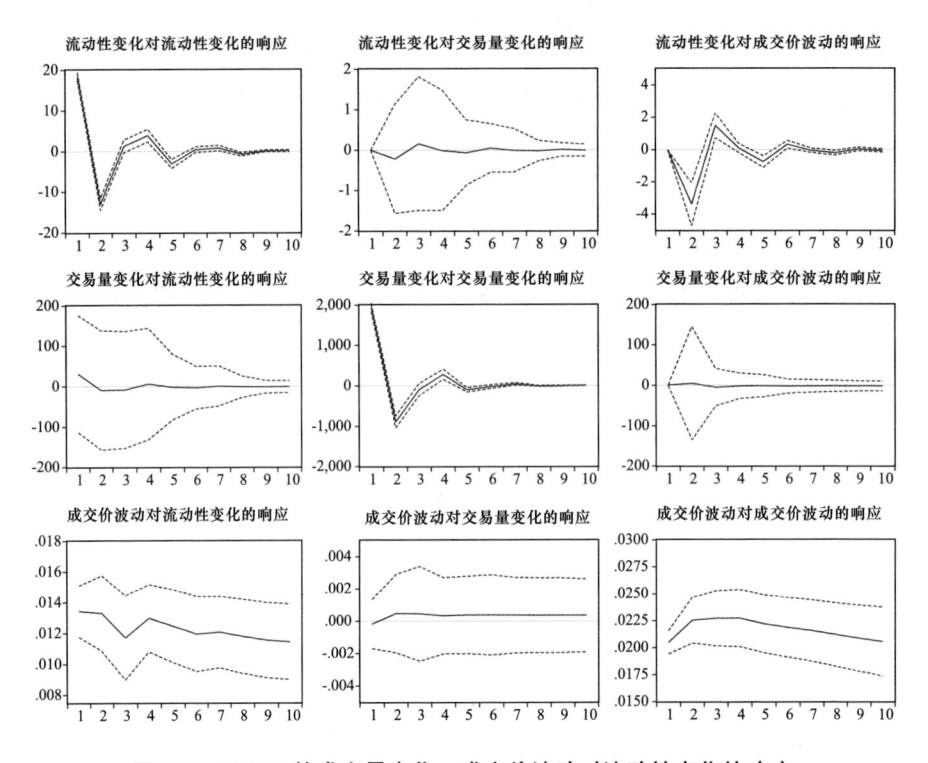

图 3.8　DEC10 的成交量变化、成交价波动对流动性变化的响应

(五) 实证分析

根据前文说明和研究，我们认为，欧盟碳金融市场的流动性与欧盟碳金融市场参与主体中的交易者参与碳金融市场交易的积极性，以及欧盟碳金融市场交易客体的交易价格波动性有关，因此需要实证分析欧盟碳金融市场中期货市场流动性变化与交易量变化和交易价格变化之间的关系。

1. 欧盟碳期货合约 DEC10 流动性变化和交易量变化之间的关联性分析

以 ΔL_t 和 Δv_t 分别表示 L_t 和 v_t 的一阶差分，分别表示市场流动性变化和交易量变化，则待估方程为：

$$\Delta v_t = c + \beta \Delta L_t + \varepsilon_t$$

采用最小二乘法得到的估计结果为：

$$\Delta v_t = \underset{(0.07635)}{6.08030} - \underset{(-0.19696)}{0.16106 \Delta L_t}$$

其中,"***""**"和"*"分别表示在1%、5%和10%的显著性水平下显著。(注意:后文无特殊说明,均以此法表示。)

方程估计结果表明:DEC10 的流动性变好(数值减少),则交易量增加,即具有负相关性,但是系数不显著。为此,本书采用滚动时窗的最小二乘法对市场流动性变化和交易量变化的关联性进行深入的分析。

在对相关变量进行描述性统计的基础上,检验各变量的平稳性,然后通过分别选择滚动时窗长度为季度($w=64$)、半年($w=128$)、年度($w=255$)和两年($w=510$)的滚动回归方程来研究变量间的滚动时变相关关系。其中,滚动回归方程 $\Delta v_t = c_t + \beta_t \Delta L_t + \varepsilon_t$ 得到 β_t 的时变系数如图3.9所示。

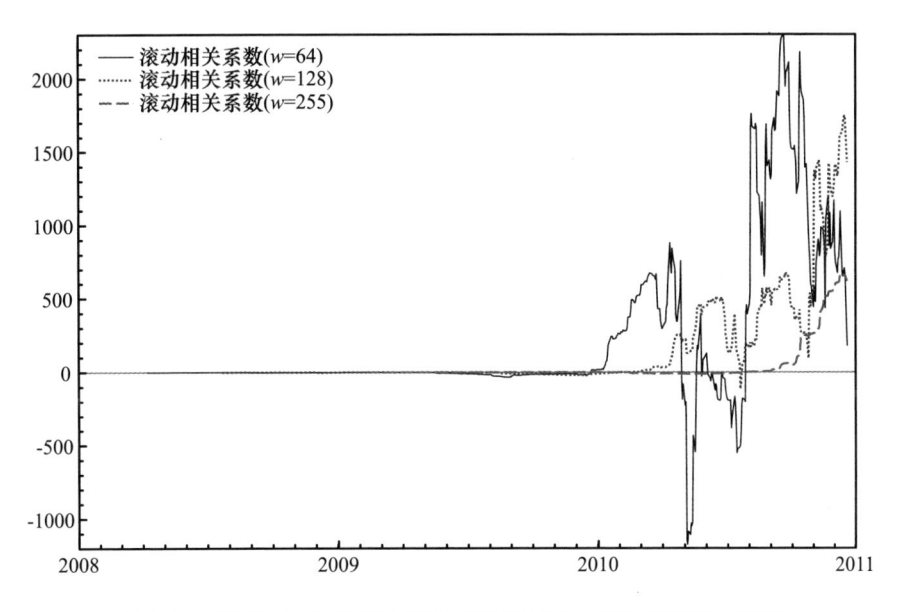

图 3.9 碳期货合约 DEC10 流动性变化对交易量变化的时变影响

从图3.9中可以看出碳期货合约 DEC10 的流动性变化和交易量变化的滚动时变相关在2010年之前基本上为负值,说明碳期货合约 DEC10 的流动性变好(数值变小),则交易量增加,即具有负相关性。

然而在 2010 年之后，碳期货合约 DEC10 的流动性对交易量的影响关系并不确定，主要还是受《京都议定书》即将到期等诸多政策因素的影响。

2. 欧盟碳期货合约 DEC10 流动性变化和交易价格波动之间的关联性分析

用 Δp_t 表示 p_t 的一阶差分，表示成交价的变化率，则待估方程为：

$$\sigma_{p_t}^2 = c + \beta \Delta L + \varepsilon_t$$

估计结果：

$$\sigma_{p_t}^2 = \underset{(26.8893***)}{0.148508} + \underset{(0.06610)}{1.56 \times 10^{-5}} \Delta L_t$$

证实结果表明：流动性变好（数值变小），则交易价格趋于稳定，即具有负相关性，但是系数并不显著。

同理，这里依旧分别选择滚动时窗长度为季度（$w = 64$）、半年（$w = 128$）和年度（$w = 255$）的滚动回归方程 $\sigma_{p_t}^2 = c + \beta_t \Delta L + \varepsilon_t$ 得到 β_t 的时变系数如图 3.10 所示。

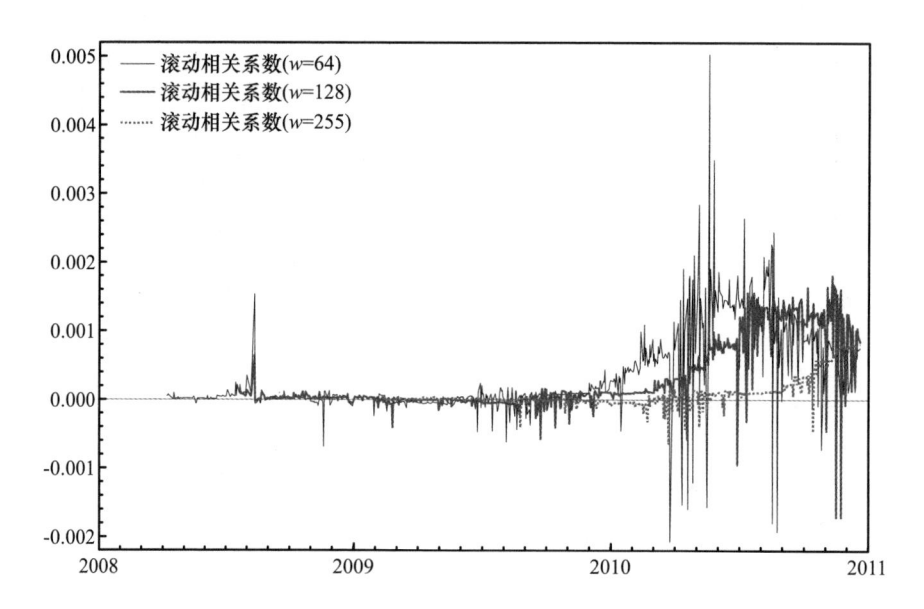

图 3.10 碳期货合约 DEC10 流动性变化对成交价波动的时变影响

从图 3.10 中可以看出碳期货合约 DEC10 的流动性变化和成交价波动的滚动时变相关基本上为正值，说明碳期货合约 DEC10 的流动性变好（数值变小），成交价波动变小，即碳金融市场的流动性越好，则其交易客体的交易价格越稳定。

同样，为了分析的全面和准确，本书对碳期货合约 DEC10 的流动性波动和成交价波动之间的关联性进行了检验。

σ_t^p 表示 p_t 的季度（64 天）滚动标准差，表示市场流动性波动，两者皆是通过 GARCH（1，1）求得条件波动，则碳期货合约 DEC10 的成交价波动和流动性波动之间的关联性如下：

$$\sigma_t^p = c + \beta \sigma_t^L + \varepsilon_t$$

估计结果：

$$\sigma_t^p = \underset{(25.57230***)}{0.570757} + \underset{(45.33318***)}{0.062003} \sigma_t^L + \varepsilon_t$$

欧盟碳期货合约 DEC10 的成交价波动和流动性波动之间存在显著的正向关联性，即流动性波动变小，成交价的波动也将变小，这说明碳金融市场流动性的稳定有助于交易客体的交易价格的稳定。

（六）研究结论

通过以上的实证分析，可以得出如下结论：

第一，欧盟碳期货合约 DEC10 的流动性变化和交易量变化之间具有负相关性，但是系数不显著。通过分别选择滚动时窗长度为季度（$w=64$）、半年（$w=128$）、年度（$w=255$）和两年（$w=510$）的滚动回归方程来研究欧盟碳期货合约 DEC10 的流动性变化和交易量变化之间的滚动时变相关关系，可以看出，在 2010 年之前，欧盟碳期货合约 DEC10 的流动性变好（数值变小），则交易量增加，即具有负相关性。然而在 2010 年之后，受《京都议定书》即将到期等政策因素的影响，碳期货合约 DEC10 的流动性变化对交易量变化的影响关系并不确定。因此，在没有其他政策因素的影响下，碳金融市场的流动性变化是对交易量变化产生一定影响的，流动性变好，交易量会增加，即碳金融市场参与主体中的交易者参与碳金融市场的积极性会提高。

第二，欧盟碳期货合约 DEC10 流动性变化和交易价格波动之间存在负相关性，但是系数不显著。通过分别选择滚动时窗长度为季度（$w=64$）、半年（$w=128$）、年度（$w=255$）和两年（$w=510$）的滚动回归方程来研究欧盟碳期货合约 DEC10 的流动性变化和成交价波动之间的滚动时变相关关系，可以看出，碳期货合约 DEC10 的流动性变化和成交价波动的滚动时变相关基本上为正值，说明碳期货合约 DEC10 的流动性变好（数值变小），成交价波动变小，即碳金融市场的流动性越好，则其交易客体的交易价格越稳定。

第三，欧盟碳期货合约 DEC10 的流动性波动和成交价波动之间存在显著的正相关性，即流动性波动变小，成交价波动也将变小，这说明碳金融市场流动性的稳定有助于交易客体的交易价格稳定。

第六节 影响碳金融市场发展的投资收益因素

碳金融市场也是一种特殊商品市场，其投资收益的高低，一方面，决定了碳金融市场参与主体的积极性；另一方面，也促进了碳金融市场交易客体的不断创新和完善。

我们以欧洲气候交易所碳期货合约 DEC10 的数据为研究基础，基于欧盟碳金融市场的投资收益性对于参与主体的交易者以及交易客体的影响进行实证分析，即分析碳金融市场的投资收益率与碳金融市场交易价格以及交易量之间的关联性。

一 碳金融市场投资收益率变化与交易量变化以及交易价波动之间的因果关系、协整关系和作用机制

（一）Granger 因果关系分析

从表 3.4 中可以看出，欧盟碳金融市场除了投资收益率变化能在统计意义上格兰杰引起成交价变化以外，其他变量之间皆不存在显著的格兰杰因果关系。因此，需拓展分析投资收益率变化与其影响因素之间的关系。

表3.4　　　　　　　　　　Granger 因果关系分析

方程	原假设	观测值	F 统计量
成交量变化方程	成交价波动非 G 影响成交量变化	729	0.06913
	收益率变化非 G 影响成交量变化	729	0.25148
收益率变化方程	成交量变化非 G 影响收益率变化	729	0.36481
	成交价波动非 G 影响收益率变化	729	0.10482
成交价变化方程	成交量变化非 G 影响成交价变化	729	0.25400
	收益率变化非 G 影响成交价变化	729	2.40765*

注："***""**"和"*"分别表示在1%、5%和10%的显著性水平下显著。

(二) 协整关系的向量误差模型

从表3.5中投资收益率变化与成交量变化和成交价波动的Johansen协整关系检验结果可以看出：投资收益率变化、成交价波动和成交量变化这三个变量在5%的显著性水平下存在3个协整向量。

表3.5　　　　　　　　　Johansen 协整检验的结果

原假设	特征根	迹统计量	λ - max 统计量
0 个协整向量	0.365547	644.2341***	644.2341***
至少有 1 个协整向量	0.344698	313.9093***	313.9093***
至少有 2 个协整向量	0.009676	7.058676***	7.058676***

注："***""**"和"*"分别表示在1%、5%和10%的显著性水平下显著。

(三) 脉冲响应函数分析

为了更加明确分析投资收益率变化与成交量变化、成交价波动之间的具体作用机制，我们构建三个变量之间的 VAR (2) 模型，得到它们间的脉冲响应函数图，如图3.11所示。

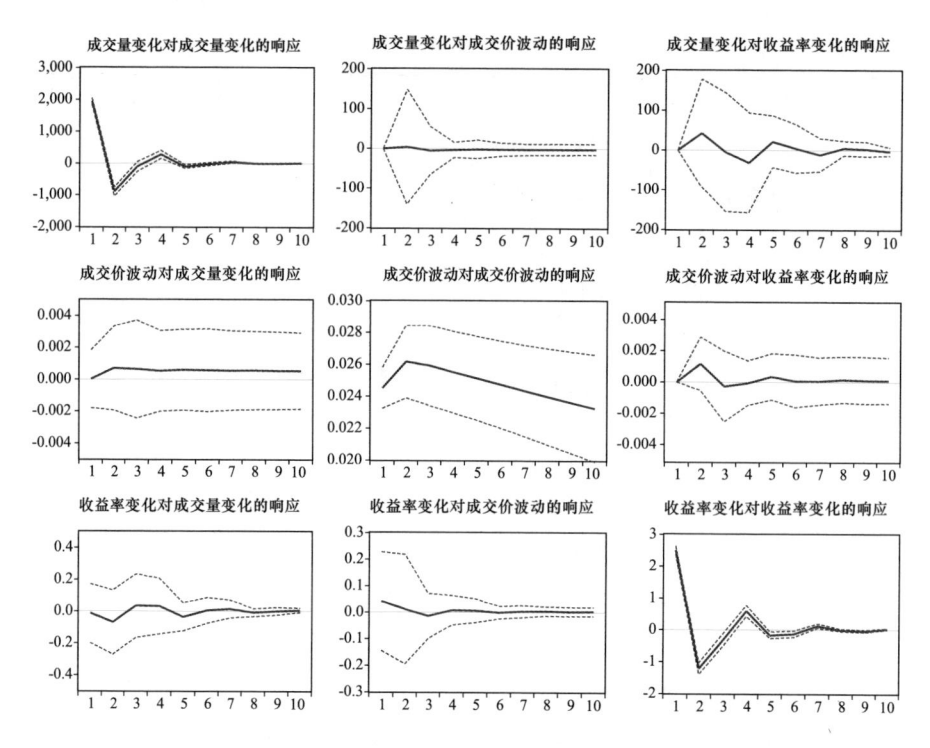

图 3.11　碳期货合约 DEC10 的成交量变化、成交价波动对投资收益率变化的响应

从图 3.11 中可以看出：首先，成交量变化对投资收益率变化的响应要大于对成交价波动的响应，说明投资收益率变化是影响成交量变化的重要因素；其次，成交价波动对成交量变化的响应虽然数值不大，但却具有持续性，而对收益率变化的响应不仅数值小，而且不具有持续性；最后，收益率对成交量变化和成交价波动的响应均不具有持续性，其中对成交量变化的响应具有波动性，且在一周以后这种响应逐渐消失，而对成交价波动的响应在两三天后就逐渐消失。值得一提的是，三个变量对自身的响应数值均较大，且成交价波动对自身的响应具有较强的持续性，这与金融资产价格的集聚现象相吻合。

二　碳金融市场投资收益率变化与交易量变化的关联性分析

在分析投资收益率与交易量之间是否存在显著统计量的同时，我们采用滚动时变的方法具体分析两者之间的关系随着时间变化的情况。

分析投资收益率变化与交易量变化的关联性，采用以下方程：

$$\Delta v_t = c + \beta_1 \Delta r_t + \beta_2 \Delta r_{t-1} + \varepsilon_t$$

估计结果如下所示：

$$\Delta v_t = \underset{(0.07942)}{6.33593} + \underset{(0.12554)}{3.73683 \Delta r_t} + \underset{(0.71381)}{21.23920 \Delta r_{t-1}}$$

从估计结果可以看出：随着投资收益率的增加（$\Delta r_t > 0$），投资交易量将会上升（$\Delta v_t > 0$），但分析的结果在统计意义上并不显著，这也说明碳金融市场的投资收益率变化与交易量变化之间的关联性具有不确定性，因此下文将采用滚动时窗的分析方法分析两者之间关联性的时变属性。同理，这里依旧分别选择滚动时窗长度为季度（$w = 64$）、半年（$w = 128$）和年度（$w = 255$）的滚动回归方程 $\Delta v_t = c_t + \beta_{1,t} \Delta r_t + \beta_{2,t} \Delta r_{t-1} + \varepsilon_t$ 得到 $\beta_{1,t}$ 的时变系数，如图 3.12 所示。

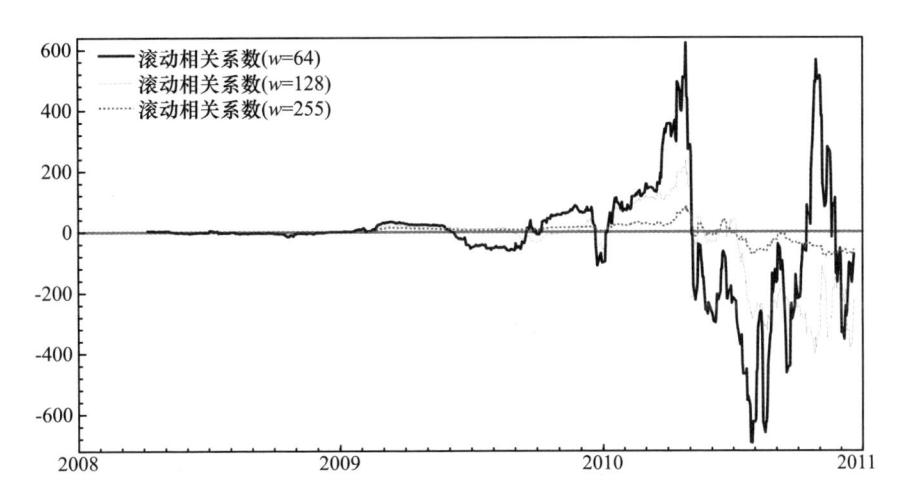

图 3.12 碳期货合约 DEC10 的投资收益率变化和交易量变化的滚动时变相关

总体来看，交易量变化与投资收益率变化在 2010 年之前多数呈现正向相关，即投资收益率增加，交易量将会增加，但在 2010 年之后，呈现的相关关系变化出现了不确定性的形态。主要原因是受《京都议定书》即将到期等政策因素影响，市场活跃度较低。

三　碳金融市场投资收益率变化与交易价格变化的关联性分析

这里，需要针对碳金融市场投资收益率变化与交易价格变化的关联性进行具体分析。

首先，分析碳金融市场投资收益率变化与交易价格变化之间的关联性，具体的分析方程如下：

$$\Delta p_t = c + \beta \Delta r_t + \varepsilon_t$$

该方程的估计结果如下：

$$\Delta p_t = \underset{(-1.18014)}{-0.01311} + \underset{(21.53835\,***)}{0.08348} \Delta r_t$$

该模型的估计结果显示：碳期货合约 DEC10 的投资收益率变化与交易价变化之间的关联性基本上呈现正向关系，即随着投资收益率增加，交易价格也随之增加，这说明随着收益率的增加，大量的投机参与者参与到碳金融市场交易活动中，推升了碳金融市场交易价格，同时，也说明在碳金融市场中追逐高收益，将会有可能增加交易成本，具有较大的市场风险。

下文将使用滚动时变参数的方法来具体分析投资收益率变化与交易价变化之间的时变关联性。同样分别选择滚动时窗长度为季度（$w = 64$）、半年（$w = 128$）和年度（$w = 255$）的滚动回归方程 $\Delta p_t = c_t + \beta_t \Delta r_t + \varepsilon_t$ 得到 β_t 的时变系数，具体如图 3.13 所示。

从图 3.13 中可以看出，无论是季度、半年度，还是年度的滚动时窗，得到的投资收益率变化与交易价变化之间的时变关联系数 β_t 都显示，投资收益率变化与成交价变化之间的关联性基本上呈现正向关系，即随着投资收益率增加，交易价格也随之增加，这说明碳金融市场的投资收益率与投资价格之间的关系存在"高收益，高风险"的关系，想要获得高收益，必将承担相应的高风险。

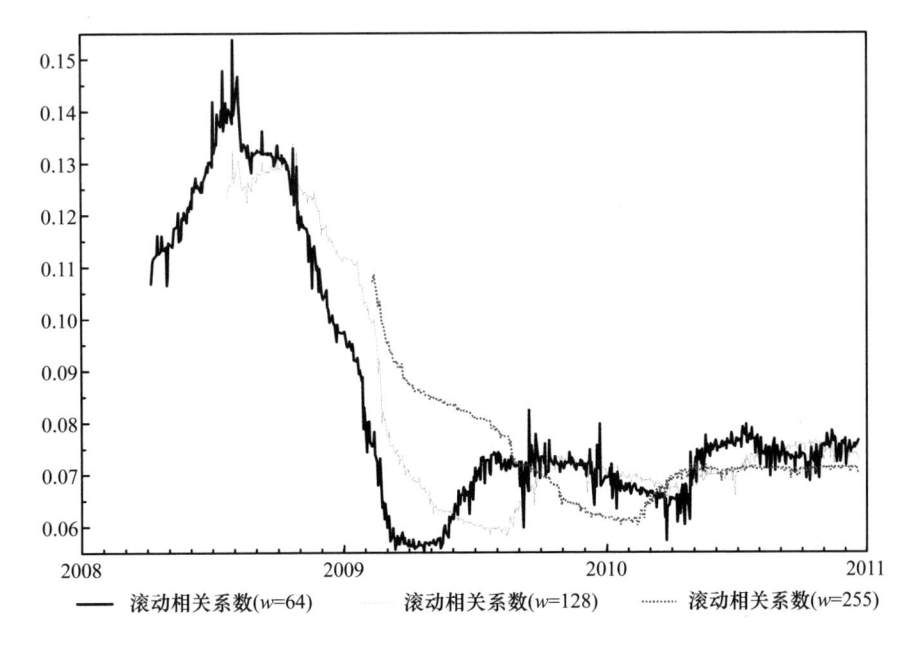

第三章 碳金融市场参与主体和交易客体的影响因素分析 / 75

图 3.13 碳期货合约 DEC10 的投资收益率变化和交易价变化的滚动时变相关

第四章　发展和完善中国碳金融市场主体与客体的政策建议

第一节　完善中国碳金融市场法律法规体系

2014年10月23日,党的十八届四中全会召开。此次全会的中心议题是全面推进依法治国,总目标是建设中国特色社会主义法治体系,建设社会主义法治国家。[①] 根据党的十八届四中全会精神,中国的各个领域建设,包括经济方面建设,将全面推进依法治国。

首先,需要从国家法律的层面,建立全国统一的关于碳金融市场交易的法律体系,设立《中华人民共和国碳交易法》。在构建碳金融市场交易法律体系的过程中,需要不断总结和分析7个碳交易试点城市关于碳排放权交易管理办法的实施情况,总结经验教训,吸纳有力措施,为建立全国统一的碳金融市场奠定良好的法律基础。

在《中华人民共和国碳交易法》中,应该包括如下几个方面:一是明确在我国碳排放权受约束的对象和相应的标准,包括企业所在的行业、经营规模、年度二氧化碳排放总量等;二是明确强制减排的温室气体类型,可以参考美国芝加哥气候交易所规定的6种温室气体类型,同时,在对碳排放权受约束的企业实际进行碳排放量核算时,将其他5种非二氧化碳气体均折算成碳排放量;三是明确具体的惩罚措施,对于不能按时完成碳减排指标的企业,要实施双重惩罚,不仅要从经济上进行

---

① 半月谈网（http://www.banyuetan.org）。

惩罚,而且要实施黑名单制,进行通报批评,一旦进入黑名单的企业,不能再享受国家所提供的相关优惠政策,并需要停业整顿;四是要明确中国国内统一的碳减排计划表,包括年度和月份的详细计划,可以分阶段实施。

其次,需要从国家法规的层面,建立全国统一的碳配额初始分配制度。在中国碳金融市场建立初始阶段,根据中国碳金融市场发展的实际情况以及碳排放权受约束的企业的实际需求,碳配额初始分配方式可采取以免费分配方式为主;在中国碳金融市场发展阶段,碳配额初始分配方式可采取免费和拍卖相结合的分配方式,一要确定免费发放的碳配额数量和比例,二要确定拍卖的碳配额数量和比例;在中国碳金融市场成熟阶段,碳配额初始分配方式可采取以拍卖为主的分配方式。

第二节 增强中国碳金融市场的流动性

中国政府需要制定相关的支持政策,充分调动中国碳金融市场参与主体的积极性,发挥碳金融市场主体的主观能动性,从而不断增强中国碳金融市场的流动性。

对于碳金融市场监管机构来说,中国政府应该制定监督管理制度,督促碳金融市场监管机构深入市场进行调研,分析总结碳金融市场运行的真实规律,及时发现和解决碳金融市场存在的问题,创新发展监管机制,扎实有效落实相关监管规则,为碳金融市场创造一个相对公平、公正、公开、安全的交易环境,提高碳金融市场的流动性。

对于碳金融市场的交易者来说,中国政府应该制定激励政策和措施。一方面,针对 CDM 项目交易,减少申报和审批环节,缩短审批时间,提高审批效率,创新和研发碳减排量监测和核证方法,提高监测和审核效率。另一方面,针对碳排放配额交易,需要制定具体的奖惩措施,对于碳排放指标完成较好的企业,一是为其减免交易费用和相关税费,二是为其搭建融资平台,拓展融资渠道,三是建立专项基金,提供专项资金支持,提供贷款贴息等,从而不断提高碳金融市场交易者参与碳金融交易的积极性，提高碳金融市场的流动性。

对于碳金融市场中介机构来说，其种类复杂多样，包括：清算机构、第三方核证机构、信息和技术咨询机构、金融机构、律师事务所等。中国政府应该针对不同行业的中介机构，制定详尽具体、可操作性强和符合碳金融市场实际发展情况的监督管理制度，同时，出台一系列优惠支持政策。一方面，对于律师事务所等中介机构，中国政府应该制定具体的激励政策，例如减免税费和提供财政补贴等；另一方面，对于金融机构等中介机构，中国政府应该制定相对合理和符合碳金融市场实际发展需要的监管政策，例如提高商业银行关于碳金融交易信贷的不良贷款容忍率，鼓励和督促商业银行开发创新碳理财产品、保险公司开发创新碳保险产品、基金公司开发新型碳基金等碳金融衍生品等。通过制定以上政策和措施，不断增强碳金融市场中介机构的自身经营管理能力和创新能力，更好地为碳金融市场交易者提供综合服务，从而提高碳金融市场的流动性。

第三节　培养中国碳金融市场的专业人才队伍

第一，搭建中国统一的碳金融市场人才培训机构，由该培训机构在全国各省市建立分支机构，尤其是7个碳金融交易试点城市（省份）应该优先设立分支机构。

培训的对象应该包括：一是中国与碳金融市场交易相关的政府主管部门负责人以及业务骨干；二是中国从事与碳金融交易相关的企业法人、高级管理人员以及技术人员等；三是中国金融机构中从事与碳金融交易相关的部门负责人以及业务人员；四是中国碳交易所工作人员以及从事与碳金融交易相关的审计所、会计事务所、律师事务所等中介机构工作人员；五是碳金融市场投资的个人或企业等。

培训的内容应该包括：一是对于想获得碳交易师资质的人来说，应该培训碳金融交易的基本原理、《京都议定书》以及国际通用的碳金融交易三大机制的主要内容、碳金融交易制度的设计思路、国际碳金融市场发展概况以及趋势、中国碳金融市场发展概况以及趋势、中国碳减排计划等内容；二是对于想获得碳审计师资质的人来说，应该培训温室气体的盘查设计方法和程序、相关 ISO 认证标准的内容、核查温室气体报告的方法和流程、如何编制温室气体核查报告和核查声明书等内容；三是对于想获得碳资产管理师资质的人来说，应该培训碳资产的内涵、国际和国内碳资产的发展概况以及变化趋势、碳资产开发与管理的实务、碳资产合作的谈判以及相关技术等内容。

除了进行理论培训之外，应该为培训人提供实习的平台和机会，使得培训人理论与实践相结合，真正做到学以致用，即培训人能够通过实习平台，灵活运用学到的碳金融相关理论和知识，不断完善和提高自身的实际操作能力。

第二，搭建中国统一的碳金融市场人才认证机构。碳金融市场人才认证机构可以颁发相关资格证书，该证书可以在国内通用，甚至可以在国际通用。认证的专业包括但不限于：碳交易师、碳审计师以及碳资产管理师等，并将认证分为初级、中级和高级等不同等级，分层次、分阶段来认证中国碳金融市场的专业人才，即先储备一批初级专业人才，再选拔一批中级专业人才，最后优选一批高级人才，呈现金字塔形人才结构，从而满足中国碳金融市场的专业人才需求。

第四节　提高中国碳金融市场参与主体的职能水平

第一，明确组织管理机构的职责。中国政府关于碳金融交易的组织管理机构为国家发展和改革委员会，对于 7 个碳金融交易试点城市（省份）的组织管理机构为各城市（省份）的发展和改革委员会。应该在国家发展和改革委员会项下设立一个专门组织管理中国碳金融交易的机构，职能专一，管理责任明确。该机构的职责应该包括：统筹规划中国统一碳金融市场的建立；制定与碳金融交易相关的管理办法；出台能够有效提高中国碳金融市场流动性的支持政策；制订培养中国碳金融专业人才队伍的计划和具体措施；建立与国外先进国家或地区关于碳金融交易的交流学习平台等。

第二，提高监管机构的监督管理水平。一是设立中国专门针对碳金融交易的监管机构。根据碳金融交易的不同类型和特点，设立职能专一、责任明确的监管机构。该监管机构应该对中国碳金融交易进行全过程监管，包括交易前、交易中和交易后等过程。在交易前，应该设立严格的交易者准入制度，审核交易企业或个人的资质；在交易中，应该严格控制交易双方的交易行为和操作过程；在交易后，对交易者建立其交易结果的社会信用记录。二是制定符合中国碳金融交易实际情况的监管办法。针对中国碳金融交易的实际情况，建立一套完善的监督管理办法，对中国碳金融市场交易者的交易过程进行监管，防止操作风险和信用风险；对中国碳金融市场交易产品的类型和操作流程要严格审核和监管，防止发生交易风险和系统风险；制定针对中国碳金融交易中违规交易者的惩罚制度，有效降低违规风险。三是建立中国统一的碳金融交易注册登记系统。中国碳金融市场的稳定运行和发展，需要技术系统的大力支持。尤其是根据欧盟和美国碳金融市场的发展经验，为有效提高中国碳金融市场的交易效率，降低信息不对称性，防范交易风险和道德风险，增强中国碳金融市场的流动性，需要建立中国统一的碳金融交易注册登记系统。四是优选第三方碳排放量核查机构。碳金融交易的前提和基础是能够准确及时地核查交易企业的二氧化碳排放量，因此，第三方碳排放量核查机构的选择至关重要。中国在碳金融交易过程中，需要制定严格的第三方碳排放量核查机构准入制度，包括：是否拥有相关资质证书、是否拥有丰富的核查经验以及是否拥有完备的核查制度和流程等。

第三，完善中介服务机构的服务体系。为了进一步完善中国中介服务机构的服务体系，一是建立日常沟通机制，各个中介机构定期召开联席会议，共同分析和解决在中国碳金融交易过程中所遇到的实际问题；二是通过产品创新、机制创新、服务创新和制度创新，突破各金融机构非混业经营的监管束缚，不断开发和设计能够提高碳金融市场流动性、及时满足交易者实际需求的碳金融交易产品；三是制定律师事务所等中介服务机构的准入制度，严格把控中介机构的资质和服务水平能够满足中国碳金融市场的实际需求。

第四，提高交易者自身的经营管理能力。一是参与碳金融交易企业要建立自身的信息收集渠道和平台，收集碳金融市场交易价格等相关信息；二是参与碳金融交易企业及时有效地对自身的减排成本进行测算，对自身开发建设减排项目的成本与在碳金融市场直接购买碳排放权的成本做评估和比较，合理选择达成自身减排目标的方式；三是参与碳金融交易企业要建立自身与碳金融市场交易相适应的风险管理制度和操作流程，防范交易风险和操作风险。

第五节　丰富中国碳金融市场交易客体的种类和交易模式

第一，丰富中国碳金融市场交易客体的种类。由于中国是发展中国家，只能通过清洁发展机制来实现参与国际碳金融市场交易，因此，中国的碳期货等金融衍生产品应该以 CDM 项目核证减排量为基础进行设计和开发，创新发展出更多适合中国实际国情的碳金融衍生产品。一是创新碳排放权质押贷款产品。中国商业银行应该积极参与 CDM 项目的建设开发，尤其是为前期项目所需要的资金提供支持。可针对 CDM 项目未来产生的碳排放权，按照一定的质押率进行核定贷款，灵活把握和控制信贷风险，建立专项的审批绿色通道，提高审批效率，及时满足项目开发者的资金需求。二是创新建立碳投资基金。目前，中国的碳基金均为国有背景，投资领域和基金规模均有限，因此，应该创新建立以碳金融市场为导向，以 CDM 项目为投资对象的专项投资基金，进一步拓展碳减排项目的融资渠道，增强碳减排项目的资金实力，从而推动碳减排项目快速发展。三是创新碳资产证券化产品。随着中国碳金融市场的快速发展，资本市场的金融衍生品可与碳排放权相结合，对于有效的碳资产进行盘活和交易流转，实现碳资产证券化，提高碳资产的使用效率。四是创新碳信托产品。商业银行、信托公司等金融机构进行资源整合,联合开发创新碳信托产品。即由商业银行将 CDM 项目开发成理财产品,聚集社会闲散资金,并通过信托公司为 CDM 项目提供资金支持。

第二,丰富中国碳金融市场交易客体的交易模式。当前,中国碳金融市场交易客体的交易模式主要以线上交易和场内交易为主,包括七个试点城市(省份)所在区域的碳交易所和相关交易系统。

要根据中国的实际情况,不断丰富中国碳金融市场交易客体的交易模式,尤其是针对自愿型减排量的交易模式,可采取线下交易和场外交易。这两种交易主要是针对投资公司或投资个人,是对现有碳金融交易模式的有效补充,可有效提高碳金融市场的活跃度和流动性。

对于线下交易和场外交易,其交易的过程一般不存在第三方监督,交易双方完全凭借自愿进行相互交易,因此,需要制定合理的监管机制,防范其交易风险和信用风险。一是建立独立的、针对自愿型碳交易的监管部门,出台具体的监督管理办法。二是由监管机构出具制式的合同文本,避免市场交易者签订的协议出现法律纠纷。三是在监管过程中,应对碳金融交易者采取备案制,并与其社会信用征信系统进行链接,对于碳金融交易过程中的违规者,要建立黑名单制度,进行社会通告,并处以交易金额倍数的罚款。

第 二 篇

中国碳金融交易市场的供求机制

第五章　中国碳金融交易产品：供给机制的选择与确定

第一节　中国碳金融基础产品的选择和确定

首先，我们分析我国经济发展与减排目标之间的关系，以此为基础确定减排目标。我国正处于工业化、城镇化快速发展的重要阶段，随着我国经济总量的增加，我国石化能源的使用、温室气体的排放量也必然增加，因此，在处理经济发展与减排目标之间的关系时，应充分考虑这种国情，并确定减排的短期目标和长远目标，明确以减排总量抑或是排放强度作为目标。其次，初步制订明晰的减排计划表。为了确定整个交易体系配额的数量，给市场参与者一个预期和分析依据，研究减排时间表以及与时间表相对应的减排计划。最后，根据减排目标与经济发展实况，细化减排计划表。

碳排放权是原生交易产品或基础交易产品。碳排放权的交易使碳减排量具有流动性和收益性，使得具有减排能力的企业积极运用低碳技术降低排放量，并通过碳交易市场把产生的减排份额出售给其他碳排放份额的需求者或者相关的低碳基金，促进低碳技术的创新、开发和应用。①

---

①　王丹、郭福春：《碳金融支持低碳经济发展的机制与路径选择》，《金融教育研究》2012年第25期，第52—58页。

一 减排目标的确定机制

排放目标的确定是整个交易体系运行的初步环节,主要包括对减排气体的确定、对减排行业和地区的确定、对减排额度的确定及对减排时间跨度的确定和监管源的确定选择。

(一)减排总量的确定

对排放总量(Cap)的确定是创造配额的前提,是交易体系运行的基础。任何一个成功的总量控制交易体系都必须确定其排放限制量的数字化目标并赋予其价值。

确定排放限额的主体一般是政府或相关决策机构,这些决策机构进而根据特定区域内减排覆盖主体在一个基准年的总温室气体排放,以及总量控制交易体系的履约日期和实现减排目标的最终时间来确定总的排放限额。为防止对总排放的限额确定过于宽松,一般确定时遵循两个基本原则(以欧盟的排放交易体系 EU-ETS 为例):一是总的配额数必须低于正常营业的项目排放,二是成员国对配额的分配必须满足欧盟排放压力分担协议或《京都议定书》所规定的减排目标的要求。马中、Dan Dudek 等提出可以根据污染物减排目标确定排放限额,在确定目标时考虑以下因素:递减的目标总量,确保环境质量将进一步改善;符合实际社会、经济发展水平和治理能力;可以通过环境质量监测随时了解总量控制的效果,及时做出调整;节约决策成本。①

减排目标按是否自愿可分为自愿目标和强制目标,按计算方法的不同可分为强度目标和绝对量目标。与绝对量目标下碳排放的绝对量减少不同,碳强度目标衡量的是单位 GDP 的碳排放的减少。当前,国际社会中以欧盟、美国加州为代表的发达国家或地区多采用碳减排绝对量目标,而以我国为代表的发展中国家多以碳排放强度目标为主。根据 2015 年 9 月 28 日发布的《中美元首气候变化联合声明》,中国最新的碳减排目标是到 2030 年单位国内生产总值二氧化碳排放将比 2005 年下

---

① 马中、Dan Dudek 等:《论总量控制与排污权交易》,《中国环境科学》2002 年第 1 期。

降60%—65%。这就意味着到2030年我国的碳排放强度下降60%—65%。

一些学者（Stern和Jotzo，2010；Marschinski和Edenhofer，2010）认为碳排放强度目标回避了一个事实，即无须减少持续增加的碳排放绝对量，也可以达成碳减排强度目标。而且，碳排放强度目标在不确定性下并没有比基于水平的目标表现得更好。但是，支持碳强度目标的学者（Jotzo和Pezzey，2007；Fischer和Springborn，2009）则认为从国际实践来看，碳强度目标对管理经济的不确定性和促进相关技术发展、结构转型等有积极的作用。

在对中国碳排放强度目标的评估方面，Guan等运用投入—产出分析法研究发现中国经济的碳强度在BAU情境下到2030年会比2002年下降21%。[1] 与之相似，Jose M. Cansino等通过包含35个产业的世界投入产出数据库，运用改进的投入—产出分析法，得到以1995年为基准年，中国到2020年碳排放强度比1995年下降67%。[2] J. Luukkanen等通过ChinaLINDA模型，构建了一个分析中国经济和产业的结构变化和区域转型的计算框架，并模拟三种情境下到2030年不同经济发展路径对排放、能源消耗和就业的影响，研究得出与参考情境相比，到2030年政策情境下的CO_2减排量低于1/3。[3]

（二）减排时间跨度的确定

对减排时间跨度的确定也就是要根据总的排放目标确定各个不同阶段的排放目标。一般要对特定减排区域和行业，进行短、中、长期目标

---

[1] Guan, D., Hublacek, K., Weber, C. L., Peters, G. P., Reiner, D. M., "The Drivers of Chinese CO_2 Emissions from 1980 to 2030", *Global Environ Change*, Vol. 18, 2008, pp. 626–634.

[2] Jose M. C., Rocio R., Jose M. R. C., "Will China Comply with its 2020 Carbon Intensity Commitment?", *Environmental Science & Policy*, Vol. 47, 2015, pp. 108–117.

[3] J. Luukkanen, J. Panula-ontto, J. Vehmas, Liu Liyong, J. Kaivo-oja, L. Hayha, B. Auffermann, "Structural Change in Chinese Economy: Impacts on Energy Use and CO_2 Emissions in the Period 2013–2030", *Technological Forecasting & Social Change*, Vol. 94, 2015, pp. 303–317.

的确定,这一确定直接决定着政策成本和环境收益的平衡,对整个体系设计十分重要。在进行限额的确定时,要保持平衡适度,不可过于保守又或者过于激进。过于保守的目标的确定会使气候问题的解决见效甚微,往往达不到预计的减排效果,难以实现环境收益;而过于激进的目标又会带来额外的政策成本,对受规制企业带来过大的经济压力。如,Wigley 等提出,在确定年度排放目标时,渐进的强度要求可以避免过快采取严厉目标带来的相关成本,同时又能不牺牲环境效益。[1] Goulder 也指出,渐进的阶段性目标为先进的低碳或减排技术赢得持续稳定的投资提供了时间。[2]

总之,对限额排放时间跨度的确定要充分考虑政策成本和环境收益的平衡、短期目标和中长期目标的协调、减排技术吸引投资的时间等因素。

二 减排对象的确定机制

减排对象的确定机制包括对减排气体的确定、对减排行业和地区的确定、减排行业标准的确定和监管源的选择。

(一) 对减排气体的确定

在减排气体的选择上,学者们的主流观点都支持实行多种温室气体减排。Reilly 等,Stavins 和 Richards 认为对 CO_2 以外的温室气体进行生物固碳和减排有助于显著降低温室气体浓度控制的成本。[3][4] Paltsev 等研究了多气体减排的实施问题,认为多气体减排的实施往往需要确定各

---

[1] Wigley, T. M. L., et al., "Economic and Environmental Choices in the Stabilization of Asmospheric CO_2 Concentrations", *Nature*, Vol. 379, 1996, pp. 240-243.

[2] Goulder, L. H., *Induced Technological Change and Climate Policy*, Pew Center on Global Climate Change, 2004.

[3] Reilly, J. M., Jacoby, H. D. and Prinn, R. G., *Multi-gas Contributors to Global Climate Change: Climate Impacts and Mitigation Costs of Non-CO_2 Gases*, Arlington, VA, Pew Center on Global Climate Change, 2003, pp. 549-555.

[4] Stavins, R. N. and Richards, K. R., *The Cost of US Forest-based Carbon Sequestration*, Arlington, VA, Pew Center on Global Climate Change, 2005.

气体间的可兑换比率,以把它们的各种效果集合在一起,提高市场效率。①

(二) 减排行业和地区的确定

对减排行业和地区的确定也就是选择减排所覆盖的行业与地区。在减排行业的选择上,各国或地区会根据自身情况,选定一个或几个行业,一般都是排放量较大、生产标准化、易监管的行业来进行减排,如欧盟选择的是电力及重工业行业。在减排地区的确定上,不少经济学家提出应该尽可能扩大减排范围,进行跨地区的监管,这样有利于整体减排效果。Holland 和 Moore 提出,跨时间、跨地区的有效许可的灵活性对于降低减排成本是一个有价值的工具;同样,遵约时机和校准过程上的灵活性一般情况下被认为可以增加流动性,降低遵约成本,为适应成本冲击提供灵活性。② Lutter 和 Shogren 对排污权交易系统的跨国,乃至在全球范围内的发展进行了研究,并提出国家之间进行排污权交易时,设置排污权进口关税对整个体系的效率而言是有益的。③

(三) 减排标准的确定

在界定强制减排对象之前,首先应确定行业减排标准。选择在全部温室气体排放中所占比例较大的行业,或者企业规模较大的行业等。按一定的标准选定强制减排的行业后,确定参与强制减排的企业。根据不同行业的特点,可以采取循序渐进的方式,初期可选取电力、钢铁、水泥等高耗能、高排放的行业进行试点,待试点成功后,后续行业也纳入减排对象中,以避免造成行业分割。

(四) 监管源的确定

根据监管企业的不同,在监管方式上主要有上游监管(Upstream regulation)和下游监管(downstream regulation)两种。上游监管就是对

---

① Paltsev, S., et al., *Assessment of U. S. Cap-and-Trade Proposals*, National Bureau of Economic Research Working Paper 13176, 2008, p. 5.
② Holland, S. P. and Moore, M. R., *Market Design in Cap-and-Trade Programs: Permit Validity and Compliance Timing*, NBER Working Paper 18098, 2012.
③ Lutter, R. and Shogren, J. F., "Tradable Permits Tariffs: How Local Air Pollution Affects Carbon Emissions Permit Trading", *Land Economics*, 2002, pp. 159 – 170.

一个产业链中第一个进行化石燃料消耗、产生碳排放的企业进行监管,要求他们持有排放许可;而下游监管就是对产业链的终端企业进行监管。由于下游监管涉及范围相对较广,监管成本过高等原因,目前大部分实行总量控制交易体系的国家和地区往往采取上游监管的方式。作为一种容易操作且执行成本较低的监管方式,Stavins 认为上游监管项目还应该建立一种信用机制,以应对小部分化石燃料未被燃烧和燃烧后捕捉技术的采用,如碳捕捉和隔离技术(Carbon Capture and Sequestration,CCS)。此外,还应包括针对化石燃料出口的信用基准项目,以保护出口企业的竞争力不至于减弱。[1]

三 碳配额的分配制度

碳排放配额如何在参与者之间进行初始分配是碳排放总量控制交易体系设计中的一个关键问题。从理论上来说,在理想的市场条件下,即市场的交易成本为零且完全竞争,配额如何分配不会影响交易体系的成本效益。[2] 在这种情况下,无论控排企业是否需要为配额付费,配额的价格、体系的环境效率、控排企业的减排方式和下游价格的影响都由减排目标和减排的机会成本决定,配额分配仅仅是分配给谁的问题。然而,在真实的市场中存在着交易成本、资本流动性、市场势力等非理想条件,以及监管不力、现存税收体制带来的扭曲效应,配额分配必然会影响市场效率与总的成本效益。

碳排放交易市场是由政府背书的人造市场,其建立的基础是强制创造被动参与者,即控排企业,对碳排放配额的需求,并为这种需求付费。在这一市场下,不同的分配方式的公平程度、分配效果、政治可行度以及减排效率都各有差异。

配额分配的焦点在于控排企业是免费获取配额还是需要为此付费,

---

[1] Stavins, R. N. A., U.S., *Cap-and-Trade Proposal to Address Global Climate Change*, Discussion Paper, Washington, D. C.: Brookings Institution, 2007.

[2] Montgomery, W. D., "Markets in Licenses and Efficient Pollution Control Programs", *Journal of Economic Theory*, Vol. 5, No. 3, 1972, pp. 395–418.

这就取决于分配方式的选择：免费分配或有偿分配。其中，根据分配原则，免费分配可分为祖父法（Grandfathering）和基准法（Benchmarking）；有偿分配最有代表性的是拍卖法。①

（一）免费分配

其一，祖父法。祖父法早先主要被用于解决狩猎、渔业、水资源等交易体系中的资源（权利）分配问题。在这种分配方式下，参与者可以根据其历史活动免费获得相应额度的某种资源的权利或许可，也就是"配额"。② 配额实行一次性分配（lump sum distribution），分配后，接受者无论以后是否继续从事该项活动，都将保有其配额不变。这就是最早采用的祖父法的规则，被称为"纯粹的祖父法"（PureGrandfathering）。然而，纯粹的祖父法难以适用于复杂的交易体系，其一次性分配的方式会带来很多不利影响。如已经停产的企业仍可以获得配额，而新企业却不得不为其所有排放付费（Rosendahl 等，2007）。而且，在一个封闭的排放交易体系中，一次性分配并不能显著提高成本效率（Bohringer 和 Lange，2005）。实践中大都在基准年的选择和对设施的新建与关停的配额分配上进行灵活的政策变动，这就是我们通常说的祖父法（Grandfathering）。实践中的例子有欧盟 ETS 的第二个交易期除以体系运行之前的历史排放水平为依据外，在其还有许多成员国选择第一阶段的第一年（2005）的历史排放水平为基准年。

为更好地适应实际排放和实现减排目标，分配计划在某些时候需要更新（Updated Grandfathering）。以欧盟为例，其采取的是阶段性分配，即每个履约期之前都要制订一次分配计划以决定下一阶段的配额分配，这是直接的更新。此外，通过对新进入者和旧设施关闭带来的配额变化做出规定也间接更新分配。Bohringer 和 Lange（2005）提出在一个封闭的排放交易体系中，假设企业的数量固定，那么分配所依据的基准年不

---

① 澳大利亚所采用的固定价格销售碳排放配额也属于有偿分配，但由于应用范围较窄，不在本书作重点讨论。

② 这种权利可以是在特定区域狩猎的权利或是捕捞的权利，也可以是排放污染气体的权利。

断更新会带来最佳收益。但更新的祖父法也存在着问题,如 Sterner 和 Muller（2008）认为,如果分配计划有规律地基于前一阶段排放制订,企业在当期将会有经济激励进行更多的排放。

采用祖父法分配能最大限度地接近现有排放水平,补偿企业因扩大生产投资而可能出现的沉没成本,减轻企业的资金压力。因此,祖父法在排放交易体系建立初期,相比拍卖法等有偿分配,更容易获得支持。此外,由于企业受到的成本压力较小,祖父法也更能降低"碳泄漏"（carbonleakage）的风险。

然而,尽管具有一定的减排激励效果,祖父法还是存在一些不可回避的问题。首先,免费分配给企业带来的转移财富要远高于其实际付出的成本（Burtraw and Palmer, 2008）。研究发现,在相对竞争市场,60%—100% 的 CO_2 价格会被转嫁到电力消费者头上,市场的竞争程度越高,这一比例也越高（Sijm 等,2006）。欧盟 ETS 的实例也佐证了这一观点。① 其次,基于历史排放水平分配配额这种做法在事实上奖励排放大户,而不是提前在减排方面做出努力,并降低自身排放的企业。这就违背体系的初衷,即"污染者付费"（Polluters Pay）。再次,持续不变地按祖父法分配将会使控排企业永久性地获得一份"环境资产",这有失公平。随着时间推移,生产量的变化,旧设施的关停,新设施的建立,技术、工艺和产品的变化,这些都为配额分配的公平性打了个问号。最后,在应对市场扭曲上祖父法无法有太大作为。采用祖父法分配意味着将没有足够的配额收益来降低其他税费,进而无法降低新的交易体系给宏观经济带来的成本（Zetterberg 等,2012）。

其二,基准法。为避免祖父法奖励高排放的缺陷,基准法被设计出来,其原理是根据一个基准来决定如何免费分配配额。比如,可根据同一行业不同企业生产同类产品的排放效率设定一个排放基准,以此决定每个企业可获得的配额量。这样,技术先进、排放效率好的企业可以获

---

① 在欧盟 ETS 管控下的企业尽管免费获取几乎所有配额,但它们（特别是电力行业）仍然提高产品价格,增加消费者的成本,获得暴利（windfall profits）。

得较高的配额，技术落后、排放效率差的企业则获得较少的配额。这一基准可以根据同行业生产同类产品的平均排放效率制定（average benchmarks），也可以根据生产技术最高、排放效率最好的水平来制定（best available technology benchmarks），还可以选取排放效率最好的10%为基准。由于上述方法是基于产出，所以也被称为基于产出分配法（Output-based Allocation）。此外，为实现不同的分配效果，还可以选用不同的基准，如燃料消耗、设施规模、技术水平等。

许多学者研究基准法如何影响减排激励，并与祖父法和拍卖作对比。研究认为，基准法奖励提前减排，使得配额的分配更加公平，避免由于信息不对称所引起的激励问题（Parry 和 Toman，2002）。"更新"的祖父法与基于产出的基准法相比，前者的减排激励更高，但后者在高能耗行业保证产出和就业的成本更低。（Schleich 和 Cremer，2007；Bohringer 和 Lange，2005）。Fischer 等（2010）通过模拟美国在全球贸易下可选择的环境政策（考虑劳动力税收扭曲和碳泄漏）发现，对于高耗能和外向型的企业，更新的基于产出分配比单独的拍卖法效率更高，因为前者在保护竞争力和降低碳泄漏上优势明显。进而，当基于产出分配应用于电力行业时，在拍卖收益用于减税的情况下，拍卖法的效率则更高。

在实践中采用基准法的困难在于基准法的前提是可靠而准确的数据，完善的核算和认证体系。因此，基准法的应用与推广往往是个渐进的过程。以欧盟为例，在欧盟 ETS 的前两个交易期，法国、意大利、荷兰、瑞典和澳大利亚、比利时、德国、拉脱维亚、西班牙、英国先后在能源行业的分配时采用基准法。在第三个交易期，为奖励提前减排的行为，更好地激励减排，基准法才成为免费分配的主要方法（European Commission，2008）。

（二）拍卖

与免费分配不同，控排企业需要在碳排放交易市场竞拍其所需的配额。大多数学者都认为拍卖可以有效地分配排放权，更能保证分配公平和践行"污染者付费"的原则（Cramton 和 Kerr，2002；Fullerton 和

Karney, 2009; Goeree 等, 2010)。欧盟委员会在经历两个交易期的低效分配后,在第三个交易期已经明确拍卖法作为基本分配方式的地位。此外,美国的区域温室气体协定90%的配额都通过拍卖分配。

从大多数情况来看,拍卖法都可以更好地提高效率,但在保护外向型企业的竞争力和"碳泄漏"问题上,单一的拍卖法存在缺陷。在拍卖法下,控排企业付出更多的成本来获取排放配额,对国内业务来说,这部分成本可以通过提高产品价格实现转移。但相对于不受排放交易体系约束的其他国家的企业来说,成本的提高将使得国内控排企业的竞争力相对下降。由于需要付出更高的成本,控排企业更有可能转移到非减排地区,"碳泄漏"风险加大。

(三)拍卖与免费分配的比较:拍卖是实现效率和公平的最优选择

首先,拍卖更好地实现理念公平、程序公平和收益公平。拍卖需要控排企业为其排放支付价格,符合产权理论和"污染者付费"原则。免费分配配额事实上是对污染企业在分配上的妥协,而拍卖法则实现减排上的理念公平。与免费分配由主管部门确定控排企业的免费分配量不同,拍卖法下控排企业可根据自身实际排放需要自由竞拍配额,充分的自主性与平等透明的竞拍平台,保证控排企业在获取配额过程中的程序公平。免费分配下控排企业的收益主要来自三部分,一是抵消实际排放应获得的免费配额,二是可能存在的超过实际排放的过量免费分配,三是获取免费分配后依然提高产品价格获得的收益。实行拍卖法分配后,企业需要为其实际排放付费,排放越多,付出的成本越高,避免免费分配下排放越多分配越多的不公平。同时,按需竞拍也避免可能存在的过量分配。由此,拍卖法能更好地保证收益公平。

其次,拍卖获得的收益可减少其他扭曲性课税,提高整体效率。政府部门通过环境性政策获得收益的典型手段是课税,对带有外部性成本的经济活动征税,以影响企业的生产决策(Pigou, 1920)。与之相似,拍卖法也可以通过拍卖获得循环收益。所获得的收益可以用来减少劳动、收入、资本、消费等方面的税负或用来减少赤字,所有这些都可以减少扭曲性课税,增加整体效率。

不考虑其他影响的情况下，拍卖法分配不仅可以实现环境目标，其循环收益还可以使税收体系更有效率，并降低整体的政策成本，带来"双重红利"（doubledividend）。然而无论配额是免费分配还是拍卖，碳排放交易体系内部化碳价的过程都会对其他税负产生负效应。如给碳排放定价会提高能源价格以及衍生产品的价格，这就降低了实际工资并进而减少劳动供给。这种间接的相互影响决定循环收益的效果，并抵消由此带来的效率（Parry，2003；Hepburn C. 等，2006）。但这依然不影响拍卖法对免费分配的优势，因为免费分配不仅要承受这种税负交互（tax-interaction）影响，同时还失去循环收益带来的效率。据相关研究测算，祖父法分配下降低 10% 的排放的成本比碳税或拍卖分配的成本高 3 倍以上（Parry 等，1998）。

拍卖收益如何使用也十分重要。反对这一机制的人认为拍卖收益未必能合理使用，这种情况下其所能实现的效率也难以保证。Cramton 和 Kerr（2002）提出拍卖收益所能实现的效率取决于减税规模和财政支出的用途。参见表 5.1。

表 5.1　2008 年 9 月至 2012 年美国区域减排协定拍卖收益的分配情况

・48% 分配给能源效率项目，推广民用和商用设施的安装和翻新（这些措施预计将为区域内的民用、商用和工业用电节省 13 亿美元，为非电力能源供应节省额外的 1.74 亿美元）
・20% 划拨到各州的总预算中
・14% 用来对直流电电费进行援助
・7% 用以支持可再生能源发电
・11% 分配给其他一些环境相关的项目和延伸活动

资料来源：世界银行：*The State and Trends of the Carbon Market 2012*。

其三，拍卖法更能激励创新，实现减排。在碳排放交易体系下，减排技术创新能减少排放，降低配额价格，进而减少稀缺性租金（scarcityrents）。拍卖法分配下创新者并不获得稀缺性租金，所以可以从创新引发的配额价格的下降中获益，而免费分配下稀缺性租金由企业获得，所以创新引发的配额价格下降对它们来说并无法获得集合收益。因此，多数研究都认为，拍卖法更能激励企业进行创新（Milliman 等，1989；Fischer 等，1998；Cramton 等，2002）。

其四，免费分配存在制度缺陷。除了公平与效率上的缺陷，一般来说采用免费分配的主要优势有政治阻力小、碳泄漏风险低和保护企业的竞争力，但还存在明显的制度缺陷。一是虽然免费分配面临的政治阻力小，但却存在着过度补贴的风险。由于预测、核算的不准确，各个国家普遍倾向于多分配配额以避免损害经济发展。这就很容易使得企业获得超过其实际所需的配额。通过交易这部分超额配额，控排企业获利。除此之外，控排企业在获得免费配额后，仍然有可能把配额价格体现到产品价格上来，构成另一部分的利益。因此，免费分配将不可避免地使企业获得意外之财（windfall profits），这将使得整个社会的经济成本升高，经济效率下降。二是从长期来看，免费分配下"碳泄漏"的风险并没有降低。免费分配可以使控排企业的经营最接近于减排前的状况，所以短期内"碳泄漏"风险较高的企业并不面临新增成本压力加大的问题，无须转移生产。但长期来看，如果有未来的配额分配会从免费分配逐渐过渡到拍卖的预期，那么实行免费分配只是推迟"碳泄漏"的时间，长期内"碳泄漏"的风险不变，对交易体系的影响不变。三是虽然免费分配保护控排企业的竞争力，但会扭曲与他国之间的贸易。EU-ETS发现，在不同行业不同成员国之间免费分配配额可被看作是差异化的变相补贴，这种不公平会扭曲各国之间的贸易，而且也会扭曲与非 ETS 下的国家的竞争者之间的贸易。

拍卖法比免费分配更有效率在理论和实践中都已达成共识，拍卖法是配额分配方式中的最优选择。但拍卖法主要存在三类问题，即推行阻力大、碳泄漏风险相对较高、损害控排企业的竞争力。[①] 拍卖法损害工业为主的高排放企业的利益，必然受到这个群体的反对。在这种情况下，就需要强势政府展现减排决心，保证执行力度。对碳泄漏风险较高

[①] 竞争力的下降主要存在于与非 ETS 约束企业的竞争中。

的行业和竞争力受损的企业，可以通过相应的政策调整来应对问题。

（四）我国碳排放配额初始分配方式选择：拍卖法为主，免费分配为辅

采取何种分配方式是一个两难的抉择。有偿拍卖可以使交易体系更具减排效率，但会增加企业成本；而免费分配则虽然减排效果不佳，却不影响经济增长。在保增长和促减排上难以双赢，在我国当前的发展阶段，经济增长必然意味着更多的排放，而要想有效减排，必须要给企业施加成本压力。我国是发展中国家，经济增长仍然是不可动摇的核心目标。因此，我国的碳排放减排应掌握好"度"。平衡经济增长与减排效率的关系。

第一，对交易体系下"易受损"的企业实行全部或部分配额免费分配。"易受损"企业主要指三类企业：参与国际竞争的企业、对整个经济影响重大的企业、有显著碳泄漏（carbon leakage）风险的企业。这些企业在拍卖法下比别的企业承受更大压力，因此，初期需要对其实施支持政策。

缓解"易受损"企业的减排压力有三种途径：直接对这些企业进行财政补贴、根据企业的减排支出抵扣企业所得税、对其免费分配配额。它们都可以缓解企业压力，但也都形成额外补贴，是对公平原则的妥协。其中，财政补贴是直接补贴，具有较高的权力寻租的风险，且容易引起国际贸易中的反补贴纠纷；抵扣企业所得税和免费分配配额是间接补贴，但抵扣所得税涉及税制安排，实践中需要多部门协调，执行成本较高。免费分配是很好的选择。

企业参与国际竞争主要包括两部分竞争，一部分是出口产品与国外产品的竞争，另一部分是进口产品与国内产品的竞争。这两部分的压力都主要来自非ETS约束国，对此可以分别通过免费分配部分配额和设置一定比例的碳关税来纾解竞争压力。由于涉及多国贸易，对非ETS约束国的关税政策很容易引起贸易纠纷。因此，在实践中，应尽量与碳排放市场的主流国家保持政策一致，同时根据本国的需要和他国的变化灵活调整政策。

电力是事关国计民生的基础行业，电价的变动往往对其他行业影响极大。因此，在交易体系初期，对电力行业实行免费分配，分配量根据行业先进水平来确定。随着交易体系的成熟和电力行业的发展，可以逐渐向有偿分配过渡。

碳泄漏风险显著的企业往往对碳价极为敏感，很容易迁移到非 ETS 国家。对这类企业，在初期配额的分配上也以免费分配为主。在分配量的确定上，有条件的按行业生产的先进水平免费分配，没有条件的按历史产出或排放免费分配。免费配额按一定比率每年递减，逐渐扩大有偿分配的比率。

第二，对其他企业实行拍卖法分配。拍卖机制的设计主要考虑两个因素：效率和收益。追求效率意味着是否使配额得到合理利用，追求收益意味着是否使拍卖收益实现最大化。一般而言，只要公开市场是有效率的，那么有效率的拍卖机制往往也会实现收益最大化（Ausubel 和 Cramton，1998）。碳排放配额的拍卖形式很多，可行性较高的主要有两种：密封投标拍卖（sealed-bid auction）和出价递增拍卖（ascending-bid auction）。

在密封投标拍卖中，竞拍者同时密封提交其对配额的需求计划，即打算以什么价格购买多少数量的配额，所有这些需求加起来构成需求曲线（如图 5.1①所示），并得到一个清算价格 P^*（需求曲线与供给曲线相交的点对应的价格）。所有高于清算价格 P^* 的报价被认为竞拍有效，而低于清算价格 P^* 的报价被认为竞拍无效。最终，有效的竞拍者将有资格购买配额。

假设在拍卖中设定配额最低价格 P_{min}。那么，当清算价格 P^* 高于 P_{min} 时，按 P^* 确定竞拍是否有效；当清算价格 P^* 低于 P_{min} 时，则按 P_{min} 确定竞拍是否有效，这时只有高于最低价格 P_{min} 的竞拍有效，高于清算价格 P^* 但低于最低价格 P_{min} 的竞拍也将成为无效竞拍。

密封投标拍卖根据支付价格的不同，主要有统一定价（uniformpric-

---

① 图 5.1 中 P 表示价格，Q 表示购买数量，S 是配额的供给曲线，D 是配额的需求曲线。

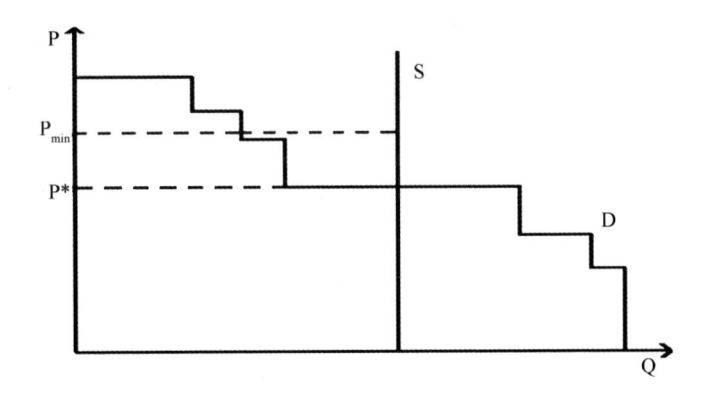

第五章　中国碳金融交易产品：供给机制的选择与确定 / 99

图 5.1　密封价格拍卖的配额需求曲线

ing）拍卖和差别定价（discriminatory pricing）拍卖①。在统一定价拍卖下，竞拍者，不管其出价多高，都统一按照清算价格支付，因此竞拍者都倾向于按低于其真实估价的价格报价；在差别定价拍卖下，竞拍者按其各自的出价支付，因此对清算价格的预测非常重要，熟悉规则的竞拍者的出价只会略高于清算价格。两种拍卖方法的竞拍者都会通过复杂的操作削减其竞拍保价，这种现象也导致无效（Ausubel 和 Cramton，1996）。相比较而言，统一定价拍卖下，竞拍者更容易制定投标策略，更有利于小规模竞拍者参与竞争。而差别定价下，小规模竞拍者很难预测清算价格，往往可能承受更高的成本；就收益而言，不考虑投标策略的情况下，差别定价拍卖会获得更高的收益，因为竞拍者都按高于清算价格的实际报价支付。但在实践中，由于不同的投标策略的存在，参与差别定价拍卖的竞拍者往往更容易降低报价。因此，实践中差别定价获得的收益未必比统一定价高。

相比密封投标拍卖，出价递增拍卖最大的优势在于价格发现（price discovery）。出价递增拍卖的基本原理简单来说就是"价高者得"。通过公开竞争，每个竞拍者都可以提高报价，并最终以最高价赢得竞拍。出

---

① 还有一种密封投标拍卖是 Vickrey 拍卖，这种拍卖方法要求竞拍者为其竞拍成功的机会成本付价，有效减少削减报价的现象，一定程度上比统一定价和差别定价拍卖更有效率，但由于其较为复杂，因此在实践中应用得不多。

价递增拍卖最关键的是掌握其他竞拍者的竞拍意愿，即他们对竞拍标的的估价。一旦价格超过某些竞拍者的估价，这些竞拍者就会选择退出。但对于那些竞拍意愿取决于其他人估价的竞拍者，递增的过程可能会改进他们的估价，使其在竞拍上采取更激进的策略（Cramton 和 Kerr，2002）。

出价递增拍卖也有两种基本形式：需求计划拍卖（demand-schedules auction）和升钟拍卖（ascending-clock auction）。需求计划拍卖下，竞拍者在每一轮竞拍中都提交一个需求计划，这些需求构成需求曲线，供给曲线与需求曲线相交决定清算价格。高于清算价格的报价被认定为有效，等于清算价格的报价将被定量，低于清算价格的报价将被认定为无效。这一过程不断重复，直到没有竞拍者愿意提高报价。在升钟拍卖下，当前价格用时钟表示。每一轮竞拍者提交各自的竞拍计划，即打算以什么价格购买多少配额。如果总的竞拍需求超过供给，那么价格提高。竞拍者根据新价格继续提交竞拍计划，直到竞拍量小于供给。配额最终按优先价格分配。在两种出价递增拍卖下，投标者都会削减报价以降低成交价格，最终导致收益的无效。

选择何种拍卖方法应根据拍卖环境以及欲实现的目的来决定。当前，世界主要温室气体排放交易体系在拍卖方法的选择上，主要集中在统一价格密封投标拍卖（uniform-price sealed-bid auction）和升钟拍卖。如表 5.2 所示。

表 5.2　　**世界主要温室气体交易体系采用的拍卖方法**

项目名称	拍卖方法
EU-ETS	统一价格密封投标拍卖 Uniform-price sealed-bid auction
加州碳排放交易体系	统一价格密封投标拍卖 Uniform-price sealed-bid auction
RGGI	统一价格密封投标拍卖 Uniform-price sealed-bid auction

续表

项目名称	拍卖方法
EPA 二氧化硫排放交易	差别定价密封投标拍卖 Discriminatory sealed-bid auction
2002 年英国温室气体排放交易	升钟拍卖 Ascending-clock auction

升钟拍卖与统一价格密封投标拍卖哪种更适合排放配额拍卖争议很多。升钟拍卖的主要优势是提供更好的价格发现功能，进而价格形成机制的强化提高拍卖效率。升钟拍卖对缺乏经验的投标者来说也更容易理解。统一价格密封投标拍卖的主要优势有易于执行，相对透明，且对小规模投标者来说更容易获得配额。同时，密封投标相比升钟拍卖下的公开竞价也降低了合谋（collusion）的风险。主张采取统一价格密封投标拍卖的学者认为，升钟拍卖存在潜在的合谋风险，并且升钟拍卖更好的价格发现功能缺乏实证支持（Holt C. 等，2007）。而支持采取升钟拍卖的学者认为在特定背景下，合谋不太可能成为问题；而价格发现功能缺乏实证支持是因为实践中采用的是不标准的升钟拍卖，不具备价格发现功能的关键要素（Cramton，2007）。考虑到执行成本较低且应用更为广泛，中国可以采用统一价格密封投标的方法拍卖配额。在拍卖周期上，采取一年四次按季度提前拍卖配额。

四 碳配额存放平台的建设

碳配额作为非实物电子凭证存在于政府指定机构建设、维护、管理的系统中，该系统负责记录每个市场参与者账户中初始配额的分配量，配额通过交易的转移等，是碳配额存放的唯一平台，是每笔碳交易的起点和终点。我国要开展碳排放交易，也必须建立碳配额登记注册系统，该系统应该是完整的账户管理体系，要能够为各个账户的排放权分配、转入、转出提供全面、清晰的账簿记录，同时针对碳排放量账户之间转移记录要有完整的核查制度。① 即使建立了多个排放权登记系统，这些系统也需要汇总、连接为一个总系统。

第二节　中国碳金融衍生品的选择和发展

　　碳金融衍产品是在原生碳金融工具基础之上派生出来的碳远期、碳期货、碳期权等金融产品。近年来，国际上各种相关的金融衍生产品也有了相当的发展，为碳排放权的供求双方提供了新的风险管理和套利手段。中国被誉为最大的碳供应国，应该是国际碳市场具有影响力的主要参与者。我国在 2017 年 12 月启动了全国碳排放权交易市场，首批试点行业包括电力、石化、钢铁等六大行业。中国碳市场规模巨大，但因国内没有成熟的碳衍生产品和市场，只能处于市场的最低端。

　　碳金融衍生品主要分为四类，碳远期、碳期货、碳期权、碳互换。

　　碳远期主要是应用在发展中国家 CDM 项目开发过程中，出资方和项目实际开发者在项目建设之初就签订相关合约，规定在项目完成之后，交易减排额度的数量、价格和时间。远期合约与期货合约的区别在于，期货合约是由交易所制定的标准化合约，而远期合约是由交易双方自行拟定条款。远期合约也没有相关机构监督执行，这就使参与者面临不易追偿的违约风险。

　　碳期货是碳排放权市场最主要的衍生产品。这是由于以下几个原因，其一，商品期货市场的高度发展为碳期货的产生和发展奠定了物质和制度基础。其二，期货交易相对于其他衍生产品有着更高的普及程度。其三，碳期货交易相对于碳远期交易在合约执行方面更有保障，相对于碳期权等衍生品来说更加基础，包括中国在内的一些国家并不具有发达的资本市场，不具有发展碳期权的成熟条件。欧洲气候交易所、芝加哥气候期货交易所、纳斯达克商业部、印度多种商品交易所和印度商

---

　　① 劳纯燕：《欧美碳金融市场体系研究》，硕士学位论文，浙江工业大学，2011 年，第 83 页。

品及衍生品交易所在 2005 年之后都相继发展起来以 CERs 和 EUAs 等为标的物的衍生品。碳期货市场的价格也成为国际碳市场价格的重要参考。

碳期权与普遍意义上的金融市场期权产品有所不同，碳期权的标的物是碳期货，碳期权实际上是碳期货期权。世界上首只碳期货期权是 2005 年由 ECX 推出的 EUAs 期货期权，这一事件也标志着碳衍生品市场的正式形成。之后，欧洲气候期货交易所、纳斯达克商品部、美国绿色交易所等也相继推出了碳期货期权合约。碳期货期权合约和碳期货合约的设计条款类别大致相同，在同一个交易所内，也保持碳期货和期权合约相应条款设计数据的相同。碳期货期权的本质是一种权利，这也是其与碳期货最大的不同之处。在碳衍生品市场中，碳期权的产生和发展使得产品结构更加完备。

碳互换是指交易双方通过达成协议，约定在未来某一时间互换一定数量的不同性质的碳排放权产品，如 CERs 和 EUAs 之间的互换。互换使得不同市场之间不同性质的碳排放权产品可以互相流通和调剂，从而实现相互替代，增强了不同市场之间碳排放权产品的流动性，从而优化了资源配置。此外，不同市场之间的价差也为投资者进行相应的交易提供了获利的可能。最典型的互换是 EU-ETS 中的成员可以通过 CDM 机制和 JI 机制获得相应的减排额度来完成自身的减排任务。在相应的交易市场中，CERs 和 EUAs 可以进行互换交易。

除了以上四种碳衍生品，还有一些结构性理财产品，如汇丰银行发行的气候基金，投资于气候变化板块的股票组合或者相应指数，为投资者提供多样化的投资选择。但是这些产品份额较小，不会对碳排放权市场形成较大影响。

通过对国际碳排放权衍生品市场结构组成的考察，并结合中国现阶段的实际，我们认为，中国应该建立以碳排放权期货为主的衍生品市场。

一 国际碳排放权期货市场的发展历程及功能

选取美国、欧盟和印度为例进行研究,其中美国是发达国家区域性市场的代表;欧盟是联盟内的国家进行统一市场交易、统一管理的代表,EU-ETS 在运行过程中积累的经验可以为全球碳排放权现货及期货市场的统一提供借鉴;印度是发展中国家中较早参与碳排放权期货市场交易的国家,印度国内的碳排放权期货市场低成本、开放、灵活的建设方案对同为发展中国家的中国具有参考价值。这既是对美国、欧盟和印度三地碳排放权期货市场之间区别的简要概括也是本书选取三地为研究对象的依据。

(一) 国际碳排放权期货市场的发展历程

国际碳排放权期货市场是制度的产物,其历史演变也与国际减排合作的时间安排相对应。根据《联合国气候变化框架公约》以及《京都议定书》,缔约国第一个承诺期为 2008 年至 2012 年。欧盟为了积累经验,设定 2005 年至 2007 年作为碳排放权交易的第一个阶段。随着 EU-ETS 的开始运行,在 2005 年前后世界多地建立起碳排放权期货市场。

1. 美国:以国内金融市场为依托,自成体系

美国的碳排放权期货交易市场是在 CCX 自愿交易平台的框架下展开的,期货交易所有 CCFE、NASDAQ-OMX、NYMEX,其中 CCX 是主要的交易平台。

CCX 筹备于 2000 年,于 2003 年正式运营,实行会员制。[①] 它是全球第一个具有法律约束力的自愿减排交易平台,也是全球唯一的同时经营六种温室气体的交易平台。[②] CCX 不仅承担着美国碳排放权现货市场的交易任务,而且作为美国自愿减排交易平台的主体,发挥着配额发放、监督和管理的职能。

[①] 期货交易所有公司制和会员制两种。前者由股东出资建立,以营利为目的;后者由全体会员出资建立,不以营利为目的。

[②] 六种温室气体为:二氧化碳(CO_2)、甲烷(CH_4)、六氟化硫(SF_6)、氢氟碳化物(HFCs)、氧化亚氮(N_2O)、全氟化碳(PFCs)。

CCFE 成立于 2005 年，是 CCX 的全资子公司，专门负责 CCX 体系中期货合约的交易，期货合约标的物不仅包括二氧化碳还包括硫氧化物和氮氧化物。2006 年，CCX 的创始人成立的 Climate Exchange 在伦敦股票交易所上市，CCX、CCFE、ECX 都成为其子公司。

2010 年，母公司 Climate Exchange 被 ICE 收购，相应的 CCFE 中的 CERs、EUAs、ERUs 等期货合约也被转移至 ICE 进行交易。

美国虽然于 2001 年退出了《京都议定书》，但是美国国内的区域性减排一直在进行中，而且凭借美国国内强大的金融体系，碳排放权期货市场在全球具有一定的影响力。

2. 欧盟：以国际条约为框架，按部就班

欧盟的碳排放权期货市场的发展与 EU-ETS 的长期规划相契合，在 EU-ETS 的第二阶段开始的 2005 年，就开始进行碳排放权期货的交易。两家主要的期货交易所分别是 ECX 和 EEX。

EEX 成立于 2002 年，总部位于德国莱比锡，前身是位于莱比锡和法兰克福的德国能源交易所，在 2005 年开始交易碳排放权期货，主要标的物包括 EUAs、CERs。它现在已经成为欧洲重要的碳排放权交易平台。

ECX 成立于 2005 年，是 CCX 在欧洲的分支，主要交易碳排放权衍生品。在 ECX 中交易期货品种的主要是 EUAs 和 CERs 的期货合约。ECX 是当时全球最具流动性也是成交量最大的碳排放权期货市场。ECX 实行会员制，包括巴克利银行、英国石油公司、摩根斯坦利和壳牌在内的 100 多家公司成为 ECX 的交易商会员。2006 年，ECX 随着 Climate Exchange 并入 ICE。

EU-ETS 是全球最大的碳排放权交易体系，而且有着多国相互协调减排的经验，EU-ETS 的碳排放权期货市场作为其体系的一部分，是值得其他国家研究的典型市场。

3. 印度：于发展中国家中先行一步，未雨绸缪

印度的碳排放权期货市场是在国内无相应现货市场的情况下运行的。主要借助于国内两家主要的期货交易所：MCX 和 NCDEX。

MCX 成立于 2003 年 11 月，是印度主要的商品期货交易市场，交易品种涉及金属、能源、油料作物、纺织品等。印度曾是 CDM 仅次于中国的卖方，有大量的清洁能源项目已经获得签发或者正在建设中。2005 年之后，MCX 开始进行碳排放权产品的期货交易，将 CERs 期货合约进行交易，试图以此促进国内项目的开发。

NCDEX 成立于 2003 年，是印度国家色彩浓厚的一家交易所，不仅实力雄厚，而且在资金、政策、技术等方面受到国家的特别支持。主要交易品种包括农产品、钢铁、能源、高分子材料等。2008 年，又陆续推出了几种不同期限的 CERs 期货合约。

印度与国际上的其他交易所合作，在国内开展碳排放权期货交易，在发展中国家中走在了前列。但是，在印度的市场上，碳排放权期货合约都是以卢比计价，这种做法在某种程度上限制了国际投资者的进入。

（二）国际碳排放权期货市场的功能

美国、欧盟和印度三地的碳排放权期货市场的建设和发展基于不同的国家现实，其功能发挥也使三地在国际碳排放权市场上扮演了不同的角色。虽然碳排放权期货市场功能的发挥情况因地而异，但都包括以下几个方面。

1. 提供价格信息

价格信息是所有市场中最重要的信息之一，是市场参与者最为关注的信息。因为对参与者来说，价格反映了资源的稀缺程度和供求状况，价格波动为参与者提供了获利的机会。在碳排放权交易市场中，碳排放权这种环境权益产品对广大潜在参与者来说尚不熟悉，价格信号就显得更为重要。全球主要的大宗商品，比如原油、贵金属、农产品等现货市场交易价格多采用"点价交易"，即采用相应的期货市场价格加一定的升贴水来为现货定价。碳排放权具有市场规模大、易于标准化、易于存储和运输等特点，作为一种准大宗商品，现货市场价格也采用主要的几家期货交易所形成价格的加权值，这种方式形成的价格具有连续性、权威性、不易为少数人所左右等优点。正如黄金、原油之类的大宗商品期货价格已经成为国际机构报价的主要指标之一，碳排放权的国际市场报价也将其期货价格作为重要参考。

2. 转移现货市场的价格风险

碳排放权期货市场可以转移现货交易的价格风险，从而活跃现货市场交易。期货交易的本质是通过在现货与期货市场进行相反的操作，将套期保值者现货市场价格波动的风险分离出来，转嫁到期货市场投机者手中。这种方法将产品的交易和风险的交易分别进行，分别由风险厌恶者和风险偏好者参与，提高了市场效率。

3. 规避履约风险

进行碳排放权期货交易的参与者可以规避对手方不履约的风险。在期货交易中，交易所及其结算中心充当所有参与者的交易对手方，即"买方的卖方"和"卖方的买方"，即使有参与者不履约，交易所及结算中心将代为履约，并随即取得对未履约参与者的追索权。履约风险的规避使得潜在参与者减少了后顾之忧，提高了参与市场交易的积极性。

4. 减少合约成本

合约成本是指市场中交易双方由于制定合约而付出的成本。碳排放权期货市场为市场参与者提供标准化合约，对标的物的单位、期限、交割方式和日期等相关信息都进行了明确规定，直接买卖交易所的标准合约，省去了交易双方协商制定合约的成本，根据科斯定理，合约成本是交易费用的一部分，通过减少合约成本进而降低交易费用将促进资源的更合理的配置。

5. 完善碳排放权交易市场结构

碳排放权市场具有巨大的规模，EU-ETS每年配额发放都在亿吨量级，如此大规模的市场必须有完备的市场结构，包含现货市场和以期货为主的衍生品市场。大宗商品中的原油、金属、农产品、化工原料等都具备现货市场和期货市场甚至期权市场的完整结构。完整的市场结构是一类产品能够更加合理分配和更加流畅地转移的保证，也是进行国际之间流通的前提。

6. 增强碳交易市场活力

碳排放权市场初期面临的问题之一是市场活跃度较低。这与其本身的特殊性、政策的不确定性、缺乏定价机制、风险较大等因素有关，碳排放权期货市场所发挥发现价格和规避风险的作用最终目的还是提高市场活跃度，使市场机制真正发挥作用，达到通过市场机制降低温室气体排放的效果。

7. 增强所在国家（地区）气候谈判的话语权

在国际气候谈判中的话语权关系到一国（地区）在国际减排行动中的实际利益，而定价权的有无决定话语权的强弱。现在最为成熟的碳排放权交易体系——EU-ETS 的运作已经成为很多在这方面刚刚起步的国家效仿的对象，在 ECX 和 EEX 中所形成的碳排放权的价格也成为多国的重要参考。在未来国际碳排放权市场进一步发展的过程中，已经有着期货定价机制的国家（地区）将成为国际规则制定的主导力量。

二　国际碳排放权期货市场的参与者与运行

（一）主要参与者

碳排放权期货市场中的参与者与一般期货市场的参与者既有相同之处，也有不同之处。相同之处在于，参与的企业和个人都是由套期保值者和投机者组成；不同之处在于，在碳排放权期货市场中的企业有一些承担着减排义务，而且在生产过程中无法完成减排时，必须通过市场交易才能履约。

不同国家（地区）的碳排放权期货市场的组成也略有不同，主要体现在参与市场的企业方面。在美国 CCX 的自愿减排交易体系中，企业自愿参与减排，但是参与的企业受到减排的约束；而在欧盟的 EU-ETS 中凡是纳入到减排范围中的企业都必须强制减排；而在印度就不存在自愿减排或者强制减排的企业在市场中，这就导致在不同国家（地区）的碳排放权期货市场中企业面临的境况有所不同。下面以美国为例，做出说明。

一是减排企业。减排企业是指在美国排放温室气体但是自愿加入到减排计划并受法律约束的企业。根据美国自愿减排交易体系的规定，这些企业要在规定期限内完成自身基准线 6% 的减排任务。在规定期限内，企业接受体系颁发的排放额度，如果企业能够超额完成减排任务，则可以将剩余的额度出售；如果没有完成减排任务，超额排放，则需要在市场上购买额度或者 CFIs 合约。这些企业构成了碳排放权期货市场上的买方和一部分卖方。这些企业的排放基准线由 FINRA 认证，减排完成情况同样受 FINRA 的监督。

二是抵消项目提供方。抵消项目提供方是指拥有能够减少、吸收或者隔绝二氧化碳排放的抵消项目的机构。这些抵消项目在被用于出售之前，必须经过 FINRA 的认证。抵消项目的提供方是碳排放权期货市场中排放配额的主要提供方之一。

三是投机者。这些投机者是指既不承担减排履约的责任，也不提供可供抵消的减排项目的机构或者个人。主要由自营交易商、对冲基金、专业交易者组成。投机者是市场的重要组成部分，他们不仅为市场提供流动性，更承担着碳排放权期货市场中的价格风险，频繁买卖期货合约，使得套期保值能够实现。

(二) 国际碳排放权期货市场的运行

第一，交易流程。对参与交易的投资者或者投资机构来说，国际碳排放权期货市场有着完备的运行流程，过程大致相同，下面以 CCFE 为例进行说明。

开户。投资主体在进入市场交易之前，首先要进行注册和开户。此处的开户是选择 FCM，FCM 负责传递交易信息并对投资者账户的交易信息进行记录，在提供服务的同时收取一定的佣金，FCM 的角色类似于我国的期货经纪公司。

交易信息传递和处理。不同的交易者向 CCFE 的电子交易平台申报买卖信息，电子交易平台获得信息之后并不进行处理，而是直接发送到清算机构，由清算机构进行信息处理和交易的撮合。之后，清算机构将成交信息通过 FCM 传递给投资者。参与 CCFE 结算的机构不止一家，有包括巴克利资本、高盛资本、摩根大通期货等 20 家机构为其提供结算服务并收取佣金。清算机构在交易过程中作为交易双方的中央对手方，承担履约风险。

交割。在成交之后，由清算公司对投资者的账户资产进行相应的清算和划拨。

第二，市场监管体系。不同国家（地区）的碳排放权期货市场的监管体系结构大致相同，即官方期货市场监管机构、期货行业协会、期货交易所，有的还包括碳排放权交易的管理机构，下面以美国为例进行论述。

在美国，普通的期货市场一般受 CFTC 和 NFA 的监管。CFTC 是美国国内期货市场最主要的监督管理机构。它通过监管市场行为促进透明、竞争的市场形成，从而保护投资者的利益。CFTC 的职能主要包括以下几个方面。

其一，以完备的期货市场信息采集方案全面获取市场信息。这些信息不仅包括市场监管的基本信息（价格、成交量等），还包括一些商业机密信息，如大户交易情况。

其二，高度透明的市场信息披露。CFTC 拥有一套独立的市场信息发布系统，面向所有的期货市场参与者发布市场信息，确保市场信息的公开透明。

其三，对动态交易信息实时监测，对交易中可能产生的风险及时发现，及早控制。NFA 是一个独立的、非营利的对美国衍生品市场进行监管的自律组织，包括 FCM 和清算机构在内的碳排放权期货市场参与机构都要受到 NFA 所制定的行为准则的制约，但需要说明的是，NFA 也接受 CFTC 的监管。NFA 的职能主要包括制定期货从业人员行为规范以及道德标准；对期货从业人员的行为进行监督，对违反行为准则和道德标准的从业者进行处罚；通过执行仲裁程序对期货交易中出现的纠纷进行处理等。

CCFE 的规则制定和运行受 CFTC、NFA 和 CCX 的三重监管。这体现出了碳排放权期货市场和普通期货市场的区别。CCX 对 CCFE 的监管主要体现在对碳排放权期货合约价格的调节，在被过高的投机情绪导致价格过高或者在需求较少的情况下导致价格低迷的情况下，通过调节现货市场供应机制来调节价格，控制市场风险并保持市场活力。

CFTC 的监管侧重于对碳排放权期货市场的数据信息进行监测和分析；NFA 侧重于对从业人员的管理；CCX 侧重于对市场整体风险的控制和价格调节。三个监管主体的职能各有侧重，相互配合对 CCFE 市场进行全面的监管和调节。

三　国际碳排放权期货市场的特点

（一）美国：区域发展，全球布局

首先，布局全球碳排放权期货市场。以 CCX 为主体的美国碳排放权期货市场通过在全球布局扩大自己的影响力。2004 年，CCX 在欧洲成立了分支机构，即其全资子公司——ECX，这是欧洲第一个温室气体排放交易市场。2005 年，CCX 成立了专门从事排放权衍生品交易的 CCFE。2006 年，在加拿大与蒙特利尔交易所共同建立了 MCeX；在中国与中油资产管理有限公司、天津产权交易中心共同出资成立了天津排放权交易所。CCX 在全球碳排放权交易市场的扩张，进一步增强了其制定规则的能力和对全球碳排放权期货市场的影响力。在环境问题日益严重和全球碳排放权交易市场尚处于探索期的阶段，CCX 在全球的布局必将带来丰厚的回报。

其次，开发碳排放权期货市场新型交易品种。CCX 在交易品种上有诸多创新，交易品种包括基于美国环保署酸雨项目二氧化硫排放配额的 SFI 期货合约、基于美国环保署氮氧化物排放配额的 NFI 期货合约、基于 RGGI 的区域温室气体减排行动二氧化碳排放配额的 RGGI 期货合约、基于 CCX 总量交易体系发行的温室气体排放现货合约的 CFI 期货合约、基于美国联邦政府温室气体总量交易体系发行的温室气体排放配额的 US-CFI 期货合约、基于加利福尼亚气候行动登记抵消项目气候储备的 CCAR-CRT 期货合约、基于《京都议定书》的联合国发行的温室气体减排信用额的 CER 期货合约。CCX 中交易的期货合约的标的物不仅覆盖了美国国内主要的现货品种，而且包括了 SFI、NFI、CFI 等创新的品种。这种做法不仅使所有现货品种都具有套期保值的渠道，而且可以提高碳排放权期货市场交易品种的多样性，提高投资者积极性，活跃市场，从而使市场发现价格的功能得以充分发挥。

最后，采用公开透明的交易系统。CCX 的交易系统由三部分组成，即登记系统、结算系统、网络交易系统。登记系统记录各个交易主体的账户信息；结算系统对交易结果进行清算；网络交易系统通过电子交易平台对买卖信息进行撮合，促成交易。CCX 网络交易系统是一个透明的系统，从而防止私下交易的进行，使价格真正反映市场供需状况，维护价格的权威性。此外，公开透明的交易系统也是提高投资者参与市场交易积极性的因素之一。

(二) 欧盟：清晰规划，有条不紊

首先，协同推进碳排放权期货市场与现货市场。EU-ETS 在建设碳排放权市场时，同时开展碳排放权期货和现货交易。EU-ETS 的三个阶段分别为：第一阶段 2005—2007 年；第二阶段 2008—2012 年；第三阶段 2013—2020 年。在第一阶段开始的 2005 年，ECX 和 EEX 就同时开展了碳排放权现货及期货产品的交易。其中 ECX 的交易品种包括 EUAs 和 CERs 的现货合约和 EUAs、CERs、EUAAs、ERUs 期货合约，EEX 交易品种包括 EUAs 和 EUAAs 的现货合约和 EUAs、EUAAs、CERs、ERUs 的期货合约。EU-ETS 将碳排放权期货交易与现货市场的协同推进，使碳排放权交易市场在运行之初就具有一个较为完整的结构体系，为其之后的运行夯实了基础。

其次，建立清晰的市场发展规划。EU-ETS 在 1997 年国际社会通过了《京都议定书》之后就对欧盟的减排工作和碳排放权交易市场（包括现货市场和期货市场）做出了清晰的规划，且做出了三个阶段的安排，并且第一阶段的时间安排为 2005 年至 2007 年，第一阶段的主要收效有三方面，其一，实现成员国二氧化碳的减排，选取二氧化碳这种对全球气温影响最大的气体进行减排，为实现《京都议定书》中 6 种温室气体的减排积累经验；其二，利用 ECX 和 EEX 的交易平台进行碳排放权现货和期货交易的摸索；其三，通过第一阶段的运行，试图摸索较为合适的交易机制和协调机制，在《京都议定书》第一个承诺期 (2008—2012 年) 开始之前，为履约做好准备。

最后，积极寻求碳排放权市场供求平衡。EU-ETS 是全球最大的碳排放权交易体系，但是发展过程中也出现了一些问题，在诸多问题之中，如何实现碳排放权市场的供求基本平衡这一问题尚未得到很好的解决。2008 年经济危机之前，国际碳价（以 CERs 和 EUAs 为例）处于 30 欧元/吨的高位，之后一路下跌，至 2015 年年初已经下降至 7 欧元/吨。造成这种现象的原因是多方面的。一方面，2008 年经济危机，欧盟成员国众多企业减产，对碳排放权需求降低；另一方面，配额和来自发展中国家 CERs 持续供应，原本供过于求的市场雪上加霜，碳排放权价格持续下降。在 2014 年 3 月，EU-ETS 启动了一项折量拍卖（Backloading）的计划，即减少体系内用于拍卖的碳排放权配额的数量，在 2014—2016 年三年内分别减少 4 亿吨、3 亿吨和 2 亿吨。碳排放权配额发放的数量对期货市场价格发现功能的发挥起着基础性作用，具体是多少才能达到市场的供求平衡尚未可知，在探索过程中需要合理的调节机制，才能发现市场所需的供应量，保障碳排放权期货市场的正常运行。

（三）印度：开放建设，灵活运营

首先，开展无现货交易的碳排放权期货交易。印度属于非附件一国家，暂不承担减排任务，因此国内并没有碳排放权现货市场，但是在印度却有 CERs 的期货交易，这些 CERs 的来源是印度国内的单边项目。不同于其他发展中国家的双边项目（项目建设之初由国内机构和国际投资者共同出资，共同承担项目开发风险，共同分享项目收益，国际投资者一般会压低价格作为风险补偿），印度的单边项目由国内机构开发，待项目由联合国签发之后再进行出售。因此，开展 CERs 期货交易不仅可以为国内 CDM 项目的开发者提供资金支持，而且可以形成一定的项目储备，避免国际投资者打压价格，从而在 CDM 项目开发中获得相应利润，进一步促进国内项目的开发。

其次，采用低成本交易平台建设方案。印度在碳排放权期货市场建设方面的灵活性不仅体现在在国内开展无现货交易的碳排放权期货交易，还体现在其低成本的交易平台。印度并没有建设新的交易所，而是选取了国内两家主要的期货交易所，即 MCX 和 NCDEX，忽略碳排放权期货合约标的物作为一种权益的特殊性，将 CERs 期货合约加入到已有的期货品种名单中，借助原有平台直接进行交易，降低了成本。

再次，发挥金融机构的推动作用。印度的 CERs 期货交易之所以能在国内进行，与国内金融机构和民间组织对减排事业的认同和推动不无关系。进行 CERs 期货交易的合约来自其国内的单边项目，而单边项目实施的主要阻碍因素之一是资金短缺。以银行为代表的金融机构出资和企业共同开发项目，共担风险，将 CDM 项目签发之后出售的收益作为还款的来源。相比于双边项目，一般通过单边项目开发并签发的 CERs 售价有约 2 美元/吨的溢价，金融机构获益，从而进一步投资，形成良性循环，推动低碳减排事业发展。

最后，采取开放态度接受国际投资。印度的 MCX 接受了花旗银行、CCX 等国际机构的注资。碳减排离不开国际合作，区域性碳排放权交易市场在逐渐进行更大格局上的统一。相较于其他发展中国家，印度以更加开放姿态与国际机构合作，获得资金和先进的管理经验。但是，开放并不代表一味地接受，应在开放与保持独立性、借鉴国际经验与考虑自身实际之间寻求平衡。

四 中国碳排放权期货市场的构建基础

（一）标的物易于标准化

标的物能够标准化是建立相应期货交易的前提条件。具有商品性、同质性、便于划分等级和储存的品种才会被期货交易所选择作为期货合约的标的物。对于期货合约的标的物 CEAs 和 CCERs 来说，前者是全国碳排放权交易市场统一之后，经国家环境主管部门核定发放的允许相关企业在指定时期内排放的二氧化碳数量，以吨（t）为单位。后者是经国家发展和改革委员会批准或在联合国清洁发展机制执行理事会注册的项目，以"吨二氧化碳当量（tCO_2e）"为单位。两者皆易于标准化。

（二）标的物价格波动幅度较大并且频繁

期货市场套期保值的原理就是通过风险转移，将价格波动的风险由套期保值者转移给投机者，而这一机制发挥作用的前提就是明显的价格波动，如果丧失了这一前提条件，就丧失了套期保值、发现价格的必要和投资者参与交易的可能。中国已经有7个省市试点开始运营，但都处于各自为政的状态，7个省市试点的碳排放配额价格有着很大的差别，以2014年6月20日的收盘价为例，22.96元至74.00元不等。[①] 这表明在不同试点省市的封闭环境内，碳排放配额的稀缺程度悬殊。在中国碳排放市场统一之后，碳排放配额作为一种稀缺资源的跨省配置取代省市内配置，必将引起价格的进一步波动。

（三）标的物供应量大

在这一条件下，期货市场可以避免被少数人控制的可能性。我国国内的能源结构以火电为主，此外还有钢铁、水泥、煤炭等众多产能过剩的行业，具有很大的减排空间。至2013年10月，发展中国家中中国、印度的CDM项目数量约占全球的75%，其中，中国在CDM项目市场份额最大。2013年下半年至今包括中国在内的多个国家发行CERs数量的明显下降则与2013年欧盟限制EU-ETS企业使用CERs与CERs供应过量的双重影响有关。根据欧盟委员会规定，在第三阶段（2013—2020），CDM项目须来自最不发达国家（LDCs），源自中国和印度的CERs项目无法在EU-ETS中使用。欧盟一直是中国的CERs的主要买家，这一规定将对中国CDM下的减排项目产生巨大影响。根据发改委的规定，国内的CCERs的来源除了采用经国家主管部门备案的方法学开发的项目之外，主要是未经联合国清洁发展机制执行理事会签发但是已经被国家发展改革委批准的项目。联合国将出台相应措施，协助中国把CDM项目转化为国内的减排项目CCERs。在相应措施出台之后，中国的CCERs项目数量将会增加。在CDM项目转变为国内减排项目的前景下，众多原CERs提供企业持有的项目成为CCERs的来源之一。中国启动运营的7个碳排放权交易试点将产生超过6300万吨的CCERs需求，市场前景巨大。中国不同试点省市的碳排放权交易的统一势在必行，而且将实施排放的绝对上限，这将进一步刺激CCERs市场的兴起。

---

① 《湖北碳排放权交易中心市场数据（国内）》，http://www.hbets.cn/。

(四) 国际实践可资借鉴的经验

欧洲气候交易所（European Climate Exchange，ECX）、芝加哥气候期货交易所（Chicago Climate Future Exchange，CCFE）、印度的多种商品交易所（Multi Commodity Exchange of India，MCX）和国家商品及衍生品交易所（National Commodity and Derivatives Exchange，NCDEX）、澳大利亚气候交易所（Australian Climate Exchange，ACX）和澳大利亚证券交易所（Australian Securities Exchange，ASX）都建立了较为成熟的碳排放权衍生品的交易机制。其中，欧洲气候交易所成立于2004年，是芝加哥气候交易所的一家全资子公司，也是全球最大的二氧化碳衍生品交易所，其主要交易品种为欧盟减排许可（EUAs）的期货和期权以及核证减排量（CERs）的期货和期权。[①] 芝加哥气候期货交易所是芝加哥气候交易所的全资子公司，交易的品种包括碳金融工具（Carbon Financial Instruments，CFIs）以及核证减排量（CERs）的期货和期权。印度不仅是仅次于中国的CDM项目东道国，而且还建立了全国范围的碳配额交易体系。印度多种商品交易所和国家商品及衍生品交易所推出了多种EUAs和CERs期货。在发展中国家的碳排放交易体系建设中，印度在这方面更为完善和开放，纽约证券交易所、芝加哥气候交易所和花旗集团在多种商品交易所均有投资。澳大利亚气候交易所和澳大利亚证券交易所于2009年推出了碳信用期货交易。

(五) 中国已有的较为成熟的期货交易机制和监管体制

上海期货交易所、郑州商品交易所、大连商品交易所以及中国金融期货交易所具有独立的交易、结算、风险控制、即时信息发布等系统，拥有一大批经验丰富的期货业务人才和管理者。这为我国引入碳排放权期货交易提供了物质基础和人才储备。中国证监会、证监局、期货交易所、中国期货保证金监控中心有限责任公司和中国期货业协会"五位一体"的较为成熟的监管经验为碳排放权期货市场的运行提

[①] 杜朝运、马彧菲：《试论我国碳排放权期货市场的构建》，《区域金融研究》2011年第9期，第48—52页。

供安全保障。

五　中国碳排放权期货交易所和产品设计

(一) 交易所：建立独立的碳排放期货交易所

在交易所建设问题上，存在两种备选方案。其一，依托现有的四家期货交易所，将设计完成的标准化碳排放权期货合约作为一种新的交易品种放到已有的交易所进行交易，这种方案的优点是可以节省成本。缺点是，碳排放权期货作为期货交易所的交易品种，交易制度必须与已有的交易所交易制度保持统一，在制度设计与管理上缺乏灵活性。其二，建立一家独立的碳排放权期货交易所，如"中国环境期货交易所"（China Environment Futures Exchange），与现有的几家环境交易所协同推进。这种方案符合现有的国际经验，独立的期货交易所在交易制度设计上具有灵活性，鉴于碳排放权期货的特殊性，中国可以选择第二种方案。依照这种方案进行建设，类似于美国芝加哥气候交易所（CCX）和芝加哥气候期货交易所（CCFE），前者主要进行现货交易，交易标的物为 CFIs，而后者以进行碳排放权衍生品交易为主。与交易所密切相关的是结算机构，结算机构是结算交易盈亏、担保履约并控制市场风险的重要机构。在国际上，根据期货交易所与结算机构的不同关系，可以分为三种形式。其一，结算所作为期货交易所的内部机构。这种形式被我国的期货交易所采用，这种形式的优点是结算所接受交易所的垂直管理，便于交易所及时、全面掌握资金和头寸信息，控制风险，缺点是这种结算所自身特点就决定了其承担风险能力较弱。其二，独立的结算公司。在这种形式下，交易所将结算业务委托给结算所负责，结算所不止为一家交易所服务，结算所和交易所相互平行，各自独立，如欧洲能源交易所（EEX）的结算业务外包给欧洲商品结算所（ECC），除欧洲能源交易所外，欧洲商品结算所还为其他五家交易所提供能源产品的实物交割提供服务。其三，结算所作为交易所的控股子公司。这种形式的结算所既能和交易所保持一定的联系，又具有一定的独立性。中国尚未有为交易所提供结算服务的独立的结算公司，现存的国内期货交易所都是将结算机构作为交易所内一个部门。因此，第一种形式的结算机构较为适合作为碳排放权期货交易所的结算机构。

（二）交易对象：CCERs 和 CEAs

中国正在运营的 7 个碳排放权交易机构中，交易品种以各个试点省市当地的配额为主，此外，允许纳入配额管理的单位以一定比例（由当地发展改革委负责制定并公布）的 CCERs 用于配额的清缴，每吨的 CCERs 相当于一吨的配额。CCERs 与配额是中国当今碳排放权现货交易的主要品种。故期货交易对象应为 CCERs 和 CEAs。

（三）标准合约：CCERs 和 CEAs 期货合约

由于涉及两种核心标的物，故对其期货合约条款分别进行设计。

第一，交易单位。对于期货交易所来说，交易单位的设计主要考虑投资者资金实力、现货交易的习惯以及市场规模的大小。

CCERs：如表 5.3 所示，欧美主要的 CERs 期货交易所的交易单位是 1000 吨/手，因此此处与其保持一致，设计为 1000 吨/手。

CEAs：在借鉴国际经验（参见表 5.3）的基础上，参考天津排放权交易所、深圳排放权交易所、上海能源环境交易所、广州碳排放权交易

表 5.3　　全球主要碳排放权期货交易所期货合约相关规定

国家/地区	交易所	交易品种	交易单位
欧洲	欧洲气候交易所 ECX	CERs/EUAs	1000 吨/手
	欧洲能源交易所 EEX	CERs/EUAs	1000 吨/手
美国	芝加哥气候期货交易所 CCFE	CERs/EUAs	1000 吨/手
	纳斯达克-OMX 集团 NASDAQ OMX	CERs/EUAs	1000 吨/手
	纽约商业交易所 NYMEX	CERs/EUAs	1000 吨/手
印度	大宗商品交易所 MCX	CERs	250 吨/手
	国家商品及衍生品交易所 NCDEX	CERs	500 吨/手

资料来源：根据 http://www.eex.com/en/；http://www.ncdex.com/index.aspx；http://www.mcxindia.com/；https://www.theice.com/index；http://business.nasdaq.com/；http://www.cmegroup.com/company/nymex.html 整理。

所、北京环境交易所的碳配额产品交易规则制定，交易单位分别为：10吨/手、1吨/手、1吨/手、1吨/手、1吨/手。综上，此处采取折中的方式，设计为100吨/手。

第二，报价单位。这是指在期货交易所公开竞价阶段对合约报价使用的单位。

CCERs：如表5.4所示，为了使本国货币成为碳金融交易的结算货币，国际上主要CERs期货交易所的报价单位更多地使用本国货币，而且现在在三个商品期货交易所交易的所有期货合约的报价单位全部为"元（人民币）/吨"，故此处设计为元（人民币）/吨。

CEAs：元（人民币）/吨，与CCERs相同。

第三，最小变动价位。这是指在期货交易所公开竞价阶段对合约报价变动的最小单位。

CCERs：在表5.4中将各个交易所的CERs期货的最小变动价位根据当前人民币汇率中间价进行折算，结果处于0.021—0.086元/吨之间，此处设计为0.05元/吨。

CEAs：天津排放权交易所、深圳排放权交易所、上海能源环境交易所、广州碳排放权交易所、北京环境交易所现货交易最小变动价位分别为：0.01元/吨、0.01元/吨、0.1元/吨、0.01元/吨、0.1元/吨，而国际上的最小变动价位处于0.021—0.086元/吨之间。因此，此处同样可以设计为0.05元/吨。

第四，涨跌停板幅度。这是指在一个交易日中，期货交易所对合约价格变动的幅度所做出的规定，有两种形式，一种是对一个交易日中成交价格波动浮动的绝对额度做出规定，另一种是对一个交易日中成交价格相对前一交易日的结算价的波动幅度做出规定，现在的期货交易一般采用第二种制度安排。涨跌停板幅度的设定是期货交易所抑制价格过度波动和过度投机的重要举措。

CCERs：欧洲环境交易所无涨跌停板幅度的规定，而在印度大宗商品交易所和国家商品及衍生品交易所涨跌停板幅度分别设置为5%和4%。此外，国内现有的商品期货合约涨跌停板幅度一般设置为上一交易日结算价的3%—10%，而CCERs期货是一种新生的期货品种，为了促进期货市场的活跃程度和价格发现功能的发挥，并使涨跌停板幅度具有双向调整的可能性，此处设置为5%。

CEAs：5%，与CCERs相同。

第五，合约月份。即期货合约的交割月份。

CCERs：一般具有特定生产与消费周期的期货品种，如农产品，交割月份会设置在特定的几个月。而CCERs则不具有特定的周期性，故合约月份设置为1—12月。

表5.4　　全球主要碳排放权期货交易所期货合约相关规定

国家/地区	交易所	交易品种	报价单位	最小变动价位	人民币中间价(2014.4.17)	最小变动价位（人民币计价）
欧洲	欧洲气候交易所 ECX	CERs/EUAs	欧元/吨	0.01欧元/吨	欧元/人民币=8.6126	0.086元/吨
	欧洲能源交易所 EEX	CERs/EUAs	欧元/吨	0.01欧元/吨		0.086元/吨
美国	芝加哥气候期货交易所 CCFE	CERs/EUAs	美元/吨	0.01美元/吨	美元/人民币=6.2207	0.062元/吨
	纳斯达克-OMX集团 NASDAQ OMX	CERs/EUAs	欧元/吨	0.01欧元/吨	欧元/人民币=8.6126	0.086元/吨
	纽约商业交易所 NYMEX	CERs/EUAs	欧元/吨	0.01欧元/吨		0.086元/吨
印度	大宗商品交易所 MCX	CERs	卢比/吨	0.50卢比/吨	卢比/人民币=0.1034	0.052元/吨
	国家商品及衍生品交易所 NCDEX	CERs	卢比/吨	0.20卢比/吨		0.021元/吨

资料来源：根据http://www.eex.com/en/；http://www.ncdex.com/index.aspx；http://www.mcxindia.com/；https://www.theice.com/index；http://business.nasdaq.com/；http://www.cmegroup.com/company/nymex.html整理。

CEAs：CEAs发放将具有特定的时间，在一定时间内的购买与使用却没有明显的周期,因此,合约月份设置为1—12月。

第六,最低交易保证金。这是指期货交易所为了保证期货合约买方和卖方的履约,收取的合约价值的一定比例的资金的做法。在设定了基础的交易保证金比例的基础上,以控制风险和提高投资者的履约能力为原则,交易所可以根据价格波动情况、投资者持仓量大小灵活调整相应比例。

CCERs:除了少数欧美国家交易所设置的初始保证金是固定值外,一般期货交易所初始保证金一般为6%左右,如印度大宗商品交易所和国家商品及衍生品交易所的初始保证金比例为6%。此处,设置为6%。

CEAs:国内三大商品期货交易所对于交易保证金比率的规定一般为5%—15%。参见表5.5。谨慎起见并为交易所留出双向调整的空间,此处设置为10%。

表5.5 **中国环境期货交易所CCERs期货合约**

CCERs期货合约	
交易品种	CCERs
交易单位	1000吨/手
报价单位	元(人民币)/吨,整数后保留两位小数
最小变动价位	0.05元/吨
涨跌停板幅度	上一交易日结算价5%
合约月份	1—12月
交易时间	星期一至星期五(国家法定假日除外) 上午9:00—11:30 下午1:00—3:00
最后交易日	合约月份的最后一个周一。如果最后一个周一是非营业日或者在最后一个周一之后接下来的四天中有一个以上的非营业日,最后交易日则是交割月份的倒数第二个周一
最后交割日	最后交易日之后三天
最低交易保证金	合约价值的6%
交割方式	实物交割(通过国家自愿减排交易登记簿对CCERs所有权变更)
交易代码	CCER
上市交易所	中国环境期货交易所

第七，交割方式。

CCERs：对于期货交易来说，可以选择现金交割或实物交割来结束交易。国际上，实物交割一般通过登记处的账户中进行CERs的划转来实现。此处设计为实物交割，通过对CCERs所有权变更进行交割，即通过国家自愿减排交易登记簿进行所有权划拨。参见表5.6。

表5.6　　　　　中国环境期货交易所CEAs期货合约

CEAs期货合约	
交易品种	CEAs
交易单位	100吨/手
报价单位	元（人民币）/吨，整数后保留两位小数
最小变动价位	0.05元/吨
涨跌停板幅度	上一交易日结算价5%
合约月份	1—12月
交易时间	星期一至星期五（国家法定假日除外） 上午9：00—11：30　下午1：00—3：00
最后交易日	合约月份的最后一个周一。如果最后一个周一是非营业日或者在最后一个周一之后接下来的四天中有一个以上的非营业日，最后交易日则是交割月份的倒数第二个周一
最后交割日	最后交易日之后三天
最低交易保证金	合约价值的10%
交割方式	实物交割（通过国家碳排放配额注册登记机构对CEAs所有权变更）
交易代码	CEA
上市交易所	中国环境期货交易所

六　中国碳排放权期货市场基本制度建设

碳排放权期货市场的运营依赖于健全的制度。除了在合约设计中提到的涨跌停板制度和保证金制度之外，还包括以下几项制度。

（一）当日无负债结算制度

又称逐日盯市制度，每个交易日结束之后，交易所的结算机构对当日盈亏、保证金、税金、费用进行结算和资金划转。当日无负债结算制度是期货结算业务的核心制度之一。在结算过程中，结算机构充当中央对手方的角色，即同时为"卖方的买方"和"买方的卖方"，在其中一方违约时，结算机构充当担保者，代为承担违约责任。当日无负债制度并不能消除违约情况的发生，而是将违约风险及时控制在发生的交易日当天。

（二）持仓限额和大户持仓报告制度

持仓限额制度又称头寸限制，期货交易所规定客户或者会员对某一期货合约持有量不得高于一定额度。以印度为例，大宗商品交易所（MCX）对于CERs期货合约交易持仓限额的规定如下：个人最大持仓量为5000000吨（20000手）；会员最大持仓量为25000000吨（100000手）与市场开仓总量的25%两者之间的较高者。国家商品及衍生品交易所（NCDEX）对于CERs期货合约交易持仓限额的规定如下：个人最大持仓量为5500000吨（11000手）；会员最大持仓量为33000000吨（66000手）与市场开仓总量的15%两者之间的较高者，但是对于套期保值者不受以上条款约束。大户持仓报告制度是指，交易所会员或者客户对于某一期货合约的持有量达到某一额度时，必须向交易所报告相关情况。持仓限额制度和大户持仓报告制度的建立目的是打击操纵市场的行为，当某一会员或者客户的持仓达到某种程度时，其买进卖出操作会对市场造成巨大影响，这就使操纵市场成为可能，而大户持仓报告制度可以将操纵市场的行为消除在萌芽状态。一般来说，由于市场持仓总量不同，交易所会根据不同期货品种的具体情况，设置持仓限额标准，然后将持仓限额的一定比例（如80%）设置为大户持仓报告的标准。碳排放权期货作为一种新生品种，期货市场规模尚无法确定，在持仓限额标准设置上也应根据市场规模适时设置。

（三）强行平仓制度

这是指在规定的特殊情况下，交易所对会员或者期货公司对客户进行平仓的强制措施。此处的特殊情况主要包括以下几种：会员或客户违法持仓限额制度、会员或客户保证金不足、会员或客户违法违规受到交易所处罚、交易所紧急措施等。强行平仓制度是对于违反当日无负债结算制度、持仓限额、保证金制度等行为的处罚，也是以上几种制度的一种保障性制度。

七　国际碳排放权期货市场建设经验

自从《京都议定书》实施以来，碳排放权这种环境权益被赋予了商品的属性，多个国家也开始试图通过市场机制来解决碳排放的问题，这对所有的国家来说都是一个新的课题。在这个问题上，不同的国家由于自身发展情况的不同往往存在意见分歧，导致国际组织的集体意志与成员国的意愿不同，继而导致国家合作效果的削弱。在这种国际社会在减排问题上求同存异的环境下，美国、欧盟及印度都在碳排放权期货市场建设方面走出了自己的道路，它们的探索，向其他国家提供了诸多经验。这些经验不仅有正面的，也有反面的；不仅体现在微观层面的具体制度设计和运行上，更体现在宏观层面的市场发展特点和整体安排上。没有完美的体系存在，不同的市场发展历程、制度设计、建设特点都能提供某些方面的经验，总结如下。

第一，包括现货与期货在内的碳排放权交易市场的建设需要有明确的规划。清晰的规划对形成稳定的市场预期、增强投资者信心、提高强制减排企业的重视程度和主动性都具有重要作用。

第二，协同推进现货与期货市场发展。在有条件的情况下实现现货与期货的协同推进，现货市场为期货市场提供标的物，期货市场为现货市场提供规避风险和发现价格渠道，二者相互配合。以完备的市场结构进行碳排放权初级产品和衍生品的交易，是提高市场效率的重要手段。

第三，建立监管与调节机制。市场建设的规划明确并不代表一成不变。欧盟的实践证明了这一点。EU-ETS的碳排放权价格从2008年开始经历了过山车式的下跌，这种情况的发生不仅与次贷危机及全球经济衰退有关，而且是EU-ETS本身缺乏相应的供需调节机制从而导致系统不完善的反映。欧盟不得不采取相应对策，如折量拍卖以及刚刚获得通过的市场稳定储备（MSR）。① 这些措施使得 EU-ETS 低迷的欧洲碳排放权现货和期货市场出现了复苏的迹象。但是措施的滞后性让市场付出了长时期活力降低的成本。如果能在市场运行初期进行监管与调节机制的预设，在应对一些市场突发事件时，能够事半功倍。

第四，以本国的实际情况为出发点进行市场建设。美国、欧盟与印度莫不是如此，这一点对于我国来说具有特别的意义。因为在科学界很多关于碳排放与气候变化之间因果关系是否存在的争论，甚至有人怀疑是否全球温室气体减排行动是为了限制发展中国家经济发展而展开。所以出现了中国是否应该参与温室气体减排行动的讨论。我国从 2013 年开始出现的严重的空气污染已经表明，我国的减排行动及碳排放权交易市场建设已经不仅仅是控制气候变化的要求，更是治理自身环境问题的出路。在这种情况下，市场建设的规划等问题就要以我国自身的经济以及环境状况为出发点。

第五，要对不同国家和地区的碳排放权期货市场进行衔接。美国、欧盟、印度等地的碳排放权期货市场虽有一定联系，但基本还处于各自为政的状态，现有的国际碳排放权市场的联通主要体现在现货市场抵消项目的交易。各地的市场所产生的价格只能反映有限的区域内的碳排放权稀缺程度，削弱了价格的有效性，而且降低了资源配置效率。

八 结论与政策建议

第一，中国碳配额期货合约交易付诸实施的前提是中国各省市的碳排放权市场的统一。这不仅包括各地碳排放配额的统一，还包括各地之间碳配额的通用。这是我国碳排放权期货市场建设基础性的前期工作，也是中国碳排放权市场建设的当务之急。

第二，在碳排放权期货市场的建设中，要坚持稳健和审慎的原则，加强监管。作为一种金融衍生品，碳排放权期货市场既可以使企业规避

---

① MSR 是针对市场中配额过剩而设计的一种长期性的改革措施。其作用机制是设定市场中剩余配额的上下界限，在市场中的剩余配额在上限之上或下限之下时，分别对配额进行回收和释放。

风险,也可通过杠杆交易,使风险成倍放大,因此,需要对碳排放权期货市场加强监管。

第三,中国碳排放权市场建设应遵循正确的顺序。先推进现货市场的统一,再建立相应的期货市场,实现期货市场与现货市场的对接;设计并运营以CCERs和CEAs为标的物的碳排放权期货交易品种,然后设计开发碳指数期货等相关金融期货交易产品。中国碳交易市场的问题之一是投资者积极性不够,而影响积极性的主要原因是风险,作为规避风险的期货市场不可或缺。碳指数期货作为一种金融期货,具有规避系统性风险的独特作用,能够提高投资者积极性,扩大市场规模,但也需要更熟悉市场的投资者、更完善的市场和相应的监管体系做基础。

第四,碳排放权期货市场的建设,既要考虑中国的特殊国情,又要与国际市场接轨。相关期货合约的设计在参考国际规则的前提下,也同时考虑到国内碳排放配额现货交易、商品期货交易规则、投资者习惯等我国的实际情况。

第五,其他碳排放权衍生品市场的建设条件尚不成熟。在国际碳排放权衍生品市场上还存在着远期和期权产品,但是我国目前资本市场发育不够成熟,完善的远期和期权交易还未形成。建立碳排放权远期和期权市场为时过早。

第六,健全国内市场,为更好参与全球碳市场运行做好准备。全球经济复苏必然带来碳排放权价格变化,此外,欧盟已经认识到排放权滥发带来的问题,开始采取折量拍卖等措施,这一系列的因素必将带来碳排放权的价格上涨和相关市场的复苏,中国应做好参与其中的相关准备,以碳排放权期货市场为代表的中国碳排放权交易市场建设是其中的一个重要方面,只有健全国内市场才能在国际市场上更少地受制于人。

第六章 中国碳金融交易的需求机制研究

本章在研究欧洲碳金融交易需求发展规律的基础上,测算中国低碳发展过程中对碳金融交易的需求量,进而构建中国的碳金融交易体系。通过对发达国家碳金融交易市场体系的需求规模、需求者的产业分布和地区分布、对交易工具需求偏好的研究,探寻了其存在的规律和问题,再联系中国目前绿色经济发展以及参与碳金融交易的现状,探究中国发展碳金融交易的必要性,测算碳排放强度指标并确定中国各省市对碳交易的需求。

第一节 发达国家碳金融交易的形成及需求测算

欧盟被称为全球碳减排急先锋,在绿色经济与碳金融发展上全球领先。欧盟排放交易体系(EU-ETS)自2005年成立以来就是世界最大的碳金融交易体系,占全球碳金融交易总量的四分之三以上,欧元也成为碳金融最主要的计价货币。因此,对发达国家碳金融交易的形成及需求测算,是以欧盟国家为主的,兼顾其他发达国家的情况。

一 发达国家碳金融交易

(一)发达国家碳交易的市场体系

《京都议定书》颁布之后,一些国家、企业以及国际组织为其最终实施开始了一系列准备工作,其中包括加拿大的GERT计划、澳大利亚的新南威尔士交易所、英国排放交易体系、美国芝加哥气候交易所（CCX）以及一些企业（如英国石油公司和壳牌石油公司）内部的交易体系，等等。2005年1月，欧盟正式启动了欧盟排放交易体系（"EU-ETS"）。该体系由欧盟和成员国政府设置并分配排放配额（欧洲排放单位，EUAs）。所有受排放管制的企业，在得到分配的排放配额后，可根据需要进行配额买卖。如果实际排放水平超过其持有的排放配额，企业将受处罚。[①] 2003年，澳大利亚新南威尔士州级温室气体减排体系（NSW/ACT）建立，通过分配一定数量的许可排放量，实现碳信用的交易。尽管美国没有签署《京都议定书》，"碳排放总量限制和交易"至今难以实行，但美国的自愿型碳金融交易发展却持续增长。芝加哥气候交易所成立于2003年，是世界上第一个也是北美地区唯一的一个自愿参与温室气体减排交易，也是碳排放权配额期货交易模式的开创者。全球最大的实物商品期货期权交易所纽约商品交易所也在积极尝试着进行碳期货、碳期权、碳互换等碳金融衍生品交易。

（二）市场结构

按照交易的原生产品（温室气体排放权）的来源分，碳金融市场可以分为基于配额的市场（Allowance-based Markets）和基于项目的市场（Project-based Markets）。基于配额的市场的原理为限量—交易，即由管理者制定总的排放配额，并在参与者间进行分配，参与者根据自身的需要来进行排放配额的买卖。基于项目的市场的原理为基准—交易。在这类交易下，低于基准排放水平的项目或碳吸收项目，在经过认证后可获得减排单位。[②]

欧盟排放交易体系是一个网络化的欧盟统一的碳金融交易平台，自2005年成立以来就是世界最大的碳金融交易体系，占全球碳金融交易总量的四分之三以上。2008年，欧盟排放交易体系交易额达100亿美

---

① 曾刚、万志宏：《国际碳金融市场：现状、问题与前景》，《国际金融研究》2009年第10期，第19—25页。

② 曾刚、万志宏：《国际碳金融市场：现状、问题与前景》，《国际金融研究》2009年第10期，第19—25页。

元，涉及欧盟 27 个成员国以及列支敦士登和挪威共 29 个国家，有近 1.2 万个工业温室气体排放实体。EU-ETS 由巴黎 Bluenext 碳金融交易市场、荷兰 Climex 交易所、奥地利能源交易所（EXAA）、欧洲气候交易所（ECX）、欧洲能源交易所（EEX）、意大利电力交易所（IPEX）、伦敦能源经纪协会（LEBA）和北欧电力交易所（Nordpool）等 8 个交易中心构成。①

（三）碳交易市场参与者与需求规模

国际碳金融市场的参与者可以分为供给者、最终使用者和中介等三大类，涉及受排放约束的企业或国家、减排项目的开发者、咨询机构以及金融机构等。排放权的最终使用者是那些面临排放约束的企业或国家，包括受《京都议定书》约束的发达国家，欧盟排放体制约束下的企业以及自愿交易机制的参与者等。②

基于《京都议定书》，38 个发达国家实际排放的二氧化碳如果多于核定量，其多出的部分必须通过 ET、JI、CDM 三种方式获取超额的排放量。而国家实际排放的二氧化碳少于核定的排放额时，这些国家又会通过上述机制将多余的量转移给其他国家。因此，一国的核定排放量与实际排放量之间的差值就可以代表一国对碳排放交易的需求量，当该值为正值时，表明该国家的碳金融交易是正的，该值的大小可反映一国在市场上交易地位。

我们选择了包括奥地利、比利时、丹麦、爱沙尼亚、斯洛文尼亚、德国、希腊、匈牙利、爱尔兰、意大利、葡萄牙、芬兰、西班牙、瑞典、英国 15 个欧盟国家进行研究。分析其碳金融交易需求的规模和时序变化，特别是联系各国的产业结构和经济规模特点，分析其与碳金融交易需求间的关系。以下给出我们整理的简表（见表 6.1），以清楚地说明，欧盟国家碳金融交易需求的规律。

---

① 张瑞琴、张辰西：《我国碳金融的发展及国际经验借鉴》，《国际经济合作》2011 年第 5 期，第 79—82 页。
② 曾刚、万志宏：《国际碳交易市场：机制、现状与前景》，《中国金融》2009 年第 24 期，第 48—50 页。

表 6.1　　　　　　　　　　欧盟 15 国实际碳排放额　　　　　　　　单位：EUA

国家	2005	2006	2007	2008	2009
奥地利	32414872	32764960	32844883	29800683	29791115
比利时	58311087	58311087	58311087	54581768	54511747
丹麦	37303720	27097259	27906153	23964411	23963729
爱沙尼亚	16747054	18199834	21343525	11678257	11855527
芬兰	44659652	44659652	44659652	36158694	36157688
德国	494979063	494979063	494979063	388859006	388859006
希腊	71135034	71135034	71135034	65315679	65315679
匈牙利	30236166	30236166	30236166	25044006	23911962
爱尔兰	19236747	19237593	19240229	20243031	20243031
意大利	215799016	204315322	202442243	190381447	182538697
葡萄牙	36898516	36898516	36898516	30510329	30510329
斯洛文尼亚	30354065	30370265	30370215	8130428	8130428
西班牙	172145885	160367292	150720997	151914743	147263932
瑞典	22278067	22278067	22278067	19797691	19797691
英国	206125204	206058525	215928415	212055349	212062009

对上述国家实际碳排量（如表 6.1 所示）的研究发现，实际排放额与一国的经济规模与发展水平呈正相关的关系。经济规模较大和人口较多的国家有较高的实际碳排放额。实际碳排放额高于平均值的前四个国家的排序依次为德国、英国、意大利和西班牙，这与 15 个国家按 GDP 总额以及人口总数排序形成的前四位国家的顺序完全一致。这印证了绿色经济应是一种经济形态，低碳并不是目标而是手段的观点。同时，碳排放随时间变化呈先增后减的态势，特别是在 2009 年出现了大幅下降。这一方面源于哥本哈根会议增强了《京都议定书》后期的不确定性，另一方面是因为全球经济危机的冲击使欧洲深陷主权债务危机的泥潭，经济的不景气在影响生产能力、减少能源消耗的同时降低了碳排放权的需求量。

对欧盟 15 国碳金融交易需求（如表 6.2 所示）的初步分析发现，

碳金融交易需求的规模与经济规模虽然呈现相关性，经济规模大，则相应的需求数额大，但却与需求的方向无关。例如，经济大国德国曾是市场上主要的碳金融交易需求者，但 2007 年后，其碳金融交易需求由正转为负。这说明德国非但无须为经济发展所造成的实际碳排放付费，还可以通过碳金融交易转移富余的碳排放获利。其他特点，因篇幅有限，不再赘述。

表 6.2　　　　欧盟 15 国碳排放配额与实际碳排放额的差　　单位：EUA

国家	2005	2006	2007	2008	2009
奥地利	957969	-382141	-1077581	2202950	-2507178
比利时	-2956991	-3526625	-5431857	876687	-8304860
丹麦	-11212810	7487137	1519881	2580824	1497274
爱沙尼亚	-4125230	-6090553	-6018437	1862627	-1532656
芬兰	-11587014	-11177	-2114865	4932	-1868205
德国	-21263191	-16530749	17749	83803143	39320682
希腊	-101740	-935425	1594367	4538196	-1654123
匈牙利	-4521592	-4077017	-2743890	2027689	-1536419
爱尔兰	3160931	2508524	3183302	126298	-3027808
意大利	-383375	33218911	20004920	30280440	2338449
葡萄牙	-485512	-3801708	-5452694	-580319	-2249859
斯洛文尼亚	-21633515	-21528083	-21321579	729668	-63413
西班牙	9428417	20282248	36994692	11540650	-10332617
瑞典	-2971306	-2322435	-3172009	270870	-2317343
英国	36270835	45156896	41180821	53008539	19873846

二　发达国家碳金融交易存在的问题

总体上看，尽管近年来增长迅速，但目前的国际碳金融市场依然存在一些根本性问题，这给其未来的发展带来了一些不确定性。

（一）市场分割

目前国际碳金融交易绝大多数集中于国家或区域内部（如欧盟），

统一的国际市场尚未形成。从事碳金融交易的市场多种多样，既有场外交易机制，也有众多的交易所；既有由政府管制产生的市场，也有参加者自愿形成的市场。这些市场大都以国家和地区为基础发展而来，而不同国家或地区在相关制度安排上存在很大的差异，比如，排放配额的制定及分配方式、受管制的行业的规定、是否接受减排单位、如何认定减排单位以及交易机制等，导致不同市场之间难以进行直接的跨市场交易，形成了国际碳金融市场高度分割的现状。[①]

（二）政策风险

碳金融交易的政策风险主要体现在两个方面。

第一，国际公约的延续性问题产生了市场未来发展的最大不确定性。《京都议定书》在 2008 年正式实施能在一定程度上改善国际碳金融市场高度分割的现状，但是，《京都议定书》的实施期仅涵盖 2008—2012 年，各国对其有关规定仍存有广泛争议。目前所制定的各项制度，在 2012 年之后是否会延续还尚未可知，这种不确定性，对形成统一的国际碳金融市场产生了巨大的不利影响。

第二，减排认证的相关政策风险可能阻碍市场发展。在原始减排单位的交易中，交付风险是最主要的风险。而在所有导致交付风险的因素中，政策风险是最突出的因素。由于核证减排单位的发放需要由专门的监管部门按既定的标准和程序来进行认证，因此，即使项目获得了成功，其能否通过认证而获得预期的核证减排单位，仍然具有不确定性。从过去的经历来看，由于技术发展的不稳定，以及政策意图的变化，有关认定标准和程序一直都处于变化当中。而且，由于项目交易通常要涉及两个以上的国家，除需要符合认证要求外，还需要满足项目东道国的政策和法律限制，使得政策风险问题变得更加突出。[②]

[①] 曾刚、万志宏：《国际碳金融市场：现状、问题与前景》，《国际金融研究》2009 年第 10 期，第 19—25 页。

[②] 曾刚、万志宏：《国际碳金融市场：现状、问题与前景》，《国际金融研究》2009 年第 10 期，第 19—25 页。

（三）交易成本巨大

在目前的国际碳金融市场中，尤其是基于项目的市场中，较高的交易成本也对市场发展产生了不利的影响，其中也包括由信息不对称导致的道德风险。基于项目的交易涉及跨国的项目报批和技术认证问题，为此，监管部门要求指定运营机构来负责项目的注册和实际排放量的核实，所涉及的费用较为高昂[1]。此外，由于目前缺乏对中介机构（即DOE）的监管，有些中介机构在材料准备和核查中存在一定的道德风险，甚至提供虚假信息。所有这些，都无形中加大了市场的交易成本，不利于项目市场的发展。

第二节　中国碳金融交易的需求测算

一　研究方法和数据来源

灰色预测法是目前碳排放预测的一种方法，该方法能够对既含已知信息又含不确定信息的系统进行预测。即通过对原始数据进行处理后构造矩阵，建立相应的微分方程，求解灰参数，并代入预测模型，进而预测事物未来的发展变化趋势。其涵盖数列预测、灾变预测、系统预测和拓扑预测等类型，在本章中对碳排放强度的预测即对数列进行预测。

通过灰色预测法构建 GM（1，1）模型，运用 MATLAB2014a 对计算得出的 2005—2012 年的省际碳排放强度进行预测，进而得出 2015 年的碳强度，通过与根据下降指标核算得出的碳强度进行对比，分析各地区在 2015 年能否完成碳强度的减排目标，并据此可以确定各省区在碳交易中会成为买方还是卖方。

碳排放源自化石能源、家庭垃圾等多个方面，然而全球对碳污染的评价和计算以化石能源消耗为主，因此本章对省际二氧化碳排放量的计算是根据化石能源的消耗量所得。本章选取煤炭、焦炭、原油、汽油、

---

[1] 曾刚、万志宏：《国际碳金融市场：现状、问题与前景》，《国际金融研究》2009 年第 10 期，第 19—25 页。

煤油、柴油、燃料油和天然气八种化石能源对2005—2012年中国除西藏外30个地区的二氧化碳排放量进行计算，并根据对应的地区GDP计算碳排放强度。其中，由于煤炭没有具体的热值和单位热值含碳量等指标，所以本章采用原煤代替煤炭进行碳排放量的计算。

能源消费碳排放核算方法包括以下三种，即分别基于能源平衡表、一次能源消费量和终端能源消费量的核算。其中前两者核算方法的结果类似，而基于终端能源消耗量的计算方法与前两者差距较大。由于中国在二氧化碳排放量具体计算上没有统一的方法，本章采用能源平衡表的能源消费进行计算。

计算公式采用IPCC推荐方法计算各地区二氧化碳排放量，其具体公式为：

$$E_t = \sum_{i=t}^{i=0} TC_i \times CAL_i \times CC_i \times CO_i \times 44/12$$

其中i代表能源种类，TC为能源的消耗量，CAL为能源的热值，CC为单位热值含碳量，CO为碳氧化率。能源的消耗量和能源的热值的数值来自《中国能源统计年鉴》，单位热值含碳量和碳氧化率来自《省级温室气体清单编制指南》。

另外，碳排放强度即为二氧化碳排放量与地区GDP的比值，单位为吨/万元；能源强度为能源消耗量与地区GDP的比值，单位为吨标准煤/万元；能源消费结构为原煤消耗量与能源消耗量的比值；产业结构为第三产业增加值与地区GDP的比。另外，能源消耗量数据来自《中国能源统计年鉴》，地区GDP、人口、第三产业增加值、城镇化水平等数据来自《中国统计年鉴》，环境污染治理投资占GDP的比值来源于中国经济与社会发展数据统计库。

二 省际碳排放强度现状

中国在哥本哈根会议提出的下降40%—45%的指标和"十二五"规划中17%的下降指标都是以碳排放强度为依据的相对量，它可以反映能源利用与相应碳排放的经济效益的提高程度。而且，碳排放强度指标的降低与经济发展水平不大，在保证中国经济发展的基础上，可以实现碳排放强度的下降目标。

表6.3 2005—2012 年省际碳排放强度

地区/年份	2005	2006	2007	2008	2009	2010	2011	2012
北京	1.61231	1.49649	1.35298	1.22908	1.09098	0.951791	0.793935	0.733418
天津	3.09454	2.78359	2.59021	2.06343	1.88302	1.90503	1.7092	1.51324
河北	5.48716	5.03213	4.63371	4.17976	4.09457	3.89693	3.57631	3.41454
山西	14.6209	14.3131	12.5153	10.2447	9.63542	8.40802	7.91151	8.17143
内蒙古	7.98812	8.06667	6.94233	6.66968	5.72748	5.61324	5.8977	5.51346
辽宁	5.96009	5.52075	4.918	4.13079	3.84309	3.48287	3.0867	2.86548
吉林	4.82607	4.53707	3.90486	3.4246	3.17114	3.00644	2.87447	2.55291
黑龙江	5.0503	4.73531	4.43577	4.02817	4.09594	3.81233	3.39227	3.23905
上海	2.26449	2.01466	1.74387	1.64211	1.49715	1.45185	1.33161	1.25594
江苏	2.48281	2.30267	2.06942	1.78841	1.66145	1.55988	1.50319	1.37954
浙江	2.21478	2.14403	1.99954	1.77398	1.72475	1.52624	1.38512	1.25096
安徽	3.71607	3.54331	3.21393	3.03066	3.01171	2.59065	2.31603	2.30469
福建	2.0096	1.92423	1.76534	1.56407	1.63632	1.51149	1.45932	1.28244
江西	2.68762	2.59213	2.38621	2.08955	1.80787	1.7195	1.51251	1.37103
山东	4.07248	3.84799	3.54093	3.07848	3.00847	2.83049	2.59323	2.44926
河南	4.32489	4.26412	3.98209	3.31786	3.36996	2.94245	2.84197	2.4758
湖北	3.36422	3.24221	2.93189	2.37884	2.24155	2.07469	1.92487	1.70855
湖南	3.14169	2.90672	2.75503	2.15708	1.948	1.72448	1.57342	1.41292
广东	1.70687	1.6179	1.47048	1.31595	1.26189	1.20521	1.13297	1.03848
广西	2.31379	2.16878	2.00854	1.64914	1.69104	1.68276	1.69996	1.69151
海南	1.85186	2.31683	3.65487	3.17721	2.99266	2.6202	2.53106	2.33017
重庆	2.88266	2.79632	2.6299	2.67854	2.33165	2.00461	1.75581	1.5188
四川	2.86079	2.78628	2.60459	2.40933	2.3666	2.00907	1.65386	1.52101
贵州	9.58038	9.5436	8.66585	6.924	6.55964	5.89703	5.03896	4.52128
云南	5.01557	4.816	4.21934	3.64485	3.56463	3.2305	2.75259	2.48923
陕西	4.60788	4.7544	4.27252	3.88297	3.61154	3.46849	3.0765	3.11059
甘肃	6.36881	5.71906	5.54205	4.71179	4.56275	4.05518	3.86065	3.54457
青海	4.06079	4.32117	4.05064	4.2047	4.10432	3.32099	3.50528	3.62741
宁夏	13.9556	13.2557	12.6008	11.258	10.3396	9.85549	10.0963	8.9546
新疆	5.88638	5.73649	5.40044	4.97953	5.71609	5.07062	4.96343	5.03709

由表6.3可以得出，除天津、内蒙古、海南、青海、新疆五个地区外，其余地区碳排放强度从2005年以来呈现下降趋势。

天津在2005—2009年呈现下降趋势，2010年碳排放强度升高，而后逐渐降低，在2012年达到最低；内蒙古在2005—2012年间，碳排放强度在2006年达到峰值，随后逐年下降；海南的碳排放强度在2005年为最低值，后逐渐小幅上升在2007达到最高值；青海碳强度总体处于波动趋势，在2010年碳排放强度达到最低值；新疆碳排放强度呈现水平波动的变化态势，总体处于5吨/万元的水平。

将各地区的碳排放强度按照0—3吨/万元、3—6吨/万元、6吨/万元以上进行分类，其中贵州等地区碳强度横跨两种分类，本章将其大部分年份所处类别进行归类。因此，依照该分类，北京、天津、上海、江苏、浙江、福建、江西、湖北、湖南、广东、广西、海南、重庆和四川的碳排放强度较低，处于0—3吨/万元范围，其中，大部分地区经济发展水平较高，相同碳排放量情况下，碳强度较低；而海南属于旅游城市，高碳排放的产业较少，因此碳强度也较低。而河北、辽宁、吉林、黑龙江、安徽、山东、河南、云南、陕西、甘肃、青海和新疆的碳排放强度处于3—6吨/万元部分，其中河北、辽宁、吉林、黑龙江等地是工业大省与人口大省，致使二氧化碳排放量较大，同样的经济发展水平下，碳排放强度高；而云南、陕西、甘肃、青海和新疆经济发展水平落后，只能依靠高碳排放的行业提高GDP，从而碳排放强度高。山西、内蒙古、贵州、宁夏四个地区的碳排放强度较高，均为6吨/万元以上，其中山西和内蒙古是产煤大省，二氧化碳排放量较高，致使碳排放强度较高；贵州与宁夏的地区产值较低，从而也导致了碳排放强度较高。

根据国家统计局数据显示，2014年上半年为6年来单位GDP能耗下降幅度最大年度，国家发改委认为，根据各地节能减排情况分析，预计中国能够完成2014年的碳减排目标。

三 中国碳排放强度影响因素分析

通过建立扩展的STIRPAT模型，运用stata12.0进行二氧化碳排放量和碳排放强度的影响因素分析。为了能够直观有效地观察各碳排放影响因素的变化，对数据进行对数处理；为避免出现"虚假回归"现象，对各变量进行平稳性检验。最终变量显著，通过检验。

模型一：二氧化碳排放量

$$LNCDE_{n,t} = \alpha_n + \gamma_t + \beta_0 + \beta_1 LNGDP_{n,t} + \beta_2 (LNGDP_{n,t})^2 \\ + \beta_3 (LNGDP_{n,t})^3 + \beta_4 LNEI_{n,t} + \beta_5 LNURB_{n,t} + \beta_6 ECS_{n,t} \\ + \beta_7 LNIS_{n,t} + \beta_8 LNENI + \varepsilon_{n,t}$$

模型二：碳排放强度

$$LNCDEI_{n,t} = \alpha_n' + \gamma_t' + \beta_0' + \beta_1' LNPCGDP_{n,t} + \beta_2' (LNPCGDP_{n,t})^2 \\ + \beta_3' (LNPCGDP_{n,t})^3 + \beta_4' LNEI_{n,t} + \beta_5' LNURB_{n,t} \\ + \beta_6' ECS_{n,t} + \beta_7' LNIS_{n,t} + \beta_8' LNENI + \varepsilon_{n,t}'$$

其中，模型一表示对二氧化碳排放量的影响因素分析，模型二表示对碳排放强度的影响因素分析。$LNCDE$、$LNCDEI$ 为被解释变量，分别表示 2005—2012 年 30 个地区二氧化碳排放量、碳排放强度的对数；$LNGDP$、$LNPCGDP$、$LNEI$、$LNURB$、$LNIS$、$LNECS$、$LNENI$ 为解释变量，代表各地区 GDP、人均 GDP、能源强度、城镇化水平、产业结构、能源消费结构、环境污染治理投资数据的对数。两个模型的经济发展水平分别采用 GDP 与人均 GDP 来说明，是由于中国碳排放量处于世界首位，而人均 GDP 仍低于世界平均水平，人均 GDP 不能有效地反映二氧化碳排放量变化，因此两个模型的经济发展水平采取的变量不同。n 为截面数据，表示 30 个地区；t 代表时间序列，即 2005—2012 年；$\alpha_n + \gamma_t + \beta_0$ 和 $\alpha_n' + \gamma_t' + \beta_0'$ 表示各模型的截距项，其中 α_n、α_n' 与 γ_t、γ_t' 表示变量在个体和时间上的差异；$\varepsilon_{n,t}$、$\varepsilon_{n,t}'$ 表示随机误差项。

采用 Hausman 检验来确定模型影响形式，结果显示，模型一与模型二 Hausman 检验的 P 值分别为 0.3773 和 0.8836，因此选取随机效应作为两个模型的影响形式进行拟合分析。

表6.4　　　　　　　　　　　随机效应下的回归结果

变量	模型一 估计量	t统计值	P值	模型二 估计量	t统计值	P值
$LNGDP_{n,t}$	0.9429599	25.77	0.000			
$(LNGDP_{n,t})^{\wedge}2$	-0.0024021	-0.32	0.748			
$(LNGDP_{n,t})^{\wedge}3$	0.0094216	3.05	0.002			
$LNPCGDP_{n,t}$				0.037248	0.35	0.728
$(LNPCGDP_{n,t})^{\wedge}2$				0.0078803	0.12	0.902
$(LNPCGDP_{n,t})^{\wedge}3$				0.0001781	0.01	0.990
$LNEI_{n,t}$	0.9335494	13.46	0.000	0.9984887	13.65	0.000
$LNURB_{n,t}$	0.1389525	1.54	0.123	0.0901775	0.76	0.449
$LNECS_{n,t}$	0.5303559	12.03	0.000	0.6064524	14.22	0.000
$LNIS_{n,t}$	0.0163265	0.22	0.824	0.0775849	1.01	0.311
$LNENI_{n,t}$	0.0095434	0.69	0.489	0.0018728	0.13	0.895
Cons	1.359823	13.41	0.000	1.442495	13.02	0.000
R-squared	0.9587			0.9169		
Wald chi2	4591.31			3203.97		
Prob（Wald chi2）	0.000			0.000		

模型一与模型二的 R-squared 和 Wald chi2 检验说明模型整体显著。

模型一中，经济水平对二氧化碳排放量的影响显著，且呈现 N 形趋势，表明碳排放随着 GDP 的增长出现先上升后降低再上升的变化；而模型二中，碳排放强度对单位 GDP 变化不显著，说明碳强度的变化与 GDP 无关，这说明，在以碳排放强度为减排目标的基础上，中国可以实现碳减排与经济增长的共赢。在碳减排初始阶段，中国应采用碳强度指标进行减排。

能源强度是对碳排放影响最主要的因素，能源强度增长1%，二氧化碳排放量增长 0.9335494%，碳排放强度增加 0.9984887%。中国作为世界第二大的能源生产和消费国，随着能源市场的不断完善和技术的进步，中国的能源行业取得了长足的发展，但是随着化石能源消耗增加，各地区能源效率低，致使中国能源强度较高。因此，政府应限制化石能源的消耗，并建立约束性指标，在同样能源消耗量的基础上，提高能源效率和经济发展水平，有效降低碳排放。

能源消费结构的系数表中显示为正，表明能源消费结构变化1%，二氧化碳排放量与碳排放强度变化0.5—0.6个百分点。由于中国呈现"多煤少油缺气"的能源结构，而煤炭在同等化石能源中碳排放系数最高，导致碳排放的增加。因此，中国需加大资金投入，提高技术水平，开发低碳能源与新能源，改变中国现有能源结构，从而推动低碳经济的发展。

四 中国省际碳配额需求状况分析

（一）省际碳排放强度预测

上一部分中，经碳排放影响因素分析可知，二氧化碳排放量与碳排放强度对经济发展水平反应不同，因此，运用两种方法预测2015年的碳排放强度。第一种方法为根据2005—2012年计算得出的二氧化碳排放量，采用灰色预测法预测得出2015年碳排放量，再根据确定的GDP增长率计算得出2015年的碳排放强度，其中由于国家近两年GDP增长率目标调整为7%，因此2015年各地区经济发展水平依据2013年GDP与年均增长率7%计算得出；第二种方法为根据2005—2012年的碳强度数据直接预测碳排放强度。然后对两种方法进行对比，探讨碳强度与GDP的关系，进而制订各地区"十二五"碳减排目标，判断各地区在碳交易中对碳排放权的需求量。

根据GM（1，1）模型并通过残差检验、关联度检验、方差和小误差概率检验，各地区"十二五"规划中两种方法预测得出的2015年的碳排放强度分别为预测值①和预测值②，即表6.5中的第三列和第四列。将预测值①与预测值②的差值和预测值②相比，计算得出两者的差率，求得变化率最小的为海南19.5%，最大的为内蒙古60.9%，预测值①与预测值②两者数据差距较大。由此可知，预测值②在不考虑GDP后两年突然变化的基础上，计算所得的碳排放强度值不准确。随着国家实施GDP核算改革，国家开始对地方GDP进行直接核算，致使各地生产总值计算的水分减少,且 2014 年第一、二季度经济增速大降,内蒙古、宁夏等大部分地区 GDP 增长速度未达到"十二五"规划的增速,因此某些地区在"十二五"中期报告中降低了经济增速,以上提到的 GDP 变化均未在预测值②中体现,因此,碳排放强度的预测应采用第一种方法。应先求得二氧化碳排放量,再根据 GDP 增长率预测碳排放强度,而非直接预测碳强度值。

表 6.5　　　　　　　　省际碳排放权需求量测算

地区/碳排放	碳排放强度目标 吨/万元	碳排放强度预测值①	碳排放强度预测值②	碳排放强度①②差率	目标与预测值差值	碳需求量 万吨
北京	0.78046862	0.625257077	0.516711295	21.00704658	-0.15521	-3465.28967
天津	1.5430743	1.603581571	1.09458588	46.50121109	0.060507	995.4923589
河北	3.1954826	3.559600694	2.788195402	27.66683036	0.364118	11798.25384
山西	6.9786566	7.870856365	5.143973498	53.01121532	0.8922	12872.8891
内蒙古	4.7151216	7.258041613	4.298139628	68.86472383	2.54292	49005.66626
辽宁	2.8559534	2.747157658	1.967132567	39.65289905	-0.1088	-3372.80494
吉林	2.4953452	2.689998761	1.887605539	42.50852234	0.194654	2893.042319
黑龙江	3.2023572	3.390935761	2.726714387	24.35977076	0.188579	3105.31981
上海	1.1759985	1.174528178	0.973238723	20.6824338	-0.00147	-36.3643718
江苏	1.2635028	1.395110387	1.024461609	36.17986025	0.131608	8914.353709
浙江	1.2362544	1.189105316	0.980090516	21.32607106	-0.04715	-2027.98469
安徽	2.1502395	2.432708987	1.809504566	34.4406106	0.282469	6157.167238
福建	1.24697925	1.430917014	1.113878422	28.46258491	0.183938	4582.361685
江西	1.427185	1.363390074	0.979675248	39.16755342	-0.06379	-1047.26699
山东	2.3210018	2.379272547	1.916234617	24.16394767	0.058271	3648.218137
河南	2.4422335	2.443356223	1.931168517	26.52216528	0.001123	41.33336604
湖北	1.7219927	1.741233629	1.204009269	44.61961991	0.019241	543.420883
湖南	1.4313184	1.335398623	0.922728701	44.72277947	-0.09592	-2690.74123
广东	0.97019405	1.034607791	0.835592177	23.81731413	0.064414	4584.426639
广西	1.4135184	1.989744763	1.39214787	42.92625128	0.576226	9485.476631
海南	2.331978	2.751249042	2.302037548	19.51364755	0.419271	1510.393677

续表

地区/碳排放	碳排放强度目标 吨/万元	碳排放强度预测值①	碳排放强度预测值②	碳排放强度①②差率	目标与预测值差值	碳需求量 万吨
重庆	1.6638263	1.68854227	1.240542522	36.11321176	0.024716	358.1506131
四川	1.65748275	1.504346766	1.205588263	24.78113902	-0.15314	-4604.18494
贵州	4.9535052	3.971679107	3.058734238	29.84714584	-0.98183	-9000.38538
云南	2.6974675	2.216483756	1.833424357	20.89311172	-0.48098	-6454.44515
陕西	2.8788467	3.531629057	2.347087724	50.46855818	0.652782	11991.70948
甘肃	3.4063512	3.432829494	2.73736873	25.40617772	0.026478	190.0144152
青海	2.988891	4.320443089	3.085121944	40.04124204	1.331552	3203.114315
宁夏	8.2786116	11.4475196	7.348916568	55.77152754	3.168908	9306.395098
新疆	4.5128518	5.848973306	4.682518333	24.9108469	1.336122	12788.81123

表6.5中，第一列表示除西藏外30个地区的名称，第二列表示根据"十二五"各地区单位国内生产总值二氧化碳排放下降指标计算所得的2015年碳排放强度目标，第六列表示碳排放强度预测值①与碳排放强度目标的差值，以此来表示各地区在2015年的碳减排情况，数值为正表示该地区没有达到碳强度减排目标，数值为负表示该地区完成"十二五"规划要求。其中，二至四列和六列单位为吨/万元。

从表6.5中可以看出，在2015年有北京、辽宁、上海、浙江、江苏、湖南、四川、贵州、云南9个地区能够完成"十二五"规划中确定的碳排放强度下降指标，这些地区中北京、辽宁、上海、浙江和江苏经济水平较高，湖南、四川、贵州和云南经济发展水平相对较低。其他21个地区均未能够完成碳减排目标。

为了更清楚地分析各地区在"十二五"规划期末低碳发展水平和碳减排潜力，本章将经济发展水平处于同一层次的地区进行对比分析。东北及东部沿海地带①中，海南的碳排放强度差最高，达到0.419271吨/

---

① 辽宁、吉林、黑龙江、北京、天津、河北、山东、上海、江苏、浙江、福建、广东和海南。

万元，其原因是海南作为中国碳排放量最低、低碳竞争力第一的地区，碳排放强度已经降低到一定程度，然而"十二五"规划中仍规定海南的碳强度要降低11%，使得该地区的碳减排压力较大，难以完成目标。河北作为碳强度差次高的地区，在2014年上半年GDP增长率为5.8%，处于全国倒数第二，导致了河北在2015年无法完成碳强度降低指标。在无法完成碳减排任务的地区中，吉林、黑龙江等地区作为工业省份，碳排放的主要来源是化石能源的消耗。

中西部地带①中，宁夏的碳排放强度差最高，为3.168908吨/万元，2013年的GDP值为2565.1亿元，仅高于青海省，该地区经济发展水平落后，技术水平较差，为了拉动地区的经济增长，必须以能源消耗为代价，导致碳减排目标无法实现。其次有较高碳强度的地区是山西和陕西，在2014年这两个地区均在中国产煤前三大省之列，造成能源消耗大，煤炭与同等消耗量的其他能源相比，利用效率低，且二氧化碳排放量较多，因此山西和陕西在提高煤炭利用效率，优化能源结构后，才有可能完成碳减排任务；而广西由于经济发展速度较快，煤炭需求量大，致使能源消耗量较多，碳强度较大，在2015年碳强度差达到0.576226吨/万元。

远西部地带②中，内蒙古、新疆和青海都无法完成碳强度下降指标，这三个地区，经济发展水平低，为提升经济水平又要依靠化石能源的消耗，导致碳强度较高，碳减排压力较大，无法完成"十二五"规划的要求。

（二）省际碳需求量分析

根据各地区"十二五"规划纲要中提出的年均增长率，以2010年为基年，可求得2015年的地区生产总值，进而得知各地区在"十二五"期末的碳需求量。然而，多个地区在"十二五"规划中期评估的报告中调整了经济增速指标；且由2014年上半年的GDP数据可知，各

---

① 重庆、四川、湖北、湖南、安徽、江西、陕西、甘肃、宁夏、山西、河南、云南、贵州和广西。

② 内蒙古、新疆、青海和西藏。

地区 GDP 均未达到年度目标，由于地方 GDP 核算方法变化及控制地方政府卖地等因素，近两年的地方 GDP 不会有太大上浮，因此，本章采取以 2013 年地区 GDP 为基础，按照两年的年均增长率 7%，和目标与预测值差值即碳强度差进行计算，保守估计 2015 年省际碳需求量，结果如表 6.5 第七列所示。

在"十二五"期末，碳需求量最高的地区是内蒙古，达到 49005.66626 万吨，高出第二位的山西的碳需求量 36132.77716 万吨，可知内蒙古在总量原则下，碳减排压力最大，山西与内蒙古作为中国产煤大省，必须提高能源效率，改变能源消费结构，才能够有效降低碳排放；新疆是碳需求量第三的地区，这说明新疆近年的经济增长主要依靠高碳行业的发展，从而造成碳需求量较高的现状。

从图 6.1 碳强度差与碳需求量对比中，可以看出，两者差距较大的地区为宁夏，其碳强度差为 3.168908 吨/万元，是各地区中碳强度差最大的，而由于经济发展水平较低，使得碳需求量较低。这说明，以碳排放强度为指标进行碳减排，并不能从根本上解决中国碳污染问题。

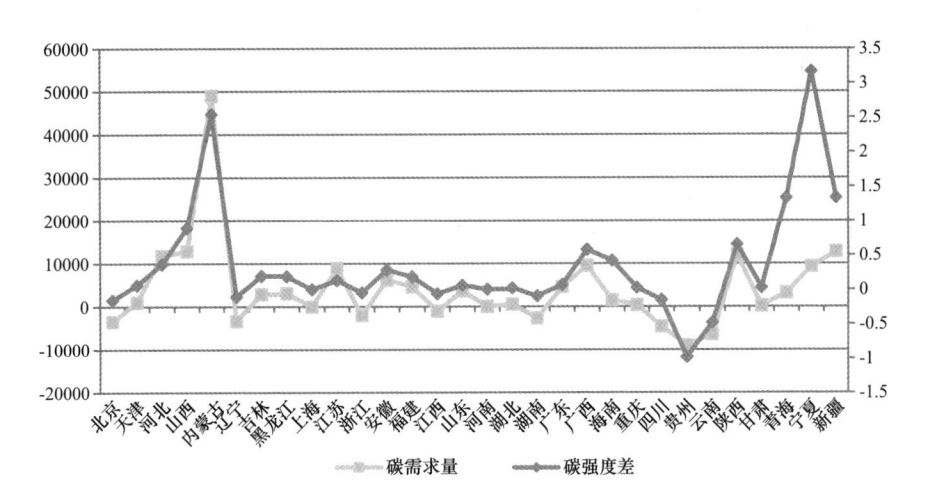

图 6.1　2015 年省际碳强度差与碳需求量

第三节　基于碳需求量的中国碳交易市场设计

自 2013 年中国七个碳交易试点的发展，中国碳交易市场开始步入正轨，且各试点规定碳减排采用总量原则。国家发改委预计在 2015—2020 年建立全国性质的碳市场，然而在统一碳市场建立之前，由于各地区存在时空价差等问题，现阶段并不适合建立全国性质的碳交易市场，因此本章选取重点省份进行该地区的碳市场设计。

OTC 市场作为碳交易市场的重要组成部分，为交易者提供和创造碳权直接转让的市场，但由于其交易的分散性和市场咨询不公开等特点，造成该市场履约交易风险较大。而碳交易所有严格的交易制度和交易产品限制，从而有效地降低了碳权交易风险，产生节能减排的价格信号，提高能源使用效率。目前，我国主要以 CDM 项目的核证排放权的供给者身份参与到全球碳市场，但未来我国会以直接的碳权交易进入市场。因此，在不同经济地带的基础上重点研究碳减排压力较大的省市地区，主要对其进行简单的碳交易所的设计，从而降低该地区的二氧化碳排放压力，完成各阶段指标，进而改善环境。

由于中国区域经济发展不均衡，碳排放存在显著的东南部低中北部高西北部低的空间分布格局，在我国市场经济不完善的条件下，相比"从上而下"的发展路径，采用"从下而上"的发展路径有利于我国碳排放权交易机制的建立和市场可持续发展，也符合"十二五"规划"逐步建立碳排放交易市场"的精神。因此，发挥现有的排放权交易所、CDM 技术服务中心等机构在构建地方或区域性的信息平台和交易平台的作用，鼓励有条件的地方和行业发展碳排放权交易市场，积极探索构建以省会城市或经济区域中心城市为基础的碳排放权交易区域市场，是当前中国碳排放权交易市场建设的重要任务。[①]

[①] 蔺启良、魏良益：《我国碳排放权交易市场发展方式选择》，《商业时代》2011 年第 35 期，第 8—9 页。

由于三大经济地带主要依靠地理位置、经济发展水平、技术水平等差异进行划分,因此本章在对碳交易进行设计时,首先根据经济发展水平设定不同地区的参与者准入条件,如东部地区年排放量达一万五千吨需纳入配额管理,其余排放单位可自愿向发展改革单位申请纳入配额管理,并允许部分有能力的个人投资者进入市场,推动碳市场进一步完善;而中部地区和西部地区可依据自身经济现状逐渐降低要求,并且限制个人投资者进入市场,有效控制碳市场的规模,然后在各地区碳市场的发展基础上,可以适当拓宽条件。并且引进碳市场价格稳定机制,以低成本完成碳交易目标。

一 东北及东部沿海地带

东北地区以黑龙江的碳市场设计为例,黑龙江所处地区是东北老工业基地振兴的目标,碳排放增加主要是由于重工业的发展。因此,黑龙江的碳减排需将目标定位于工业能源消耗方面,见表6.6。由于该地区经济发达,可以考虑与国际碳交易平台接轨,主动吸引欧美资本进入,进而形成战略伙伴,提高自身影响力,为中国碳市场打入全球提供条件。

表6.6　　　　　　　　　　黑龙江省碳减排

碳交易所	交易品种	参与者	参与方式	配额分配	交易机制	计价货币
黑龙江	能源、CO_2	所有市场参与者	自愿	免费	总量控制	人民币

该区域中,海南作为无法完成碳减排任务的个例,现状与其他地区的不同在于,海南的减排压力大但不能简单地限制化石能源的燃烧来进行碳减排,建立碳交易所并不能更好地降低碳排放,而是应考虑降低碳减排指标。

二 中西部地带

中部地区以产煤大省陕西为例,进行碳市场设计时要充分考虑其经济条件和特色。参见表6.7。

表6.7　　　　　　　　　　陕西省碳排放

碳交易所	交易品种	参与者	参与方式	配额分配	交易机制	计价货币
陕西	煤炭、CO_2	所有市场参与者	强制	免费	总量控制	人民币

陕西作为中国产煤大省，二氧化碳排放量和碳排放强度均处于全国前列，因此在降低碳排放量时，一方面要减少煤炭的消耗，另一方面要提高煤炭的使用效率，因此在交易所中的交易品种应包括煤炭，从而改变陕西煤炭国际竞争力较低的现状。另外，中部地区由于经济发展条件落后于东部地区，因此中部地区的碳市场建立可以将重点转向国内，吸引多家大型机构进入，如中石油等，成为碳交易所的股东，进而完善碳交易所的管理结构，且碳交易所可以获得各大股东提供的知识产权、管理理念等无形资产，推动碳交易所的发展。

三　西部地带

西部地区由于经济发展水平落后，在碳市场设计时可以完全采用自愿的交易方式，各省份在"十二五"期间均存在碳减排指标，因此该地区的碳减排可以完成指标为目的。在促进经济发展的基础上，加强生态环境的综合治理，推进天然草原保护与建设、退耕还林还草等工程的建设。

通过运用灰色预测法对2015年30个地区的碳排放强度进行测算，可知各地区碳强度总体处于下降趋势，在"十二五"期末只有九个地区可以完成规定的碳强度下降指标，根据对碳排放的影响因素分析，调整经济发展水平、能源强度和能源消费结构能有效降低碳排放。

为此，应通过激励约束机制设计培育碳金融交易需求。一方面，应激励企业参与碳金融交易，加大财政对绿色经济的投入，可考虑为急需发展的低碳产业的绿色贷款贴息，并降低碳金融业务收入的税率、适当延长免税期等措施提高企业参与碳金融的积极性，建立与绿色贷款相关联的信贷规模指导政策,促使金融机构的业务向碳金融倾斜。建立第三方(能源审计组织、节能中心等)机构,负责监测、汇报和核实,相关交易信息要由交易所向全国的碳金融交易信息中心报告。可参考上市公司报告制度,对参与碳预算编制和交易的企业,每年报告由第三方机构出具的能源使用、碳排放账户变动和碳预算平衡情况,并向社会公开;政府主管部门负责抽查、监督。对弄虚作假的企业和第三方机构进行处罚。①

另一方面,应培育碳市场制度、设计碳排放权交易平台的制度体系。首先,建立温室气体,特别是温室气体排放量中占据绝大部分的碳排放量的监测、报告、鉴定体系,排放的信息度要做到公开透明,这是碳排放权交易制度实施之前必须推进的政策基础,其报告和鉴定本身就有可能诱导企业自发的温室气体减排努力。其次,有关行政部门根据当地的环境容量、温室气体排放量和自净能力测算出该地可能允许的特定污染物的排放总量。碳排放权交易制度的实施是以总量控制作为出发点和归属的。排放量相关资料的不足有可能歪曲政府计算的允许排放总量,这可能带来排放权市场本身的崩溃。因此,将重点研究碳金融交易平台运行中的相关规则的确定和执行。

---

① 张玉台、刘世锦等:《建立我国碳市场需要解决的几个问题》,2011 年,网址: http://www.aisixiang.com/data/43743.html.

第 三 篇

中国碳金融交易价格机制研究

第七章 碳金融交易价格形成机制研究

本章总结 EU-ETS、RGGI 等国外排放交易体系中，碳排放基础产品及衍生产品初始价格形成的经验，测算中国第二产业碳排放的影子价格，分析中国碳交易初始价格与理论价格偏离的成因，构建中国碳金融交易价格的形成机制。

第一节 国外碳金融交易价格形成机制研究

在碳金融市场，狭义碳金融交易的标的物是碳排放基础产品，广义碳金融交易既包括碳排放基础产品的交易，也涵盖了碳金融衍生产品的交易。在国外碳金融交易价格形成机制的研究中，本课题将对比国外碳市场基础产品与衍生产品初始价格的形成，并归纳其对中国碳市场价格形成机制的启示。

一 国外碳金融交易基础产品价格形成

国外规模较大且运行相对成熟的排放交易体系以 EU-ETS 为典型代表。本小节将着重分析归纳 EU-ETS 的制度设计，同时对比美国、澳大利亚、新西兰等国家境内碳交易的规则设计，归纳碳金融交易基础产品价格的形成。

（一）EU-ETS 的制度设计

欧洲议会与理事会于 2003 年 10 月 13 日通过了《排放交易指令》，建立欧盟排放交易体系，并于 2005 年 1 月 1 日正式启动。EU-ETS 设计了三个发展阶段,是目前影响最大且运行最为成功的区域性排放交易体系。

　　2005 年至 2007 年是 EU-ETS 的试验与学习阶段,主要针对能源业、内燃机功率超过 20 兆瓦的石油冶炼业、钢铁行业、水泥行业、玻璃行业、陶瓷以及造纸业等高排放部门,控制气体仅限于二氧化碳。该阶段的控排对象涵盖了欧盟 27 个成员国的 11500 家公司,CO_2 排放量占欧盟总体排放量的 45% 以上。[①] EU-ETS 在第一阶段内发放配额 63 亿吨,由成员国自行制订国家减排计划(National Allocation Plan,NAP)并上报欧盟审核。该阶段,配额发放以免费配给为主,拍卖所占比例不得超过 5%,分配方式由成员国自行确定。由于采用拍卖方式会增加企业成本,在第一阶段仅有丹麦、匈牙利、立陶宛、爱尔兰四个国家采用了拍卖方式,拍卖的比例分别为 5%、2.5%、1.5%、0.75%,拍卖的数量约 300 单位,在 EU-ETS 每年配额总量中的占比仅为 0.13%。[②] 根据 EU-ETS 的规定,成员国需要在每年 3 月 31 日之前,对上一年的排放量进行核查与认证,并于当年 4 月 31 日之前,向欧盟委员会提交核证排放量信息。核证排放量超过配额数量的控排单位需要按照 40 欧元/吨的价格支付罚金,并利用下一个履约期的配额进行抵补;配额数量超过核证排放量的控排单位,可将配额留置本阶段内的下一个履约期使用,但不允许存储至第二阶段。在第一阶段,EU-ETS 没有设置借贷机制(borrowing mechanism),不允许控排单位透支未来的碳排放配额。

　　2008 年至 2012 年为 EU-ETS 的运行阶段。在第二阶段,欧盟缩减了配额的数量,将拍卖比例由不超过 5% 提高至不超过 10%。该阶段共有 6 个国家采用拍卖的方式对配额进行发放,分别为德国、英国、荷兰、奥地利、爱尔兰和匈牙利,拍卖比例分别为 9%、7%、3.7%、1.3%、0.5%、2%,累计拍卖 6386 万 EUAs,在每年碳配额总量中的占比上升至 3%。由于第二阶段的时间区间与《京都议定书》的履约期

[①] 欧盟委员会网站。
[②] 林建:《碳市场发展》,上海交通大学出版社 2013 年版。

吻合，欧盟委员会设计了灵活履约的抵消机制，允许成员国使用清洁发展机制、联合履约机制和自愿减排机制的核证减排量与自愿减排单位来补充欧盟排放额，每年可使用的核证减排量为2.74亿吨。在第二阶段，欧盟将控排行业的范围扩大到航空业，将控排气体扩大到硝酸制造业的NO_2。针对航空业的碳排放，EU-ETS以2004—2006年间航空部门排放量的97%作为排放配额，对85%的排放配额采用"祖父法"进行配给。[①] 对于未能在4月31日前实现减排目标的控排单位，EU-ETS的惩罚金额提高至100欧元/吨，并在下一年度扣除相应数量的配额，不允许透支未来的排放配额；对于出现盈余的控排单位，其盈余配额可存储至第三阶段使用。

2013年至2020年为第三阶段。第三阶段是推广阶段，EU-ETS将涵盖更多的部门和温室气体。与第一阶段、第二阶段由成员国自行设定排放限额不同，自第三阶段开始，排放限额将由欧盟统一制定。欧盟将尝试以温室气体减排效率最高的10%企业的平均排放量作为基准，统一制定碳排放配额。2013年的配额为20.39亿吨，之后将以2008—2012年各成员国配额均值的1.74%作为标准，逐年下调配额数量至2020年，最晚于2025年对下调速度进行调整。[②] 在第三阶段，拍卖将逐渐取代免费配给成为主要的分配模式，拍卖配额将占配额总量的50%以上。从2013年开始，除了成员国内集中供热、高效废热发电的电厂能够获得部分免费配给的额度之外，其余电力企业将实行100%的配额拍卖。除电力之外，其他行业配额的发放也将逐步转向完全拍卖的方式，计划由2013年占比20%逐步调高到70%，拟于2027年实现100%拍卖。[③] 由于拍卖将成为该阶段主要的分配方式，故超额排放的惩罚价格完全由市场决定。在第三阶段，欧盟开始探索与其他排放交易体系的链接机制。一方面，欧盟将继续执行抵消机制，允许使用源自最

---

① 林建：《碳市场发展》，上海交通大学出版社2013年版。
② http：//ec.europa.eu/index_en.htm.
③ 欧盟委员会网站。

贫困国家的 CERs 抵消减排任务，实现与其他排放交易体系的间接链接；另一方面，欧盟正积极联系澳大利亚、瑞士等已经建立总量交易体系的国家，探索排放交易体系之间的直接链接。以澳大利亚为例，欧盟已于 2012 年 8 月和澳大利亚达成协议，最晚在 2018 年 7 月 1 日，正式实现配额交易体系的链接，相互承认对方的碳排放单位。[①] 现阶段欧盟正在积极探索市场稳定机制，以维护碳市场的平稳发展。

EU-ETS 分配机制的演变呈现如下特征：第一，采取"干中学"策略，分三个阶段循序推进，不断更新完善排放交易体系；第二，以"碳"为切入点，由点到面逐步拓展到甲烷等其他温室气体，由能源、石油冶炼等高排放行业逐步推广到航空等其他行业；第三，分配方式由免费配给逐步过渡到拍卖，由第一阶段 5% 的拍卖上限逐步调整为 100% 的拍卖（预计 2027 年实现）；第四，结合碳市场发展的需求，引入基准分配准则；第五，期初由各个成员国结合本国历史排放水平制定 NAP，减轻政策推行的阻力，在市场运行相对稳定之后，由欧盟统一确定排放限额，以确保减排目标的实现。

（二）美国的排放交易体系[②]

美国虽未签署《京都议定书》，但政府仍发布《总统气候行动计划》（2013）积极应对气候变化的负面影响，境内亦自发形成多个区域性的强制减排协议，以区域温室气体减排行动（RGGI）最为典型。RGGI 始于 2005 年，期初有包括康涅狄格、特拉华、缅因、新罕布什尔、新泽西、纽约和佛蒙特在内的七个州，2007 年马萨诸塞州、罗得岛和马里兰州的先后加入使 RGGI 覆盖范围扩大至十个州，自 2009 年 1 月 1 日起正式实施。RGGI 的控排对象是发电部门，覆盖了火力发电机组超过 25 兆瓦的 200 余个发电厂，其目标是 2018 年发电部门的碳排放量比初始水平下降 10%。与 EU-ETS 相似，RGGI 采取分阶段实施的策略，第一阶段为 2009 年至 2014 年，主要目标是将二氧化碳的排放水平

---

① 澳大利亚于 2015 年 7 月 1 日开始试行该方案。
② 林建：《碳市场发展》，上海交通大学出版社 2013 年版。

维持在排放交易伊始的水平；第二阶段为 2015 年至 2018 年，以每年减少 2.5% 的排放量作为目标。RGGI 以 3 年为周期，若控排单位在履约期截止之时无法提交与其减排任务相应的排放配额，将受到经济处罚，金额为超出部分配额价格的 3 倍。

RGGI 碳排放配额的分配主体为各州政府，首先由各州政府之间根据当地历史排放量、人口与经济增速等因素分配配额，而后各州政府面向境内的控排电厂发放配额。90% 以上的碳配额采用拍卖方式进行分配，每个季度举行一次拍卖，所得收入的 25% 以上用于开展能效投资或有益于消费者的投资。拍卖形式可以为单轮拍卖、减价拍卖或单一价格拍卖。凡是符合金融安全条款的企业都可以参与拍卖，但非控排单位在单次拍卖中所获得的配额应低于此次拍卖配额总量的 25%。RGGI 一级市场的拍卖以及二级市场的交易由独立的监管机构 Potomac Economics 监管。2008 年 9 月 25 日[①]至 2014 年 12 月 3 日，RGGI 共组织了 26 次拍卖，拍卖标的以配额现货为主，但第 3 次至第 14 次拍卖期间，RGGI 同时对期货产品进行拍卖。我们整理了自第一次拍卖以来 RGGI 现货配额的成交情况（如表 7.1 所示）。

表 7.1　　　　　　　　　RGGI 配额现货拍卖情况

拍卖次数	拍卖时间	拍卖数量	成交数量	成交价（美元）
1	9/25/2008	12565387	12565387	3.07
2	12/17/2008	31505898	31505898	3.38
3	3/18/2009	31513765	31513765	3.51
4	6/17/2009	30887620	30887620	3.23
5	9/9/2009	28408945	28408945	2.19
6	12/2/2009	28591698	28591698	2.05
7	3/10/2010	40612408	40612408	2.07
8	6/09/2010	40685585	40685585	1.88

---

① 此次参与拍卖的为康涅狄格州、缅因州、佛蒙特州、马萨诸塞州、罗得岛和马里兰州。

续表

拍卖次数	拍卖时间	拍卖数量	成交数量	成交价（美元）
9	09/10/2010	45595968	34407000	1.86
10	12/01/2010	43173648	24755000	1.86
11	03/09/2011	41995813	41995813	1.89
12	06/08/2011	42034184	12537000	1.89
13	09/07/2011	42189685	7487000	1.89
14	12/07/2011	42983482	27293000	1.89
15	3/14/2012	34843858	21559000	1.93
16	6/6/2012	36426008	20941000	1.93
17	9/5/2012	37949558	24589000	1.93
18	12/5/2012	37563083	19774000	1.93
19	3/13/2013	37835405	37835405	2.80
20	6/5/2013	38782076	38782076	3.21
21	9/4/2013	38409043	38409043	2.67
22	12/4/2013	38329378	38329378	3.00
23	3/5/2014	18491350 5000CCR	23491350	4.00
24	6/4/2014	18062384	18062384	5.02
25	9/3/2014	17998687	17998687	4.88
26	12/3/2014	18198685	18198685	5.21

注：第23次拍卖中有5000单位的配额来源于CCR。CCR（Cost Containment Reserve）为成本控制储备。

资料来源：RGGI官方网站 http://www.rggi.org/market/CO_2_auctions/results。

现货拍卖最低价格为1.86美元（2010年），最高价格为5.21美元（2014年），平均价格为2.74美元。RGGI拍卖成交的配额中，平均超过80%的持有方为控排单位，在第一阶段的第一履约期（2009—2011年），控排单位持有的拍卖配额占比平均高达86%，第二履约期（2012—2014年），该比例下降至75%，反映了拍卖市场参与主体的多元化。根据均衡价值理论，在拍卖数量既定的情况下，需求力量的强弱决定了拍卖价格的高低。拍卖剩余数量与成交价之间的相关关系进一步验证了市场需求在碳排放现货初始价格形成中的重要作用（如图 7.1 所示）。自 2010 年 6 月开始，现货配额拍卖价格下降至 2 美元以下，一直持续到 2012 年 12 月 5 日，随后回升并快速上涨至 5.21 美元。2010 年 9 月，RGGI 配额现货拍卖的成交数量开始小于供给数量，拍卖剩余的状况持续至 2012 年 12 月。① 拍卖额度剩余与成交价低迷的时期相吻合，验证了均衡价值理论关于瞬时价格由供给与需求双方力量确定的论断。与一般性商品不同，碳排放配额的供给由政府结合控排对象正常情景下的排放数量、减排目标以及经济、人口增速等因素人为确定，并未由控排对象实际的减排成本即碳排放配额的生产成本确定，配额的需求受宏观经济环境、减排政策及参与主体市场预期等因素的影响显著。由此可推断 RGGI 在 2010 年 6 月至 2012 年 12 月的 11 次拍卖中价格低迷的主要原因包括两个方面：第一，RGGI 减排约束相对宽松，拍卖数额存在严重过度配给；第二，2009 年始于美国进而扩展至全球的金融危机导致投资锐减、生产萎缩，从而减少了对碳排放配额的需求，进一步加剧了现货过度配给的现象。RGGI 选择拍卖方式形成碳配额现货的初始价格，由于拍卖数量事先确定，拍卖成交价主要由控排对象对排放配额的需求决定。

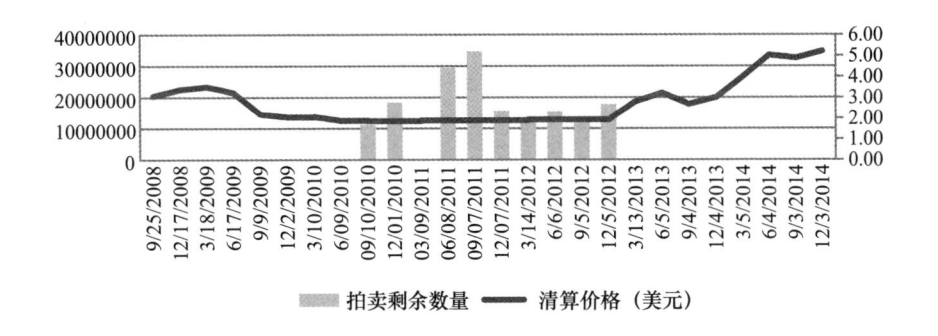

图 7.1　RGGI 现货拍卖成交价与拍卖剩余数量②

---

① 2011 年 3 月 9 日第 11 次拍卖除外。
② 根据 RGGI 官网数据计算得到。

RGGI 在碳金融交易基础产品价格形成方面的特点集中体现在四个方面：第一，与 EU-ETS 类似，RGGI 在控排对象的选择方面亦采取循序渐进地由电力行业向其他高排放强度行业扩展的模式，为后续减排政策的实施预留缓冲空间；第二，RGGI 基本采用拍卖的方式对现货配额进行分配，发挥了市场供求力量在初始价格确定中的主导作用，提高了初始价格确定的效率性与公平性，为二级市场的交易提供了价格参考；第三，由独立的机构 Potomac Economics 对拍卖过程进行监督并及时公布拍卖报告，既可以避免拍卖过程中可能存在的权力寻租等有损拍卖公平与效率的行为，也可借及时发布的拍卖报告合理引导市场预期；第四，RGGI 最早在拍卖中设定底价（期初为 1.86 美元/吨），并利用成本控制储备成功维护配额价格的安全阀（2014 年第 23 次拍卖），为一级市场初始价格形成以及二级市场的配额交易提供稳定机制，避免价格暴跌或暴涨可能对市场稳定性带来的冲击。

西部气候倡议（Western Climate Initiative，WCI）是 RGGI 之外另一个以温室气体减排为目标的区域性项目。该协议最早由亚利桑那州、新墨西哥州、加利福尼亚州、俄勒冈州和华盛顿州在 2007 年 2 月发起设立，随后犹他州、蒙大拿州以及加拿大不列颠哥伦比亚省、马尼托巴省、魁北克省和安大略省陆续加入。WCI 主张利用市场机制，通过限额—交易计划，实现 2020 年温室气体排放较 2005 年下降 15% 的目标。在限额的分配中，WCI 首先根据 2020 年的减排目标为 11 个成员单位设定碳排放预算，而后由各个成员采用拍卖、免费发放或二者相结合的方式进行分配。WCI 规定期初拍卖的比例为 10%，到 2020 年时需增加至 25%。拍卖所得的收入将用于能效投资以及促进低碳技术的发展。WCI 与 RGGI 的显著差异体现在控排范围以及分配方式的不同，WCI 的控排对象涵盖了电力行业、工业、交通运输业以及商业等多种行业的二氧化碳排放，允许成员单位在免费配给与拍卖方式中自主选择；RGGI 期初以电力部门作为控制对象，要求 90% 以上的配额采用拍卖形式分配。二者相较而言，RGGI 对中国碳市场构建初期的借鉴意义更大。

(三) 日本的排放交易体系

日本东京都总量控制与交易体系于 2010 年启动，是全球第一个以城市为覆盖范围的碳排放交易体系，也是第一个为商业行业设定减排目标的总量控制交易体系，其履约期间为 5 年。该体系基于前 3 年实际排放的平均值采用祖父式的分配方法对碳排放配额进行分配。在配给时，会给新进入者预留部分配额，剩余 5 年内的所有配额采用免费分配的方式配送给有减排责任的单位。作为第一个以商业领域碳排放作为控排对象的交易体系，东京都总量控制交易体系为中国碳市场控排范围的拓展提供了借鉴。

(四) 澳大利亚的排放交易体系

澳大利亚境内最早的减排体系为新南威尔士温室气体减排计划 (The New South Wales Greenhouse Gas Reduction Scheme, NSW GGAS)，亦是全球最早的强制性减排计划之一。NSW GGAS 于 2005 年 1 月 1 日正式启动，采用基准线交易，由政府每年发布一次排放基准指标，结合参与者的需求强制分配其需要完成的指标。自 2012 年澳大利亚政府宣布征收碳税开始，NSW GGAS 停止运行。澳大利亚固定碳价的政策源于 2009 年制订的碳污染减排计划 (Carbon Pollution Reduction Scheme Bill, CPRS)[①]，征税对象为澳大利亚碳排放量最高的 500 家企业，初始价格为 23 澳元/吨，之后每年按照高于通货膨胀率 2.5% 的速率增加。2014 年 7 月，澳大利亚新政府取消了碳税政策，并终止了筹划中的排放交易体系。澳大利亚排放交易体系尚未正式实施便已夭折，但其价格机制的设计对中国全国性碳市场的构建具有借鉴意义，其发展历程凸显了政府政策的持续性对碳市场的重要性。

(五) 新西兰排放交易体系

新西兰排放交易计划 (New Zealand Emission Trading System, NZ ETS) 以《气候变化责任法案》(2008) 作为法律框架，涵盖了国家内部所有部门的 6 类温室气体，其目标是将 2012 年的温室气体排放控制

---

① 该项法案并未通过国家层面立法。

在1990年的水平。NZ ETS是全球最早的国家层面的排放交易体系。在NZ ETS中，初始排放权由财政部负责分配，其分配方式为免费配给。对于超额的排放量，控排单位需要以固定价格购买。

二 国外碳金融交易衍生产品初始价格确定

国外交易频率较高的碳金融衍生产品主要为碳期货和碳期权。在现行的排放交易体系中，交易品种涵盖碳期货、碳期权的主要为EU-ETS和RGGI。碳期货、碳期权的分配方式即初始价格的形成方式与配额现货基本相似。鉴于数据的可得性，本课题以RGGI配额期货拍卖情况为例（见表7.2），归纳现行碳金融交易衍生产品价格形成的规律。RGGI自2009年3月第3次拍卖至2011年12月第14次拍卖中提供排放配额期货产品，累积提供24984665单位供拍卖，成交数量为17920296单位，未成交数额占比达28.2748%。

表7.2　　　　　　　　RGGI配额期货拍卖情况

日期	拍卖数量	成交量	成交价（美元）
3/18/2009	2175513	2175513	3.05
6/17/2009	2172540	2172540	2.06
9/9/2009	2172540	2172540	1.87
12/2/2009	2172540	1599000	1.86
3/10/2010	2137992	2091000	1.86
6/09/2010	2137993	2137993	1.86
09/10/2010	2137992	1312000	1.86
12/01/2010	2137991	1172000	1.86
03/09/2011	2144710	2144710	1.89
06/08/2011	1864952	943000	1.89
09/07/2011	1864951	0	—
12/07/2011	1864951	0	—

RGGI配额期货的拍卖具有三个特点：第一，期货入场时机的选择。

RGGI 在第一次（2008 年 9 月）与第二次（2008 年 12 月）拍卖中，全部以现货产品作为拍卖标的，利用拍卖的价格发现功能，形成现货的初始价格，能够合理引导市场预期，为期货拍卖奠定了基础。第二，配额期货的拍卖价格的变化趋势进一步验证了市场供求力量变化对瞬时均衡价格的影响（如图 7.2 所示）。配额期货第一次拍卖的价格为 3.05 美元，第二次拍卖价格下跌 32.46%，在随后的 8 次拍卖中，期货价格等于或略高于拍卖底价，波动区间位于 1.86 美元至 1.89 美元之间。期货价格下行趋势与 2008 年次贷危机爆发后经济发展的态势一致。由于经济下滑，电力厂生产与投资增速降低，对排放额的需求减少，在拍卖供给变动较小的情形下，需求的降低导致拍卖出现剩余，进而导致拍卖价格的进一步下跌。第三，期货价格的变动对现货价格具有引导作用，即期货价格具有先行优势。图 7.3 对比了同期拍卖中期货与现货成交价及其拍卖剩余数量，现货价格的下降滞后于期货价格 1 期，拍卖剩余出现的时间期货先于现货 3 期，与 Daniel Rittler（2012）对 EU-ETS 运行中期货与现货价格相关关系的研究结论相类似。对比分析的结果表明，碳配额期货与现货之间的关系体现为：现货拍卖为期货提供基础，期货拍卖价格为现货价格提供引导。

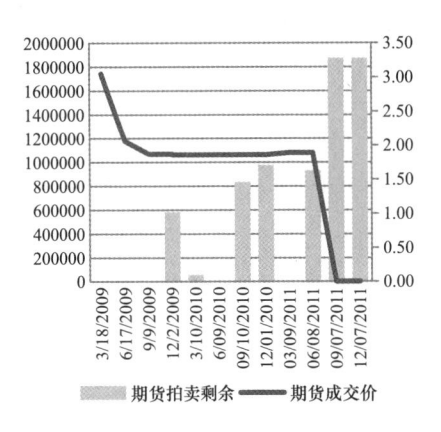

图 7.2 RGGI 配额期货拍卖剩余及成交价

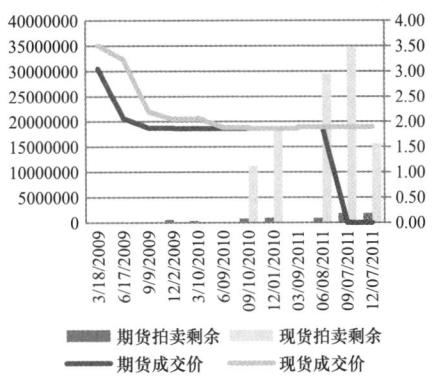

图 7.3 RGGI 现货与期货拍卖剩余及成交价对比

三　国外碳金融交易价格形成机制的经验与启示

国外碳排放交易体系在排放配额现货与期货初始价格确定方面历经了诸多探索，其暴露的问题与积累的经验对中国碳交易价格形成机制的设计具有借鉴意义。分配机制与市场潜在供求力量对比是决定配额初始价格的核心要素。

分配机制涵盖了分配主体、分配方式等因素。在现行的排放交易体系中，期初一般由成员结合交易体系设定的减排目标与当地 BAU 情景下的排放水平制订减排计划并分配碳排放额度。分配方式包括免费配给、拍卖或二者兼而有之三种类型。横向比较的结果显示，免费配给与拍卖相结合是主流的分配模式，区别在于二者所占比例的差异，EU-ETS 拍卖占比低于 RGGI；纵向比较的结果表明，拍卖是排放额分配的必然趋势，以 EU-ETS 为例，拍卖比例由第一阶段的 5% 上调至第二阶段的 10% 进而上升至第三阶段的 20% 左右，拟于 2027 年实现完全拍卖。拍卖的价格发现功能是其优于免费配给的主要特质，后者在实践中所造成的过度配给、碳泄漏以及意外收益使其长期可行性受到质疑。现行排放交易体系之所以未 100% 采取拍卖的分配方式，其原因在于排放交易对于经济系统溢出效应的不确定性，为降低政策的试错成本，同时减少利益集团的政治阻力，尽早推动排放权交易的开展，需要权衡成本—收益并做出妥协。

市场潜在供求力量是影响碳配额初始价格的另一核心因素。以拍卖作为主导分配模式的 RGGI，其配额现货与期货价格的形成同时验证了在供给既定的情形下，需求降低将导致瞬时均衡价格的下跌和成交数量的下降。故而，在配额整体数量以及单次拍卖数量的确定时，既要充分考虑市场供求的诸多影响因素，包括经济增长预期、市场容量、投资者情绪等多个方面，同时也要加强市场培育，通过完善交易机制、扩大交易主体等措施维护市场需求，减轻经济周期波动对市场带来的冲击。

RGGI 在拍卖中设置底价的设计值得中国碳市场借鉴。设置拍卖底价的初衷是维护减排行为的积极性与市场的稳定性。在 2009 年 12 月至

2010年6月的第6次至第8次拍卖中，配额期货均以1.86美元的底价成交，在第9次和第10次拍卖中，期货与现货均以底价成交。拍卖底价的存在避免了价格暴跌对市场的冲击。与 RGGI 不同，EU-ETS 并未设置拍卖底价，二者存在区别的原因在于 EU-ETS 二级市场交易活跃，发展相对健全，能够为拍卖成交价提供参考，而 RGGI 的二级市场尚不具备该项功能。然而，EU-ETS 在阶段过渡及经济危机期间，价格一度接近于零，市场成交萎缩的态势既反映了价格管理的必要性，亦是欧盟理事会着力构建市场稳定机制的原因。对于筹建中的中国碳市场而言，拍卖底价将是市场建设初期的必要举措，其取值范围的选择对于碳市场的运行意义重大。根据边际成本理论，边际减排成本作为二氧化碳的影子价格，既能为拍卖底价的确定提供参考，也能辅助市场主体优化投资决策。

EU-ETS 和 RGGI 在分配机制与供求管理方面的经验为中国碳市场的完善与发展提供了参考。中国碳市场尚处于发展的初级阶段，应以推广排放交易作为短期目标，构建本土化的分配机制，由地方政府结合国家制定的减排目标及地区经济结构、能源结构、历史排放量确定配额数量，以拍卖作为主导的分配方式。通过设置拍卖底价，避免初始价格低于边际减排成本，同时为市场主体提供价格信号。随着碳市场发展的深入，分配主体应由地方政府向中央政府转移，分配方式应由以拍卖作为主导向100%拍卖转化。

第二节　中国碳金融交易价格形成机制研究

作为全球最大的发展中国家，中国同时面临发展与节能减排的双重难题。EU-ETS、RGGI 等国际排放交易体系在确定碳配额初始价格方面的经验对中国具有借鉴意义，但完全照搬发达国家现有的模式，难以实现与中国经济发展的无缝衔接。二氧化碳的影子价格能够度量控排单位的边际减排成本，为碳交易初始价格的确定提供参考。本节将首先以中国2001年至2012年间经济运行的实际数据作为样本，以排放强度较高的工业与建筑业作为控排对象,在传统方向性产出距离函数的三类投入要素中添加环境治理投资,运用粒子群算法对参数进行优化分析,初步测算第二产业碳排放的理论价格,并结合国外排放交易体系在分配机制、拍卖方式等方面的经验,探索中国碳金融交易基础产品与衍生产品的价格形成机制。

一 中国碳金融交易基础产品影子价格测算

影子价格的测算方法有多种,不同方法测算所得结果存在较大差异(Limin Du et al., 2014; Yuan Peng et al., 2012; Myunghun Lee, Ning Zhang, 2012; Da Zhang et al., 2013; 杜清燕, 2013)。本课题在 Limin Du et al. (2014) 研究的基础之上,采用二次型方向性产出距离函数测算不同省域二氧化碳排放的影子价格。

(一)理论模型

方向性产出距离函数的基本形式为:

$$\vec{D}_0(x,y,b;g_y,g_b) = \max\{\beta:(y+\beta g_y, b-\beta g_b) \in p(x)\}$$

其中,x 代表投入向量;y 表示期望产出向量;b 表示非期望产出向量;$g=(g_y,g_b)$ 是方向向量,表示期望产出与非期望产出变量的变动方向;$P(x)$ 代表当时的生产技术。方向性产出距离函数满足 Färe et al. (2005) 和 Limin Du et al. (2014) 的限定条件:

(1) $\vec{D}_0(x,y,b;g_y,-g_b) \geq 0, (y,b) \in P(x)$

(2) $\vec{D}_0(x,y_1,b;g_y,-g_b) \geq \vec{D}_0(x,y,b;g_y,-g_b), (y_1,b) \leq (y,b) \in P(x)$

(3) $\vec{D}_0(x,y,b_1;g_y,-g_b) \geq \vec{D}_0(x,y,b;g_y,-g_b), (y,b_1) \geq (y,b) \in P(x)$

(4) $\vec{D}(x,\theta y,\theta b;g_y,-g_b) \geq 0, (y,b) \in P(x), 0 \leq \theta \leq 1$

(5) $\vec{D}_0(x,y,b;g_y,-g_b)$ 是凹函数,$(y,b) \in P(x)$

$P(x)$ 代表生产技术水平的投入向量,具备紧凑性(compact)及自由处置性（freely disposable）的特征①；期望产出向量本身是自由处置的；非期望产出与期望产出联合弱处置性（jointly weakly disposable）。②条件（1）表明距离函数非负，即所有决策单元都位于生产前沿边界之内（含边界）；条件（2）表明期望产出具有单调性；条件（3）表明在期望产出不变的情况下，非期望产出的增加将导致方向距离的增加，即技术效率的下降；条件（4）刻画了期望产出与非期望产出的联合弱处置性；条件（5）刻画了生产函数的紧凑性特征。方向性产出距离函数的特征如图7.4所示。曲线反映了当前技术水平下，期望产出与非期望产出的有效前沿边界。借由方向向量(g_y, g_b)可以同时实现期望产出的增加与非期望产出的缩减。$\beta = 0$时决策单元位于有效前沿，而β值越大表明决策单元距离有效前沿越远，其生产效率越低，反之亦然。以策略集内部的观测值$O(y,b)$为例，其与有效边界前沿距离的大小反映了该决策单位的生产效率。在趋近于$O_1(y + \beta^* g_y, b - \beta^* g_b)$的过程中，决策单位同时实现了期望产出的扩张和非期望产出的减少。

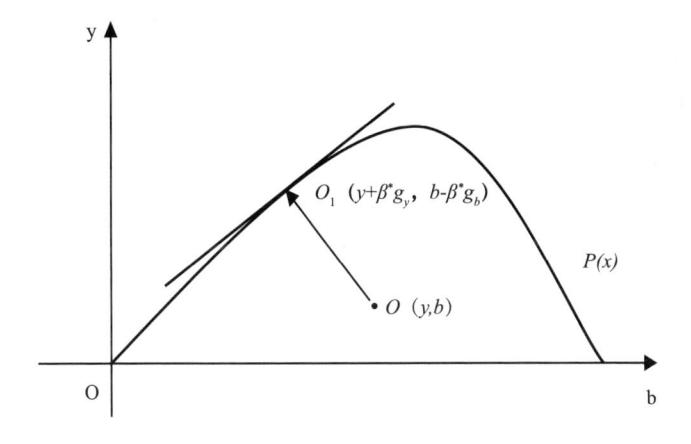

图7.4　方向性产出距离函数

---

① 紧凑性（compact）是指有限的投入只能提供有限的产出，自由处置性（freely disposable）是指期望产出减少不会带来额外的成本。
② 弱处置性（weakly disposable）是指期望产出与非期望产出的任何比例的下降都是可行的，即任何非期望产出的降低都将伴随期望产出的减少。

借鉴 Limin Du et al.（2014）和 Färe et al.（2007）的研究，本书的研究中亦使用方向性产出距离函数与收益函数之间的对偶关系来测算二氧化碳的影子价格，使用 p 和 q 分别代表期望产出与非期望产出向量的价格向量，则收益函数可以表示为：

$$R(x,p,q) = \max_{y,b}\{py - qb : \vec{D}_0(x,y,b;g) \geq 0\} \quad (7.1)$$

$R(x,p,q)$ 代表在既定的投入变量以及期望产出与非期望产出价格水平下所能实现的最大收益。给定一个径向向量 $g = (g_y, g_b)$，则

$$R(x,p,q) \geq (py - qb) + p \cdot \vec{D}_0(x,y,b;g) \cdot g_y + q \cdot \vec{D}_0(x,y,b;g) \cdot g_b \quad (7.2)$$

$$\vec{D}_0(x,y,b;g) = \min_{p,q}\left\{\frac{R(x,p,q) - (py - qb)}{p \cdot g_y + q \cdot g_b}\right\} \quad (7.3)$$

运用数据包络定理可得：

$$\nabla_b \vec{D}_0(x,y,b;g) = \frac{q}{p \cdot g_y + q \cdot g_b} \quad (7.4)$$

$$\nabla_y \vec{D}_0(x,y,b;g) = \frac{-p}{p \cdot g_y + q \cdot g_b} \quad (7.5)$$

为同时实现期望产出的增加与非期望产出的缩减，本课题借鉴 Du et al.（2014）的方法，令 $(g_y, g_b) = (1, -1)$。在给定第 i 类期望产出的价格 p_i 时，第 j 类非期望产出的价格 q_j 可以表示为：

$$q_j = -p_m\left[\frac{\partial \vec{D}_0(x,y,b;1,-1)/\partial b_j}{\partial \vec{D}_0(x,y,b;1,-1)/\partial y_m}\right] \quad (7.6)$$

考虑到影子价格的测算对于函数可微的要求，借鉴 Du et al.（2014）所使用的方法，我们将方向距离函数设定为参数化的二次型方程，如式 7.7 所示。

$$\vec{D}_0(x_k^t, y_k^t, b_k^t; 1, -1) = \alpha + \sum_{n=1}^{N}\alpha_n x_{nk}^t + \beta_1 y_k^t + \gamma_1 b_k^t$$

$$+ \frac{1}{2}\sum_{n=1}^{N}\sum_{n'=1}^{N}\alpha_{nn'} x_{nk}^t x_{n'k}^t + \frac{1}{2}\beta_2 (y_k^t)^2$$

$$+ \frac{1}{2}\gamma_2 (b_k^t)^2 + \sum_{n=1}^{N} \eta_n x_{nk}^t b_k^t + \sum_{n=1}^{N} \delta_n x_{nk}^t y_k^t + \mu y_k^t b_k^t$$

(7.7)

其中，$n = 1, 2, \cdots, N$ 代表第 n 个投入变量；$k = 1, 2, \cdots, K$ 代表第 k 个截面，$t = 1, 2, \cdots, T$ 代表时间。为同时实现期望产出的增加与非期望产出的减少，本课题沿用 Färe et al.（2005）的设定，令径向向量（g_y, g_b）= （1, -1）。

沿用 Limin Du et al.（2014）的方法，通过使距离有效前沿的距离之和最小化估计方向性距离函数的参数，进而计算二氧化碳的影子价格。目标函数为：

$$\min \sum_{t=1}^{T} \sum_{k=1}^{K} [\vec{D}_0(x_k^t, y_k^t, b_k^t; 1, -1) - 0] \tag{7.8}$$

结合方向性产出距离函数的特性，目标函数满足如下 7 个约束条件：

(1) $\vec{D}_0(x_k^t, y_k^t, b_k^t; 1, -1) \geq 0, k = 1, \cdots, K; t = 1, \cdots, T$

(2) $\vec{D}_0(x_k^t, y_k^t, 0; 1, -1) < 0, k = 1, \cdots, K; t = 1, \cdots, T$

(3) $\dfrac{\partial \vec{D}_0(x_k^t, y_k^t, b_k^t; 1, -1)}{\partial b} \geq 0, k = 1, \cdots, K; t = 1, \cdots, T$

(4) $\dfrac{\partial \vec{D}_0(x_k^t, y_k^t, b_k^t; 1, -1)}{\partial y} \leq 0, k = 1, \cdots, K; t = 1, \cdots, T$

(5) $\dfrac{\partial \vec{D}_0(x_k^t, y_k^t, b_k^t; 1, -1)}{\partial x_n} \geq 0, n = 1, 2 \cdots, N; k = 1, \cdots, K; t = 1, \cdots, T$

(6) $\beta_1 - \gamma_1 = -1, \beta_2 = \gamma_2 = \mu, \delta_n - \eta_n = 0, n = 1, 2, \cdots, N$

(7) $\alpha_{n,n'} = \alpha_{n'n}, n, n' = 1, 2 \cdots, N$

其中，条件（1）确保所有样本点都位于有效边际以内（含有效边界）；条件（2）反映了零结合性（null-jointness），即期望产出的生产必然伴随着非期望产出；条件（3）、（4）限定了方向性距离函数的单调性；条件（5）限定了既定的产出水平下，投入量的增加表明技术效率的降低，即方向性产出距离函数的增加；条件（6）是为了满足公式转换而加入的限制；条件（7）反映了方程的对称性。

在测算方向性产出距离函数的系数之后，便可依据上文推导进一步计算非期望产出的影子价格。

$$q = -p \frac{\gamma_1 + \gamma_2 b + \sum_{n=1}^{N} \eta_n x_n + \mu y}{\beta_1 + \beta_2 y + \sum_{n=1}^{N} \delta_n x_n + \mu b} \tag{7.9}$$

Limin Du et al.（2014）等现有使用方向性产出距离函数对技术效率与影子价格进行的研究一般选用3个投入变量，分别为资本（capital, C）、劳动（labor, L）及能源（energy, E），一个期望产出变量（desirable output）与一个非期望产出变量（undesirable output），分别为地区生产总值（gross domestic product, Y）和二氧化碳排放（CO_2, B）。本书对现有的研究从两个方面进行拓展：第一，本课题考虑到碳排放交易"由点及面"逐步推广的经验，以排放强度高的第二产业作为实证分析的对象，对比理论价格与实际价格之间的差异；第二，传统模型在考察技术效率时一般以资本、劳动和能源投入作为投入变量，在以期望产出作为唯一产出变量的情形下，测算结果相对有效，但在同时考察期望产出与环境维度的非期望产出时，容易造成效率的高估，因为在资本中仅考察固定资产投资，未曾涉及来源于政府、银行及企业自筹的环境治理投资。[①] 为更有效地测算方向距离函数，我们在传统模型的三类投入变量中加入环境治理投资完成额。

我们在研究中，将重点关注北京、上海、天津、重庆、广东、深圳、重庆七个排放试点影子价格与实际价格的对比。鉴于数据可得性、国家节能减排政策实施始于2001年（Limin Du et al., 2014）以及中国以五年作为国民经济与社会发展规划的周期等多个方面的考虑，本书选用2001—2012年作为样本区间。综合国际碳市场控排对象始于局部且

---

① 关于环境治理投资来源的信息可以参考《中国统计年鉴》，或张云《绿色信贷对我国环境质量改进效应的计量分析》，硕士学位论文，吉林大学，2011年。

逐步扩大范围的经验以及中国碳交易试点运行[①]的实践，选择排放强度相对较大的第二产业作为研究对象。由于中国不同省份资源禀赋、产业结构存在显著差异，且中国碳市场由区域性市场向全国性市场转变的阶段背景，本课题选择 30 个省（市）的面板数据作为样本[②]。

（二）变量样本数据选取

1. 投入变量

针对劳动（L），本课题借鉴 Limin Du et al.（2014）的经验，选用第二产业每年年底的就业人数来表征[③]。

针对资本（C），由于当前没有资本存量的权威数据，借鉴现有资本存量测算的经验，使用永续盘存法计算第二产业资本存量的样本数据，计算公式如式 7.10 所示：

$$K_t = (1 - \rho)K_{t-1} + I_t \tag{7.10}$$

其中，K_t 表示第 t 年的资本存量，ρ 代表折旧率，I_t 代表第二产业第 t 年的固定资产投资。虽然中国并未针对资本存量公布权威数据，但已有大量学者从国家层面（张军、章元，2003）或工业分行业的角度（陈诗一，2011；陈正其，2013）对中国的资本存量进行测算，本书以张军等（2004）根据永续盘存法估算对省际物质资本的研究为基础，选用其测算的 2000 年省际资本存量[④]和估算得到的折旧率 9.6%。永续盘存法每年的投资额根据《中国统计年鉴》公布的按行业分的固定资产投资进行核算，并以 2000 年的价格水平为基准进行调整。

针对能源投入（E），由于能源种类较多，本书利用统计局网站公布的转换系数（参见附录表 1），将每年第二产业（工业与建筑业）消

[①] 鉴于现行 7 个试点中北京的控排企业以建筑业为主，其余试点以工业企业为主的现实，本书选择第二产业作为研究对象。
[②] 鉴于数据可得性，此处未包含西藏、香港特别行政区、澳门特别行政区和台湾地区。
[③] 2006 年、2011 年、2012 年由于统计口径的差异，相关数据由本书利用最近五年的平均增长额推算而得。
[④] 张军等（2004）考察的时间区间为 1952—2000 年，由于重庆自 1997 年设定为直辖市起才单独核算，故笔者将重庆的资本存量并入四川进行考量。目前，重庆是排放权交易的试点，在本书考察的时间区间，重庆以独立核算，故本书以区域内生产总值为权重，对张军等（2004）估算的资本存量进行拆分。

耗的原煤、洗精煤、其他洗煤、焦炭、焦炉煤气、其他煤气、原油、汽油、煤油、柴油、燃油、液化石油气、炼厂干气、天然气、热力、电力转化为标准煤。

针对环境治理投资（EINV），借鉴董竹和张云（2011）的经验，选用《中国统计年鉴》披露的"工业污染治理投资完成额"作为样本数据。

2. 产出变量

针对期望产出，为确保数据口径的一致性，选用年度第二产业增加值来表征，样本数据源自《中国统计年鉴》。

针对非期望产出即二氧化碳排放额，由于中国省域二氧化碳排放尚未有公开的统计数据，需要采用能源消耗量转换的方式进行间接计算。现有研究一般采用IPCC（2006）提出的核算办法，利用不同能源燃烧产生的能量、单位能量的含碳量以及碳氧化率进行测算。Myunghun Lee and Ning Zhang（2012）、Limin Du et al.（2012）、Limin Du et al.（2014）根据IPCC（2006）、国家发展和改革委员会能源研究所（2007）披露的转化系数，计算煤炭、焦炭、汽油、煤油、柴油、燃油、天然气等能源的二氧化碳排放因子。此外，亦有学者通过将各种能源转化为标准煤，进而利用标准煤的二氧化碳排放系数（2.744tCO_2/tce）计算二氧化碳排放额（张云，2014）。为确保与能源投入变量的一致性并考虑到中国不同类型能源碳氧化率的差异，本课题使用北京环境交易所公布的《北京市企业（单位）二氧化碳排放核算和报告指南（2013年版）》[①]中披露的信息，按照IPCC（2006）公布的公式计算2001年至2012年间中国省际二氧化碳的排放数量。

$$CO_2 = \sum_{i=1}^{14} E_i \times CV_i \times CC_i \times COR_i \times (44/12) \quad (7.11)$$

其中，E_i代表第i类燃料的消耗总量，CV_i、CC_i、COR_i分别指第i类

---

① 《北京市企业（单位）二氧化碳排放核算和报告指南（2013年版）》中并未包含原油的相关数据，本书用IPCC（2006）披露的热量及含碳量信息进行补充，并将燃烧率设定为98%，与汽油、煤油、燃油、柴油等类似能源的燃烧率一致。

燃料平均所含的能量值、单位卡路里的含碳量以及碳氧比率,(44/12)表示一氧化碳到二氧化碳的转换比率(具体参数见附录表2)。文中所使用数据来源于《中国统计年鉴》《中国能源统计年鉴》以及各省的统计年鉴。为避免物价波动的影响,我们将资本(C)、工业增加值(Y)按照2000年的价格水平进行调整。同时,为了避免收敛问题,本书参考 Färe et al. (2005) 的方法,使用对应变量的均值对变量样本进行了标准化处理。

(三) 样本描述性统计分析

自2001年以来,中国第二产业投入变量的变化情况如图7.5所示。其中,劳动投入量增长相对平稳,增速位于0.03至0.11之间,既符合经济增长理论的经典假设,也反映了中国人口增长率趋于稳定的现实情况;资本投入量自2004年开始呈现增速加快的趋势,2002年与2003年间呈现的负增长可归因于该阶段宏观经济不景气所诱发的悲观预期;能源投入量与宏观经济环境呈现显著相关,在2003年、2008年至2009年、2012年三个经济下行趋势明显的阶段,能源投入增速显著下降,伴随着后期财政刺激政策的实施,2004年、2010年能源投入量增速提升,该现象既验证了能源投入作为经济发展的引致需求而存在,同时也反映了中国第二产业发展对能源的依赖性;环境治理投资的变动与宏观经济及其他三类投入量的趋势相近,但其波动幅度更大,表明中国环境治理投资缺乏长效机制,2012年逆势增速增长的情形表明中国"十二

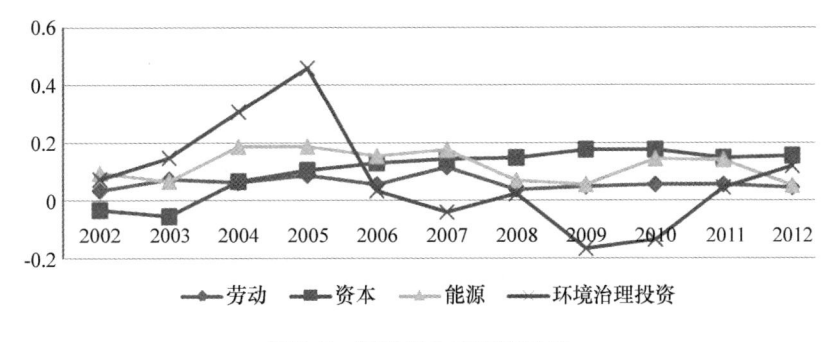

图7.5 四类投入变量变动率

五"规划在环境治理维度相关政策的效力开始显现,反映了国家治理环境的决心。

自 2001 年以来,中国第二产业的产值以及二氧化碳排放逐年增加(如图 7.6 所示),但其增速存在差异(如图 7.7 所示)。二氧化碳排放增速的变动明显滞后于产值增速的变化,这一方面与现有研究关于经济增长导致二氧化碳排放增加的论断一致,另一方面也反映了第二产业设备投资不可逆且使用期限长,一般长达 20 年至 50 年(Alexander Brauneis et al., 2012),传统高碳型设备易形成"碳锁定"的实情,进而验证了借助将排放成本内部化引导生产商尽早开展清洁化投资的必要性。

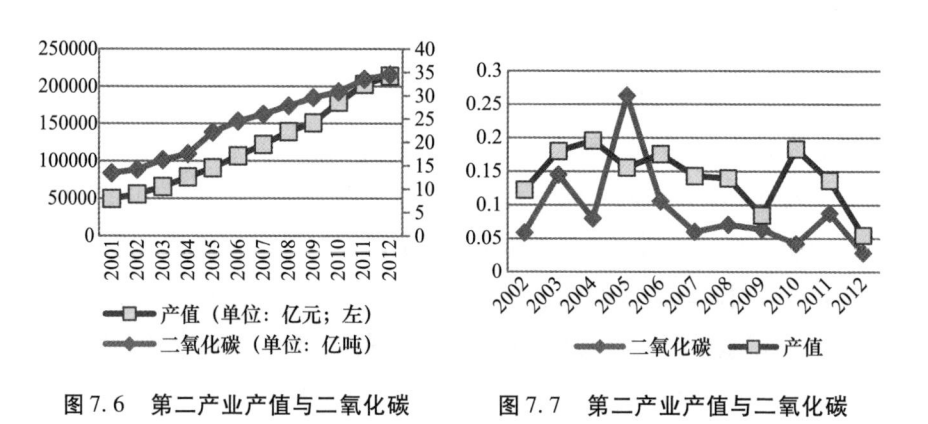

图 7.6 第二产业产值与二氧化碳排放绝对量

图 7.7 第二产业产值与二氧化碳排放增速

通过对比环境治理投资与二氧化碳排放的绝对值(如图 7.8 所示)及其增速的变动(如图 7.9 所示),本课题发现在 2009 年之前,环境治理投资与二氧化碳并未呈现逻辑上的负相关关系,这与环境治理投资的对象广泛,涵盖工业废气、工业废水、工业固体废弃物等多个领域有关,2009 年至 2011 年间,环境治理投资完成额不断减少,二氧化碳排放呈现近于匀速增长的态势,这与该阶段全球经济危机所导致的经济下滑有关,宏观经济不景气的预期致使新增投资减少,二氧化碳排放表现为惯性增长,2012 年二者之间的变动呈现理论预期的负相关,这充分体现了"十二五"期间国家致力于节能减排以及发展可再生能源的政策导向。图7.9所刻画的环境治理投资与二氧化碳增长率的变动趋势在一定程度上反映了环境治理投资伴随经济周期的剧烈波动以及二氧化碳排放对环境治理投资微弱的引致功能，这与董竹和张云（2011）关于工业废气治理投资与工业废气排放的分析结论一致。由于二氧化碳的存量特征，其负面效应具有累积性，现行的环境治理投资涵盖范围广且波动幅度大，对二氧化碳排放流量的减排作用较小，对于存量的影响甚微。在减排的多种路径中，源与汇两个终端的技术创新是本源之道。无论是源头上节能减排技术抑或是终端的碳捕捉与封存技术，均需稳定持续的投资以推动技术的研发与扩散。故而，实现二氧化碳的实质性减排需要技术突破，对于具有长效性的定向的专一的投资具有强烈诉求。

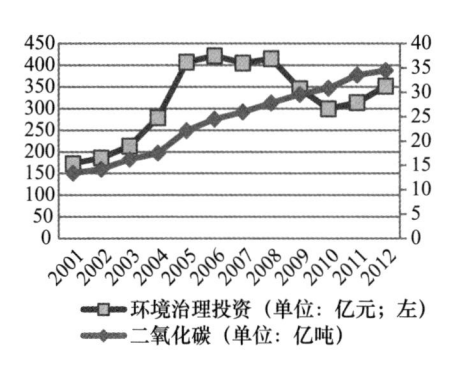

图7.8　环境治理投资与二氧化碳排放绝对量

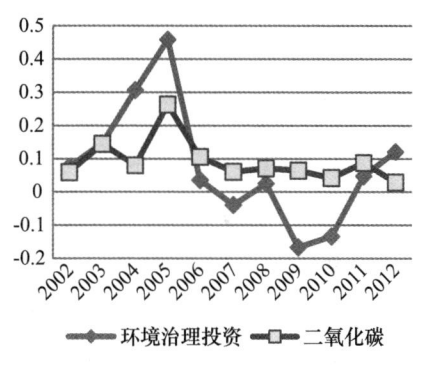

图7.9　环境治理投资与二氧化碳排放增速

由于资源禀赋及产业结构等因素的差异，中国不同省域二氧化碳排放的变化趋势存在差异（如图7.10所示）。在30个省份中，河北第二产业二氧化碳排放增长速度最快且绝对值最高，其次是山东、山西、河南、江苏、辽宁五省。在现行的碳交易试点中，北京、上海、天津三地的排放量基本维持在相对稳定的水平，北京呈现下降趋势，天津呈现小幅上升趋势，湖北、重庆呈现平稳上升的态势，广东自2011年开始步入下降轨道。不同排放交易试点碳排放量的变化态势表明试点的选择充分考虑了交易可能对当地经济带来的冲击，试点地区的碳排放波动相对较小。与此同时，交易试点基本能够反映未来碳排放的所有趋势。对二氧化碳排放与经济增长相关关系的代表性研究为环境库兹涅茨曲线。林伯强和蒋竺均（2009）对中国环境库兹涅茨曲线的研究发现，中国仍处于"倒U形"曲线的上行区间，亦有学者发现中国并不存在类似于环境库兹涅茨的曲线（李斌、彭星，2011），何小钢和张耀辉（2012）研究发现中国工业二氧化碳排放的环境库兹涅茨曲线呈现"N形"，检验了"倒U形"走势之后呈现的"重组（Relink）效应"。

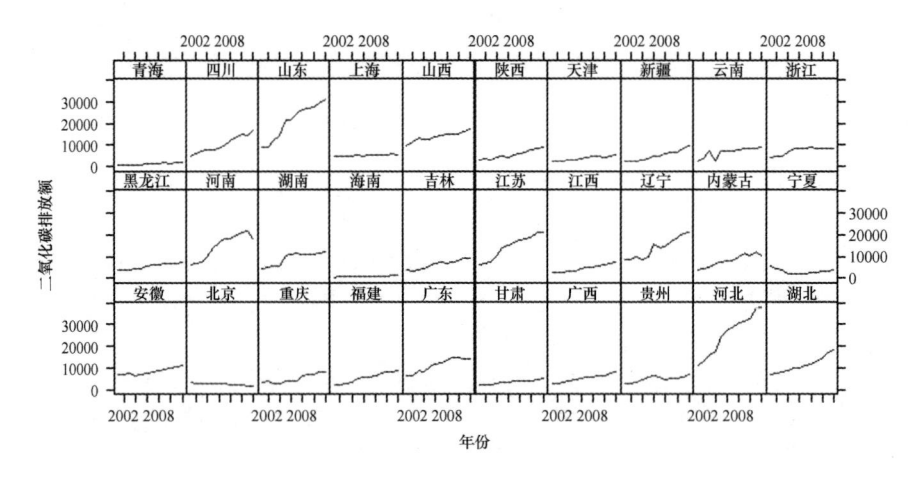

图 7.10　2001—2012 年中国 30 个省份二氧化碳排放（单位：万吨）

本书采用 Granger 方法检验第二产业二氧化碳排放量与产值之间的因果关系，发现在 5% 的显著性水平下，第二产业产值是第二产业二氧化碳排放的 Granger 原因（如表 7.3 所示）。

表7.3　　　　第二产业二氧化碳排放与产值 Granger 检验

	F 统计量	p
第二产业增加值不是二氧化碳排放的 Granger 原因	5.0756	0.02**
能源不是二氧化碳排放的 Granger 原因	8.1222	0.00***
劳动不是二氧化碳排放的 Granger 原因	0.4354	0.51

续表

	F 统计量	p
资本不是二氧化碳排放的 Granger 原因	27.1937	0.00***
环境治理投资不是二氧化碳排放的 Granger 原因	6.0782	0.01***

注:"***""**"和"*"分别表示估计结果在1%、5%、10%的水平下显著。

为进一步验证第二产业二氧化碳与产值的关系,根据 Hausman 检验的结果,本课题构建随机效应面板模型。为消除量纲差异的影响,本课题对模型进行对数化处理,模型及估计结果如表 7.4 所示。第二产业产值变动一个单位将导致二氧化碳排放增加 0.5890 个单位,该模型能够解释 68.64% 的二氧化碳排放的变动。Granger 检验与面板模型分析的结果与林伯强和蒋竺均(2009)一致,即中国经济的发展是二氧化碳排放的主要原因。

表 7.4　　　　　　　面板模型及 Hausman 检验结果

$\log(co_2) = a + b\log(gdp) + e$			
	系数	t 统计量	P 值
a	4.085028	22.378	0.00***
b	0.588994	27.99	0.00***
R-Squared	0.68636		
Hausman 检验			0.317

注:"***""**"和"*"分别表示估计结果在1%、5%、10%的水平下显著。

(四)实证结果分析

本书使用 Matlab 软件,采用粒子群算法对参数化二次型方向性产出距离函数的系数进行测算,并将估计所得的参数代入影子价格的计算公式(式7.9),计算得到30个省(市)二氧化碳排放的影子价格均值的绝对值①(如表 7.5 所示)。

---

① 为消除奇异值的影响,本书将影子价格的最高值设置为样本平均值。

表7.5　　　　　　　　不同地区二氧化碳排放影子价格　　　　　　单位：万元

地区	影子价格	地区	影子价格
山西	0.5130	湖北	4.4286
江苏	0.9540	黑龙江	5.4089
山东	0.9714	新疆	5.9292
浙江	0.9892	甘肃	6.0169
宁夏	1.3887	辽宁	6.0432
河北	1.8058	北京	6.0493
青海	1.9974	湖南	6.1163
四川	1.9990	云南	6.6478
广东	2.0179	安徽	6.8943
海南	2.3075	广西	8.0366
福建	2.5110	重庆	8.2729
内蒙古	3.1740	天津	8.9789
贵州	3.2621	上海	9.1561
吉林	3.4514	陕西	9.3986
河南	3.6420	江西	10.3952

表7.5所示的结果表明中国第二产业二氧化碳影子价格的波动区间较广，位于5130元/吨至103952元/吨之间，差异化的影子价格为中国建立跨区域的统一市场以实现减排成本最小化提供了可能。借由产出距离函数测算所得的影子价格衡量了不同地区技术效率与有效前沿之间的差距，本课题对比分析不同地区的影子价格发现三种可能导致影子价格分散化的原因：第一，当地二氧化碳历史排放量高而且当前排放增速快，根据边际成本理论，总量越高则其减少单位排放的成本越低。以山西、江苏、山东、河北四省为例，其二氧化碳排放量呈现快速攀升的趋势且总量普遍高于剩余的绝大部分地区，据本课题统计，上述四个省份2001—2012年累积碳排放在全国总量中的占比高达30.95%，高额的排放量为其提供了广阔的减排空间，因而其影子价格相对较低。第二，在当地的产业结构中，第二产业占比较低，二氧化碳历史排放量相对较

少，减排压力小，其影子价格相对较低，以宁夏、青海、海南三省为例。第三，当地历史排放量相对较高，但由于当地经济结构调整、技术研发以及扩散的效率较高，且充分享受国家政策与制度红利，较早着手控制温室气体排放，致使其当前减排空间有限，此外，由于当地经济发展水平较高，减排活动对经济的冲击更大，故而二氧化碳的影子价格较高，以北京、重庆、天津、上海为例。本课题通过计算不同年度30个省份影子价格的算数平均数，估算得到中国2001年至2012年第二产业二氧化碳影子价格的变化趋势（如图7.11所示）。

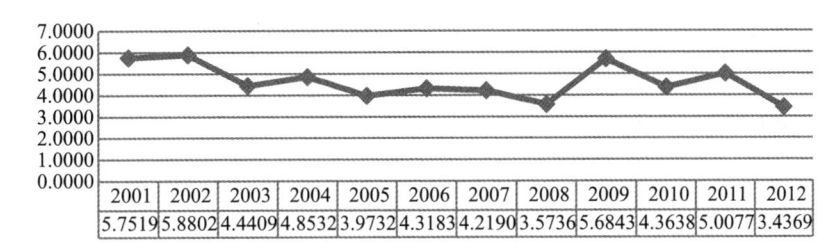

	2001	2002	2003	2004	2005	2006	2007	2008	2009	2010	2011	2012
	5.7519	5.8802	4.4409	4.8532	3.9732	4.3183	4.2190	3.5736	5.6843	4.3638	5.0077	3.4369

图7.11　中国第二产业二氧化碳排放影子价格（单位：万元）

图7.11表明，2008年全球金融危机之前，二氧化碳影子价格呈现稳步下降的态势。影子价格的下降得益于国家自"十五"规划（2001—2005年）与"十一五"规划（2006—2010年）期间所制定的节能减排政策。政府大力引导第二产业生产商积极推进减排的技术创新，扩大了减排的空间，从而使得影子价格缓慢下降。2008年金融危机的爆发将全球经济推到了下行区间，为规避经济衰退的风险，中国于2009年通过了"四万亿"的救市计划，但由于投资范围主要涵盖铁路、公路、机场等基础设施建设，其对经济系统的功效具有长期性与滞后性的特征，无法及时扭转经济发展的趋势，该阶段第二产业产值增长率由2008年的13.98%下降至8.48%，结合上文的分析，产值增长是二氧化碳排放的主要驱动因素，第二产业产值增长率的大幅下跌，致使二氧化碳排放量减少，从而缩减了减排的空间，导致影子价格快速上升。2010年影子价格的下跌与2011年影子价格的上升均可归因于产值变动

所带来的二氧化碳排放量的变化。2012年影子价格的运行与以往年份存在不同，当年第二产业产值增速大幅下降至5.46%，二氧化碳排放的增速由2011年的8.77%下降至2.83%，影子价格并未呈现上升趋势，反而下降31.37%。本课题认为2012年二氧化碳影子价格的下降趋势是"十一五"规划期间以及"十二五"规划节能减排政策在温室气体减排维度所取得成果的体现，新设备、新技术的扩散以及可再生能源的大量使用，辅助生产主体逐步摆脱对传统能源的依赖，降低了第二产业二氧化碳的排放强度，减少了生产主体的减排成本，进而使得影子价格大幅下调。

本书测算的结果显示，2001—2012年中国第二产业二氧化碳影子价格平均为4.63万元，高于Wei et al.（2013）、Limin Du et al.（2014）等现有学者的研究结果。研究对象与研究方法的差异是导致结果存在差异的主要原因。为了对比碳排放交易试点影子价格与试点初始价格之间的差异，本书将实证分析的结果与现有使用方向性产出距离函数对中国省（市）级二氧化碳影子价格进行研究的结果以及北京、天津、上海、重庆、广州、湖北的交易价格进行对比，如表7.6所示。

表7.6汇总的信息表明，理论测算的影子价格均高于交易试点的初始价格，我们以第二产业作为研究对象计算的结果远高于交易试点的初始价格以及现有研究测算的影子价格。研究对象的不同是导致测算价格存在差异的主要原因之一。以第二产业为研究对象测算的二氧化碳影子价格高于以全国整体作为对象的研究结果，说明中国第二产业减排压力大、成本高，与第二产业高排放故而减排成本相对较小的理论预期相悖，该现象既是第二产业设备使用期限长、投资"不可逆"及"碳锁定"的反映，同时亦暗含了中国经济结构优化进程加快的趋势。我们在传统模型所使用的劳动、资本、能源三类投入变量之外加入工业环境污染治理投资，也是导致测算结果与现有研究存在差异的重要原因。新投入变量的加入，使生产有效边界发生变动，方向性距离增加，进而导致测算的影子价格高于传统模型。

表 7.6　　　　　二氧化碳影子价格不同研究结果比较　　　（单位：元/吨）

交易试点	初始价格	Zhang et al.（2014）	Du et al.（2014）	本课题
北京	51.25	125.12	2030	60493
天津	27.94	122.7	1750	89789
上海	26.42	164.07	2390	91561
重庆	30.47	50.33	1240	82729
广东	60	176.81	1320	20179
湖北	21	79.44	1110	44286
样本范围	试点	30个省（市）	30个省份（市）	30个省份（市）第二产业
样本区间	2011年	2006—2010年	2001—2010年	2001—2012年

注：由于省级层面的核算中未明确核算深圳的信息，故表7.6的交易试点中未列示深圳排放权交易所。

二氧化碳影子价格的测量弥补了环境污染市场缺失的缺憾，为环境政策的制定提供了参考。陈诗一（2011）已经从环境政策和绿色核算两个方面对影子价格的应用进行详细阐述，本书将重点从排放权初始价格确定的维度论述影子价格的实践意义。

根据边际理论与均衡价值理论，碳排放权交易的初始价格是以边际减排成本作为基础，在市场潜在供求力量的作用下形成的瞬时均衡价格。欧盟排放交易体系（EU-ETS）以及美国区域温室气体减排计划（RGGI）运行的经验表明，拍卖将是碳排放配额分配的主导模式。RG-GI 在配额现货及期货拍卖中设置底价成功避免了 EU-ETS 在经济危机期间价格趋近于零的局面，为中国的碳市场提供了借鉴。与 RGGI 类似，中国在碳排放权交易试行的初期，亦不具备相对成熟的二级市场，故而拍卖底价是可供选择的维持市场价格稳定的举措之一。

影子价格在初始价格确定方面的应用集中体现在两个方面：其一是为拍卖底价的设定提供参考；其二是借由释放价格信号，引导市场潜在的供求变化。由于不同地区影子价格的差异较大，我们结合二氧化碳影子价格的空间特征及时变特征，考虑以二氧化碳排放占比、产值占比为权重，计算全国二氧化碳影子价格的加权平均值（如式 7.12 所示）。

$$WA_t = \sum_i^{30} w_{it}^1 \times w_{it}^2 \times sp_{it} \tag{7.12}$$

其中，WA_t 表示影子价格的加权平均值，w_{it}^1 表示第 i 个省（市）在第 t 年度二氧化碳排放在当年全国排放中所占的比例，w_{it}^1 表示第 i 个省（市）在第 t 年度第二产业增加值在当年全国第二产业增加值中所占的比例，sp_{it} 表示第 i 个省（市）在第 t 年度的影子价格。经计算，2001 年至 2012 年间中国第二产业二氧化碳影子价格的加权平均值为 1299 元/吨，为简单算术平均值的 2%。由于加权平均值能够融入对不同省（市）期望产出与非期望产出规模的考量，故而更适宜作为全国性碳市场排放交易拍卖底价的参考。

同时，影子价格的加权平均值发挥了价格信号的功能，控排单位可以将实际减排成本与之进行比较，若实际减排成本较高，可以选择在市场上购买碳配额，以最小化减排成本；若实际减排成本较低，则可进行自主减排并将超额减排量投入市场获取盈利。通过释放价格信号，加权平均的影子价格可以降低排放权交易市场的价格风险，增强市场的流动性，借助于影响市场的潜在供求，进一步作用于碳排放初始价格的形成。

为了进一步分析影子价格的影响因素，验证影子价格与二氧化碳排放强度、能源消费结构的相关关系，本书结合数据特征构建了面板模型。其中，二氧化碳排放强度表示单位产值排放的二氧化碳；由于煤炭的排放系数高于其他能源，本课题借鉴 Limin Du et al.（2014）的处理方式，选用煤炭在能源消费总量中的占比来刻画能源消费结构[1]，通过多次测算，研究发现在二氧化碳强度的指标之外，加入二氧化碳排放量及工业产值的面板模型解释力度更佳，估计结果如表 7.7 所示。

---

[1] 在具体的操作中，本书使用《中国能源统计年鉴》的"地区能源平衡表"中所列示的工业与建筑业能源消费的相关数据，将原煤、洗精煤、其他洗煤、焦炭、焦炉煤气与其他煤气的消费量折算为标准煤作为煤炭消费量的表征，将之前折算得到的能源投入量作为能源消费总量，用煤炭消费量/能源消费总量得到能源消费结构。

表 7.7　　　　　　　　　　　面板模型估计结果

变量	混合模型 系数	P	固定效应模型 系数	P	随机效应模型 系数	P
截距	4.9126	0.0000***			5.6380	0.0000***
CO_2 强度	-0.0771	0.0032***	-0.0026	0.9186	-0.0193	0.4279
能源消费结构	-5.1276	0.6342	-0.3840	0.9656	-0.3488	0.9684
CO_2	-0.4671	0.0023***	-1.0950	0.0001***	-0.8715	0.0001***
产值	0.0463	0.7283	0.5363	0.0094***	0.3793	0.0294**
R-Squared	0.1629		0.0921		0.1005	
P	0.0000		0.0000		0.0000	
Hausman 检验						0.1933

注："***""**"和"*"分别表示估计结果在1%、5%、10%的水平下显著。

表 7.7 所列示的信息表明，混合模型与随机效应模型的截距均显著，契合了二氧化碳排放的存量特性，即历史排放的减少必然需要支付一定的成本；三类面板模型中第二产业的影子价格与二氧化碳排放均呈现显著的负相关关系，即二氧化碳排放水平越高，其影子价格越低，该结论符合边际成本递减规律；固定效应与随机效应模型估计的结果显示第二产业产值与影子价格呈现显著的正相关关系，即随着产值的增加，二氧化碳的影子价格上升。上文中对产值与二氧化碳排放关系的研究发现，产值是二氧化碳排放的 Granger 原因且与二氧化碳排放呈现正相关，但产值增加并未导致影子价格下降的原因有两个方面：第一，根据边际成本递增规律，当产品数量超过某一限度之时，新增加一单位产品所带来的成本递增，即中国第二产业发展的规模经济效应以接近临界值，二氧化碳排放数额的增加将导致边际减排成本的上升；第二，产值的增加将会导致节能减排机会成本的上升，包括二氧化碳边际减排成本即影子价格的上扬。Hausman 检验的结果表明，随机效应模型更适宜作为影子价格影响因素的分析模型。在随机效应模型中，与二氧化碳排放强度变量相比，绝对量指标估计结果更显著且作用力度更大。鉴于此，本课题认为中国的减排目标虽然以排放强度的形式体现，但在碳交易试点初始

价格的确定中应充分考量控排范围内二氧化碳的绝对量而非排放的强度值。

(五) 实证分析结论

本书通过在传统模型的投入变量中添加环境治理投资，构建改进版的二次型方向性产出距离函数，使用 Matlab 软件对中国 30 个省（市）2001—2012 年第二产业二氧化碳排放的影子价格进行测算，并与现有研究结果以及现行排放交易试点的初始价格进行对比，随后建立面板模型分析影子价格的影响因素，得出如下四个结论：

第一，中国第二产业产值的变动是二氧化碳排放变化 Granger 原因，产值增加一个单位将使二氧化碳排放增加 0.59 个单位。这表明中国第二产业二氧化碳排放尚未达到峰值，仍处于环境库兹涅茨曲线的上行阶段。如何设置减排目标以实现 2030 年达到排放峰值的目标是本课题下一阶段的研究内容。

第二，不同省域具有分散化、差异化的影子价格。第二产业二氧化碳影子价格的波动区间位于 5130 元/吨至 103952 元/吨，差异化的边际减排成本为碳排放权交易创造了充要条件，使中国构建跨区域的全国性碳市场具备可行性且具有成本优势。以期望产出、非期望产出占比作为权重的加权平均影子价格能够融入对不同省（市）个体特征的考量，更适宜作为全国碳市场碳排放初始价格的参考。

第三，中国第二产业二氧化碳影子价格高于针对全国整体的测算值。与惯性思维的结论相异，第二产业虽是中国二氧化碳排放的大户，但其影子价格即边际减排成本相对较高，因而，在设定控排企业以及减排目标时，应充分考察控排对象的边际减排成本，以制度创新为依托，以技术创新作为突破口，避免盲目冒进，阻碍中国的工业化进程。

第四，与二氧化碳排放强度指标相比，二氧化碳绝对量对影子价格的影响更显著且作用力度更大，故在碳排放初始价格的确定中宜给予历史排放量以及 BAU 情景下的排放数量更多的关注。

构建全国性碳市场是中国"十二五"规划的重要任务之一，现行的七个碳排放交易试点为全国性碳市场的建设积累了经验。这一研究结果验证了全国性碳市场的可行性及其优越性。关于碳交易初始价格的确定，结合影子价格的测算结果，我们认为应重点关注以下两个环节：

一是控排范围的选择及减排目标的设定。中国在由区域性的排放交易试点向全国性碳交易市场的过渡中，可以采取温和渐进的链接模式，也可采用强制性一体化的模式。从国家发改委的政策导向及市场构建成本来看，温和渐进的链接模式更具操作性，即构建省级水平的碳交易市场进而逐步链接成为全国性碳市场。在选择控排对象时，应充分考察二氧化碳排放的影子价格，尽可能涵盖影子价格不同的部门，以提高碳交易的效率。中国现在实施的是强度目标，在碳交易中，一般将强度目标首先转化为绝对值目标，而后进行分配，初始价格的确定应关注当地历史以及当期二氧化碳排放绝对量。

二是碳交易初始价格的确定应考虑区域性碳交易试点的链接问题。主流的链接方式包括直接链接与间接链接两类。直接链接，即不同的碳交易试点通过一定的折算比例实现链接的过程。间接链接是指通过中间介质链接的方式，以当前的碳市场为例，由于抵消机制的存在，不同的交易试点可以借由清洁发展机制、联合履约机制或自愿减排机制所产生的核证减排量与其他试点实现链接。庞韬等（2014）对中国碳排放交易试点链接可行性的分析表明，由于分配机制、价格管理机制等政策的差异，不同交易试点的链接面临诸多障碍。从长期看，直接链接是碳市场发展的趋势。碳排放初始价格需综合考虑不同地区差异化的减排成本，本课题建议以加权平均的二氧化碳影子价格作为全国碳市场初始价格的参考，结合不同地区排放成本的差异，制定区域减排单位的折算制度。

影子价格虽为碳交易初始价格的确定提供了理论参考，但在实际操作中，初始价格同时受制于减排压力、减排空间、政策推行难度、市场预期等多重因素的影响，具有主观色彩。本课题虽然测算了影子价格并分析其影响因素，但就如何在影子价格的基础上制定更具操作性与适应性的初始价格并未取得突破性进展，这将是未来进一步研究的方向。

二 中国碳金融交易衍生产品价格形成机制

中国碳市场现有的交易标的主要为交易试点各自的配额以及规定范围内的碳排放抵消额，尚未推出碳期货、碳期权等金融衍生产品。结合 EU-ETS 以期货、期权交易为主的产品结构特征以及国务院《关于进一步促进资本市场健康发展的若干意见》（2014），中国碳排放期货与期权产品的开发与交易是市场发展的必然趋势，其推出时机的选择应充分考虑宏观环境、市场流动性、投资者预期等多种因素的影响，我们建议借鉴 RGGI 的经验，在全国性碳市场现货交易运行相对成熟的基础之上，推广碳期货、碳期权等金融衍生产品。

EU-ETS 与 RGGI 期货合约价格形成方面的经验，为中国碳金融交易衍生产品初始价格的确定提供了借鉴。分配方式的选择与潜在供求力量的对比是影响初始价格的主要因素，其与拍卖主体、控排单位等要素共同构成产品价格形成机制的核心内容。EU-ETS 与 RGGI 的经验表明，拍卖方式应作为碳期货分配的主导模式，由成员国（州）结合减排目标、配额总量、现货市场的流动性等因素确定拍卖数量，拍卖参与主体由控排单位逐步扩展到机构及个人投资者。在碳期货拍卖的初始阶段，宜结合碳排放的理论价值、现货交易价格以及市场需求量，为期货拍卖设置底价，维护碳市场的平稳运行。

第八章　中国碳金融交易价格运行机制研究

碳金融交易初始价格形成之后，将在经济系统供给、需求两个层面诸多因素以及市场突发事件的驱动下呈现波动态势，其变动方向进一步释放市场信号，引导市场价格由一个瞬时均衡向另一个瞬时均衡转变。本章运用文献分析法从基本面因素和突发事件两个方面，对现有关于国外碳金融交易驱动因素的研究进行归纳汇总，并在此基础之上，构建非平衡面板模型剖析中国碳交易价格的运行规律。

第一节　国外碳金融交易价格运行机制研究

国外排放交易体系运行时间相对较长，为探索碳配额价格波动的驱动因素提供了丰富的样本。自 2005 年 EU-ETS 正式投入运行以来，对其价格波动规律的探究成为排放交易体系研究的一个重要视角。碳排放额作为一类新型商品，对其价格运行机制的分析既能为政府确定排放配额数量和选择投放时机等政策设计提供参考，亦能为控排单位、个人及机构投资者的投资决策提供信息，同时价格规律的探索对于构建风险预警机制、维护市场平稳运行也具有重要意义。本课题将采用文献分析法，归纳国内外学者对国外碳金融交易价格影响因子的分析，总结国外碳金融交易价格的运行规律。由于目前对国外碳金融交易体系价格的研究基本以 EU-ETS 的排放配额 EUA 为研究对象，故本课题此处对国外碳金融交易价格的分析以 EU-ETS 为代表。

一 国外碳金融交易价格驱动因素分解

Urs Springer（2003）对 25 个温室气体交易理论模型进行归纳研究，发现能源价格和气候条件是影响排放价格的主要因素，交易者或市场机构发布的与能源价格相关的报告是影响碳排放价格的首要因素。Maria Mansanet Bataller et al.（2007）从理论层面，将碳排放价格的影响因素划分为三类：第一类是宏观与微观因素，包括能源部门性质、GDP、排放增长、排放目标等；第二类为能源因素，包括能源价格、能源替代的可行性等；第三类为气候因素，包括气温和气候条件。本书结合现有理论研究的结果，将碳排放价格运行的驱动因素分为市场基本面与突发性事件两类。其中，市场基本面因素包括宏观经济环境与经济发展前景、能源价格、天气条件三个方面；突发性事件包括核证排放量公布、履约期、政府拍卖配额储备、金融危机、欧债危机、重复交易等因素。

（一）基本面因素对碳金融交易价格的影响

Emilie Alberola et al.（2009）将市场基本面因素划分为制度设计问题、能源价格问题和天气事件三类。根据阿尔弗雷德·马歇尔的均衡价格（价值）理论，经济活动、能源价格、天气变化等市场基本面因素主要通过作用于市场需求影响均衡价格。本课题按照时间顺序从研究对象、样本区间、研究方法、涉及的基本面因素以及研究结论五个方面对具有代表性的实证研究进行归纳整理（如表 8.1 所示）。

实证检验的结论与理论模型的分析基本一致，市场基本面因素是 EUA 价格波动的主要影响因素。Maria Mansanet Bataller et al.（2007）最早从实证角度对碳排放交易价格的影响因素进行检验，其涉及的基本面因素为能源价格和天气，研究发现不同能源种类影响的程度与显著性存在差异，以煤炭为代表的排放强度较大的能源，对碳排放价格的影响更为显著。Beat Hintermann（2010）、Jan Horst Keppler et al.（2012）、Rita Sousa et al.（2014）等学者的研究亦验证了煤炭价格对 EUA 价格的显著影响。然而，Piia Aatola et al.（2013）的研究发现煤炭价格虽影响显著但程度较小，更有学者使用 Granger 检验研究发现，煤炭价格与

表 8.1　市场基本面因素对交易价格的影响

作者	研究对象	样本区间	研究方法	基本面因素	研究结论
Maria Mansanet Bataller et al.(2007)	EUA 远期价格	2005年1月1日至11月30日	多元线性回归	能源价格（石油、天然气、电力）、天气	排放强度大的能源的价格如煤炭价格的影响显著；能源转化价格影响显著；天气影响显著但作用较小
Emilie Alberola et al.(2008)	EUA 现货价格	2005年7月1日至2007年4月30日	NWOLS	能源价格（石油、煤炭、天然气、电力、CDS、CSS、转化价格）、天气	能源价格及预期之外的极寒事件影响显著；剔除间断点后影响更显著
Jan Seifert et al.(2008)	EUA 现货价格	模拟 EUA 现货价格变动过程	随机均衡模型	季节因素	EUA 价格未呈现显著的季节性特征
Eva Benz, Stefan Trück(2009)	EUA 现货价格	2005年1月3日至2006年12月29日	独立同分布模型、AR（1）模型、Garch 模型、Regime-switching 模型	天然气价格、石油价格、天气变化	天然气、石油价格上涨推动 EUA 价格上涨；极端的天气变化影响市场需求
Beat Hintermann(2010)	EUA 每日场外交易价格	2005年1月至2007年7月	市场模型	天然气价格、煤炭价格、气温、蓄水量、经济活动	在2006年4月之后，需求面因素是 EUA 价格变动的影响因素
Anna Creti et al.(2012)	EUA 期货合约收盘价	2005年6月24日至2010年12月20日	协整检验	经济环境、石油价格、能源转化价格	期货合约价格与基本面因素存在协整关系
Christian Conrad et al.(2012)	2008年12月、2009年12月、2010年12月到期的 EUA 期货合约	2006年11月至2009年12月每隔10分钟、30分钟、60分钟的高频数据	FIAPGARCH 模型	经济发展前景、当前经济形势	EUA 价格波动受德国与美国未经济的发展趋势以及当前经济状况的发展的影响明显

续表

作者	研究对象	样本区间	研究方法	基本面因素	研究结论
赵静雯 (2012)	EUA 2010 年 12 月到期期货价格	2008 年至 2010 年	协整、Granger 检验	能源价格（天然气、煤炭、电价）	EUA 期货价格与能源价格之间存在协整关系；是煤炭期货价格的 Granger 原因；与电价、天然气价格互为因果关系；与石油价格不存在因果关系
Jan Horst Keppler et al. (2012)	EUA 现货价格、期货价格	2005 年 1 月至 2007 年 12 月；2008 年	Granger 检验、OLS	煤炭价格、天然气价格、电价	第一阶段，天气、能源价格是 EUA 期货价格的驱动因素；第二阶段，电力价格是影响 EUA 价格波动的原因
Piia Aatola et al. (2013)	EUA 远期价格	2005 年至 2010 年	市场均衡模型 OLS、IV、VAR	能源价格（煤炭、天然气、电价）、蓄水量	电价影响显著且力度最大；煤炭、天然气价格影响显著但程度相对较小
Nicolas Koch et al. (2014)	EUA 期货价格	2008 年 1 月至 2013 年 12 月	OLS	经济活动、能源价格（煤炭、天然气、风能、太阳能）、蓄水量	经济活动与风能、太阳能下跌是 EUA 价格变动的原因；煤炭价格的影响不显著
Rita Sousa et al. (2014)	EUA 现货价格	2008 年 2 月 26 日至 2013 年 11 月 12 日	小波分析	能源价格（煤炭、天然气、电价）、经济发展趋势	煤炭价格引导碳排放价格变动；碳排放价格引导电价变动；碳价波动与经济发展一致
朱帮助 (2014)	EUA 2012 年 12 月到期期货价格	2006 年 1 月至 2012 年 4 月	结构性同断点检验、协整分析、岭回归	能源价格（石油、煤炭、天然气、电力）、气温条件、经济活动	EUA 价格与能源价格、气温条件、经济活动等因素存在协整关系

EUA 期货价格存在协整关系，但煤炭价格并不是 EUA 期货价格的 Granger 原因，相反，EUA 期货价格是煤炭价格的 Granger 原因（赵静雯，2012），而 Nicolas Koch et al.（2014）对 EUA 价格下跌成因的分析显示，煤炭价格的影响并不显著。模型选择、估计方法与解释变量选择的不同是造成估计结果不同的主要原因。煤炭价格对 EUA 价格变动的影响有待进一步研究确认。石油是排放强度相对较高的能源，其价格变化推动 EUA 价格的变动（Eva Benz, Stefan Trück, 2009），但赵静雯（2012）的研究显示二者之间不存在显著的 Granger 因果关系，其研究方法的局限性制约了其研究结论的可靠性。风能、太阳能等清洁能源与碳排放之间呈现替代品的特征，其产值的增加将推动碳交易价格的下跌，Nicolas Koch et al.（2014）对 2008 年中期至 2013 年间 EUA 价格下跌成因的分析验证了清洁化能源产值变动对碳交易价格的影响。

学者们对天然气价格与 EUA 价格的研究基本形成一致结论，即天然气价格是 EUA 价格波动的驱动因素之一（Maria Mansanet Bataller et al., 2007; Eva Benz, Stefan Trück, 2009; Jan Horst Keppler et al., 2012）。电价对 EUA 价格的影响较大（Piia Aatola et al., 2013），二者之间的关系具有显著的双向性特点（Rita Sousa et al., 2014；赵静雯，2012），需要进一步识别。

在不同种类能源价格的绝对值之外，另有学者从相对价格的角度研究能源价格变动对碳价格的影响。高排放能源与清洁化能源之间的转换价格[1]是相对价格的一种形式。Anna Creti et al.（2012）利用式 8.1 计算转化价格，进一步验证了转换价格与 EUA 期货价格之间的协整关系。CDS 与 CSS 是不同能源相对价格的另一种计算方式。CDS 是指用电高峰时期，用燃煤电厂能量产出修正的电力价格与煤炭价格之差；CSS 是指用电高峰时期，用燃气电厂能量产出修正的电力价格与天然气价格之差。Emilie Alberola et al.（2008）使用 NW OLS（Newey-West OLS）方

---

[1] 转换价格是指能够使两类不同能源边际成本相等的排放权价格，现有研究一般选用的两种能源是煤炭和天然气。

法检验了能源相对价格的显著性。

$$0.36 \times P_{switch} + 50\% \times P_{gas} = 0.86 \times P_{switch} + 36\% \times P_{coal} \qquad (8.1)$$

其中，P_{switch} 代表能源转换价格，P_{gas} 代表天然气价格，P_{coal} 代表煤炭价格。

自 Beat Hintermann（2010）将经济活动作为变量加入模型以来，后续学者们在 EUA 价格现有波动的实证检验中增加了对经济发展现状或经济发展前景的关注，以股票指数、经济景气指数作为变量指标，研究发现 EUA 价格变动与经济发展趋势一致（Christian Conrad et al., 2012; Nicolas Koch et al., 2014; Rita Sousa et al., 2014）。天气变化对 EUA 价格的影响显著，但作用程度较小（Maria Mansanet Bataller et al., 2007），极端的气候变化或预期之外的极寒事件可能作用于碳排放需求进而影响 EUA 价格（Eva Benz, Stefan Trück, 2009; Emilie Alberola et al., 2008）。

实证检验的结论进一步证实了理论模型归纳的排放权价格影响因子，即能源价格、经济活动、天气变化等基本面因素是 EUA 价格变动的潜在因素，但其影响程度的大小以及以电价为典型代表的影响的双向性有待进一步细化检验。从长期看，基本面因素亦是排放权价格波动的核心驱动因素，EU-ETS 第二阶段中基本面因素的影响较第一阶段呈现增强态势（Anna Creti et al., 2012）。Gary Koop and Lise Tole（2013）利用 DMA（Dynamic Model Average）方法，分析不同驱动因素作用的动态过程，发现基本面因素对 EU-ETS 价格的影响具有时变特征。

以现有研究为基础，关于基本面因素对碳金融交易价格的影响可以做出如下推断：第一，基本面因素的变化与碳价格的波动呈现长期的相关关系；第二，煤炭价格、电价与碳排放价格之间相互作用，其因果关系需进一步识别；第三，由于国外碳市场的发展仍不成熟，尚不具备有效市场的条件，需要从动态的发展的视角研究基本面因素的时变特征，进一步识别碳金融交易价格的运行规律。

（二）突发性事件对碳金融交易价格的影响

本书将影响碳金融交易价格的突发性事件分为三类：其一是影响

市场供给的因素，如排放量公布、配额拍卖等；其二是影响市场稳定性的因素，如旋木欺诈[①]、排放配额遭窃等；其三是对宏观环境形成重大冲击的因素，如次贷危机、欧债危机等。预期之外的突发性事件将对排放交易系统的运行形成瞬时冲击，其影响程度将随着时间推移逐步减弱。本课题结合三类因素，对现有相关研究进行汇总（如表8.2所示）。

表8.2　　　　　　　　　　突发性事件的影响

	作者	研究对象	突发事件	研究结论
第一类	Emilie Alberola et al. (2008)	EUA现货	2006年4月公布2005年的核证减排量；2006年10月欧盟宣布紧缩配额	剔除间断点后，市场因素对EUA价格变动的解释力度更强
	Anna Creti et al. (2012)	EUA期货合约收盘价	2006年"compliance break"	只有将"compliance break"视为结构性间断点，第一阶段基本面与EUA价格之间的协整关系才能成立
第二类	Frunza et al. (2010)	EUA	旋木欺诈	影响碳价格
	Nicholas Linacre et al. (2011)	EUA	2011年1月排放权被盗	注册体系的漏洞致使碳现货交易暂停
第三类	Julien Chevallier (2009)	EUA期货价格	宏观风险（股票收益率、垃圾债券风险溢价、商品组合风险溢价等）	EUA期货价格与宏观经济冲击的相关性较弱
	Mansanet Bataller et al. (2011)	第二阶段EUA EUA-s CER	次贷危机	对第二阶段EUA价格影响不显著；对EUA-s CER差价影响显著

不同类型的突发性事件对碳金融交易价格的作用路径存在差异。公布排放量影响市场供给的因素，借助供求力量的对比，作用于市场瞬时均衡价格的形成。图8.1描绘了2005年至2008年碳交易产品EUA 05-07的价格走势，伴随着履约期临近，各个成员国陆续按照规定公

---

① 旋木欺诈是指碳交易中增值税诈骗，即供给方将碳排放权出售给国内的需求方之后，为逃避缴纳增值税的行为，从市场消失的行为。

布 2005 年的碳排放信息，过度配给致使市场供给骤然增加，价格由 2006 年 4 月 18 日最高时期的 29.75 欧元，快速下降至 15.7 欧元（2006 年 4 月 27 日）。Emilie Alberola et al.（2008）、Anna Creti et al.（2012）将"履约期"作为结构性间断点进一步划分样本区间，研究发现子样本区间内 EUA 价格波动与市场基本面信息之间的协整关系更显著，验证了预期之外的影响供给层面的因素对碳价格的影响。

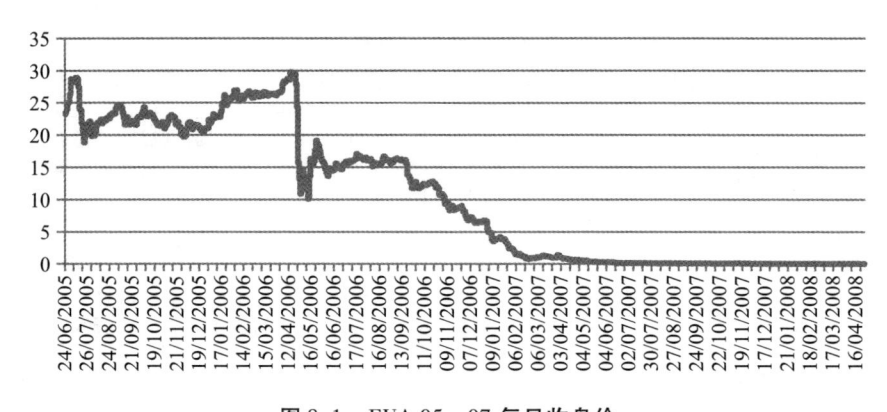

图 8.1　EUA 05 – 07 每日收盘价

资料来源：BlueNext 网站。

第二类突发性事件对排放交易体系的影响具有全局性和系统性，极易导致市场交易的中断。旋木欺诈、排放配额遭窃等事件暴露了 EU-ETS 的监管、注册登记等配套制度存在的漏洞，扰乱了市场价格的运行规律，影响了投资者情绪，甚至造成碳金融交易的中止，Frunza et al.（2010）、Nicholas Linacre et al.（2011）分别对旋木欺诈和排放配额被盗等意外因素进行分析，验证了碳金融交易配套体系不健全对碳市场价格的冲击。

本书在第三类事件的研究中主要侧重于危机爆发对碳交易价格的或有冲击。经济危机的爆发将推动经济周期进入下行阶段，其典型特征为经济增长速度减缓，投资、消费需求降低，进而对碳排放的需求减少，致使碳交易价格骤降。图 8.2 描绘了 2008 年 4 月至 2011 年 9 月之间到期日分别为 2008 年 12 月、2009 年 12 月、2010 年 12 月、2011 年 12 月、2012 年 12 月 EUA 期货产品的收盘价变动趋势。2008 年 4 月至 7 月价格短期持续上涨可归因于欧盟紧缩第二阶段的配额数量以及新阶段伊始市场预期良好等因素有关。自 2008 年 7 月 14 日开始，EUA 期货价格呈现下降趋势，自 2009 年 2 月开始缓慢上升，价格维持在 15 欧元上下，自 2011 年开始价格小幅上升。上文对基本面因素的分析显示，宏观经济当前环境以及发展前景是碳价格变动的驱动因素，图 8.2 中 EUA 期货价格的变动趋势亦验证该结论。但 Julien Chevallier（2009）使用 GARCH 族模型对 EUA 期货价格与股票收益率、垃圾债券超额收益率等宏观经济因素相关性的研究显示，碳期货价格与宏观经济冲击的相关性较弱，Mansanet Bataller et al.（2011）研究发现次贷危机对第二阶段 EUA 价格影响不显著，但对 EUA 与二级市场 CER 的价差具有显著影响。突发性经济危机对碳交易价格影响不显著的潜在原因包括两个方面：其一是碳金融交易市场成熟度低，其与宏观经济系统的相关性较弱，对市场信息的反应存在滞后性；其二是经济危机具有潜伏期，其影响在爆发之前便已通过投资需求、市场预期等其他途径传递至碳金融交易市场，与多种因素共同作用影响市场价格。

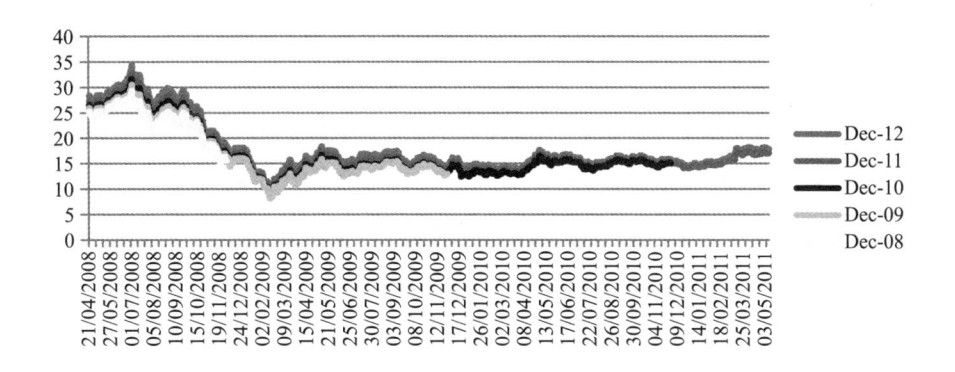

图 8.2　2008—2011 年 EUA 期货价格[1]

---

[1] BlueNext 网站。

现有相关研究的结果表明，第一类与第二类突发事件对碳金融交易价格的影响显著，第三类突发性事件的影响较弱，其差异可以归因于直接作用与间接作用的区别。第一类突发性事件直接影响碳金融交易市场的供给，第二类突发性事件源于排放交易体系的内生性风险，亦直接作用于碳金融交易价格的运行；第三类事件对碳市场的影响集中体现为生产下滑对碳排放引致需求的下降，进而影响交易价格。

二 国外碳金融交易价格运行的经验

以 EU-ETS 为代表的国外排放交易体系，其交易价格运行呈现三个规律：

第一，能源价格、经济活动、天气变化等基本面因素与碳金融交易价格之间存在长期的相关关系。能源转换价格是碳价格变动的驱动因素之一，这与碳市场构建初期，控排单位减排行为以煤炭与天然气的能源转换为主相关。煤炭、石油等燃料能源排放强度大，其价格绝对值的波动亦是碳金融交易价格的潜在影响因子，其相互作用的程度及其显著性有待进一步检验。电价与碳排放价格相互影响。风能、太阳能等清洁能源产出的变动是导致碳价格下跌的重要原因之一。极端或预期之外的天气变化将影响碳价格。

第二，突发性事件将对碳金融交易价格形成冲击，导致价格短时间内出现大幅变动。公布的历史排放量严重偏离预期、临时缩减配额数量将通过影响碳排放供给作用于碳金融交易价格；注册登记系统、监督管理体系等系统缺陷将扰乱价格的平稳运行；经济危机、债务危机的爆发对碳价格的冲击通过生产活动对碳排放的引致需求进而影响碳金融交易价格。

第三，随着排放交易体系的发展与完善，市场基本面因素对碳金融交易价格的作用更显著。突发性事件对碳价格的影响进一步验证了健全排放交易体系的配套机制对于价格运行的重大意义。

第二节　中国碳金融交易价格影响因素

中国七家碳排放交易试点已于 2013 年 6 月开始陆续开启碳交易，其成交信息为中国碳金融交易价格运行规律的研究提供了样本。本课题将结合国外碳金融交易价格的运行规律，以均衡价值理论为基础，测算基本面因素与政策信息对碳交易价格的影响。

本书首先以阿尔弗雷德·马歇尔均衡价格（价值）理论为基础，从供求关系的角度构建碳交易价格影响因素的理论模型。在供给方面，重点考察政府（G）和交易平台（L）两个层级公布的可能影响配额数量的信息，在需求方面，本书借鉴现有的研究成果，考察基本面因素经济发展（ED）、天气变化（W）以及煤炭价格（PC）的影响。

$$\begin{cases} S = S(G,L) \\ D = D(ED,W,PC) \end{cases} \tag{8.2}$$

由于碳排放交易是政府针对市场负外部性而设立的交易机制，其对政府的制度及政策信息具有显性依赖。政府及交易所发布的与配额分配相关的信息对于碳排放的供给以及引导参与主体的市场预期均具有重要意义。在需求层面，中国作为发展中国家，经济发展对能源的依赖程度仍旧相对较高，进而形成对碳排放的引致需求，需求的增加将导致碳排放价格的上升。天气变化也将通过能源使用数量的渠道作用于碳排放需求量进而影响碳交易价格。煤炭价格对碳价格的影响渠道包括两个方面：一方面，通过作用于经济发展进而影响碳排放价格；另一方面，通过能源转换，影响碳排放需求进而作用于碳排放价格。

（1）样本描述性统计。关于变量指标选取，本课题借鉴现有研究的经验并充分考量数据的可得性，选用政府、交易所两个层面公布的关于交易平台启动、配额拍卖及履约状况的相关信息来代表供给层面的政策信息；选用上证指数、制造业采购经理指数（PMI）代表经济发展；选用交易试点所在城市日平均气温相对于近十年月平均气温的偏离作为天气变化的代表①；由于中国的能源消费结构仍以煤炭为主（巴曙松、吴大义，2010），本课题选用煤炭价格作为能源价格的代表。变量样本的初始数据均来源于国家统计局、交易平台官方网站等信息源。其中，碳交易日均成交价来源于北京环境交易所官方微信每日公布的价格信息②；政策信息由笔者根据国家发改委及各个交易平台官方网站公布的信息整理；上证指数的数据信息来源于搜狐财经，PMI 数据来源于国家统计局；天气变化的样本数据由笔者结合中国天气网公布的交易平台所在城市的气温信息以及《中国气象年鉴》所公布的信息计算整理；煤炭价格的数据来源于国泰君安煤炭数据周报第 54 期。

样本数据的时间区间为交易平台启动至 2014 年 9 月 30 日。自启动之后，除湖北碳排放权交易中心之外，深圳、上海、北京、广州、天津均存在多个交易日没有成交量的现象。本课题将有成交量的交易日定义为有效交易日，六个交易平台的交易情况如表 8.3 所示。在六个交易平台中，湖北碳排放权交易中心虽启动时间晚，但有效交易日占比最高且累计成交量最大，广州碳排放权交易所的有效交易日最少，占比亦最低。六家交易平台有效交易日占比均值为 0.75，表明中国碳排放交易市场的流动性有待进一步加强。

表 8.3　　　　　　　　　交易试点有效交易日③　　　　　　　单位：日

	深圳	上海	北京	广州	天津	湖北
交易日	318	210	208	193	188	125
有效交易日	258	140	156	88	156	125
有效交易日占比	0.81	0.67	0.75	0.46	0.83	1

注：截至 2014 年 9 月 30 日。

---

① 本文选取武汉天气变化的相关数据来征湖北的天气变化；由于《中国气象年鉴》并未披露深圳的平均气温，故考虑到区位因素，本书在计算最近 10 年的平均气温时，将深圳与广州等同处理。
② 由于重庆碳排放权交易中心自 2014 年 6 月 9 日启动之后，碳排放日成交均价未发生变化，因而，本书在研究中剔除重庆碳排放交易中心，仅考虑交易相对活跃的六家交易平台。
③ 笔者根据北京环境交易所官方微信公布的数据整理。

中国目前区域碳交易试点的排放权价格一般采用竞价成交与协议转让相结合的方式，价格波动相对较小，如图8.3所示①。在六个交易平台中，深圳排放权交易所价格波动区间为29.05元/吨至122.97元/吨，波动幅度最大；湖北碳排放权交易中心的价格波动范围较小，分位点呈现近于重叠的趋势；广州碳排放权交易所与天津排放权交易所的波动区间范围次于深圳排放权交易中心，北京环境交易所的碳价格波动区间与上海环境能源交易所相近，但前者的价格高于后者且存在数量相对较多的奇异值，后者在26.42元/吨至44.91元/吨之间波动，没有超越该区间的奇异值。从价格平均水平来看，六个交易平台由高到低的顺序依次为深圳、广州、北京、上海、天津、湖北。碳排放日成交均价的水平值及波动区间与交易试点当地的物价水平、交易的制度设计密切相关。以定价转让、协商议价为交易方式的湖北碳排放权交易中心价格最低，以电子竞价为主要交易方式的深圳排放权交易所价格水平最高。

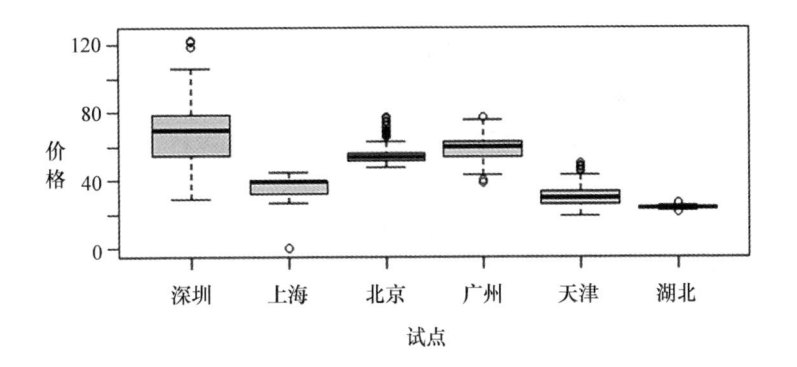

图 8.3　六个试点碳排放日成交均价盒形图

为检验样本数据的平稳性，本书使用 R 语言对碳价格（Price）、股票指数（Stock）、制造业采购经理指数（PMI）、天气变化（Weather）、政府政策信息（Gov）、交易所信息（Local）、国内煤炭价格（Lpoc）进行 ADF 检验，检验结果表明上述变量均不存在单位根（参见表 8.4），

---

① 笔者根据北京环境交易所官方微信公布的数据整理。

即变量的样本数据为平稳的时间序列。①

表 8.4　　　　　　　　　　ADF 检验

变量	Dickey-Fuller	P
price	-3.3563	0.06*
stock	-4.1671	0.01***
PMI	-3.4955	0.043**
weather	-9.2175	0.01***
gov	-10.1194	0.01***
local	-8.413	0.01***
lpoc	-3.5654	0.036**

注："***""**"和"*"分别表示估计结果在1%、5%、10%的水平下显著。

在 ADF 检验的基础之上，我们测算了不同变量之间的相关系数，如表 8.5 所示。相关性分析的结果表明，股票指数、天气变化、PMI 均与碳排放价格呈现负相关且程度依次递减，国家政策及交易所的政策信息、煤炭价格与碳排放价格呈正相关且程度依次递增。

表 8.5　　　　　　　　　　变量相关性分析

	Price	Stock	PMI	Weather	Gov	Local	Lpoc
Price	1.0000						
Stock	-0.0445	1.0000					
PMI	-0.0133	0.3462	1.0000				
Weather	-0.0393	-0.1237	-0.1703	1.0000			
Gov	0.0179	-0.0400	0.0147	-0.0769	1.0000		
Local	0.0407	-0.0034	0.0760	-0.0335	-0.0193	1.0000	
Lpoc	0.1677	-0.3285	-0.5428	0.1318	0.0486	-0.0962	1.0000

---

① 本书使用 Eviews 软件测算得出相似的结果。

由于样本数据有限，本课题为避免分析结果产生数据依赖，使用 Bootstrap 方法对样本进行 500 次重复抽样，所得结果与表 8.5 基本相似，Bootstrap 计算相关系数的标准差如表 8.6 所示。

表 8.6　　　　　　　　　　Bootstrap 相关系数标准差

	price	Stock	PMI	weather	gov	local	Lpoc
Price	7.35E−17						
Stock	0.0315	8.09E−17					
PMI	0.0337	0.0204	5.12E−17				
weather	0.0311	0.0287	0.029897	9.53E−17			
Gov	0.0317	0.0215	0.024557	0.024352	6.25E−17		
Local	0.0297	0.0364	0.034394	0.03097	0.003295	8.69E−17	
Lpoc	0.0315	0.0309	0.021635	0.031355	0.032749	0.021993	9.34E−17

为了进一步分析变量之间变动的先后顺序，本书对样本数据进行 Granger 检验，所得结果如表 8.7 所示。

表 8.7　　　　　　　　　　Granger 检验

	F-statistic	p-value
stock −> price	0.1009931	0.7507
PMI −> price	0.9861918	0.3209
weather −> price	2.835939	0.0925*
gov −> price	1.545205	0.2142
local −> price	0.6718265	0.4126
lpoc −> price	6.429909	0.0114**
price −> stock	0.1756377	0.6752
PMI −> stock	15.60316	0.0001***
weather −> stock	0.01371093	0.9068
gov −> stock	0.4244717	0.5149
local −> stock	0.000309496	0.9860

续表

	F-statistic	p-value
lpoc – > stock	12.91435	0.0003 ***
price – > PMI	0.000385793	0.9843
stock – > PMI	3.812446	0.0512 *
weather – > PMI	2.241632	0.1347
gov – > PMI	0.000109284	0.9917
local – > PMI	0.05354207	0.8171
lpoc – > PMI	18.18127	0.0000 ***
price – > weather	0.03022489	0.8620
stock – > weather	3.450782	0.0635 *
PMI – > weather	0.6377346	0.4247
gov – > weather	4.159152	0.0417 **
local – > weather	0.0187532	0.8911
lpoc – > weather	6.148184	0.0133 **
price – > gov	0.1988375	0.6558
stock – > gov	0.3059624	0.5803
PMI – > gov	0.2065967	0.6496
weather – > gov	2.041869	0.1534
local – > gov	0.3544447	0.5518
lpoc – > gov	2.245432	0.1344
price – > local	1.483956	0.2235
stock – > local	0.03088534	0.8605
PMI – > local	2.27814	0.1316
weather – > local	0.8175339	0.3661
gov – > local	0.3204664	0.5715
lpoc – > local	7.809933	0.0053 **
price – > lpoc	0.002537188	0.9598
stock – > lpoc	36.18962	0.0000 ***
PMI – > lpoc	0.4495579	0.5027
weather – > lpoc	1.468144	0.2260
gov – > lpoc	0.002671862	0.9588

续表

	F-statistic	p-value
local – > lpoc	0.6568187	0.4179

注："***""**"和"*"分别表示估计结果在1%、5%、10%的水平下显著。

Granger检验的结果表明,天气变化、国内煤炭价格是引起碳价格变动的Granger原因;PMI与股票价格指数互为彼此的Granger原因;国内煤炭价格与股票价格指数互为彼此的Granger原因;国内煤炭价格是PMI的Granger原因;政府政策信息和国内煤炭价格是天气变化的Granger原因;国内煤炭价格是交易所信息的Granger原因。Granger检验仅从数据特征的角度检验了变量样本数据变动的先后顺序,对检验结果的阐释应更多依赖于其经济含义。PMI与股票价格指数均是经济发展的先行指标,二者存在相互映射的密切联系。煤炭在中国能源储备及消费结构中占据重要地位,其价格的变化通过成本及预期两个路径影响经济发展的相关因素。中国的经济结构调整虽已取得显著成效,但处于工业化进程之中的阶段事实并未改变,经济发展对能源的依赖程度依然较高,因而象征经济发展的股票价格指数是国内煤炭价格的Granger原因。煤炭作为一类碳排放强度较高的化石燃烧能源,其价格上升从理论上将降低煤炭的需求量,进而降低碳排放的需求量,从而引导碳价格下降,因而煤炭价格是碳价格的Granger原因。天气变化是一个长期的、累积的过程,其对碳价格的影响源于天气变化对能源需求量进而对碳排放需求的引致。表8.7所显示的政府政策信息及国内煤炭价格Granger引起天气变化的检验结果不具意义,在一定程度上验证了Granger检验仅考虑数据特征的性质。结合Granger检验的结果,本课题归纳出碳交易价格波动的因果关系链,如图8.4所示。供给层面的政策信息对碳价格的影响有待进一步研究,以市场基本面因素为主的需求层面对碳价格的影响主要包含两个路径:其一,股票价格指数通过国内煤炭价格作用于碳排放需求进而影响碳价格;其二,天气变化通过影响碳排放需求作用于碳价格。

202 / 第三篇 中国碳金融交易价格机制研究

供给层面：
政府信息
交易所信息 → 碳价格

需求层面：
股票价格指数
PMI
国内煤炭价格
天气变化
→ 碳价格

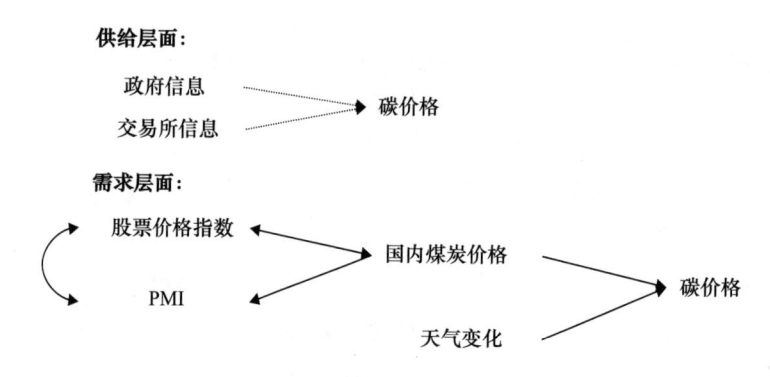

图 8.4 碳价格影响因素之间的 Granger 因果关系链

（2）计量模型选择。中国碳市场的发展路线是由区域性试点向全国性市场转变，遵循了制度经济学中"先交易后制度"的原则。根据杜莉和张云（2015）对碳市场生命周期的界定与划分，中国当前处于碳市场的构建与培育阶段，完成并完善全国性碳市场的顶层设计对于中国排放权交易市场的构建与推广具有重要的现实意义。中国现行不同交易试点实行差异化的交易制度，其初衷是降低全国性碳市场的试错成本。本书以分析不同交易试点碳交易价格的运行规律作为出发点，为重点刻画不同交易试点的个体效应，结合交易试点启动时间不同以及有效交易日存在差别的样本特征，选用非平衡的个体固定效应的面板模型，Hausman 检验的结果进一步验证了模型选择的恰当性。面板模型的基本形式为：

$$y_{it} = \alpha_i + \beta_i^j x_{it}^j + \varepsilon_{it}^j \quad i = (1,2,3,4,5,6) \quad j = (1,2,3,4,5,6) \quad (8.3)$$

其中，$i = (1,2,3,4,5,6)$ 代表六家不同的交易平台①，按照碳交易启动的先后顺序，分别为深圳（2013 年 6 月 18 日）、上海（2013 年 11 月 26 日）、北京（2013 年 11 月 28 日）、广州（2013 年 12 月 19 日）、天津（2013 年 12 月 26 日）、湖北（2014 年 4 月 2 日）；$j = (1,2,3,4,5,6)$ 代表本书选取的六个影响因子，分别为股票价格指数、PMI、天气

---

① 由于重庆碳排放权交易中心自 2014 年 6 月 19 日启动以来，其交易价格未发生变化，因而此处的分析以其他六家交易平台作为研究对象。

变化、政府信息、交易所信息以及国内煤炭价格；y_{it} 代表第 i 家交易平台第 t 天的碳排放日成交均价；x_{it}^{j} 代表碳价格变动的潜在影响因素；ε_{it}^{j} 代表残差项。

（3）实证结果分析。为消除数据量纲的影响，本书对碳交易日成交均价、股票价格指数、PMI、国内煤炭价格进行对数处理，先后采用混合效应模型、固定效应模型以及随机效应模型进行分析，估计结果如表8.8所示。

表8.8所显示的变量系数的估计结果表明，国内煤炭价格对碳价格的影响在三类模型中均显著，这与 Granger 检验的结果一致，但其作用方向存在差异。混合效应模型、随机效应模型的估计结果与相关性分析一致，固定效应模型与 Jan Horst Keppler et al.（2010）对欧盟第一阶段碳价格影响因素分析的结论一致，且与理论预期一致。

表8.8　　　　　　　　　非平衡面板模型估计结果

变量	混合模型 系数	P	固定效应模型 系数	P	随机效应模型 系数	P
(Intercept)	-13.8257	0.1038			-13.8257	0.1038
log(stock)	-0.1777	0.6240	-1.0338	1.40E-14 ***	-0.1777	0.6240
log(PMI)	2.9474	0.1331	-3.5723	5.51E-07 ***	2.9474	0.1331
weather	-0.0071	0.1232	-0.0009	0.5832	-0.0071	0.1232
gov	0.0238	0.8240	0.0167	0.6605	0.0238	0.8240
local	0.1803	0.0675 *	-0.0390	0.2666	0.1803	0.0675 *
log(lpoc)	1.2779	1.10E-07 ***	-0.2109	0.0227 **	1.2779	1.10E-07 ***
R-Squared	3.96E-02		0.1136		0.0396	
p	1.74E-06 ***		2.22E-16 ***		1.74E-06 ***	

注："***""**"和"*"分别表示估计结果在1%、5%、10%的水平下显著。

在固定效应模型中，股票价格指数与PMI指数亦显著，但其与碳价格呈现负相关，这与传统的理论假设相悖。对此，我们认为估计结果的显著性反映了经济发展与碳价格之间确实存在相关关系，其相关系数为负可能存在三个方面的原因。其一，中国的股票价格指数、PMI 与"新常态"下趋于缓慢增速的实体经济呈现"脱钩"趋势，无法有效表征经济发展；其二，中国经济增长与二氧化碳排放量的相关关系已进入传统的"倒 U 形"环境库兹涅茨曲线（EKC）的下降阶段；其三，中国碳交易试点运行时间较短且存在间断性，控排企业范围有限致使碳价格未能完全有效地反映经济发展对碳排放需求的引致。针对因素一，我们对比了上证指数涨幅、PMI 涨幅与工业增加值增长速度三组数据，发现三者之间并不存在逆向变动或"脱钩"现象（参见图 8.5）。因素二亦与现有学者的研究结论相异。林伯强和蒋竺均（2009）研究发现中国二氧化碳环境库兹涅茨曲线理论拐点的位置在 2020 年左右，实证分析显示 2040 年仍未出现拐点。许广月和宋德勇（2010）对中国不同省域环境库兹涅茨曲线的研究发现，EKC 曲线的形状与经济发展水平相关，中国东部与中部为"倒 U 形"，西部地区为"正 U 形"，东部与中部拐点位置的估计结果与林伯强和蒋竺均（2009）相似，位于 2025 年左右，故而可以推断，因素二的假设不成立。因此，我们认为上证指数、PMI 指数与碳价格相关关系为负是由中国碳市场处于幼稚期的发展阶段所决定的，伴随着碳市场的成长与成熟，经济发展因素对碳价格运行的作用将日益凸显。

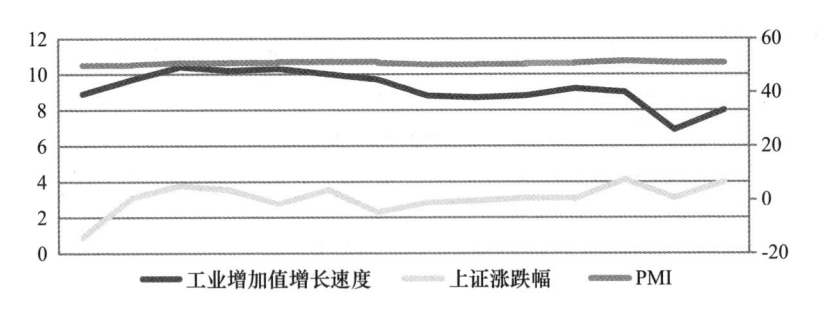

图 8.5　上证涨跌幅、PMI 与工业增加值增长速度

在随机效应模型中，交易所关于配额的信息对碳价格的影响在 10% 的显著性水平下亦显著，表明交易所关于配额分配及履约情况的信

息披露能够通过供给及引导预期的途径对碳价格产生影响。

在三类面板模型中，混合效应主要适用于没有明显的个体与季节性特征的面板数据；固定效应模型重在刻画不同个体的不随时间变化的影响，存在差异化的截距项；如果模型截距项含有截面与时间随机误差项的平均效应且两类随机误差项服从正态分布，则适用于随机效应模型。本课题以六个不同的交易试点作为研究对象，由于其交易制度设计的差异，其价格运行具有潜在的个体特征，适用于固定效应模型。在三类模型中，固定效应模型的 R^2 高于混合效应及随机效应模型，在数理上验证了固定效应模型更适用于本课题的实证分析。Hausman 检验的结果拒绝了模型形式为随机效应模型的原假设，进一步验证了固定效应模型的适用性（参见表8.9）。值得注意的是，虽然固定效应模型的效果最佳，但其仅仅解释11.4%的价格波动，仍有将近90%的波动有待进一步挖掘。该比例与 Nicolas Koch et al. 对 EU-ETS 分析所得的结论相似。

表8.9　　　　　　　　　　Hausman 检验

chisq	df	p
54.4185	6	6.07E－10 ***

注："***""**"和"*"分别表示估计结果在1%、5%、10%的水平下显著。

本书使用固定效应模型对交易试点个体特征的估计结果如表8.10所示。个体固定效应的检测结果显示，本书所选取的变量对六个交易试点价格运行的解释力度并不存在显著性差异。其中，深圳个体效应最强，湖北个体效应最小，这与二者价格水平的波动范围有关，本质上则反映了定价转让、协商议价与电子竞价模式之间的差别。交易试点微弱的个体效应差异，在一定程度上反映了在国家关于总量控制体系的顶层设计之下，不同试点交易制度的细微差异并未对碳交易价格的运行产生显著影响，由此可推断由区域性试点向全国性统一碳市场的过渡并不会对中国当前运行中的碳市场形成显著冲击。在国家应对气候变化战略规划的指引之下，无论是采取"断腕式"的推倒重建，抑或是由区域向全国的温和过渡，全国性碳市场的平稳运行均更多依赖于顶层设计而非细节化的交易制度。

表 8.10　　　　　　　　　　　个体固定效应

深圳	上海	北京	广州	天津	湖北
27.41918	26.71414	27.16338	27.24751	26.54754	26.34187

第九章　中国碳金融交易价格管理机制研究

碳金融交易价格本质上是控排单位碳排放外部性成本的内化，借由市场价格引导控排单位的清洁化投资进而推动产业结构的优化升级。价格的有效运行是碳市场实现环境效益与经济效益的重要前提。但以 EU-ETS 为代表的排放交易体系，其价格运行受到突发性事件的影响，存在结构性间断点（Emilie Alberola et al.，2008；Anna Creti et al.，2012），低于边际减排成本的价格难以实现助推经济低碳化的初衷，表明碳金融交易市场亦存在市场失灵的现象，单纯依靠市场机制难以实现既定的减排目标，需要价格管理措施予以修正。

第一节　碳金融交易价格管理的必要性

在碳市场不同的发展阶段，政府与市场的功能定位随之转变。在均衡稳定阶段之前，政府对碳金融交易价格的管理不可或缺。根据经济均衡理论，价格的合理波动将引导市场走向出清状态。由于碳金融交易市场不同于传统商品市场的特质，其价格无序的剧烈波动将给市场运行、控排单位行为选择、减排目标的实现等多个方面带来显著的负面影响。

对于市场运行而言，由于碳市场尚处于探索阶段，其发展尚不成熟。短时间内大幅度的价格变动增加了市场的不确定性，容易激化系统内部潜在的不健全因素，影响市场自身的持续发展。

对于控排单位而言，碳金融交易价格的无序波动将直接影响其生产成本，打破企业既定的生产规划，为经营管理带来成本风险。碳价格的核心功能体现在借由增加高排放能源与设备的使用成本，引导企业的清洁化投资。由于低碳技术与设备投资规模大、回收期长，只有碳价格足够高，才能弥补企业技术与设备投资的成本。Abadie L. M. et al.（2008）研究显示，只有碳价格高于55欧元，CCS技术的投资才会有利可图。根据实物期权理论，碳价格的剧烈波动将增加推迟期权的价值，导致潜在投资者延后减排技术或设备投资，容易造成经济系统的"碳锁定"。Alexander Brauneis et al.（2013）构建实物期权模型，验证了竞争环境下设置价格波动的下限能够引导电力企业更早开展低碳技术投资。

对于减排目标的实现，价格剧烈波动将导致价格下跌区间排放量的快速增长，由于碳排放具有累积性，短期过度排放将快速增加二氧化碳存量，为减排目标的实现增加了压力。

由于碳市场尚处于幼稚期到成长期的过渡阶段，市场交易机制尚不健全，价格运行中容易出现异常波动。市场主体对碳市场认知水平参差不齐，借由投资行为进一步加剧了交易价格的波动。EU-ETS作为规模较大且运行时间较长的排放交易体系，其价格运行中存在的间断点验证了碳金融交易价格的波动性。碳市场所处发展阶段的价格波动特征及其负面影响共同决定了价格管理机制的必要性。

第二节　碳金融交易价格管理方式

碳金融交易价格的管理可以采用设定价格上限、价格下限、抵消机制、跨期存储借贷等多种方式（莫建雷等，2013）。当前理论研究的结果（Marc J. Roberts and Michael Spence，1976；William A. Pizer，1997）与实践经验表明，在总量控制交易中匹配价格安全阀制度的混合策略优于单纯的价格工具或数量工具。在碳市场构建初期，碳交易价格低于预期减排成本的概率及其带来的损失远高于价格上限，故价格下限是价格上限政策的必要补充（Dallas Burtraw et al.，2010）。本课题将碳金融交易价格管理的方式划分为价格双边安全阀、抵消机制、跨期存储借贷机制三个方面。

一 价格双边安全阀

碳价格双边安全阀能够增进碳市场自动稳定器的功能。自动稳定器是系统内部存在的旨在平滑市场波动的制度设计。当前关于自动稳定器的研究集中在财政政策中税收与政府转移支付、货币政策中的利率机制与汇率机制在调节社会总需求、收入再分配以及维持币值稳定等层面的功能（孙华妤、马跃，2004；李永友、周达军，2007）。碳市场的本质是利用市场机制应对市场经济在环境维度的负外部性，其自身便具有经济发展稳定器的功能（如图9.1所示）。

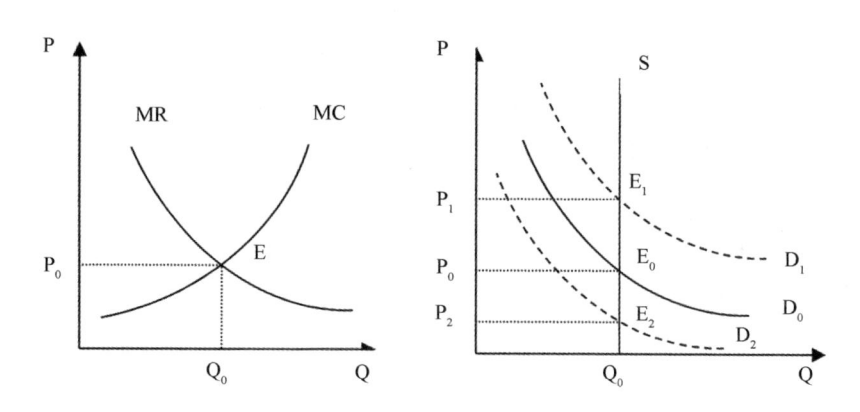

图9.1 碳市场均衡价格及其波动

根据经济均衡理论，边际收益（MR）等于边际成本（MC）时所确定的价格为均衡价格（P_0），供求力量对比的变化导致实际价格围绕理论价格波动。由于减排目标由政府事先设定，因而可以认为短期内碳排放的供给是固定的。在经济繁荣时期，投资增长、消费扩张，对碳排放的需求亦增加，需求曲线由 D_0 向右上方移动至 D_1，推动碳排放价格由 P_0 上升至 P_1，增加了经济运行的成本，在一定程度上抑制经济过度膨胀；在经济衰退时期，投资锐减、消费紧缩，对碳排放的需求降低至 D_2，进而推动碳排放价格下降至 P_2，从而降低企业在环境维度的成本，避免经济的进一步衰退。

　　价格双边安全阀进一步加强了碳市场的自动稳定器的功能，可视为自动稳定器的内在稳定机制（如图9.2所示）。在碳排放交易体系中，制度设计者预先结合市场预期及经验研究的结果，对市场价格设定动态的双边安全阀（P_c与P_f）。当市场需求扩张推动价格上涨至P_1（$P_1 > P_c$）之时，将触动上端安全阀，使价格维持在P_c的上限，虽然排放数量增加了Q_0Q_c，但降低了排放价格大幅高于市场均衡价格所造成的市场的"虚假繁荣"以及控排企业成本的高企。当市场需求缩减导致价格下行至P_2（$P_2 < P_f$）之时，将触动下端安全阀，保障价格维持在P_f的下限，虽然单位排放的成本提高了P_2P_f，但排放数量减少了Q_0Q_f，降低了排放价格过度下降造成碳市场"形同虚设"的可能。双边安全阀的存在减少了价格波动的区间，避免了单纯设置价格上限或下限的不足。若单纯设置价格上限，虽然能够抑制市场投机等因素造成的碳排放价格过快增长，但极有可能造成控排企业减排动力不足以及潜在的对高碳技术的庇护。若单纯设置价格下限，无法规避价格泡沫衍生膨胀给市场及控排企业带来的风险。双边安全阀机制为市场稳定运行提供了保障，进而加强了碳市场作为宏观经济自动稳定器的功能。

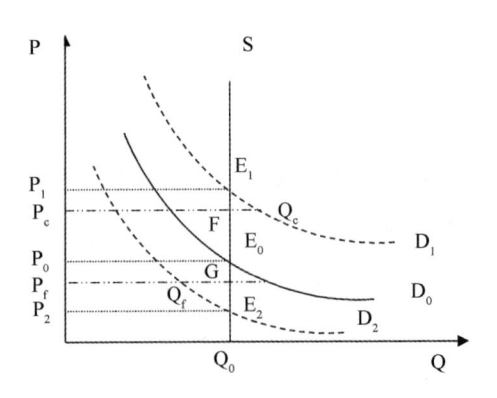

图9.2　价格双边安全阀的自动稳定功能

　　从长期来看，水平值固定的安全阀模式难以契合碳排放配额紧缩以及控排企业边际减排成本上升的客观规律,动态的自动调整的安全阀水平更易于合理引导市场预期进而维护碳市场的平稳运行,然而其复杂的初始设计制约了其功效的发挥。

通过对比欧盟排放交易体系(EU-ETS)、美国区域温室气体减排计划(RGGI)、澳大利亚碳排放交易体系以及中国碳排放交易试点在价格安全阀维度的制度设计(如表9.1所示),结合中国碳交易运行的特点,本书从安全阀的设定及维护两个维度为中国统一碳市场情景下的价格管理举措提供建议。

EU-ETS是当前规模较大且运行相对成熟的排放交易体系。欧盟在EU-ETS的制度构建时侧重市场机制功效的发挥,并未对价格波动给予限制。2006年4月碳价格首次暴跌给市场带来强烈冲击。由于禁止第一阶段的配额留存至第二阶段,碳排放的价格经历了第二次下挫。欧洲债务危机与全球经济危机的蔓延致使生产活动减少,对碳排放配额的引致需求下降,导致配额大量过剩进而造成碳市场价格低迷。价格安全阀的缺失使得欧盟在碳排放交易的试行阶段付出了较高的试错成本。目前欧盟正在积极探索碳市场的稳定机制。

表9.1　　　　　不同碳排放交易体系的价格安全阀设置

交易体系	安全阀设计	效果	维持举措
欧盟排放交易体系(EU-ETS)	无	价格波动剧烈	无
区域排放交易体系(RGGI)	设置单边安全阀的初始值,随后每年按照(通胀率+2%)的比率增加;拍卖底价	避免了价格低于边际减排成本	预留储备
澳大利亚碳排放交易体系	2015年碳排放价格的下限为15澳元/吨,价格上限为20澳元/吨,随后两年分别按照4%和5%的比率增长[①]	已终止	预留储备
深圳排放权交易所	涨跌幅10%	并未严格执行	限价交易

---

① Deb Chattopadhyay, "Carbon Pricing in Australia: An Expensive Way to Reduce Carbon from the Electricity Sector", *The Electricity Journal*, No. 5, 2013, pp. 37–43.

续表

交易体系	安全阀设计	效果	维持举措
北京环境交易所	涨跌幅20%		
天津排放权交易所	涨跌幅10%		
上海环境能源交易所	涨跌幅30%		
广州碳排放权交易所	涨跌幅10%		
湖北碳排放权交易中心	未规定		
重庆碳排放权交易中心	涨跌幅20%		

RGGI最早在柔性机制中设计安全阀触发机制，即设置碳排放的最高价（以2005年的价格计算等于10$，自2006年1月1日开始按照消费者价格指数加2%进行调整），将每个履约期开始的前14个月设置为市场调整期，当市场调整期之后的连续12个月内，CO_2配额现货平均价格等于或超过安全阀初始值时，管制对象的履约期由3年延长至4年。此外，RGGI在配额拍卖中设置底价的策略，避免了碳排放初始价格过低的风险，同时亦为碳市场提供了价格信号。

澳大利亚联邦政府自2012年7月开始对境内384家控排企业征收固定的碳税，价格由2003年的23澳元/吨逐步提高至2014年的24.5澳元/吨，拟于2015年将碳税政策转化为排放权交易制度，并为碳排放交易价格设定双边安全阀，规定2015年碳排放价格的下限为15澳元/吨，价格上限为20澳元/吨，随后两年分别按照4%和5%的比率增长，计划于2018年实现与EU-ETS的链接，取消价格安全阀政策，由链接后的市场决定统一的交易价格。虽然2014年7月17日，澳大利亚联盟党取消了碳税政策，并搁浅了构建排放交易体系的计划，但澳大利亚自2012年以来关于碳交易的实践以及规划，尤其是关于碳交易价格上限与下限的制度设计为中国碳排放交易体系的构建提供了借鉴。

中国作为全球最大的发展中国家，在保障自身发展权的同时主动承担减排责任。2011年设立的七个交易试点于2013年陆续正式展开碳排放权交易，其价格波动情形如图9.3所示。

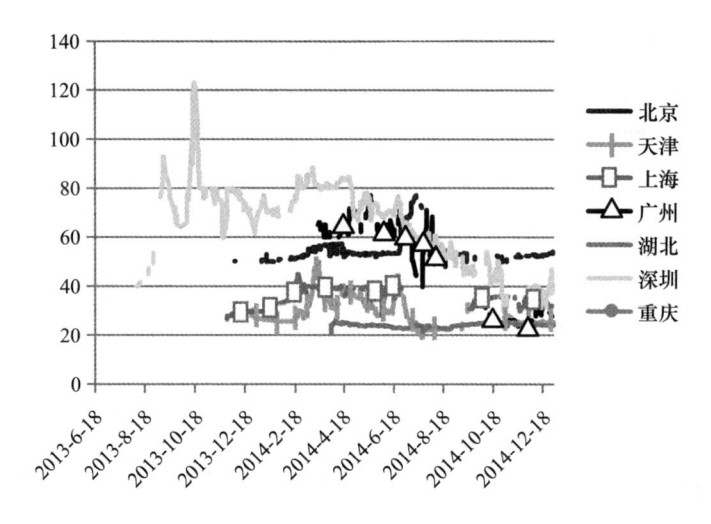

图 9.3　中国碳交易试点价格波动路径
资料来源：根据北京环境交易所公布的数据信息整理。

在七个排放权交易试点中，深圳排放权交易所最早开展交易，其价格波动最为频繁且波动区间最大，虽然设置了 10% 的涨跌幅限制，但并未严格执行。湖北碳排放权交易中心虽然设置涨跌幅限制，但自 2014 年 4 月 2 日启动以来价格运行平稳，并未触动价格的涨跌限额。北京环境交易所等剩余 5 家交易平台虽然设置了 10%—30% 的涨跌幅限制，但是触发情况较少且并未严格执行。

国内外价格安全阀机制的设计与维护的实例反映出价格安全阀制度对于市场平稳运行的重要意义。双边安全阀机制的核心内容包括如何设置双边安全阀以及设置之后如何维持两个方面。安全阀的设置进一步可细分为安全阀水平的设定和触发标准两个层面。关于双边安全阀水平的设定，国外排放交易体系普遍采用的模式是设定初始值与增长率，国内排放交易试点基本采用类似于股票市场的涨停板制度。二者相较而言，设定初始值与增长率在控制价格风险的同时，能够更大程度地发挥市场信号的功能。由于价格波动受到诸多因素的影响，瞬时或短时间内触发安全阀不能作为价格风险的表征。RGGI 以连续 12 个月内的平均价格作为安全阀触发与否的标准对中国价格安全阀的设计具有借鉴意义。关于双边安全阀的维护举措,国外排放交易体系普遍采用预留配额的方式,国内交易试点使用限价交易的方法。预留配额的优势体现在其仍以市场机制作为配置资源的方式,借助增加市场供给,维护价格上限。由于预留配额数量有限,其对价格上限的维护能力亦有限,在垄断竞争或完全垄断市场,拥有市场势力的公司容易借由操纵市场价格,造成市场供给数量的增加(Andrew Stocking,2012)。限价交易的优势体现在操作简单,信号功能明显,能够维护价格的双边安全阀,但其背离了碳市场建立的初衷,难以发挥市场机制的功效。在碳市场发展的初期,由于市场建设尚不健全,为避免价格剧烈波动的负面影响,可以选择限价交易作为价格双边安全阀的维护举措。随着市场逐步走向成熟,可以采用预留配额的方式取代限价交易,以充分发挥市场在资源配置中的效率优势。

二 抵消机制

抵消机制是指排放交易体系允许使用来源于清洁发展机制、联合履约机制、自愿减排市场、森林碳汇等减排项目的核证减排量抵消总量控制下的减排任务。本课题归纳了国外排放交易体系以及国内排放交易试点允许用于抵消的排放源和抵消比例(如表9.2所示)。

EU-ETS 与 RGGI 运行时间相对较长,其抵消机制从抵消产品排放源、弹性占比等方面为中国排放交易试点提供了借鉴。首先,EU-ETS 与 RGGI 均在设定总体比例的情形下,将排放占比的设置权限下放至成员单位,有助于成员单位采取灵活的减排方式实现减排成本的最小化。其次,EU-ETS 在第二阶段将 CER 来源范围缩小至极端贫困国家,在利用抵消机制减轻交易价格波动的同时,降低抵消机制对实质性减排投资的阻滞。学者对能源部门减排行为的测算结果显示,EUA 缺口的 65% 通过京都排放额的抵消实现(Berghmans et al.,2013),宽松的抵消策略对碳交易市场具有"挤出"效应,故紧缩抵消配额是碳市场发展的必然趋势。最后,RGGI 采用弹性的抵消占比策略,在单位碳排放价格高于 7 美元时,将抵消占比由 3.3% 上浮至 5%—10%,通过增加允许抵消的核证减排量维持价格稳定。

表 9.2　　不同交易体系的抵消机制

	交易试点	可用于抵消的产品	抵消比例
国外排放交易体系	EU-ETS	CDM 的核证减排量 CERs（2005 年开始）、JI 项目的核证减排量 ERUs（2008 年开始）	各成员国自行确定比例上限，但 2008 年至 2020 年平均占比不得超过配额数量的 13.4%①
	RGGI	垃圾填埋气捕捉和燃烧、六氟化硫捕获和回收、造林、天然气终端能效提高等	每个排放源使用的碳抵偿项目不得超过报告排放量的 3.3%；若碳排放配额单位价格超过 7 美元，该比例可上调至 5% 至 10%②
国内排放交易体系	深圳排放权交易所	经深圳市政府碳排放权交易主管部门核查认可的碳减排量	当年实际排放量的 10%
	北京环境交易所	CCERs③、节能项目碳减排量、林业碳汇项目减排量	当年核发配额量的 5%，其中：京外项目产生的核证自愿减排量不得超过当年核发配额量的 2.5%，天津、河北等与本市签署应对气候变化、生态建设、大气污染治理等相关合作协议的地区具有优先权
	天津排放权交易所	CCERs	当年实际碳排放量的 10%
	上海环境能源交易所	可使用上海之外的 CCERs	当年核发配额量的 5%
	广州碳排放权交易所	省内产生或备案的 CCERs，林业碳汇按照广东省自定规则操作，省内开发的减排量大于 70%	当年核发配额量的 10%
	湖北碳排放权交易中心	省内的 CCERs	当年核发配额量的 10%
	重庆碳排放权交易中心	接受森林碳汇 CCERs	当年核发配额量的 8%

中国七家碳交易试点亦在交易体系中设计了抵消机制。关于可用于抵消的产品，深圳、广州、湖北三地只允许使用当地审查通过或当地的 CCERs，北京虽接受异地的 CCERs，但限制外地 CCERs 的占比并赋予协议

---

① Maria Mansanet-Bataller, J. C., Morgan Herve-Mignucci, Emilie Alberola, "EUA and sCER Phase II Price Drivers: Unveiling the Reasons for the Existence of the EUA-sCER Spread", *Energy Policy*, No. 3, 2011, pp. 1056–1069.

② 林建：《碳市场发展》，上海交通大学出版社 2013 年版。

③ CCERs 是指中国 CDM 二级市场核证减排量。

地区优先权，天津、上海和重庆允许使用异地的 CCERs 抵消减排任务。关于抵消占比的上限，深圳、天津以当年实际排放量作为基准，占比上限为 10%；北京、上海、广州、湖北、重庆均以当年核发配额量作为基准，北京、上海的上限为 5%，广州、湖北为 10%，重庆为 8%。从减排成本的角度来看，打破区域界限，允许使用全国范围内的 CCERs 是抵消机制的发展趋势，亦能为区域性交易试点建立简介链接。以当年核发配额量作为占比上限的基准更利于核算且更稳定，有益于碳金融交易市场平稳运行。

三 存储与借贷机制

存储与借贷机制是关于碳排放配额跨期配置的政策。存储，是指允许将当期未使用的配额留至未来使用；借贷是指允许透支未来的碳配额用于弥补当期的缺口。本书归纳了国外排放交易体系与国内交易试点的存储与借贷机制（如表 9.3 所示），发现随着碳市场发展程度的加深，

表 9.3　　　　　　　不同交易体系的存储与借贷机制

	交易试点	储备借贷政策
国外排放交易体系	EU-ETS	第一阶段，允许阶段内存储，不允许阶段间存储；不允许借贷
		第二阶段，允许阶段内与阶段间存储；不允许借贷
		第三阶段，允许阶段内与阶段间存储；不允许借贷
	RGGI	无相关制度安排
国内排放交易试点	深圳排放权交易所	可存储，不允许借贷。控排企业年度配额剩余部分可出售或结转至下一年使用（2015 年截止），配额不足部分应在规定时间内购买补足
	北京环境交易所	可存储（至 2015 年），不允许借贷
	天津排放权交易所	无相关制度安排
	上海环境能源交易所	可存储，不允许借贷。试点期企业碳排放配额不可预借，可跨年度存储使用
	广州碳排放权交易所	阶段内可存储，不允许阶段间存储；不允许借贷
	湖北碳排放权交易中心	无相关制度安排
	重庆碳排放权交易中心	无相关制度安排

碳配额的存储由阶段内向阶段间发展。借贷机制虽有助于优化资源配置，但受制于碳市场的异质性以及不确定性，借贷机制尚未付诸实施。

第三节　价格管理的阶段性特征

我们对国外碳金融交易价格运行的研究发现，不同阶段市场基本面信息对碳价格的影响存在差异，随着市场有效性的提高，碳价格对市场基本面信息的反应程度增强。杜莉和张云（2015）基于生命周期理论，结合碳金融交易市场的特征，将其生命周期划分为幼稚期、成长期、成熟期、均衡稳定期四个阶段（如图9.4所示）[①]。本书以杜莉和张云的研究为基础，进一步分析不同发展阶段对价格管理举措的不同需求以及政府的功能[②]。

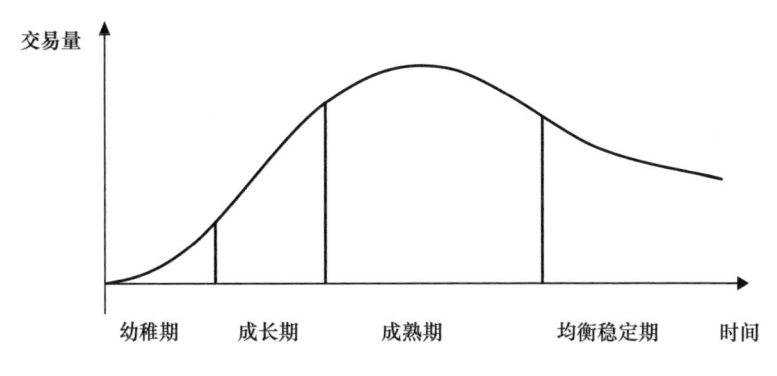

图 9.4　碳金融交易市场生命周期曲线

在碳金融交易的幼稚期，排放交易体系处于试行阶段，交易对象以

[①] 经典的行业生命周期理论将生命周期划分为幼稚期、成长期、成熟期、衰退期四个阶段。杜莉和张云（2015）结合低碳技术扩散、新能源开发、生产调整等减排活动所需周期较长的特性，假定碳金融交易最终将进入均衡稳定状态，并随着技术更新，不断过渡到新的均衡状态。

[②] 杜莉、张云：《如何在碳金融交易中合理界定政府与市场的关系？——理论与实证》，《吉林大学社会科学学报》2015年第1期。

基础产品为主，配套机制尚不健全，该阶段的首要任务是健全交易机制，增强相关政府部门、控排单位以及市场投资者对碳市场的认知。政府在市场构建与培育阶段的功能，集中体现为国际与国内两个层面的谈判：在国际应对气候变化的协商中，政府应秉承"共同但有区别"的原则，明确自身的减排责任；在国内不同层级政府部门的谈判中，中央政府应使用"动员模式"取代"常规模式"（周雪光、练宏，2011），发挥相关"条条"（纵向层级）和"块块"（横向层级）的联动作用。由于碳市场是新型市场，其交易标的——碳排放配额与传统商品存在本质差异，因而潜在的市场主体难以结合传统相对成熟的商品市场或金融市场，对其价格运行形成合理预期。市场幼稚期由制度内生的价格风险需要政府提供价格信号，以增强市场的流动性，扩大交易规模。设置配额拍卖底价或最低限价具有操作简易且信号功能较强的双重优点，契合了碳金融交易幼稚期配套体系不健全的特征，可作为政府价格管理举措的首选。

在成长期，碳金融交易规模不断扩大，交易体系日趋完善，市场机制在资源配置中的效率优势凸显，政府的功能集中体现在为市场机制的决定性作用"保驾护航"，避免碳金融交易价格长时间剧烈波动对市场带来的负面影响。双边安全阀制度是可供选择的管理措施之一，既能够避免价格过高所带来的成本风险，亦能维护低碳技术与设备投资的收益，引导生产商的清洁化投资。杜莉和张云（2015）以 EU-ETS 为例，论证了双边安全阀制度在维持市场平稳运行方面的效果。在成长期，可引入存储机制（banking mechanism），允许将当期剩余的配额留至未来使用。存储机制能够部分实现配额资源的跨期配置，避免了 EU-ETS 第一阶段结束时配额价格趋近于零给市场带来的冲击。在成长期后半阶段，碳金融交易市场风险承受能力增强，可以构建柔性减排机制，尝试允许使用来源于清洁发展机制、联合履约机制或自愿减排机制的核证减排量来抵消减排任务，并通过抵消机制实现与其他排放交易体系的间接链接。

在成熟期，碳金融交易规模进一步扩大，市场稳健性增强，政府与市场的关系及功能定位呈现新的特征。杜莉和张云在张钧等（2011）对一国低碳产业发展分析的基础之上，构建碳金融交易市场成熟期的"钻石理论模型"（如图9.5所示），认为在该阶段政府的功能体现为国际协商及配套政策两个方面。①

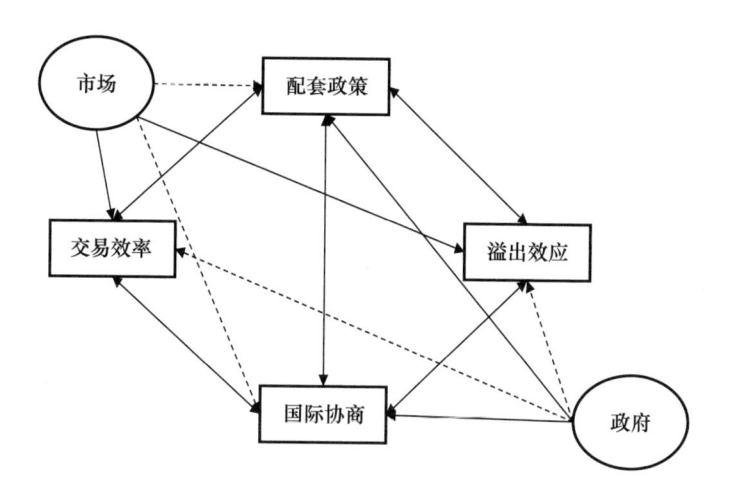

图 9.5　碳金融交易市场成熟期的"钻石理论模型"
注：实线表示作用强度大，虚线表示作用强度小。

在市场的成熟期，各地区域性碳金融交易规模不断扩大，具有构建全国性碳市场的诉求，同时亦基本具备了向全球性碳市场过渡的条件。由于该阶段市场有效性提高，可适当放宽对价格波动的限制，增强双边安全阀机制、抵消机制的弹性，建立价格的自动调节机制，积极探索区域性交易试点的价格链接机制，构建全球性的碳市场。

在均衡稳定期，由于技术的溢出效应，随着时间的推移，碳排放量逐步接近既定技术水平的有效边界，碳金融交易规模短期内趋于稳定均衡状态，在受到新技术的冲击之后，逐步过渡到新的均衡。全球统一的排放交易市场构建并投入运行一定时间之后，碳金融交易将进入均衡稳

---

① 杜莉、张云：《如何在碳金融交易中合理界定政府与市场的关系？——理论与实证》，《吉林大学社会科学学报》2015年第1期。

定阶段，并随着技术变动逐步过渡到新的均衡（如图9.6所示）。在图9.6中，E_0与R_0、E_1与R_1分别表示在初始均衡状态、新均衡状态下，碳排放的有效边界与实际排放量。在初始均衡状态，碳交易的空间为R_0与E_0之间的部分。假设减排技术取得重大突破，推动碳排放的有效边界向左移动至E_1，该时点碳排放交易的空间扩大为R_0与E_1之间的部分。伴随着技术溢出效应的扩散，实际碳排放量减少并稳定于R_1，此时碳排放交易的规模过渡到新的均衡状态，即R_1与E_1之间的距离。由于该阶段市场成熟度较高，监测、核查和报告体系相对健全，基本能够解决透支配额可能造成的排放总量难以控制的难题，可以考虑引入借贷机制（borrowing mechanism），便于参与主体实现排放配额资源的跨期优化配置。

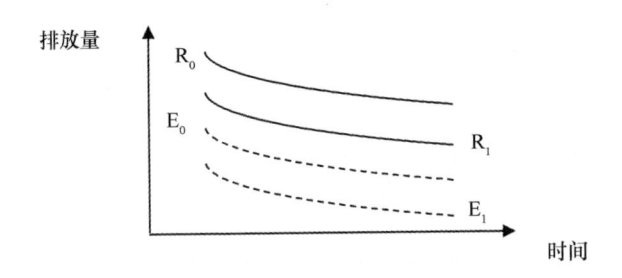

图9.6 碳金融交易市场均衡稳定状态的过渡

第四节 中国碳金融交易价格管理机制设计

本书从安全阀机制、抵消机制和存储与借贷机制三个方面阐述中国碳金融交易价格的机制设计：

第一，为碳金融交易价格设置双边安全阀。碳排放价格安全阀的机制设计主要涵盖三个核心要素：安全阀初始值及动态模式、触发标准以及维护举措。由于中国碳市场正处于由相互隔离的分散化的区域性市场向全国统一的碳市场过渡的关键阶段，故价格安全阀的设置宜充分考量区域碳市场的链接问题。关于安全阀的初始值及动态变化的模式，我们建议借鉴澳大利亚以及 RGGI 的经验，从双边角度设置安全阀的初始水平值，可以考虑建立为期一年的试运行阶段，使用试运行期间价格的上下四分位点作为双边安全阀的初始值，以通货膨胀率上浮一定比率（3%—5%）作为安全阀年度上涨幅度的参考。关于触发标准，我们建议考虑季节性因素的影响，将连续一个季度平均价格高于（或低于）价格上限（或下限）的情形认定为安全阀触发的基准。关于维护举措，建议在碳市场发展的初期，采用限价交易的方式，精确维护价格的上限与下限。随着市场成熟度及有效性的提高，可在配额分配之初，预留一定比例的碳排放额度，借由市场供求机制，维护价格双边安全阀。关于区域性碳市场的链接，建议安全阀的设计应具备前瞻性和融合性，同时应为政府相机抉择预留空间。

第二，构建具备弹性的抵消机制。全国性的碳排放交易体系应打破当前区域市场的界限，扩大可用于抵消的核证减排量的来源，借由不同地区差异化的边际减排成本，实现减排成本的最小化。同时，应借鉴 RGGI 的经验，设定具有弹性的抵消占比，当碳金融交易价格高于警戒值时，调整抵消占比的可行区间。从长期看，政府应以碳金融交易市场为核心，紧缩抵消配额。

第三，构建安全稳健的存储与借贷机制。借鉴 EU-ETS 的经验，结合碳市场发展的阶段特征，由阶段内可存储向阶段间可存储发展。在均衡稳定期，可尝试逐步引入借贷机制，推动碳排放资源的优化配置。

第十章　研究结论与政策建议

本书按照碳金融交易价格形成、运行、管理的逻辑，通过总结国外研究与实践的经验，结合中国碳排放交易试点的运行状况，重点研究中国碳金融交易价格机制。本章对研究内容进行总结，并从制度设计的角度为中国碳金融交易初始价格的确定以及后续的平稳运行提供政策建议。

第一节　研究结论

本书采用理论分析与实证分析相结合的方法对碳金融交易价格形成机制、价格运行机制与价格管理机制展开深入研究，得到如下三个基本结论：

（1）分配机制与潜在的供求力量是决定碳金融交易初始价格的直接因素。影子价格度量了控排单位的边际减排成本，能够为初始价格的确定提供参考。

EU-ETS 与 RGGI 运行的经验反映了配给机制与潜在的供求关系是决定初始价格的核心要素。EU-ETS 作为规模较大且运行相对成熟的排放交易体系，其在排放权配给机制设计中的部分权宜之策，如基于历史排放准则、免费配给等，降低了 EU-ETS 的环境效益和经济效益，增加了碳交易的风险，对碳市场的稳定运行形成挑战。

通过构建参数化二次型方向性产出距离函数，对中国 30 个省（市）第二产业二氧化碳影子价格进行测算，发现第二产业二氧化碳影子价格的波动区间位于 5130 元/吨至 103952 元/吨，差异化的边际减排成本为碳排放权交易创造了充要条件，使中国构建跨区域的全国性碳市场具备可行性且具有成本优势。本书的测算结果高于现有学者以中国整体作为对象的研究结果，表明第二产业虽是中国二氧化碳排放的大户，但其影子价格即边际减排成本相对较高，因而，在设定控排企业以及减排目标时，应充分考察控排对象的边际减排成本，避免减排压力过大，阻碍中国的工业化进程。与简单算术平均值相比，以不同省（市）期望产出、非期望产出占比作为权重的加权平均影子价格充分考量了内部结构的差异，更适宜作为全国性碳金融交易初始价格的参考。本书对二氧化碳影子价格影响因素的研究发现，与二氧化碳排放强度指标相比，二氧化碳绝对量对影子价格的影响更显著且作用力度更大，故在碳排放初始价格的确定中宜给予控排单位历史排放量更多的关注。

（2）市场基本面因素与碳金融交易价格波动之间存在长期相关性，突发性事件是碳交易价格存在结构性间断点的原因。中国碳市场处于幼稚期，价格运行呈现集聚特征。供给层面的政策信息对碳价格的影响有限。需求层面的市场基本面因素对碳价格的影响主要借助于能源价格的变动来实现。不同交易试点价格运行规律的差异较小，验证了交易制度多样化的可行性。以竞价交易为主的模式能够增强市场流动性。

本书采用文献研究法分析国外碳金融交易价格波动的驱动因素，发现能源价格、经济活动、天气变化等基本面因素与碳金融交易价格之间存在长期的相关关系。能源转换价格是碳价格变动的驱动因素之一，这与碳市场构建初期，控排单位减排行为以煤炭与天然气的转换为主相关。煤炭、石油等燃料能源排放强度大，其价格绝对值的波动亦是碳金融交易价格的影响因子，其相互作用的程度及其显著性有待进一步检验。电价与碳排放价格相互影响。风能、太阳能等清洁能源产出的变动是导致碳价格下跌的重要原因之一。极端或预期之外的天气变化将影响碳价格。突发性事件将对碳金融交易价格形成冲击，导致价格短时间内出现大幅变动：公布的历史排放量严重偏离预期、临时缩减配额数量将通过影响碳排放供给作用于碳金融交易价格；注册登记系统、监督管理体系等系统性缺陷将扰乱价格的平稳运行；经济危机、债务危机的爆发对碳价格的冲击通过减少生产活动对碳排放的引致需求进而影响碳金融交易价格。

随着排放交易体系的发展与完善，市场基本面因素对碳金融交易价格的作用更显著。本书采用 Granger 检验，研究基本面因素、政策信息与碳排放日成交价之间的因果关系链，通过构建非平衡个体固定效应面板模型，识别中国不同交易试点的个体特征，发现中国碳市场尚处于幼稚期，竞价成交与协议转让相结合的方式制约了价格的波动，呈现价格集聚的现象，难以有效引导技术创新及节能减排。政府及交易平台在碳排放供给层面的政策信息对碳价格的影响有限，有待进一步考察验证；碳排放需求层面的市场基本面因素对碳价格的影响主要借助于能源价格的变动来实现，主要包括两条途径：一是经济发展带动能源价格及能源需求量的变化，进一步影响碳排放需求量，进而作用于碳价格；二是天气变化通过改变能源需求影响能源价格进而推动碳价格变动。此外，我们的研究发现区域性碳交易试点的个体效应并不存在显著差异，表明区域性交易制度的差异并不会显著影响碳交易价格的运行。因而可以推断全国性碳市场构建方式的不同选择并不会对中国现行碳市场的价格形成显著冲击，碳价格的运行更多依赖于国家在应对气候变化领域的战略规划与顶层设计。因而，在国家统一的减排目标与制度框架之下，结合区域差异选择多样化的交易制度具有可行性。对比不同交易试点的交易信息，发现以竞价交易为主的模式更有助于增强市场的流动性，是未来交易方式转变的方向。

（3）在碳金融交易市场发展进入均衡稳定期之前，价格管理机制不可或缺。价格双边安全阀制度能够增进碳市场对经济系统的自动稳定功能，和抵消机制、存储与借贷机制一并构成价格管理机制的主要模式。

从长期来看，水平值固定的安全阀模式难以契合碳排放配额紧缩以及控排企业边际减排成本上升的客观规律，动态的自动调整的安全阀水平更易于合理引导市场预期进而维护碳市场的平稳运行。在碳排放分配之初，限价交易是实践中维护价格安全阀的主要举措，预留配额构建安全储备是碳市场发展相对成熟时期的选择。由于价格波动受到诸多因素的影响，瞬时或短时间内触发安全阀不能作为价格风险的标准。抵消机制宜设置具有弹性的抵消占比，当碳金融交易价格高于警戒值之时，可实现抵消占比区间的自动调整，通过增加（或减少）可用于抵消的核证减排量，维护价格的平稳运行。由于抵消机制对碳金融市场交易具有"挤出效应"，因而逐步缩减可用于抵消的排放源并降低抵消占比是抵消机制在碳市场走向成熟时的必然趋势。存储与借贷机制可用于实现碳配额的跨期配置，可存储的时间区间随着碳市场的发展逐步由阶段内向阶段间发展；由于碳市场发展成熟度不高且碳排放具有不可逆的特性，透支碳配额的风险难以控制，故短期内引入借贷机制不具备可行性。

第二节 政策建议

基于理论研究与实证分析的结论，我们建议从分配机制的本土化，市场需求的培育，监督、报告与核查机制的健全，管理机制的细化四个方面进一步完善中国的碳金融交易机制，为碳价格的形成与平稳运行"保驾护航"。

一 构建契合中国经济发展特征的分配机制

分配机制包括分配主体、分配原则、分配方式等多重因素，是碳金融交易的起点，对于碳金融交易价格的形成意义重大。借鉴 EU-ETS 与 RGGI 运行的经验与教训，结合中国发展中国家与排放大国的实情，我们建议从以下五个方面建立并完善分配机制。

第一，中国可参考欧盟的《排放交易指令》，在《碳排放权交易管理暂行办法》（2014）的基础之上，为全国性碳市场的运行制定纲领性文件，借鉴 EU-ETS 和 RGGI 的经验，并结合国内五年规划的周期性特征，实行阶段性推进的方案。中国已初步确立 2014—2016 年为全国碳市场的前期筹备阶段，2016—2019 年为全国性碳市场的第一阶段，

2019 年以后为第二阶段。2016 年是中国"十三五"规划的开局之年，便于结合国民经济与社会发展规划确定排放配额的供给，预测碳市场的需求，合理确定碳配额的初始价格。

第二，借鉴 EU-ETS 的经验，结合不同发展阶段的目标，由不同的主体对配额进行分配。EU-ETS 在学习阶段与运行阶段，均由成员国负责本国排放限额的设定以及分配细则的制定，在推广阶段，EU-ETS 将分配权力收归欧盟，这与不同阶段的目标密切相关。市场建立之初，增强参与主体对市场的认知，推动排放交易的开展是首要目标，此时，本土化的分配机制更能契合交易推广的需要；在市场运行相对稳定之时，实现减排是终极目标，需要由政府统一设置排放限额与分配方式。中国可在 2016 年至 2019 年全国性碳市场的第一阶段，由区域市场负责排放额度的限定与发放，自 2019 年起，由国家发改委统一设定配额数量与分配方式。

第三，中国在控排范围的选择上应采用渐进式的覆盖模式。随着碳市场的发展，中国控排行业的范围将由当前高污染、高排放的电力、钢铁、冶炼等行业，扩展到交通、农业等排放量相对较高的行业，后期融入商业的排放；控排气体的对象，将由 CO_2 逐步扩展到甲烷、氢氟碳化合物等其他温室气体。

第四，中国可采取历史排放与基准相结合的分配原则。EU-ETS 第一阶段和第二阶段以历史排放作为分配原则，容易诱发排放主体夸大排放量的机会主义行为，制约了实质性减排的实现。中国可借鉴 EU-ETS 第三阶段的经验，以行业内排放强度最低的 10% 的企业的排放水平作为基准，结合企业的历史排放水平给予调整，通过紧缩配额数量，调动企业的主观能动性，引导企业投资低碳技术，转变生产方式。

第五，中国应以拍卖作为分配的主导方式，保证配额发放的公开、公平、公正。在试运行阶段结束后，可尝试根据碳排放强度将所有行业分为不同的板块，在板块内部采取 100% 公开拍卖的方式发售，拍卖所得资金用于提高能效的技术投资。拍卖方式能够在一定程度上规避免费分配中存在的寻租活动，以及潜在高额的意外收益。

二 加快培育市场需求

培育市场需求是完善价格形成机制的重要举措。我们建议中国应重点从交易主体、交易对象及交易平台三个方面着手增强市场需求。

首先，应逐步放宽市场准入标准。借鉴 RGGI 的经验，在期初的碳排放配额拍卖中设定供控排单位购买的比例。伴随碳市场规模的扩大及风控水平的提升，逐步下调由控排单位购买的比例，增加个人与机构投资者可购买的数量，为交易主体的多元化创造条件。同时，应加强碳金融交易相关知识的普及与宣传，增强市场主体对碳金融交易的认知。

其次，应积极推动碳金融交易产品创新。碳排放权是市场交易的载体，是最基本的碳交易产品。EU-ETS 现有的交易产品既包括 EUA 现货、CER 现货及 EUA/CER 差价现货等基础交易工具，也包括 EUA 期货、EUA 期权及结构性理财产品等衍生交易工具。中国宜借鉴 EU-ETS 的经验，适时构建碳金融体系，运用资产组合原理，针对不同风险偏好的投资者，设计具有相应风险收益特征的碳金融衍生产品。

最后，应加快碳金融交易平台建设，完善碳金融交易的基础建设。在排放交易体系的规划中，中国应合理定位环境交易所，为其制定通往国际化交易平台的发展路径：在现有业务的基础之上，不断提升环境交易所的专业化水平，完善咨询服务的功能；建立健全信息披露制度，定时公布控排单位的交易及履约情况，提高市场的运行效率；效仿欧盟，积极开展与全球其他排放交易体系的链接，加强与欧洲气候交易所、芝加哥气候交易所等国际碳排放交易平台的交流与合作，加快国内环境交易所的国际化进程。

三 健全碳排放的监测、报告和核查制度

中国应借鉴 EU-ETS 与 RGGI 的经验，选择独立的第三方机构对节能减排活动取得的碳排放额进行监测、报告与核查。我们建议中国吸取 EU-ETS 与 RGGI 的经验，从市场准入、行为监管及退出机制三个维度

建立健全中国碳交易体系的第三方认证制度。首先，中国应借鉴信用评级行业的经验，建立严格的资质标准，构建优胜劣汰的竞争机制，培育第三方认证市场；其次，应健全第三方认证机构的内外部监管体系，在完善政府、社会等外部主体监管行为的同时，加强第三方认证机构的内部控制；最后，应建立明确的市场退出流程，勒令丧失认证资质的企业尽快退出碳交易市场。

四 细化碳金融交易的价格管理机制

第一，为碳金融交易价格设置双边安全阀。碳排放价格安全阀的机制设计主要涵盖三个核心要素：安全阀初始值及动态模式、触发标准以及维护举措。关于安全阀的初始值及动态变化的模式，我们建议借鉴澳大利亚以及 RGGI 的经验，从双边角度设置安全阀的初始水平值，可以考虑建立为期一年的试运行阶段，使用试运行期间价格的上下四分位点作为双边安全阀的初始值，以通货膨胀率上浮一定比率（3%—5%）作为安全阀年度上涨幅度的参考。关于触发标准，建议考虑季节性因素的影响，将连续一个季度平均价格高于（或低于）价格上限（或下限）的情形作为安全阀触发的基准。关于维护举措，建议在配额分配之初，采用限价拍卖的方式，随着碳市场发展的深入，逐步向预留配额转变。由于中国碳市场正处于由相互隔离的分散化的区域性市场向全国统一的碳市场过渡的关键阶段，因而价格安全阀的设置宜充分考量区域碳市场的链接问题。关于区域性碳市场的链接，建议安全阀的设计应具备前瞻性和融合性，同时应为政府相机抉择预留空间。

第二，构建具备弹性的抵消机制。全国性的碳排放交易体系应打破当前区域市场的界限，扩大可用于抵消的核证减排量的来源，借由不同地区差异化的边际减排成本，实现减排成本的最小化。同时，应借鉴 RGGI 的经验，设定具有弹性的抵消占比，当碳金融交易价格高于警戒值时，调整抵消占比的可行区间。从长期看，政府应以碳金融交易市场为核心，紧缩抵消配额。

第三，构建安全稳健的存储与借贷机制。借鉴 EU-ETS 的经验，结合碳市场发展的阶段特征，由阶段内可存储向阶段间可存储发展。在均衡稳定期，可尝试逐步引入借贷机制，推动碳排放资源的跨期优化配置。

第四篇

中国碳金融交易风险及其防控

第十一章 国内外碳金融交易的发展及风险管控

第一节 国际碳交易市场发展现状

一 碳交易市场及碳金融形成的背景

1992年通过的《联合国气候变化框架公约》的宗旨是将全球大气中温室气体的浓度控制在一个稳定的水平，以此避免人类活动的干预对气候系统造成实质性不可逆转的影响。在联合国气候变化框架公约要求下，各国政府都必须承担"共同但有区别"的责任，共同应对气候变化。

1997年12月在日本京都，联合国气候大会通过了《联合国气候变化框架公约的京都议定书》，这是人类第一部限制各国温室气体排放的国际法案，这个法案是为了应对全球气候变暖的加剧可能对人类造成伤害这一事实，其目标是控制大气中的温室气体含量，将其稳定在一个适当的水平。2011年12月，《联合国气候变化框架公约》第17次缔约方会议达成最终决议，这个决议做出了两项重要的决定，一是决定建立德班增强行动平台特设工作组，二是决定实施《京都议定书》第二承诺期。

《联合国气候变化框架公约的京都议定书》为发达国家和经济转型国家（主要是东欧国家）制定了具体的量化减排承诺。《京都议定书》签约国均同意在第一承诺期内（2008年到2012年）将温室气体的排放量在1990年的基础上降低5%左右。这实际上是为各国分配了一个减排额度，每个国家的减排额度都需要这个国家在未来花费大量的财力去完成减排目标。但是《联合国气候变化框架公约的京都议定书》对发展中国家并未规定减排的具体量化目标，为了促进所有承诺国家完成减排目标，京都议定书规定了三种市场机制：

（1）清洁发展机制（Clean Development Mechanism, CDM）。清洁发展机制是《京都议定书》中引入的灵活履约机制之一。根据 CDM 机制，非附件一国家（即发展中国家）的减排项目产生的核证减排量（CERs）可以转让给附件一国家（《京都议定书》第十二条）。

（2）联合履行机制（Joint Implementation, JI）。联合履行机制是《京都议定书》第六条所确立的合作机制。JI 机制是关于发达国家之间如何进行项目级的合作，该合作所实现的温室气体减排额可以转让给另一发达国家缔约方，转让额度可以抵消受让国的减排额度，同时要求转让国的允许排放限额上扣减相应的额度。

（3）国际排放交易机制（International Emissions Trading, IET）。排放交易机制是指《京都议定书》下第十七条所确立的合作机制。即允许附件一国家的分配数量单位（Assigned Amount Units, AAUs）和其他京都信用（包括 CERs 和 REUs）交易。

实际上，前两种机制被称为基于项目的市场机制，其产生的 CER 和 ERU 可以被附件一国家购买来满足其国内的减排承诺。每一份 CER、ERU 或 AAU 相当于一公吨二氧化碳（tCO_2e）。京都机制被采纳的背后有深刻的原因，首先是由于减排成本在行业和各个国家之间的分布是不平衡的；其次是由于全球气候系统是一体的，因此每一公吨二氧化碳排放对地点是不敏感的，即无论在哪里排放都会对全球气候系统产生一样的影响。同时鉴于资金是有限的，所以有必要采用最小化的成本来达到减排的目的。尽管《京都议定书》为市场机制提供了框架和原则，但是具体的规则和形式仍需要落实，这一过程直到 2001 年的马拉喀什协定才逐渐得以成形。

在理论上，构建碳交易的依据根源于科斯定理；在实践上，碳交易市场起源于美国环保署推行的排污权市场。与一般市场不同，碳交易市场本质上是借助市场机制和金融手段应对气候变化的政策工具。如图 11.1 所示。

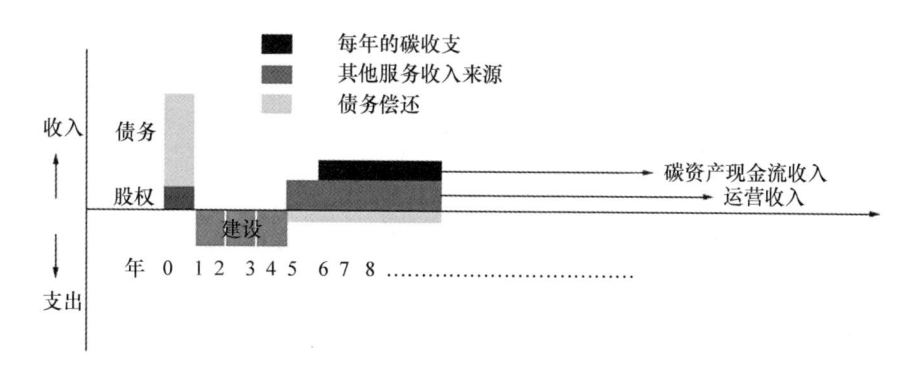

图 11.1 碳金融提供额外的现金流收入

这为发达国家提供了一种创新型的手段来完成他们的减排承诺。对于被列入附件一的发达国家来说，他们通过两种手段来完成其承诺的减排量，即国内的努力，如制定标准、税收、补贴、国内的碳交易等手段，或者使用京都议定书下的三种市场机制，即国际碳排放权交易、联合履行机制和清洁发展机制。

以碳排放权来源及交易特征为标准，国际碳金融市场大致可划分为两种类型，一是基于配额的市场（allowance-based markets），二是基于项目的市场（project-based markets，又称为基准—交易市场）。基准—交易市场是以卖方温室气体的减排额度为抵押，获得买方的资金支持。一般情况下，发达国家的企业减排成本较高，而与之相反，发展中国家中企业的平均减排成本要低得多，发达国家为了低成本地完成减排配额，更愿意以提供技术、设备或资金等支持方式帮助发展中国家的企业实现减排，从而完成减排额度，而发达国家获得的这些减排额度也可以拿到碳交易市场上进行交易。这种基于项目的碳交易比较分散，而基于配额的交易相对比较集中。

基于配额的碳市场是建立在有一个总的排放配额基础上，政府决定总的排放配额，并将配额配给所有碳排放超标企业，同时对到期不能履约且不能通过碳市场购买相应配额的超标排放的企业进行惩罚。在这种机制下，企业会自动依据自身减排情况去碳市场对配额进行交易，履行自己的碳减排义务。

基于配额的市场又可以再划分为强制碳交易市场和自愿碳交易市场。前者是基于区域性、强制性的减排指标设计出来的，典型的市场有欧盟碳排放交易体系、美国的区域温室气体行动计划 Regional Greenhouse Gas Initiative（RGGI）等；后者则是处于《京都议定书》之外一些没有承担减排义务的国家或国际组织订立的减排体系，这类市场主要是通过企业主动承担社会责任自发性地做出减排承诺并购买排放量来实现减排，"自愿碳减排体系"（VER）和芝加哥气候交易所（CCX）就是这样的碳市场。事实上，这种交易方式下的"碳排放量"可以视同商品，它以价格机制为驱动，能够促进企业承担社会责任，主动减少碳排放，进而减少全社会的碳排放的机制。当前国际碳金融交易市场构架如图 11.2 所示：

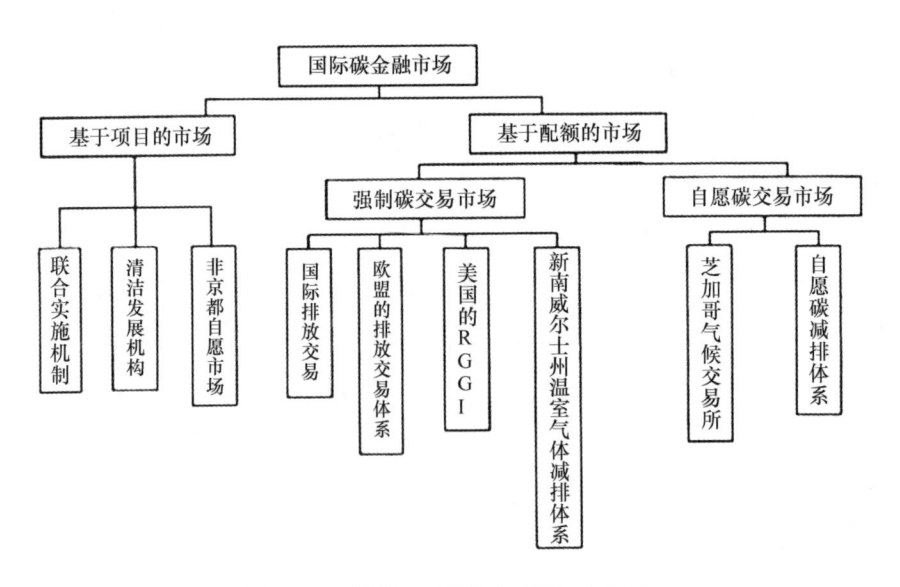

图 11.2　当前国际碳金融交易市场构架

第十一章 国内外碳金融交易的发展及风险管控

基于配额和基于项目的两种市场可以通过政策上的"关联机制"实现融合，这两种市场体系的内在融合可以极大地提高碳市场的流动性，提高"碳排放量"的流动性。碳交易市场可以使各企业的碳项目获得一定的时间"缓冲"，在不能立即获得资金技术支持的条件下逐步地实现减排目标。基于项目的市场和基于配额的市场融合，主要通过政府预先设计的政策上的"关联机制"和由该机制产生的市场"合规"与"套利"行为来实现。通过加大这两种市场体系的融合，企业可以选择最优时机实现减排目标，同时也可以使碳交易市场的流动性增加，吸引更多的企业和个人参与到碳市场中来。

Ginion Bank Investment Consultant Co. Ltd 对全球碳交易市场的发展情况进行过调研，结果表明截至 2010 年 12 月，全球已建立的碳交易市场及其供需范围如表 11.1 所示，从这张表上可以看出，目前全球碳交易市场主要集中在欧美发达国家，而我国碳交易体系正在建立初期，有待进一步完善。

表 11.1　　　　　　　　　　全球碳交易市场一览表

碳交易市场	启动时间	类别	供需范围
欧洲气候交易所（ECX）	2005	强制	EUA 与 CER 交易
欧洲能源交易所（ECX）	2002	强制	电力、能源企业交易
北欧电力交易所（Nord Pool）	1996	强制	电力企业交易市场
法国未来电力交易所（Powernext）	《京都议定书》之前	强制	电力企业交易市场
国际环境衍生品交易所（Bluenext）	2008	强制、自愿	排放权现货、期货交易以及其他金融衍生品交易
美国 CVEAA 计划	1999	自愿	碳汇
加拿大 GERT 计划	1998	自愿	北美地区可再生能源和能源替代项目
澳大利亚 SFE 交易所	2000	自愿	澳大利亚、新西兰和日本的碳储存项目 CCS
BP 石油公司内部碳交易计划	2000	自愿	BP 内部 12 家子公司参与
壳牌 STEPS 计划	2000	自愿	Shell 内部化工、冶炼、开采和生产子公司内部参与

续表

碳交易市场	启动时间	类别	供需范围
英国排放交易体系	2002	自愿	英国6000家企业内部交易
丹麦电力行业交易市场	2001	强制	美国部分州参与的内部市场，已经建立排放交易立法
挪威排放交易体系	2005	强制封顶自愿协议	挪威冶金、水泥和石化企业内部交易，计划与EU-ETS互联

二 国际碳金融市场的发展现状

国际碳金融市场的发展虽然起步较晚，但发展非常迅速，主要呈现以下五个特征：

第一，国际碳金融市场体系及其机制日趋完善。目前国际碳金融市场体系主要由欧盟排放交易体系（EUETS）和美国的芝加哥气候交易所（CCX）、RCCI、印度碳交易所（MCX和NCDEX）等为代表的市场体系组成，这些碳市场在全球碳排放权交易中发挥了主导作用，这些碳市场已经形成了能够反映全球碳稀缺性的碳价格机制。由于各主要发达国家已经就碳减排的必要性达成共识，碳金融市场建立时间虽然不长，碳金融交易的模式及产品等已经呈现出多层次化的发展特征。例如，以碳排放配额为原生品基础上产生了碳远期、期货、期权、掉期等金融衍生品。碳衍生品受到投资者的关注，2007年ECX推出CER期货的成交量超出了大量的预期，仅一个月就成交1600万吨CO_2。EUA和CER期货期权金融衍生品交易额2007年、2008年分别增长了124%和169%。2008年经济危机没有对碳交易造成更大的影响，2009年EUETS总额达1185亿美元的碳交易，其中碳期货仍占到73%。

第二，三种灵活机制发展迅速。自《京都议定书》生效以来，CDM、JI、IET三种碳机制在签约国家和地区实施并迅速发展起来。欧盟是碳排放政策的主导者和执行者，2007年EUETS覆盖了40%的欧盟的总碳排放量，实现贸易额500亿美元；CDM一级市场贸易额达到

74亿美元，CDM二级市场也得到了迅速发展。[①] 到了2011年，EUETS总贸易额同比上涨了11%，比2007年增加了三倍多，达到1710亿美元。2008—2012年CDM项目取得了巨大的成果，CDM项目总的减排量为29×10^8t二氧化碳当量。《京都议定书》的有效期为2012年年底，但是CDM在2012年之后依然正常运营，据推测，至2020年以前，CDM项目还有望产生34×10^8t二氧化碳当量的减排量。联合履行机制（JI）项目也获得了长足发展，截至2012年3月，已累计发行1.31×10^8t减排单位（ERU），其中最大生产者是乌克兰，产生了50%的JI项目，其次是俄罗斯，产生了32%的JI项目。[②] 作为新兴市场，外部环境的不稳定性对碳交易市场的影响非常大，外部环境因素包括政策因素、国际气候谈判、国内配额计划、温度等。[③] 2008年金融危机爆发后，全球金融市场受到巨大冲击，碳交易市场也不例外，碳价持续下跌，直到2009年2月才触及谷底，碳价格随着全球经济逐渐好转，见图11.3。

第三，全球碳金融市场规模呈现持续快速增长的态势。《京都议定书》的到期没有对国际碳市场造成太大影响，国际碳交易市场的交易规模不断扩大和市值不断增长。自2004年以来全球以二氧化碳排放权为标的的交易额获得100倍以上的增长，从最初的不到10亿美元达到2010年的1000亿美元以上的规模。如图11.4所示。

第四，碳金融衍生产品增长迅速。碳金融产品如雨后春笋般层出不穷，尤其是在CDM的二级市场上。目前国际碳市场常见的碳金融衍生产品主要有碳现货、碳期货、碳期权以及碳掉期等，而碳期货则是碳期权交易合约的基础资产（见表11.2和表11.3）。

[①] Review of Carbon Markets（http：//www.theclimategroup.org/_assets/files/Carbon-Markets-Review.pdf）.

[②] Ibid..

[③] FENG ZhenHua, WEI YiMing, WANG Kai, "Estimating Risk for the Carbon Market Via Extreme Value Theory：An Empirical Analysis of EU ETS", *Applied Energy*, Vol. 99, 2012, pp. 97 - 108.

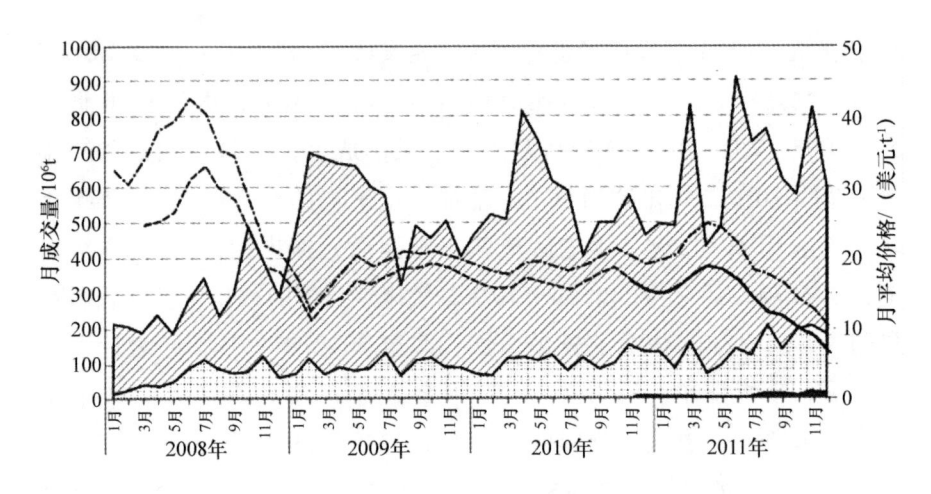

图 11.3　EUA/CER/ERU 月成交量与月平均价格走势

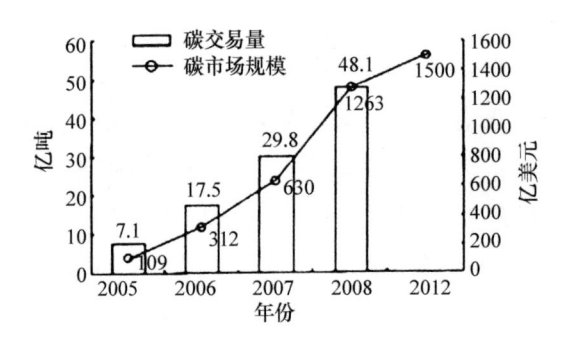

图 11.4　全球碳金融市场交易量和规模变化情况

表 11.2　　　　　　2010 年荷兰富通银行开展的碳金融业务

碳金融 & 银行业务	碳交易 & 风险管理业务	碳清洁业务	碳保管 & 碳管理 & 碳处理业务
确保减排购买协议的信贷支持	根据需要或订单交易	市场进入	保管碳信贷和项目跟踪
抵押贷款：减排货币化	指数为基础的采购或转让	清洁	资金和行政管理

续表

碳金融&银行业务	碳交易&风险管理业务	碳清洁业务	碳保管&碳管理&碳处理业务
清洁发展机制融资	欧盟排放配额期货合约和CER期货合约的买卖	结汇交易，OTC转让和碳相关产品	托管及碳结算服务
银行存款及现金管理	交换日期互换（准回购）		

表11.3　　　　2005—2008年CDM的二级市场交易情况

CFI产品	CFI现货	CFI期货	CFI期权
合约规模	100mtCO$_2$	10 CCX CFI期货	1 CCFE CFI欧式期货合约
最小交易量	\$0.05=\$5.00	\$0.01=\$10.00	\$0.01=\$10.00
清算交易所	CCX	中央结算公司	中央结算公司
合约上市流程	—	3月、6月、9月和12月连续的季度标准流程；合同到2012年	3月、6月、9月和12月连续的季度标准流程；合同到2012年
合约交易	CCX注册，T+1交易	CCX的注册表实物交割，每月到期CCFE	CCX的注册表实物交割，每月到期CCFE

第五，全球碳金融市场的参与主体非常广泛。碳金融市场虽然成立较晚，但受到国际组织、各国政府和主导机构的广泛关注。世界银行设立了碳基金、多个国家建立了碳交易所，私营部门参与者也非常广泛，如金融机构、各类基金、中介机构、企业乃至个人等。由于参与群体广泛，涉及不同层面、不同国家、不同主体，参与主体的多元化和广泛性使得国际碳金融市场的规模快速扩大，这些市场是发展碳减排的中坚支撑力量，发挥了为全球绿色经济发展募集大量资本的作用，也为CDM项目发展提供了大力支持。

虽然碳金融市场发展获得了巨大进步，但快速发展必然伴随着多种问题，其中最大问题是尚未形成一个全球统一的国际碳金融交易平台，并且主要的碳市场都在发达国家，众多发展中国家在国际碳交易市场中仅占次要位置，而他们却是碳排放大国，这种情况不利碳减排行动的深化与发展。

第二节　中国碳交易市场发展状况

一　中国碳交易市场现状

中国是世界上最大的 CER 生产国，中国的减碳行动受到国际的广泛关注，因为中国具有巨大的减排潜力。中国在国际碳市场中已经取得巨大成绩，在 CDM 市场中，2008 年以 84% 的份额远超过印度、巴西等国家和地区，以总量的绝对优势成为世界最大的 CER 生产国。

碳市场的建立与发展大大促进了中国的碳项目发展。从 2006 年起，中国 CDM 项目数与核证减排量均实现爆炸式增长，这些项目和减排量意味着中国部分企业已经开始向低碳化生产转型。2008 年年底，中国企业正在开发的 CDM 项目数呈指数增长，比 2006 年增加了 11 倍。截至 2013 年 6 月底，中国签发的 CDM 项目数累计达到 835717761 个，这说明低碳化生产观念已经深入中国多个企业，项目数量占世界总量的 61.76%，这种绝对优势背后可以看到中国企业多年的高能耗、高排放生产方式，这也是企业所不愿看到的，借助国际碳市场获得转型也是企业难得一遇的良机。从中国 CDM 项目的分布看，经济发展水平与 CDM 项目的数量呈负相关。人口多、经济发展水平或人均收入较低的地区开发的 CDM 项目最多，如内蒙古、云南、四川、甘肃；人均收入中等或中等偏上的省份开发的 CDM 项目相对较多，如山东、福建；而富裕省份的 CDM 项目相对比较少，如北京、上海。造成这种情况的主要原因是发达地区的技术水平相对较高，能源利用率较高，边际减排成本较大，同时由于生活状况好，改革与改变的动力不足。而经济较欠发达地区，改变现状的需要和动力足，为了经济增长政府和企业都在想方设法，不仅希望利用拥有丰富的风能、水能等自然资源，而且希望迅速改变相对落后的技术，以赶超发达地区，因此减排动力潜力很大。截至 2013 年 8 月 1 日，中国已获得 CER 签发的 CDM 项目共 1319 项，签发项目在各省区市的分布情况如图 11.5 所示。

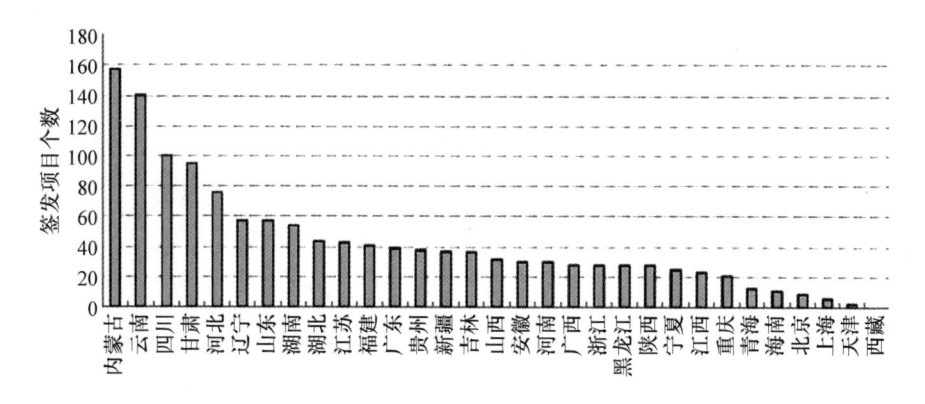

图 11.5 中国各省区市 CDM 签发项目数

但是，中国碳交易市场仍处于起步阶段。中国虽然已经建立了 7 家碳交易市场，但碳市场仍处于起步阶段。中国经济发展令世界瞩目，这发展背后有着沉重的环境代价，因此拥有巨大的碳减排空间，存在巨大的交易潜力。而发达国家的减排空间小，且减排成本高，因此为了兑现其在《京都议定书》中的承诺，这些发达国家会向中国大量购买碳减排量完成其要求的额度，每年为 2×10^8—4×10^8 t。中国北京、上海、天津、深圳、武汉等地虽已相继成立了碳交易所，但各家交易所交易总体仍较为清淡，成交量相对较小，并且交易主要集中在履约前一个月左右，近年来交易所若靠手续费支撑难以为继。除了上海环境能源交易所有微薄的盈利外，其他交易所全面亏损，这种状况不可长期为继，而且碳市场分割也不利于整体的发展，所以并购重组可能是更好的结果。究其原因，一是中国没有实行严格的减排政策，这样国内企业没有法定减排责任，内在趋动力不足，所以对碳交易的主动需求不大。市场需要不足，同时又分散在 7 个不同的交易所，不能构成规模效应，同时也不能构成市场的影响力，自愿碳减排为中国碳交易所的主要业务，中国碳减排的宣传不足，许多企业没有认识到这个问题的重要性，而且交易不活跃，缺少获利空间，无论从投资角度、投机角度还是减少成本角度都不具有太大的吸引力。市场的参与者几乎是在为企业树立公众形象，因此对交易所的利润贡献很小。同时缺少强制减排政策，企业减排的动力源于 CDM 项目，可以获得发达国家的资金，中国约 90% 的 CDM 项目却卖给外国买家，而很少企业会选择在国内碳交易所进行交易。二是配套制度和监督管理不完善。因为配额分配方案只是在试点，排放监测制度设计问题还不明确，没有监督就没有效率，制度不明确就会直接影响交易的进行。国际上早已出现碳期货，而中国目前只有碳现货交易，只有现货交易没有期货交易，不能进行套期保值，也没有套利空间，市场处于最低级状态，也缺少碳资产证券化的条件，对企业和金融机构的投资不利。

此外，中国碳金融交易市场中商业银行的参与度总体不高。任何金融市场都少不了商业银行的参与，发展碳交易市场当然离不开商业银行的资金支持，但中国碳市场中却缺少商业银行的参与，商业银行参与碳金融业务还处于探讨和认识阶段，过程中存在很多问题：一是碳金融业务属新生事物，商业银行对碳金融业务认识不足；二是面对金融市场缺乏大型风险规避措施；三是碳金融产品与服务过于单一，缺少创新。在中国兴业银行首先提出绿色银行的理念，是参与碳金融业务的代表。2008 年 10 月 31 日，兴业银行成为中国首家赤道银行。赤道银行意味着在为项目贷款之前，这家银行要对项目可能产生的社会、环境影响进行综合评估。截至 2012 年 12 月，兴业银行绿色金融融资余额达 1126.09 亿元。兴业银行支持的项目可以实现在我国境内每年节约标准煤 2316.03×10^4 t，年减排二氧化碳 6683.47×10^4 t，年减排化学需氧量（COD）88.65×10^4 t，年减排氨氮 1.51×10^4 t，年减排二氧化硫 4.36×10^4 t，年减排氮氧化物 0.69×10^4 t，年综合利用固体废弃物 1501.29×10^4 t，年节水 25579.06×10^4 t。[1]

然而，中国碳排放权交易试点正稳步推进。为了稳步推进碳减排，中国在"十二五"规划中确定了碳减排目标：2015 年全国单位 GDP 二氧化碳排放总量比 2010 年下降 17%。以"十二五"规划为基础，国家发改委办公厅下发文件，批准 2013 年在北京、天津、上海、重庆、广

---

[1] 兴业银行：《可持续发展报告（2012）》，2012 年。

东、湖北、深圳等7省市成立碳排放权交易试点。这些试点单位的任务主要是制定管理方法，测算本地区的温室气体排放量目标，研究制定温室气体排放指标分配方案。这7个省市都是经济在全国领先的发达省市，具备发展碳交易试点的基础，将对中国早日建成统一的碳交易平台起到积极的促进作用。表11.4为各碳交易试点的单位GDP二氧化碳排放下降目标。①

表11.4 碳交易试点单位GDP二氧化碳排放下降目标（至2015年）

地区	单位GDP二氧化碳排放下降,%	单位GDP能耗下降,%
北京	18	17
天津	19	18
上海	19	18
重庆	17	16
广东	19.5	18
湖北	17	16
深圳	21	19.5

二 中国碳金融交易机制面临的困境分析

（一）碳项目交易费用高昂

目前CDM项目还是中国碳交易市场的主体，这种交易的特征是对企业社会责任心要求高、技术复杂、建设周期长，相关核证成本高、周期长、程序复杂。企业为了顺利达成交易，往往在交易费用之外还要付出一系列的额外成本如信息成本、违约保证金，等等。而中国碳交易市场成立时间短，市场成熟度低，相关配套制度建设有待完善，且受国内外政治经济环境影响较大。这种复杂的市场环境决定了中国碳交易市场风险性较强，这使得相关市场的交易成本要显著高于成熟市场，从而限制了以建立碳交易市场来达到通过市场机制优化碳减排资源配置的初始

---

① 中华人民共和国国家发展和改革委员会：《国家发展改革委办公厅关于开展碳排放权交易试点工作的通知》，http://www.sdpc.gov.cn/zcfb/zcfbtz/2011tz/t20120113_456506.htm。

构想。

(二) 碳交易市场各自为政，缺乏统筹规划

目前中国已经成立了 7 个碳排放权交易试点，但其主要功能相互重叠。从整体看，2009 年哥本哈根会议后，由于中国在减排方面所具备的巨大潜力，国内已经先后成立了十余家环境权益交易所，均为基于 CDM 项目的碳排放权配额交易推介，而大多数交易都在场外通过协商方式进行。这导致了在试点交易所场内进行交易者寥寥无几，而试点之间交易品种互相重叠，交易双方往往要同时关注 7 个交易所的价格数据，互相对比之后方能做出决策，无形中增大了交易者的交易成本。而不同交易所间各自为政，相互竞争，在相关配套法律法规缺失、配套碳金融体系不完善、国家相关政策有待健全的情况下，这样不仅无法形成良性竞争机制，相反削弱了中国碳交易市场的影响力。而由于没有统一的碳交易市场，这就导致中国在国际碳交易市场上缺乏议价能力。

(三) 碳金融服务体系不完善

作为一个高度复杂的系统性工程，交易所仅是碳金融这个大系统中一项核心工程而已。碳金融是一种新型的创新性金融，涉及设计、论证、培训、宣传、实施、信用评估、质量鉴定、国际认证、运行过程中风险控制等多个环节。而对于 CDM 项目来说，不仅涉及跨境金融活动中的金融政策风险、国际政治经济形势影响，跨境交流障碍与文化差异等问题，相关的专业服务人才更是难得。目前国际 CDM 项目交易主要由一些大型的跨境银行集团来进行，这些银行具有雄厚的资本、丰富的跨境金融交易经验以及人才储备，因此能为相关企业提供专业的咨询服务。而中国的碳金融市场尚不成熟，相关行业准入机制尚未构建，专业人才更是奇缺。这使得我国的碳金融配套服务体系迟迟未能建立起来。

(四) 产业模式低级，缺乏定价能力

由于中国地理特征与能源发展结构不均衡，煤炭仍然是中国最主要的能量来源。这种低热值、高污染、低能源利用率的能源结构虽然在一定程度上反映出了中国所具备的巨大能源潜力，但同时也导致中国在碳金融活动中主要依赖 CDM 项目，只能占据产业链的底端。目前中国已

经是 CDM 项目的最大输出国，但却缺乏议价能力，而发达国家从中国以低廉的价格将 CER 产品收购后，又通过种种手段将其打包重新设计，通过复杂的碳金融衍生品形式将其出售。2008 年，宝钢公司向英国瑞碳公司出售的 CER 产品均价不足 100 元人民币/吨，而同年新疆及四川地区 CER 产品售价不足 50 元人民币/吨。但与此同时，世界银行与荷兰的碳交易价格已经达到了 23.15 欧元/吨。巨大的差价背后反映的是中国碳金融产业的孱弱，由于中国不具有该专业信息优势，并且对国际规则和国际市场缺乏了解，以至于失去了相应的权重地位，不能在国际碳交易中掌握信息优势，缺乏议价能力，这种情况使得中国在整个碳交易产业链中只能处于最底端。

第三节 碳金融市场的主要风险结构

碳金融市场是一个新兴的发展尚未成熟的市场，碳金融产品的设计上也存在许多不尽完美之处，碳金融体系存在严重的市场和区域分割，碳市场本身是构建于政策基础上，对政府管制呈现高度依赖的特征，这些使得碳金融产品市场有其独特的风险特征，而这些风险特征作用于碳市场和碳金融产品价格上，呈现出价格频繁剧烈波动的特点，波动中隐含巨大的不确定性，甚至严重的损失。

一 不确定政策性风险

有效市场假说认为，任何金融市场的终极趋势都将成为强有效市场。通常人们对市场成熟程度的考察是基于此种理论，即一个成熟的市场应尽可能地接近有效市场。实际上碳金融市场具有一般金融市场的风险特点，但其与其他金融市场不同之处在于碳金融市场属于完全的政策性市场，其构建之初便本着通过政策导向手段"运用市场机制解决气候变化问题"。因此碳金融市场对政策的依存度要显著高于其他金融市场，因为它并非供需双方自发形成的市场，碳金融市场的供需本身是由《京都议定书》在控制温室气体排放的目标下所强行创造出来的。因此，碳金融产品具有高度的政策依赖性，特别是对于项目开发而言，国际碳会谈多次不能达成共识，这对未来国际减排合作的前景蒙上了一层阴影，投资者在不能确定长期减排前景的情况下，而大型碳项目的回收期却往往长达 20 年左右[①]。长期政策不确定性加大了碳金融市场的投资风险，从而使世界各国的投资者都采取了观察再行动，再观察研究再行动的策略，明显阻碍了新项目开发的积极性。此外，政策性的配额分配计划可能由于履约条件和政府态度的变化而变化，存在很大的不确定性。一方面配额分配计划呈阶段性披露，另一方面配额分配总额与各方在谈判承诺中的减排量密切相关，而谈判没有确定的结果。因此，配额分配过程中存在较大变数，也带来了相应的市场风险；最后，碳金融市场涉足的区域与行业呈现出不断的扩张性，这种扩张性会使碳市场结构随着时间的推移不断更新和变化，市场需求结构运行特点也会随之变化，这令市场参与者的经验有效性大打折扣。

碳金融产品本身是政策的产物，因此其政策性风险远高于其他金融产品，这是碳金融产品价格跳跃性的重要原因。如果说股票价格变动的急速性和突发性长期投资人难以把握，那么碳金融市场更是难以达成共识，碳金融市场存在着国际排放权政府分配无法逆转等情况，这种不确定性因素诱发的风险远大于股票市场，而且难以发生根本性的改变。

二 流动性风险

碳金融市场起步时间短，市场存在着各种不确定性，与传统金融产品市场相比，碳金融产品市场流动性风险较大，主要原因在以下三个方面：

（1）缺乏统一的市场体系。目前国际碳交易体系主要依托于《京都议定书》来进行构建，但目前为止，尚未有一个全球统一的碳交易市场出现。而各国的碳金融市场其政策标准、价格水平均存在较大差异，

---

① Duco Brouwers, "Risk Manngement in Carbon Trading-Managing the Risk of European CO_2 Allowance Trading Underthe EU-ETs", *Working Paper*, 2006.

这些差异导致了在交易过程中交易双方需要付出巨大的交易成本。而不同的交易体系还创造出了不同的交易产品，彼此间无法直接交易，互换困难，缺乏标准统一的计量体系。如欧盟的 EU-ETS 体系创造出的 EUA 产品与 JI 市场创造出的 ER 产品，等等。这种封闭性的市场可以直接导致失灵现象[1]。

（2）由于标准、目标或政策存在断续的情况，导致同一市场在发展的不同阶段产生流动性问题[2]，最直接的表现就是欧盟禁止阶段性配额交易政策曾经导致 1 期末配额价格大跳水。

（3）同一时期同一体系内部的碳金融产品间仍然存在行业、种类等的差异。流动性风险的存在是碳金融产品发展的初级阶段必然有的现象。这种情况降低了碳金融产品价格传递作用。碳产品的阶段性特征也令流动性风险加剧。碳市场并没有像普通金融商品那样具有连续性，而是具有生命周期性。表现为在阶段末排放权价格的持续低迷，而在阶段初价格走高的现象。因此，流动性风险使得价格表象对投资者投资策略误导，并可能引发严重的投资风险。

三 政治风险

由于碳金融产品属于政策产物，而且需要以国际合作为背景，从而存在着各种与政治性和阴谋性相关的猜疑。少数派人实证分析的方法用图表和数据证明不存在温室效应。澳大利亚学者普利安认为地球温度变量并不是人类活动的结果，而温室效应的罪魁祸首是水蒸气；另一些学者则认为温室效应这个问题的提出不是基于事实，而是基于一场阴谋，是发达国家为了限制发展中国家的发展而策划的，这些发达国家想成为新领域规矩的制定者。两种学说之间的激烈争锋引发了政策面的巨大风险，许多政治家也声称整个减排体系就是一个巨大的阴谋，尤其是

---

[1] 杨志、陈波：《碳交易市场走势及欧盟碳金融全球化战略研究》，《经济纵横》2011 年第 1 期。

[2] Marius-Cristian Frunza, Dominique Guegan, "An Economic View of Carbon Allowances Market", *Working Paper*, 2009.

2009年"气候门"事件一度造成了碳金融产品价格的剧烈波动，它被视为发达国家利用自己在环保与金融等领域中的优势对发展中国家进行的又一轮剥削。

第四节　碳交易市场风险管控现状——以欧盟为例

碳金融市场作为一种特殊的新兴市场，兼具环保市场、能源市场和金融市场的特点。碳金融市场又是一个关系国家和人民未来生存的市场，这些特性决定了要严格保证它的健康有效运行。因此对它的监管显得非常重要。

欧盟排放交易体系目前是世界上最为成熟的碳金融交易体系，其覆盖面广，涉及行业多，体系设计科学合理，内部管理机制与外部监督机制运行良好，对管理主体、管制对象、审核流程和配额分配等都有着详细规定。不仅从立法层面对碳金融交易进行了约束，还制定了《拍卖规定》，将能源市场也纳入法律管制框架之下，建立了以法律为保障的风险防控机制。

欧盟有着十分全面的风险防控机制，在多年的探索中，欧盟制定了以风险监控为核心的风险防控体系，并针对各种可能出现的风险制定了紧急预案，下文将重点对欧盟的风险防控体系进行分析。

一　碳金融风险的监督机制

欧盟将风险防控体系分解为监视—控制—应对三个环节，在风险监控环节，主要以实时交易跟踪与资金流转监控等技术手段为主，通过对整个碳金融市场的实时追踪，力图在市场风险出现之初便将其识别。从而使得监管部门能够提前识别风险，并采取积极措施，将风险消弭于无形。欧盟碳金融风险监控体系的核心特征是大量依靠高科技手段，强化信息披露力度，加强对项目与交易的监测。其中，碳金融独立交易系统（CITL）、碳信息披露项目（CDP）等都是已经被证实行之有效的方法。下面简单介绍这些监视系统。

(1) 欧盟独立交易系统（CITL）。欧盟独立交易系统用于 EU-ETS 市场内交易，该系统具有底层权限，与交易系统紧密关联，能实时处理所有的市场内交易，对发行、转让和清除指标进行记录。该系统自动对每一笔交易进行检查，评估该交易是否存在风险，一旦系统发现违约行为，便调用底层权限马上终止交易并通知监管部门，以确保没有违规行为。这套系统与银行操作模式相类似，但由于隐私及法律问题，该系统没有权限监测资金所有权与资金流向，在交易进行时并不能做到完全的风险监控。此外，由于碳市场的风险比普通金融市场的风险更大，在定期维护之余 CITL 还需定期接受专业技术公司的系统评估和更新，技术公司会根据一段期间内的市场违约情况与系统的检测准确率进行比对，更新系统算法。

(2) 碳排放量监测制度。按照欧盟 2003/87/EC 指令，欧盟有义务对各成员国的碳排放量进行检测，而对碳排放量的检测是碳金融顺利进行的必要保障之一。针对碳排放检测困难的问题，欧盟改变了传统将碳排放权根据估值下发到企业的做法，而是建立了工厂到监测机构的二氧化碳排放检测体系，这样在一定程度上避免了排放权发放过多与市场价格不正常波动等问题。

2003/87/EC 对碳排放的监测、汇报与审查都做出了严格的定义。通过两种不同的监测方法构建了具有普遍适应性的二氧化碳排放监测体系。指令还规定了欧盟委员会具有制定监测原则的权力，同时必须考虑到欧盟的经济发展压力，在可能的限度上最小化地对商业活动造成影响。

(3) 碳信息披露项目（CDP）。碳信息披露项目（CDP）是一家位于伦敦独立的非营利性组织，成立于 2000 年，是机构投资者自发形成的，拥有世界上最大的企业气候变化信息数据库。CDP 代表 551 家大型机构投资者、采购组织以及政府机构收集、整理并披露来自全球企业的碳排放信息。值得注意的是，目前为止参与 CDP 项目的近 5000 家企业完全是基于自愿的，这些企业每年通过 CDP 披露其温室气体排放信息，并共享其气候变化所带来的风险和机遇信息。

虽然 CDP 项目与欧盟的 EU-ETS 是相互独立的，但是由于其巨大的影响力与信息披露能力，CDP 实际上已经成为欧盟 EU-ETS 体系中重要的组成部分。通过这个项目，投资者能够很容易地获取全球气候变化数据与企业温室气体排放数据，并据此计算碳金融风险。CDP 项目为增强碳金融市场信息透明度，防范市场风险做出了积极贡献。

二 碳金融风险的防控机制

不同于碳金融风险监测领域中通过技术手段进行监测的做法，欧盟对于碳金融风险防控主要采取强化防控机制建设，加强风险管理等做法。作为新兴金融交易，碳金融交易过程中也蕴藏着一定的风险，为了规避碳金融交易活动中可能引起的风险，欧盟重点从以下三个方面采取措施来加强风险控制：

（一）国家配额计划（NAP）

国家配额计划是欧盟排放交易体系的核心。欧盟承诺的整体减排目标将在内部会议中，根据不同成员国之间经济发展水平与碳排放量的区别，按照"共同但有区别"的原则进行分解。而成员国政府在确定本国减排目标后，再将配额划分给国内的相关企业。为防止欧盟成员国在 NAP 制订过程中过于随意，各国制订的 NAP 在提交欧盟委员会的同时，必须面向全社会公开。欧盟气候变化委员会（EUC.C.C.）收到成员国政府提交的 NAP 后，必须在三个月之内组织专家进行审查并作出正式评价。NAP 经审查获得核准后就不得更改，未通过的必须进行修订并重新审查。碳排放配额是实现碳排放权交易的基础，其初始分配对碳金融市场的运行效率和成效产生重大影响。NAP 是在公平理念下被制订的，这一计划在制订之初就充分考量了不同国家与地区之间的差异，根据行业发展与经济趋势制订的国家配额计划（NAP），可以相对公平地确定各国、各行业及各企业的初始排放配额，提前防范由分配不均、配额过剩等可能引起的政治风险、市场风险、操作风险等。

（二）碳排放核查系统

作为一种商品，碳金融体系若想成为开放、公平的贸易体系，就应以精确的测量并核实碳排放量为前提。欧盟委员会在 NAP 的基础上制订了严格的碳排放核查系统，这套系统可以被视为是碳排放监测系统的补充与完善，不仅引入了独立的第三方机构负责每年对企业二氧化碳气体排放年度报告进行核查，还对相关违规企业制定了严厉的惩罚措施，包括排放额交易限制、罚款等一系列措施。

而在核查机构的选择上，欧盟要求核查机构必须具备独立核查资质，并与被核查企业间不存在利益输送关系，相互独立；要具有良好专业能力，掌握核查制度相关要求，熟悉碳排放监测标准，并能够取得所有排放源的监测信息。

（三）碳金融配套服务体系构建

完善的金融配套服务体系不仅可以分散金融风险，增强金融系统健壮性，促进金融市场多元化发展，更可以有效支持主体发展。多种金融机构的共同参与不仅促进了欧盟 EU-ETS 体系的完善，更为市场带来了资金与活力，发挥着资金融资、项目担保、市场媒介等多项重要功能，从而极大地推动了欧盟碳金融市场的发展。下面主要对碳金融体系中的主要金融机构进行介绍。

（1）商业银行。欧盟区的大型银行较早参与了碳金融市场，在欧盟碳金融市场发挥着至关重要的作用。许多商业银行依托其高度专业化的管理团队与丰富的国际金融市场经验，成立了专门的碳金融业务团队，不仅能够为 CDM 项目提供资金拆借、交易中介、项目融资乃至交易结算等多种专业的金融服务，更能够完成从项目策划到后期交易的一揽子碳金融项目解决方案。与此同时，这些银行还通过参加碳金融市场交易、开发碳金融产品等方式积极参与市场建设，极大地促进了碳金融市场的多元化发展。

（2）保险公司。现代保险业与金融市场息息相关，作为世界上金融保险业最为发达的地区之一，欧盟在碳金融市场设立之初便大力发展碳金融保险业务，各保险公司也积极进入碳金融市场，为各类产品提供保险与再保险，在碳金融风险转移方面发挥了巨大的作用。

但值得注意的是，目前碳金融市场受政策影响较大，市场变化频繁，许多保险产品在设计之初并没有考虑到这种情况，而且也罕见针对政策变化风险设计的保险产品。因此，目前的碳金融保险产品实际上还没有脱离传统金融保险领域。

（3）碳基金。碳基金这一创新性的碳金融工具，是为满足碳金融市场中的金融需求而产生的。在碳金融市场中，其提供碳权投资和咨询服务，参与碳排放指标的买卖，提升了市场流动和项目效率，实现了以市场机制促进低碳减排的双赢。另外，碳基金的产生，也为利用碳期货、碳期权等套期保值的金融工具来有效分散碳交易风险提供了条件。

碳排放权的跨国交易是一种不同于已有国际贸易规则的交易体系，其诞生具有很强的政治色彩，因此完全的市场机制运行将使得 CDM 项目的主要运行国家处于不利位置。与此同时，全球碳交易市场的不统一也为 CERs 的交易造成了较大的阻碍。因此，碳基金应运而生，它为交易双方提供了咨询与中介服务，并通过直接参与碳排放交易提高了市场流动性，保障了 CDM 项目的有效实施。从设立的主体上看，碳基金大多是由政府或国际机构直接设立的，其区别在于由政府设立的碳基金大多将以下三点视为自己的主要目标：

一是通过 CDM 项目购买的方式，达成本国在《京都议定书》中承诺的减排目标；二是通过先进的管理与有效的资源配置，提高本国的低碳能源利用率，实现低碳经济的良性发展；三是帮助国内企业减少二氧化碳的排放量。

而国际机构，如世界银行所成立的碳基金除了在全球范围内实现以上目标外，还致力于促进世界范围内碳排放权交易的流动，推动《京都议定书》中提出的低碳经济理念，为不同国家间碳排放交易实现利益的均衡分配，等等。

除此之外，欧盟还出台了一系列措施，确保相关配套市场的平稳有序发展。从整体上看，欧盟已经构建了从市场准入制度到事后违规处罚制度的一系列保障措施，实现了以相关碳金融交易风险控制指导标准为框架、市场准入资质为门槛、相关企业与交易主体信用评级为预警、碳金融风险信息监测与评估机制为核心的一整套风险控制系统。

在市场框架内，金融机构各司其职，分工协作；商业银行、碳基金、保险公司及相关担保机构分别起到了降低成本、转移风险、增强市场流动性的作用，不仅极大地促进了欧盟碳金融市场的发展，还为投资者提供了较为可靠的风险管理手段，而非一味地通过行政手段来强化风险控制，增加交易成本，这是值得中国碳金融市场学习的。

三 碳金融风险的应对机制

风险监视与风险控制机制的意义在于尽可能地避免潜在的风险损失，将风险控制在合理范围之内。然而在现实世界中，风险总是存在并且发生着的。因此，在建立起完善的风险监视与风险控制机制之余，欧盟也建立了完善的市场风险应对机制，作为风险事件发生时的应急措施。

欧盟的市场风险应对机制构建的核心思想是将风险引起的损失控制在可接受的水平之内，根据不同类型的风险成因与市场主体对风险的承担能力，将已发生的风险进行分摊或是止损，并在此基础上特别重视防范二次风险的发生，以及系统性风险的发生。针对欺诈、市场操纵、碳价失衡等不同的风险类型，欧盟委员会提出了从身份认证到价格管控的六大风险应对措施。

（1）共同交易注册。2011年，黑客通过伪造恐怖袭击警告的方式潜入捷克电力交易所，盗走了价值5000万美元的碳排放权配额。这一事件迫使欧盟的EU-ETS交易体系全面中断数月之久。事件发生后，欧盟开始正视体系中存在的疏漏之处，事实证明，统一的排放权存储于不同成员国的交易所内，但成员国之间的账户注册却彼此独立，这一做法是低效的。因此欧盟出台了共同注册制度，该制度致力于在欧盟区内实行由欧盟委员会制定的统一注册标准，并在2012年开始正式实施。这一制度结合CITL系统，能够有效地监控可疑的碳交易行为，中断高风险交易并通知委员会采取应急措施。在这一系统的帮助下，交易者可以指定信任交易对象，并对其发起安全交易请求。而一旦系统监测到不在受信名单中的交易对象时，就会向交易者提出额外的批准请求。事实证明，该措施有效地防止了碳金融风险交易。

（2）强制身份信息验证。出于进一步加强资金流动与市场风险监控的考量，欧盟部分国家规定在碳交易过程中应采取实名认证的方式进行。双方在发起碳交易时应向监管方提交包含着碳交易主体实名信息的碳交易身份证明。监管者认为，这种手段能够有效约束交易者行为，避免不法交易者利用政策漏洞进行碳交易欺诈。但反对者认为这侵犯了交易双方的隐私。因此各成员国之间尚未对此达成一致，在 EU-ETS 体系中还没有进行强制身份认证。但总体看来，统一的碳身份证明将是未来欧盟碳金融交易体系中的重要组成部分。

（3）延伸使用滥用市场规章。欧盟成立之初，就致力于在欧盟区建立起单一的欧洲市场。因此欧盟在竞争法中有关"滥用市场支配地位"的条款里对保障内部市场的竞争过程，规避可能的市场操纵与内幕交易风险做出了明确的约束。而在碳金融市场成立之初，确实存在着一定的金融巨头借有利地位进行市场操纵的迹象，因此欧盟委员会将条款引入碳金融市场中。但值得注意的是，由于碳排放权自身的特殊性质，其尚不具备正式的金融工具地位，因此无法完全适用于滥用市场规章，所以碳排放权的现货交易市场中仍然存在着一定程度的乱象。

（4）快速反向征收增值税机制。欧盟碳排放权交易初期，经常有不法交易者利用不同国家间的法律漏洞，在一国购买不需要增值税的碳排放权，而在出售需要缴纳增值税的排放权后宣布破产，以此骗取巨额增值税。国际刑警组织认为此类骗局令欧盟各国政府损失了数以十亿欧元计算的税收。而欧盟的传统体制规定如果成员国以欧盟增值税法律归属地国家之外的措施来追回税款的话，则必须由欧委会审理提案后向欧盟理事会提交讨论。这一过程不仅十分烦琐，而且通常旷日持久，为各国处理相关骗税问题造成了巨大的阻碍。快速反向征收增值税机制赋予成员国在紧急时刻采取"反向征收增值税"的权力，即将应由供应者支付的碳增值税转移到消费者身上来。

（5）施行现货场外市场交易。2011 年的黑客事件以及频发的增值税欺诈案件使得部分保守的交易者们对场内排放权交易持更加谨慎的态度，有鉴于此，场外现货交易以其交易对手明确、交易过程透明的优势吸引了一大批交易者。欧盟委员会注意到了这一趋势，并积极加强场外现货交易的管理，通过将标准 OTC 衍生合约通过集中交易对手进行清算的方式约束了现货市场的交易行为。至此，欧盟碳排放交易市场的场内与场外交易都获得了良性的发展。

（6）执行价格柔性机制。针对欧盟排放交易体系决定了碳排放权供给的刚性，并容易导致市场机制失灵、碳权价格失衡的问题。欧盟决定建立价格柔性机制，这个机制主要是通过链接联合履约机制（JI）与清洁发展机制（CDM），同时引入核证减排指标等替代商品等方式，进一步增加碳排放配额的供给弹性。在 EU-ETS 第二阶段中，欧盟又推出了配额存储机制，实质上配额存储机制，可使碳权价值得到延伸，由此会在一定程度上进一步缓冲供给刚性的问题，但价格柔性机制也可能会滋生因配额过度存储导致的供给过剩和引发碳权价格波动。

第十二章　中国碳金融交易风险的实证分析

碳金融产品价格的影响因素纷繁复杂、政策依赖性强及人为作用显著，这些根源性的特征最终表现在了碳金融产品价格的运行特征上。本章将详细分析碳金融产品价格所呈现出的统计特征，并对其统计特征的出现进行相关论述。

第一节　中国碳金融产品价格特征分析

中国各地碳交易所公布的数据类型不同，考虑到数据的可获得性及统一性，样本数据 P_t 用当日成交额/成交量计算的成交均价来表示，选取了北京、深圳、上海、天津、湖北、广州碳交易所的数据（重庆市场的公开数据量少且不具样本条件，故未作为样本分析数据）。因各碳交易所首次交易日期不同，样本区间分别为：北京市场2013年11月28日至2014年7月16日、深圳市场2013年6月18日至2014年8月14日、上海市场2013年11月26日至2014年6月27日、天津市场2013年12月26日至2014年7月22日、湖北市场2014年4月15日至2014年8月20日、广州市场2014年7月10日至2014年8月20日。北京、深圳、上海、天津数据来源于各碳交易所主页，湖北、广州数据来源于其官方微信客户端信息公告；数据分析软件采用Eviews 6.0。

此外考虑到数据的平稳性及广泛适用性，本书采用各交易所交易均价的对数收益率表示各碳市场的日收益率：

$$R(t) = \ln\left(\frac{P_t}{P_{t-1}}\right) = \ln P_t - \ln P_{t-1} \tag{12.1}$$

一 各区域碳交易市场碳价收益率序列的统计特性

（一）收益率时间序列趋势分析

通过 Eviews 6.0 绘制各市场收益率的趋势图，见图 12.1：

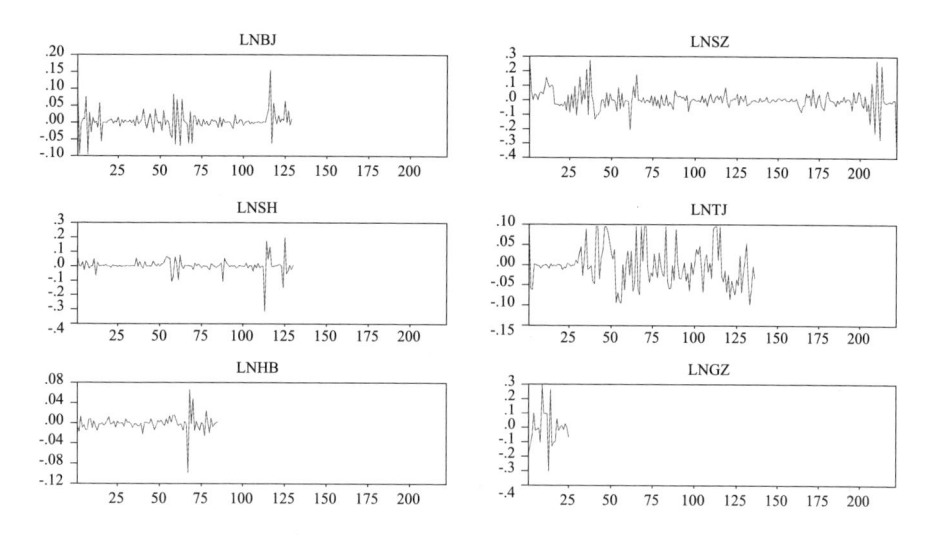

图 12.1 各区域碳交易市场收益率趋势图

图 12.1 分别为北京、深圳、上海、天津、湖北、广州碳交易所日收益率趋势图，其中，LNBJ、LNSZ、LNSH、LNTJ、LNHB、LNGZ 分别代表北京、深圳、上海、天津、湖北、广州的对数收益率。可以看出各市场日收益率在 0 处上下波动，从随机过程来看，可以认为各对数收益率数列属于随机过程序列。此外，碳交易市场日收益率在相应样本区间表现出较大波动时，未来几期的波动也较大，呈较为明显的"波动性聚集"现象。

（二）各碳市对数收益率的正态性检验

根据实证分析得到各区域碳交易所对数收益的偏度、峰度以及 J-B 检测值：北京、深圳、上海、湖北、广州碳交易所收益率曲线峰度

（Kurtosis）大于 3；北京、深圳、上海、湖北 J-B 统计量大于临界值 5.99（5%显著水平）；天津交易所曲线图形与正态分布图形差异较大。同时六交易所曲线的偏度值（Skewness）均异于 0。因此，可以认定六个碳交易所收益率呈现非正态的"高峰厚尾"特征。

尖峰现象的出现说明碳金融产品价格波动聚集性较强，且经常发生异常剧烈的波动，同时这种走高或走低的波动持续期较长，使得其收益率与正态分布相比尾部更厚。之所以出现这样的情况，一是由于碳金融产品市场政策依赖性较强，阶段性的、突然性的政策变更容易导致价格波动聚集效应的出现；二是影响碳金融产品价格要素较多，任何一种因子受偶然事件的冲击都会传播至碳金融产品价格体系中，进而增加了其价格波动的聚集性；三是信息出现的非平滑性现象使得价格也随其呈现阶段性的堆积性波动，因而引起价格的巨大波动。

（三）各碳交易所对数收益率的平稳性检验

根据 ADF 检验结果，在 1%置信水平上，各区域碳交易所收益率序列平稳。

（四）异方差检验

根据异方差检验结果，LM 值大于相应的 x^2（q）（q 为自由度），表明收益率序列拒绝"残差中直到 q 阶都没有 ARCH 项"的原假设，即各碳交易所日收益率具有较强的异方差性。

二 各区域碳交易所收益率异方差

异方差走势代表各地碳价的波动水平，从图 12.2—图 12.7 中可以看到：深圳市场在 2014 年 7 月 1 日至 17 日期间最高值可以达到一般水平的 50 倍，北京市场 2014 年 6 月 26 日至 7 月 2 日最高值可以达到一般水平的 28 倍。上海市场 2014 年 6 月 4 日至 10 日最高值可以达到一般水平的 30 倍，这种较大的波动说明碳市场存在较大的极端风险。广州、天津、湖北碳交易所波动幅度相对较小，最高值分别达到平均水平的 16 倍、14 倍、7 倍。波动频率方面，天津交易所可能发生极端波动的频率高，北京、上海、湖北相对较低。异方差可以反映各区域碳交易

图 12.2—图 12.7　各地碳价的波动水平

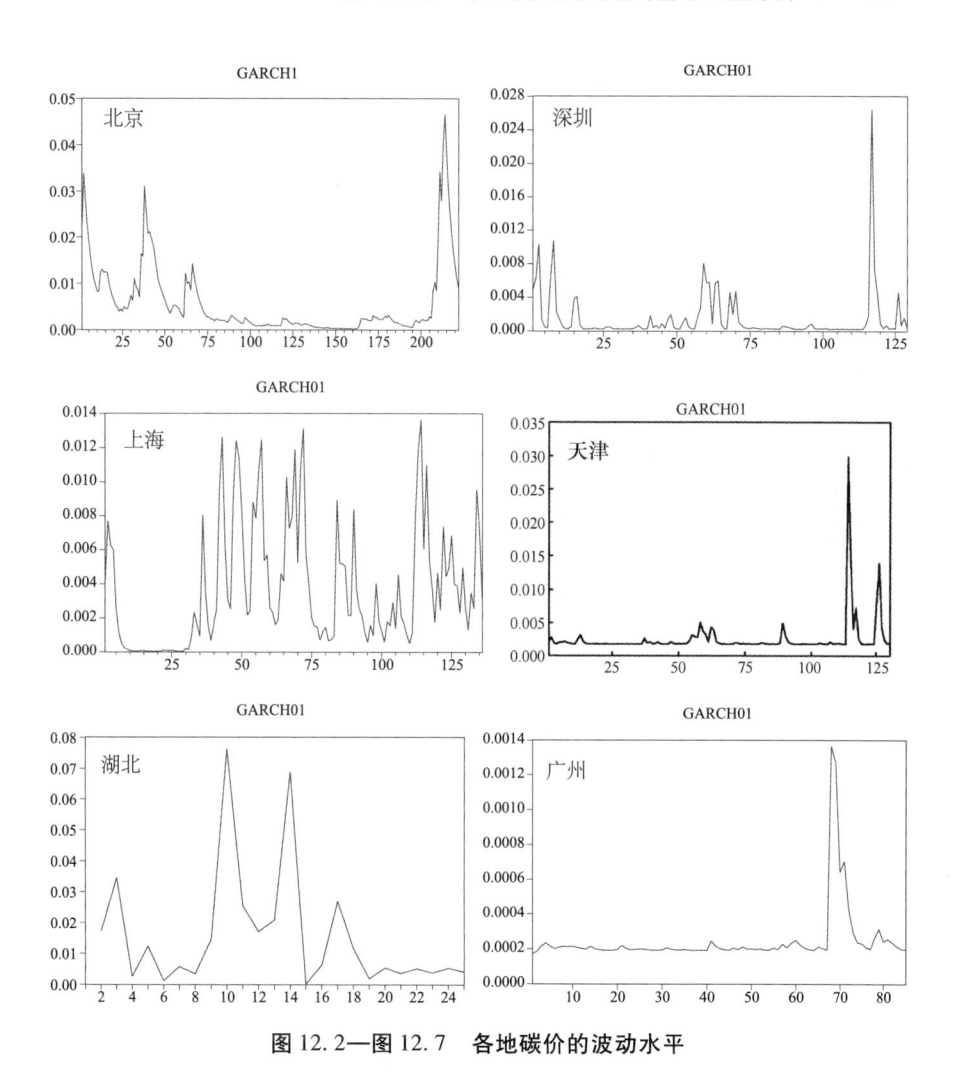

所的极端价格波动情况和极端风险。但国内各区域碳交易所在不同时间段异方差代表的波动程度、波动频率有较大差异性，这种差异性在不同区域的碳市场下为异方差代表的极端风险监测提出了挑战。

第二节　风险成因分析

随着中国工业化与城镇化进程的不断推进，温室气体的排放也日益增多，而中国相对落后的能源产业决定了中国在减排方面还有很长的一段路要走。从长期来看，中国作为世界工业体系最完备、经济规模最大、减排潜力最好的发展中国家，天然具备了成为国际碳金融交易中心的优渥条件。虽然中国碳交易市场起步较晚、碳金融产品种类单一，但正处于蓬勃发展之中。然而，任何事物的发展与形成都不是一蹴而就的，中国的碳金融活动还面临着许多风险与不足之处，其风险成因可以被概括为以下几个方面：

一 相关配套政策及法律法规有待完善

虽然中国具备成为碳金融交易中心的潜力，但中国在碳金融项目的参与上却显得小心翼翼，不仅远远落后于"附件一国家"，更是落后于部分非"附件一国家"。如许多拉美国家在 CDM 项目的开展上都要早于中国。尽管近年来在全球 CER 市场上，由中国 CDM 项目所提供的 CER 已经稳稳占据到总量的三分之一，但中国在国际碳交易市场中仍然处于弱势地位，缺少定价权，大量利益被国家碳金融机构攫夺。这种状况应归结为碳金融配套政策与制度的缺失，统一的组织机构的缺乏、统一的碳金融交易市场的缺失、科学有序的碳金融市场运行规范的缺失。金融机构在这种缺乏公平、透明与公正的交易环境中受到了极大的制约。而碳金融交易受政策冲击极大，无论是欧盟的 EU-ETS 交易体系还是芝加哥能源交易所，在历史上都有过受宏观政策变动而引起交易价格急剧变动的"前科"。事实证明，中国的碳交易体系尚不成熟，受政策冲击的影响更大。

如前所述，碳金融本身并非完全的市场产物，其诞生带有很大的政治色彩，碳金融产品的复杂性远超一般金融产品，与环保、工业、科学、政治等领域密切相关，是一种典型的"政治经济"产物。所以碳金融市场的发展离不开政策的扶持与引导。中国虽然在"十二五"规划中明确指出要大力发展清洁能源，进行可持续发展，节能减排，但从整体上看，政策制定缺乏规划，政策时效性较差，往往落后于快速变化的市场动态。而政策制定机构远离市场，对市场环境与碳金融理论不够熟悉，很难把握好政策制定的节奏。这导致了政策与市场的脱节，政策往往无法解决市场所急需解决的问题，而市场也同样无法将自己的声音传递到政策制定者的耳中。

这种情况导致了政府对低碳经济的鼓励性政策往往只停留在倡导与宣传的层面上，而在具体的财政与税收激励方面则乏善可陈。低碳项目既无法充分得到银行信贷政策扶持，也无法获得应有的税收补贴，这相当于变相地打消了投资者的热情。碳金融属于高风险的金融行业，而中国迄今为止尚未出台统一的监管政策并制定相关法律法规，试点碳排放交易所在隶属关系上也较为"混乱"。因此，对碳金融市场相关法律法规及配套政策的完善，有助于规避风险，优化配置，促进中国碳金融市场的平稳有序发展。

二 国际局势前景不明

尽管近年来中国 GDP 总量持续上涨，已经有超过美国，成为世界第一经济体的趋势，但从发展水平上看，中国仍然是发展中国家。2012 年在多哈举行的第 18 次联合国气候变化大会上，各方明确了《京都议定书》第二期内仍施行第一期的"共同但有区别责任"制度，对发展中国家不强制要求进行减排。但在巨大的经济与政治压力下，美国及加拿大表示拒不加入《京都议定书》，欧盟虽然接受第二期减排目标，但提出要在碳信用提供国家上区别对待。这使得中国碳交易市场面临巨大的政治压力，一旦作为发展中国家的中国不能及时将 CDM 所产生的碳信用向欧盟出售，那么中国的碳交易市场将面临毁灭性的损失。

不过，从当前国际政治经济环境上看，中国仍然是各主要经济体中发展态势最好的一个。欧美发达国家在承受了减排压力的同时也面临着经济增长迟缓、金融环境恶化的风险，因此势必会不断寻求风险转嫁。2014 年 12 月，美国总统奥巴马与中国国家主席习近平共同发表了减排承诺，中国表示计划在 2030 年左右二氧化碳排放达到峰值且将努力早日达峰，并计划到 2030 年非化石能源占一次能源消费比重提高到 20%

左右。① 这为中国的工业化与城镇化进程亮出了一道无形的"天花板"。尽管中国倡导的"一带一路"战略能够将过剩产能溢出到国际，但该计划的实施仍具有较强的挑战。因此在未来的一段时间里，来自国际政治经济方面的压力仍会是中国碳金融交易市场风险的主要来源之一。

三 主体认识不足与专业人才缺失

碳金融业务在中国方兴未艾，尚处于起步阶段。因此社会对这一产业的认知还处于十分肤浅的阶段，纵然是许多金融机构对碳金融的认知也犹如雾里看花，管中窥豹，只知其一隅，不见其全局。碳金融运作模式、风险度量、发展趋势等特征尚有待人们把握，而对这一行业的生疏又导致了高昂的行业进入壁垒，这使得碳金融交易的机会成本与市场风险均远超其他市场，将相当一部分金融机构挡在了市场之外。

而与此同时，碳交易市场的容量过小，金融机构缺乏进入的动力。较之于中国碳交易市场存在的低成交量、高风险与政策不确定性，金融机构成立专门的业务部门进入该领域存在较大的风险。因此索性观望市场，更待良机。这种被动的心态成因可以被归结为两方面：一方面参与主体对碳金融交易市场的观念尚有待更新，认知层次更是需要提升；另一方面参与主体自身水平有限，尚不能完全认清碳金融乃至低碳经济背后巨大的世界能源与环保新格局变化与发展态势。从世界范围看，尽管科学家对温室气体排放对地球变暖可能造成的影响还各持己见，但气候变化与能源匮乏带来的压力已经迫使世界各主要发达国家不得不开始推动低碳经济的发展。而中国随着人民群众生活水平的日益提高，人们对于环境保护的呼声也越来越高，低碳经济作为中国新常态下经济转型的重要组成部分，离不开碳金融的大力支持。而碳金融依托于低碳经济，势必将成为中国新常态下引发经济增长方式变革的重要组成部分，成为中国国民经济持续发展的助推器。

碳金融业务较之于传统金融业务而言，有着知识壁垒高、高度复杂

---

① http：//news.xinhuanet.com/energy/2014-11/13/c_127204771.htm 2014.11.13.

性以及宏观政策性强等特点，这是由碳金融的本质所决定的。因此若想在碳金融业务上有所作为，相关金融机构就必须拥有一支高度专业化的碳金融人才团队，但中国碳金融市场开放较晚，相关人才培养处于空白阶段，尚未形成权威的市场准入与从业资格认证制度。而碳金融的风险特征决定了只有具备在金融、法律、宏观政策乃至国际政治形势等多个领域中都有所建树的知识结构多样化人才才能够游刃有余地驾驭相关交易。

而若要更上一层楼、在中国现有市场上单一碳交易品种上有所突破，必须构建丰富的碳金融衍生品及健康的交易模式，有效地规避市场风险，则会对相关金融机构的人才结构提出新的挑战。这不仅要求中国金融机构要有一支专业化的碳金融交易团队，更要有一整套碳金融衍生品产品设计理论、风险度量、产品设计机制、市场准入审查的专业化运营体系。金融机构需要培养一支高水平、高素质、高度专业化分工协作的碳金融交易人才团队，并构建相应的人才培养模式与干部储备机制。目前中国尚无金融机构针对碳交易市场成立专业的业务部门或分支机构，当然更谈不上人才培养与专业化的团队建设。这导致中国金融机构在相关领域中的话语权缺失，往往在国际交易中只能受制于人。

四　碳金融组织服务体系尚不健全

从欧美发达国家的成熟碳金融市场运作情况来看，一个成熟的碳金融交易市场是由复杂的碳金融组织服务体系所支撑起来的，这些组织服务体系犹如人体的肌肉与血管，共同支撑起了碳金融体系的正常运作。综观国际碳金融交易体系，我们可以看出，一个完整的碳金融交易生态体系中，应该由信用评价与核准机构构成体系准入的"门槛"；银行、证券、信托、保险等金融机构构成交易的主体；监管机构负责整个体系的监督。此外，还有众多中小金融机构一同解决相关配套金融问题。

中国碳交易市场尚不成熟，市场投资主体成分复杂，银行等金融机构仍持观望态度。这种观望态度一方面体现在金融机构对碳交易相关操作模式、交易规则学习与了解的兴趣缺乏上，另一方面体现在入市的机构数量稀少，碳金融衍生产品少人问津，碳金融相关机构鲜有涉足。而在市场方面，则体现为一方面中国国内碳交易市场上交易品种单一，风险抵御能力差，各种具备避险能力的碳金融衍生交易品少有面世；另一方面中国在国际碳交易市场上缺乏定价权，虽然占据了巨大的市场份额，但却仍作为国际碳金融生态链的底端任人鱼肉。迄今为止，中国在国际碳交易市场中提供的主要产品仍是 CDM 项目产出的 CER，相关配套金融组织机构的缺失使得中国只能任由发达国家用低廉的价格收购 CER 产品后将其加工包装为高级碳金融产品赚取"剪刀差"。中国金融服务组织在国际碳金融领域中却建树寥寥，对于成立碳基金、碳保险、碳投资银行、碳评级公司等碳金融机构更是无从谈起。

第三节　巴塞尔协议框架下的碳金融市场风险管控分析

一　新巴塞尔协议框架内容

巴塞尔协议几经修订，其中 2004 年 6 月通过的《新巴塞尔资本协议》由 775 个协议正文条款和 9 个附录组成，在银行风险监管方面做出了不可磨灭的贡献。新巴塞尔协议主要由最低资本要求、监督检查与市场纪律三大支柱组成：

第一支柱：最低资本要求

最低资本要求设计的初衷是帮助银行预留部分资本，以抵御潜在的风险。因此如何定义潜在风险，并据此计算出预留资本比例便成为第一支柱的主要内容。因此，第一支柱主要包括了定义监管资本、定义风险加权资产以及确定两者间的最低比例三项内容。

第一支柱对银行风险进行了详细的定义，它将风险要素进行分解，从而通过定义不同风险类型来确定风险对资本的潜在影响。在进行风险计算时，原巴塞尔协议主要参考信用风险，而新巴塞尔协议则将市场风险与操作风险一并纳入风险评估体系中。

第一，信用风险。信用风险是最早被纳入巴塞尔协议中的风险类型，又被称为违约风险，主要指交易对手未能履约而造成损失的风险可能。在早期的金融市场中，信用风险通常代表了全部金融风险，即使在今天，信用风险也是金融风险中的主要类型。

巴塞尔协议通过一系列复杂的公式与评级来计算信用风险，进而计算出抵御信用风险所需要的资本要求。新巴塞尔协议允许银行采用两种不同的方式来计算信用风险，一种是内部评级法，允许银行自行对信用风险的资本要求进行内部评价，在具体实施过程中，又有标准法与高级法之分。另一种是外部评级法，通过指定的评级机构的评估结果，按照标准进行信用风险计量。任何银行都可以采用外部评级法，但只有那些经过银行监管部门批准的银行才能够实施内部评级法。这一定程度上避免了内部评级法的滥用。

内部评级法的实施是巴塞尔委员会比较了几个业界主要信贷风险评估模型后，提出的兼具可操作性与可靠性的信用风险评价方法。在内部评级法的模型中，金融监管当局向金融机构提供诸如违约损失率、违约风险暴露等关键数据的参数，而金融机构则根据历史数据测算出不同级别借贷的违约率。在高级法中，上述参数可以全部由金融机构自行测算，但必须经过监管部门的批准，因此对于风险管控能力较强的企业，通过高级法测算出的信用风险资本要求往往要小于基础法测算出的信用风险资本要求，而对于风险管控能力较差的企业来说却恰好相反，因此可以有效制约银行业的盲目扩张。

第二，市场风险。根据有效市场假设，所有已披露信息都会反映在市场价格波动上，因此完全成熟的市场中，市场价格是相对稳定的。虽然这一假设的条件在现实情况中是完全无法实现的，但由于金融监管与信息披露制度的日趋完善，传统金融市场已经越来越成熟，也越来越趋近于有效市场。因此在巴塞尔协议制定之初，市场风险并不被认为是一个主要风险。但随着银行业竞争加剧，传统金融市场获利空间被压缩，越来越多的金融衍生品被开发出来并被投放到市场中。不可否认的是，这在一定程度上促进了金融创新，并起到了避险保值的作用，但大量金融衍生品的进入加大了整个市场的风险。而自20世纪80年代以来，传统商业银行与投资银行之间的界限逐渐模糊，商业银行越来越多地涉足金融衍生品市场，这使得市场风险开始逐渐成为金融风险中不可忽视的一种风险类型，一旦风险发生，往往系统性风险也随之而来，给投资者与金融机构造成巨大损失。

新巴塞尔协议不仅将市场风险区分为一般性市场风险与特定市场风险，确立了以 VaR 模型为核心的市场风险监管框架，很大程度上解决了金融危机中暴露出来的市场风险监管不足的问题。

第三，操作风险。巴林银行的倒闭及一系列相关银行从业人员违规操作所引发的巨大市场动荡，使得操作风险开始被国际金融界所关注。新巴塞尔协议首次将操作风险纳入第一支柱的框架之内，并要求金融机构为之准备相应的资本金。

操作风险与信用风险及市场风险不同，具有极大的主观性。新巴塞尔协议将操作风险定义为由不完善或有问题的内部程序、人员及系统或外部事件所造成损失的风险。协议将风险按照发生概率与造成损失的大小将其区分为主体风险与尾部风险两种，两者之间的区别如表 12.1 所示：

表 12.1　　　　　　　　**主体风险与尾部风险的区别**

主体风险	尾部风险
发生频率高	发生频率低
对金融机构造成较低损失	一旦发生则对金融机构造成巨大损失

其中，主体风险的控制有赖于银行内部的业务控制与员工管理，主体风险多发生于业务部门，如员工的误操作、恶意欺诈、文件伪造等行为，因此良好的管理体系能够规避绝大多数主体风险的发生，或将风险控制在小范围内。而尾部风险的控制则依赖于风险管理部门的内部控制，金融机构应积极做好这类风险的应对措施。

第二支柱：监督检查

虽然第一支柱保证了银行能够有充足的资本以应对可能的金融风

险，但金融市场的变幻莫测使得监管者们认为必须从根本上建立起一套机制，促进银行不断开发更有效的风险管理工具，并使得监管当局与金融机构间形成良性的对话机制。基于这种理念，巴塞尔委员会对银行业监管的指导思想、实施方针、技术路线以及事后溯责的机制构建提出了建设性的意见。第二支柱的基本思想是建立起一套行之有效的监管机制，各国监管部门能够在这套机制的框架内根据本国的实际情况进行本地化部署，同时能够在尽可能避免监管对行业造成束缚的情况下加强信息流通，从而可以将风险扼杀在萌芽状态，或是果断采取措施将损失控制在可接受的范围之内。图12.8说明了第二支柱的主要结构。

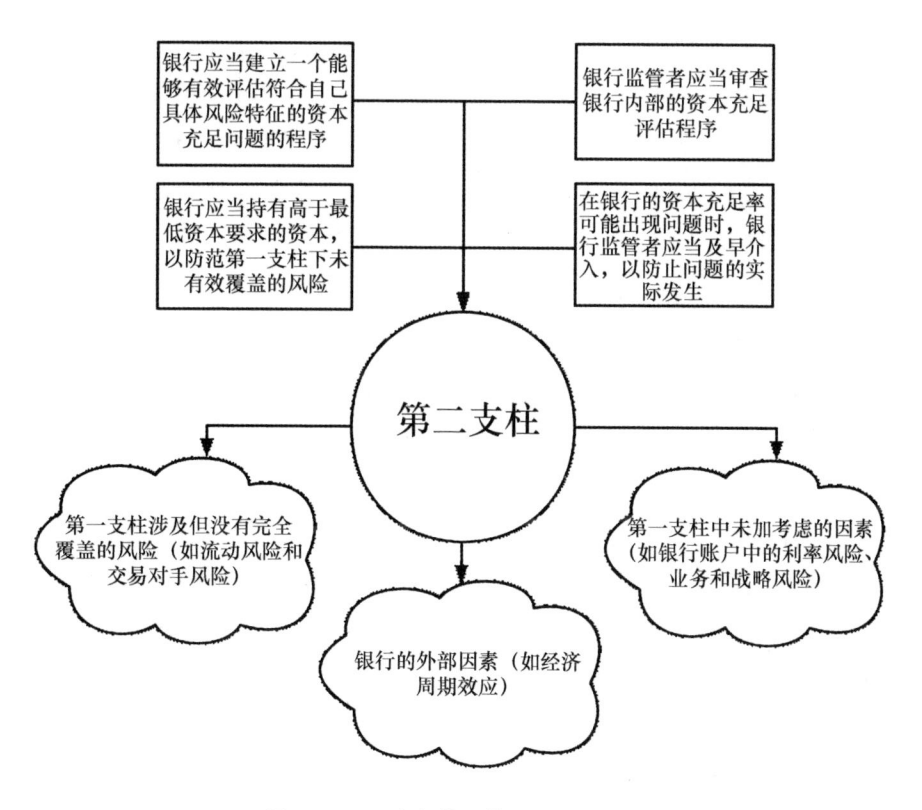

图 12.8 巴塞尔协议第二支柱结构图

第二支柱主要应用于三个主要适用领域，由四个基本原则构成，第二支柱恰到好处地填补了第一支柱中疏漏的部分，从而使得整个协议结构更加严谨。

第三支柱：市场纪律

旧巴塞尔协议中将市场纪律视为监管制度的一部分，这无疑造成了一种错觉，即监管部门是整肃市场纪律的主体，或者说，即使不遵守市场纪律，但是只要不被抓到就不算违规，这在一定程度上助长了金融机构的恣意妄为。新巴塞尔协议将市场纪律作为三大支柱之一单独提出，规定了严格的信息披露标准。这在一定程度上是监管部门在多次金融危机后审视整个协议体系做出的亡羊补牢之策。

巴塞尔协议自诞生以来已经经过三次较大的修改，虽然迄今为止人们不断对其有效性提出质疑，但不可否认的是，经过了数次修改的巴塞尔协议依然是迄今为止人类提出的最为科学、可靠的金融行业监管国际标准。在我国碳金融交易市场尚不成熟的情况下，借鉴巴塞尔协议的框架与成熟经验，有助于我们更加清晰地认识我国碳交易市场所面临的风险。

二 新巴塞尔协议框架的逆向剖析——基于控制论视角

控制论是一门兴起于"二战"后的新兴学科。尽管其创始者诺伯特·维纳（Norbert Wiener）在控制论提出之初只想将其用于机械系统与社会科学中控制与通信的一般规律研究，但很快人们就发现高度抽象化之后的控制论几乎可以适用于所有复杂系统，而不限于某一特定学科或是领域。因为它满足了20世纪中后期多学科融合的趋势，为传统单一学科理论框架下无法得到解决的问题提供了理论支持，所以控制论在20世纪得到了迅猛的发展。

从本质上看，控制论是研究被控对象如何在特定条件下被施加影响，从而达到既定目标的科学。被控对象、施控对象、外部影响与既定目标共同构成了控制系统，不同于机械唯物主义的观点，控制论将系统视为复杂但可控的，因此可以通过对输出结果与既定目标之间偏差的比较来对输入过程进行反复的调整，从而使得系统不断向着理想化的方向进化。

常见的控制系统被分为两类，分别是开环控制系统与闭环控制系统。两者间的区别在于反馈信号的输入，开环控制系统如图 12.9 所示，闭环控制系统如图 12.10 所示：

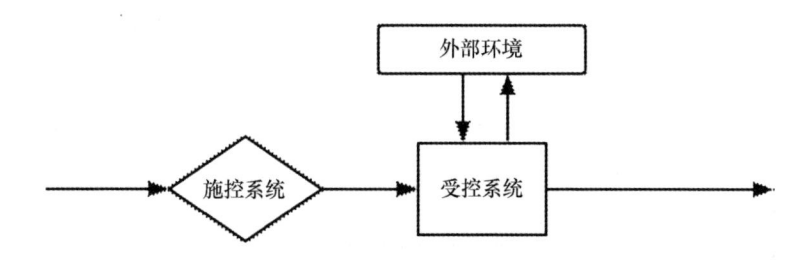

图 12.9 开环控制系统示意图

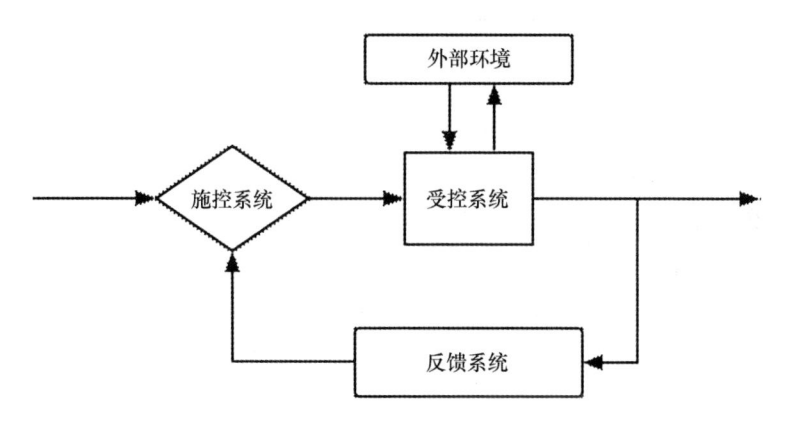

图 12.10 闭环控制系统示意图

两者区别如表 12.2 所示：

表 12.2　　　　　　开环控制系统与闭环控制系统的区别

开环控制系统	闭环控制系统
输出结果不会对输入造成影响	输出结果会对输入造成影响
不具备反馈通道	具备反馈通道

续表

开环控制系统	闭环控制系统
系统实现简单，受控程度低	系统实现复杂，受控程度高
系统不具备自行调整的能力	系统具备部分自我调整的能力

在现实情况下，人们往往将开环控制系统与闭环控制系统结合起来，形成复合控制系统。

新巴塞尔协议实际上为银行业构建了一个闭环的控制体系，该体系中，第一支柱起到控制器的作用，负责从输入环节对整个系统进行风险控制，1988年的巴塞尔协议试图通过这种开环控制的方式来对银行业进行监管，在巴林银行倒闭事件发生后，巴塞尔协议委员会迅速意识到巴塞尔协议Ⅰ中存在的问题，引入了第二支柱，第二支柱构成了整个系统的反馈部分，而第三支柱则试图尽可能地降低外部干扰，从而实现整个银行系统风险的可控化。

在该闭环系统中，风险主要来源于系统内部运行（操作风险）与外部环境的干扰（市场风险与信用风险），如果将银行业务进行剥离，将风险控制中的要素进行高度抽象，则我们可以认识到巴塞尔协议Ⅰ只构建了一个开环系统，系统的稳健性不足，而新巴塞尔协议的成功之处在于通过引入反馈机制与外部环境波动抑制机制对整个闭环系统进行了控制。巴塞尔协议Ⅲ并非对新巴塞尔协议的完全否定，而是根据新时期金融市场特点对系统规则进行的修补。

三 新巴塞尔协议框架下的中国碳金融市场风险管控分析

目前，中国碳金融市场主要由7个碳排放权交易所构成，2009年国家发展和改革委员会下发了《国家发展改革委办公厅关于开展碳排放权交易试点工作的通知》，批准了7个试点交易所的建立。2014年国家发改委发布了《碳排放权交易管理暂行办法》，但在办法中未对市场风险的监管与控制做出明确的规范。因此从整体上看，中国的碳金融市场风险管控尚不能构成一个完整的系统。如图12.11所示：

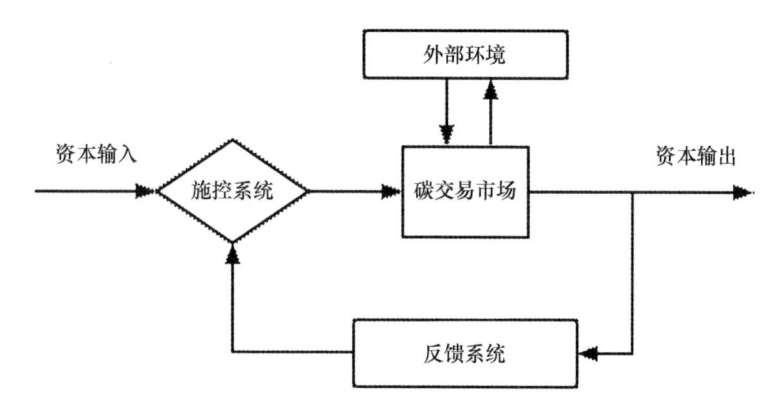

图 12.11　中国碳交易系统

通过对巴塞尔协议发展历程的剖析，我们应构建以"有效控制碳交易市场风险"为核心目标的中国碳交易市场风险控制体系，应当以巴塞尔协议Ⅲ构建的闭环系统为框架，构建一个新的闭环系统，该系统整体框架如图 12.12 所示：

图 12.12　闭环状态下的中国碳交易系统设计

其中，施控系统由宏观政策与法规构成，应通过准入制度、信用评价、政策引导、加强立法等手段来对资本的进入加以控制；而反馈系统则涵盖了市场风险评估与机构监管、压力测试等内容，通过对市场风险指标的监控来起到反馈作用；而为了尽量减少外部环境对中国碳交易市场的影响，针对中国碳交易市场受政策风险影响较大的现实情况，应该从立法与政策扶持两方面强化风险规避，而不是简单地照搬巴塞尔协议中"第三支柱"有关市场纪律与信息披露的相关内容。

第十三章 中国碳金融交易市场的风险度量

如何度量我国碳交易市场的风险，以构建合适的系统反馈机制是我国碳交易市场风险管控系统的重中之重。

第一节 VaR 与 CVaR 风险度量模型

Value at Risk——VaR 是关于风险价值的度量模型；Conditional Value-at-Risk——CVaR 是关于条件风险价值的度量模型。在 20 世纪之前，金融学尚未能将风险与不确定性区分开，一直到 1921 年，Knight 首次提出两者应该区别对待，他提出风险是可以用概率模型加以描述的、可预料的市场波动。[①] 这是风险区别于不确定性的本质依据。在此之后，伴随着现代金融数学的蓬勃发展，风险度量理论开始为人们所重视。

哈里·马科维兹于 1952 年在《证券投资组合》一文中提出了现代金融投资决策的原始模型，他不仅通过"均值—方差"模型确定了约束条件下的投资组合最优解，而且通过将数理方法引入金融风险计量领域，通过寻找证券组合在时间序列下的概率分布模型来对投资风险进行量化，并将结果进行了实证拟合。这不仅证明了风险是可以度量的，更为风险度量理论指明了前进的道路。

---

① 宋红玉：《证券市场风险度量与分析》，硕士学位论文，天津大学，2004 年。

一 VaR 模型

哈里·马科维兹建立了现代投资理论之后，VaR 的诞生标志着风险度量理论进入了一个全新的时代。自 1971 年固定汇率体系崩溃以来，汇率、利率等金融变量的波动性不断加剧，对绝大多数公司形成了巨大的金融风险。金融机构在传统投资市场中的获利空间逐渐受到压缩，开始广泛尝试进行金融创新，开辟新的阵地。在这一过程中，大量金融衍生品被创造出来，由于其结构复杂、操作难度大、专业化程度高等特点，这些产品巧妙地游离于金融监管体系之外，为金融机构带来了巨额利润的同时也埋下了巨大的隐患。国际上众多金融机构因市场风险管理不善而导致巨额亏损，巴林银行更是因此而倒闭。因此传统的信用风险开始被市场风险所取代，而商业化银行业务重心的偏移导致了一旦恶性风险事件发生，则有可能导致全面的系统性风险发生。作为金融市场风险管理的基础与关键，传统的风险度量模型无法直观地将复杂的金融市场风险特征量化。因此，准确地测度风险成为首要的问题。在这种情况下，VaR 方法应运而生。[①]

VaR 方法是指在既定的时间间隔 T 内，在既定置信水平 a 的条件下，由市场风险所带来的金融资产的潜在损失，可以表示为如下公式：

$$\alpha = P(\Delta V \leq -VaR) = F(-VaR) \tag{13.1}$$

其中，α 是置信水平，F 是描述资产组合价值变化的分布函数。该公式表明在持有期 T 内，头寸损失大于 VaR 的概率为 $1-a$。即在置信水平 α 下，某资产的持有者在持有期 T 内，由于市场风险所带来的损失不会超过 VaR。

从 VaR 的概念中可以发现，VaR 由持有期、置信水平与风险分布特征三个要素组成。持有期由风险资产持有者的偏好及资产流动性决定，通常流动性越低的资本其持有期越长；置信水平代表了投资者对市

[①] 沈悦、李善燊、马绫涛：《VAR 宏观计量经济模型的演变与最新发展——基于 2011 年诺贝尔经济学奖得主 Smis 研究成果的拓展脉络》，《数量经济技术经济研究》2012 年第 10 期。

场风险的接受能力，越稳健的投资者所设置的置信水平通常也越高；风险分布特征由金融机构对市场风险的概率分布模型测算而来，风险管理能力越强的金融机构，获得的风险分布特征通常也越准确。

VaR模型之所以能够在众多的风险度量模型中脱颖而出，主要原因是它提供了一个单一的量化指标，可以非常容易地将复杂的市场风险转化为直观的数字高低，并且能够在一个度量单位下衡量不同类型、不同市场的资产组合风险。这使得VaR可以突破传统风险度量模型的限制，除了风险度量的工具外，VaR的这种特性使得它还可以兼具以下作用：

（1）风险披露与信息报告的工具。VaR简明易懂的特性决定了它可以作为向股东与董事会进行风险披露的工具，同时为这两者提供一个直观的决策评估度量，并反映出金融机构对于风险的管控能力。即使股东或管理层不具备任何金融专业知识也可以很容易地根据VaR来判断可能的风险。

（2）绩效评估与资源配置的工具。传统金融行业中，交易员的业绩是依据其盈利能力来进行评价的。这一评价体系并没有考虑到不同金融市场中交易员面临的市场风险并不相同这一前提，而VaR的出现使得这种评估成为可能。VaR模型是对市场风险的理性"预测"，这有助于管理层合理的评价交易员的盈利能力，并根据VaR来调整资产组合，实现盈利目标。

而VaR模型的局限性也同样明显，首先，VaR模型是专门针对市场风险开发的数学模型，在设计之初所考虑的"正常状态下的市场风险"往往与实际情况有所偏差，在现实世界中，市场上存在着"黑天鹅"事件，即小概率的巨大风险事件，一旦发生则会对市场造成巨大影响，而VaR模型设计之初便忽略了这点；其次，VaR模型的局限性决定了它在衡量市场风险方面有着广泛的应用，但针对信用风险、操作风险等则难以量化；再次，VaR模型的精度受制于风险分布特征的测算，使用不同模型测算的VaR值往往差异巨大，因此在实际应用环境中往往要求对VaR计算结果进行返回校验。复次，VaR对风险的高度单一化度量容易造成误解，即只要选择VaR值较低的资本组合就一定是正确的，这会导致风险管理的唯数据化倾向。作为一个完整的体系，金融风险管理涵盖了风险的识别、风险测量与风险控制三个过程，三个环节相辅相成，缺一不可，单纯依赖风险测量是不可取的。最后，VaR 模型不具备可加性，即在一般情况下，投资组合中各个组成部分的风险之和可能大于投资组合的整体风险，这无疑违背了投资组合的初衷。且用 VaR 对投资组合进行优化时，局部上的最优解往往不是全局最优解，这大大增加了 VaR 模式在实际应用中的处理难度。

二 CVaR 模型

有鉴于 VaR 在实际应用中存在的问题，Artzner 等人在 1997 年提出了风险度量的一致性标准。一致性风险度量模型认为，只有当一个风险度量模型满足如下条件时，才能被认为是一个完美的风险度量模型：

其一，单调性。$X \in V$，$X \geq 0 \to p(X) \leq 0$

其二，次可加性。$X \in V$，$Y \in V$，$X + Y \in V \to p(X + Y) \leq p(X) + p(Y)$

其三，正齐次性。$X \in V$，$h > 0$，$hX \in V \to p(hX) = ph(h)$

其四，平移不变性。$X \in V$，$a \in R \to p(X + a) = p(X) - a$

次可加性满足了投资组合的基本原理，即多样化的投资策略能够有效规避风险；而单调性则将优质资产与劣质资产进行了区分；正齐次性是从资产的流动性角度来考虑风险的度量；而平移不变性则对收益与风险间的关系进行了考量。这四种性质在经济学上是很容易被解释的。一致性风险度量模型是主观风险函数，对风险有厌恶性，其模型结果比 VaR 方法更精确。但其实际计算难度很大，计算过程复杂。在此基础上，CVaR 模型被提出。

若将随机变量 X 的下分位数定义为：

$$q^a(X) = \inf\{x \mid P(X \leq x) \geq a\} \tag{13.2}$$

则 CVaR 可以被定义为：

$$CVaR_a(X) = -\frac{1}{a}\int_0^a q\zeta(X)d\zeta \tag{13.3}$$

很显然，此时 VaR 可以被定义为：

$$VaR_a(X) = -q^a(X) = q^{1-a}(-X) \tag{13.4}$$

若用一致风险测量度来对 VaR 模型进行衡量，那么我们可以发现 VaR 方法在一般状态下满足除了可加性以外的其余三个条件[①]。

假设两种资产 X_1 和 X_2，其初始价格均为 1000 元。在资产持有周期 T 内，两者的单独违约概率均为 5%，共同违约概率为 0。一旦违约发生，则资产持有者有 2% 的概率在 90% 初始价格的水平上止损，有 3% 概率在 70% 初始价格水平上止损。如表 13.1 所示：

表 13.1　　　　　　　　　　模拟资产价值分布

可能性	X_1	X_2	$X_1 + X_2$	概率
1	700	1000	1700	3%
2	900	1000	1900	2%
3	1000	700	1700	3%
4	1000	900	1900	2%
5	1000	1000	2000	90%

由表 13.1 及公式 13.3 与 13.4，可计算在持有期 T 内，在 95% 置信水平下的 VaR 值和 CVaR 值。并计算两者权重相等时的投资组合的 VaR 值和 CVaR 值。其结果如表 13.2 所示：

表 13.2　　　　　　　　　　模拟资产的风险值

风险值	X_1	X_2	$X_1 + X_2$
原价	1000	1000	2000
VaR（95%）	100	100	300
CVaR（95%）	220	220	300

---

① 刘俊山：《基于风险测度理论的 VaR 与 CVaR 的比较研究》，《数量经济技术经济研究》2007 年第 3 期。

由表 13.2 可见，VaR（$X_1 + X_2$）> VaR（X_1）+ VaR（X_2），而 CVaR（$X_1 + X_2$）> CVaR（X_1）+ CVaR（X_2）。这充分说明了 VaR 模型在一般情况下不满足子可加性，因此不能完全反映出"投资组合的总体风险小于各部分风险之和"的理论。

虽然 Artzner 等人证明了当组合中各资产的损益服从联合正态分布且置信水平小于 0.5 时，VaR 将满足可加性。但若我们将式 13.4 变形，考虑正态随机 $\beta(\cdot)$ 为累积标准正态分布函数，则可得到公式 13.5：

$$VaR_a(X) = -(E(X) + \beta^{-1}(a)\sigma x) \qquad (13.5)$$

易知 $a < 0.5$ 时，$\beta^{-1} < 0$，则可知此时 VaR 模型满足可加性。一般情况下金融产品的价格都呈现出典型的"尖峰厚尾"特征，因此正态分布下的 VaR 虽然满足了可加性条件，但却失去了实际意义。我们通过实证研究证明了中国碳金融市场的收益率目前存在尖峰厚尾特征，资产收益率不符合正态分布。在这种情况下，VaR 模型不满足子可加性的特点便成为一个不可忽视的缺点。由于其不满足一致性原则，将导致 VaR 模型在碳金融市场上度量失效，而 CVaR 模型在金融产品呈现尖峰厚尾特征时依然满足可加性。因此，在中国碳金融市场，用 CVaR 来度量风险显然优于 VaR。CVaR 方法可以被视为 VaR 方法的"进化"，有效地弥补了 VaR 方法在投资组合中存在的不可加性所产生的纰漏。然而，CVaR 方法也并非是十全十美的风险测量工具，尚存在许多不足。

CVaR 的计算复杂度要远超 VaR，对样本的可靠性要求更高；其次 CVaR 的校验难度要大于 VaR，目前尚未有特别有效的校验模型能够对 CVaR 模型的准确性进行检验。这是由 CVaR 的特性所造成的，不同于 VaR 校验过程中直接计算实际损失超过 VaR 值的频率，CVaR 模型需要将估算的 CVaR 值与实际损失超过 VaR 值的期望进行对比，所需数据样本数量大大增加的同时还降低了检验的精确度。但即使如此，CVaR 模型仍然是目前最为有效的风险度量模型之一。

第二节 CVaR 和 VaR 进一步比较

尽管 VaR 在通常情况下并不具备可加性，但这并不代表 VaR 就失去了实际应用价值。当组合中各资产的损益服从联合正态分布且置信水平小于 0.5 的特殊情况下，或是当资产虽然具有厚尾特征，但当组合中各资产的损益服从椭圆分布时，VaR 依然具备可加性。考虑到在实际交易过程中风险度量模型通常要与其他风险度量理论共同使用，很少有仅采用单一风险度量指标，而 CVaR 的运算复杂度要远超 VaR，在单一资产风险计算上较 VaR 方法并无优势。因此在实际操作过程中 VaR 方法仍然具有高度的可操作性。

VaR 与 CVaR 方法的共同特点主要表现在以下几个方面。

第一，VaR 和 CVaR 都是下方风险控制指标，都反映了"风险即潜在损失"这一现代风险管理理念，具有良好的预警性，而传统风险控制模型大多是事后模型。VaR 与 CVaR 方法与下分位数概念息息相关，因此所计算的是半边风险概率，对风险的度量较为科学。

第二，两种模型都直观易懂，在合理度量的情况下，两种指标都能令投资者确切地了解所持有的资产组合的风险规模。投资者还可以方便地根据自己对风险的厌恶程度调整置信水平，以控制风险水平，最大化自己的投资策略。

第三，两种方法都允许用单一指标来对风险进行测量，这使得投资者可以非常方便地比较不同市场的头寸，从而大大简化了投资者在面对多种资产组合时，因为不同市场环境所带来的风险差异。从而达到化繁为简的目的。

CVaR 具备良好的次可加性，这也是 CVaR 模型最大的优点之一。除此之外，VaR 模型在设计之初缺少对尾部事件的抵抗力，而这种黑天鹅事件数量虽然稀少，但一旦发生，则可能导致系统性风险，引发金融机构破产。这恰恰是近年来几次金融危机爆发的主要诱因之一。因此金融机构与监管当局都对这种风险巨大的尾部事件异常关注。且 VaR 模型计算严重依赖风险损益分布模型,这使得投资者在使用模型时会有意识地选择那些潜在损失更小,但却完全忽略尾部事件的损益分布模型。下面举例说明。

假设有两种股票 X_1 和 X_2,购入价格均为 1000 元,当经过时间 T 后,两种股票的价值分布如表 13.3 所示:

表 13.3　　　　　　　　　　虚拟股票价值分布

可能性	X_1	X_2	概率
1	1000	1000	95%
2	900	900	1%
3	800	800	2%
4	500	800	1%
5	400	800	1%

显然,股票 X_1 的尾部风险要远大于 X_2,在极端情况下,X_1 可能损失超过 60%,而任意情况下 X_2 的损失都不会超过 20%。当置信区间在 95% 时,经过时间 T 后,两种股票的 VaR 与 CVaR 值计算如表 13.4 所示:

表 13.4　　　　　　　　虚拟股票的 VaR 与 CVaR 估算

风险值	X_1	X_2
原价	1000	1000
VaR（95%）	100	100
CVaR（95%）	320	180

由表 13.3 和表 13.4 可以看出,VaR 模型计算得到两只虚拟股票的风险值均为 300,而 CVaR 模型计算的风险值分别为 320 和 180。这不仅符合投资者的心理预期,同时也说明了 CVaR 模型对尾部事件良好的控制能力。而 VaR 则不具备这种能力。

同 VaR 模型相比，CVaR 模型在统计学特性上具有较大的优势，这一点在计算投资组合时尤其重要。CVaR 在任意置信水平上都呈现出连续性，而 VaR 则不然；同时 CVaR 的特点使其可以容易地将投资组合计算转变为线性规划问题，有利于减少计算规模，利用计算机求解方便快捷，这在进行大型投资组合分析时显得尤为重要。表 13.5 可以看出 VaR 与 CVaR 优缺点。

表 13.5　　　　　　　　VaR 与 CVaR 优缺点比较

	优点	缺点
VaR	1. 直观风险度量 2. 计算复杂度较低 3. 可以进行事后检验	1. 不具备子可加性 2. 需要合理选择风险分布特征模型 3. 对尾部事件的抵抗力低 4. 不便于应用于投资组合模型中
CVaR	1. 具备子可加性 2. 对尾部风险控制较好 3. 不依赖市场风险分布特征模型 4. 应用于投资组合时计算优势明显	1. 计算复杂、难度大 2. 缺乏有效的事后检验手段

第三节　不同计算方法间的比较

VaR 模型的计算依赖于风险特征分布模型的选择，目前主流的风险特征分布模型可以分为三大类：历史模拟法、参数法（方差—协方差法）和蒙特卡罗模拟法。因为方差—协方差法无法处理尖峰厚尾问题，因此本书不再讨论方差—协方差法，而主要讨论历史模拟法与蒙特卡罗模拟法之间的差异。由于 CVaR 实际上是损失大于某个给定的 VaR 值条件下的期望损失，其计算极大地依赖于 VaR 值，而其事后检验又相对困难，因此我们这里只针对历史模拟法与蒙特卡罗方法下的 VaR 值有效性进行讨论并加以检验。

一　历史模拟法

历史模拟法基于有效市场假设，因为完全意义上的有效市场永远不可能实现，通常现实中的金融市场是介于半强有效市场与半弱有效市场之间的。而根据有效市场假说，半有效市场中市场价格反映了全部的以往历史数据，即根据对以往历史数据的模拟，我们可以得到未来价格变动的趋势。

因此历史法应运而生，这种方法是非理性的。其核心思想是根据某金融产品以往的历史价格来估测市场的未来损益分布，因此历史法不需要任何分布假设，也不依赖于模型选择。相反，金融市场的历史交易数据样本与市场的有效性才是决定历史法成败的关键。而当某些金融市场因种种原因，导致投资者无法获得足够多的历史数据（如交易数据保密、遗失或是新兴市场缺少足够的交易数据）时，则选取与该市场相关的风险因子代替该市场的历史交易数据来进行计算，由于此时并非是通过历史数据样本得到的未来损益分布模型，而是通过对历史交易数据的"模拟"得到的未来损益，因此这种方法被称为历史模拟法。

历史法的计算十分简单，我们如果想计算某种投资组合的VaR，则只需要以下步骤：

一是获取该投资组合的历史价格数据 P_t（$t=1, 2, \cdots, T$）；

二是根据历史价格数据构建历史价格波动序列 ΔP_t（$t=1, 2, \cdots, T-1$）；

三是将目前时刻价格定义为 P_0；

四是构建未来价格波动序列 $P_{0+t} = P_0 + P_t$，并将其进行排序；

五是根据投资者的风险厌恶程度选取置信水平，计算分位数，得到VaR。

历史模拟法的计算原理和步骤与历史法极其相似，计算某种投资组合的VaR，需要以下步骤：

（1）定义投资组合的风险因子 $F(i)$（$i=1, 2, \cdots, n$）；

（2）获取风险因子的历史价格序列 F_{it}（$i=1, 2, \cdots, n$，$t=1, 2, \cdots, T-1$）；

（3）将风险因子的当前值定义为 F_{it}，则根据历史价格序列可以得到风险因子的变化量，两者相加可得到 $F'_{i,t} = F_{i,0} + \mid F_{i,t}$（$i=1$，$2$，$\cdots$，$n$，$t=1$，$2$，$\cdots$，$T-1$）；

（4）通过风险因子未来价格序列 $F'_{i,t}$ 来计算出资产组合的当前价值 P_0 和未来价值序列 $P_{0+t} = P_0 + P_t$；

（5）根据投资者的风险厌恶程度选取置信水平，计算分位数，得到 VaR。

历史模拟法计算简单，易于理解。其有效性依赖于市场有效性，而不依赖于分布假设与模型选取，因此可以十分容易地应用于任何形式的市场风险计算。但历史模拟法也同样具有一些缺点，比如对历史数据的要求比较高，依赖于市场的成熟程度，等等。

二　蒙特卡罗法

蒙特卡罗法也称统计模拟法。其核心思想是当某种问题可以被抽象为随机变量的期望时，而我们又无法直接得到相关概率模型时，则可通过模拟的方法，通过生成大量随机数据达到模拟该随机变量概率分布特性的随机数值序列。从而逼近该问题的解。蒙特卡罗的一般解法如下：

（1）模型构建。将问题抽象为概率模型，对于确定性问题，则人为构建一个概率过程，使其参量恰好为我们所求的解。而对于本身就具有随机性的问题，如金融市场价格波动，则只需要找出一个能够正确模拟该过程特点的概率模型即可。

（2）从已知概率分布抽样。作为系统的抽样输入进行数字模拟试验，得到大量的模拟试验值。

（3）问题求解。对模拟试验结果进行统计处理（计算频率、均值等特征值），给出所求问题的解和解的准确度估计。

在此基础上，我们给出通过蒙特卡罗法计算 VaR 的运算步骤：

其一，构建资产组合的风险分布模型。这里我们以在股票等金融产品中被广泛应用的广义布朗过程为例。我们将某种资产组合在持有期 dt 内的价格变量定义为 s_t，则可得到：

$$dS_t = \mu_t s_t dt + \sigma_t s_t \varepsilon \sqrt{dt}$$

其中 ε 表示一个服从标准正态分布的随机变量。

其二，从已知概率分布抽样。我们利用计算机，生成随机序列 ε_i ($i=1, 2, \cdots, n$)，进而计算出价格的变化趋势 s_{t+i} ($i=1, 2, \cdots, n$)。

其三，如果是风险因子则需要用适当的定价模型模拟出相关资产的价格序列。如买入的期权价值 C_{t+i} ($i=1, 2, \cdots, n$)，并计算收益率 $(dC/C)_{t+i}$ ($i=1, 2, \cdots, n$)。

其四，根据投资者的风险厌恶程度选取置信水平，计算分位数，得到 VaR。

蒙特卡罗法能够比较有效地模拟随机事件，但运用蒙特卡罗法计算 VaR 值有赖于模型选取。同时蒙特卡罗法的收敛速度较慢，误差具有概率性。因此在实际问题求解的过程中，应当适当地选取合适的模型进行运算。

三 基于实证的碳交易市场历史模拟法与蒙特卡罗法比较

历史模拟法的优点在于计算相对简单，不需要对收益率分布进行假设，能够较好地处理非线性与市场大幅波动。但历史模拟法需要大量历史数据，预测效果差，难以分析灵敏度，波动性较大。

相比之下蒙特卡罗法虽然有计算复杂、数据鲁棒性差的缺点，但通过计算机模拟便可完成对总体特征的推断，不需要大量的历史数据，适应性大大强于历史模拟法。

中国碳交易市场成立时间较短，有效交易日偏低，历史模拟法在这种情况下不能完全反映出中国碳交易市场的风向状况。我们选取北京碳交易市场的交易数据，数据样本为从北京碳交易市场开放起，到2015年1月9日止的成交均价。采用对数日收益率时间序列来刻画碳金融市场的价格波动。分别采用历史模拟法与蒙特卡罗法来计算北京碳交易市场的 VaR 值，结果如表13.6所示。

表 13.6　不同置信水平下的历史模拟法与蒙特卡罗法 VaR 值统计结果

置信水平	模型	均值	最大值	最小值	样本数量
90%	历史模拟法	-0.0315	-0.0047	-0.0631	199
	蒙特卡罗法	-0.0438	-0.0304	-0.0676	199
95%	历史模拟法	-0.0560	-0.0405	-0.0642	199
	蒙特卡罗法	-0.0550	-0.0499	-0.0625	199
99%	历史模拟法	-0.0864	-0.0189	-0.2218	199
	蒙特卡罗法	-0.0715	-0.0474	-0.0829	199

可以看出，历史模拟法的波动要远大于蒙特卡罗法，在置信水平提高的情况下尤其如此。

VaR 模型的准确性检验方法很多，其中 Kupiec 提出的失败频率检验法是比较直观、有效的模型检验方法，使用起来也比较简单、易行。其计算过程如下：

其一，将置信水平为 a 的 VaR 的失败频率定义为在考察周期 T 内，将损失超过 VaR 的天数记为 N，则可以得到 $p(N/T)$，其零假设为 $p = p^*$。

其二，通过二项式过程计算失败概率，得到 $(1-p)^{T-N} p^N$。

其三，进行似然比率检验，考察失败频率 p 与 p^* 之间是否存在显著差异：

$$L_R = -2\ln\left[(1-p^*)^{T-N} p^{*N}\right] + 2\ln\left[(1-N)/T\right]^{T-N} (N/T)^{*N}$$

在零假设的条件下，统计量 L_R 服从自由度为 1 的 X^2 分布。我们以 199 个交易日内前 99 个交易日的对数收益率数据为时间窗口，通过每次移动一个窗口，计算后 100 个交易日的每日 VaR，将每日实际损失超过 VaR 的估计记为失败天数。选择置信度为 95%，期望的失败天数为 $100 \times 5\% = 5$ 天。在零假设成立的条件下，统计量 LR ~ X^2，自由度为 1 的卡方分布的 95% 置信区间临界值为 3.84，当 LR > 3.84 时，我们就认为 VaR 模型已经失效。检验结果见表 13.7。

表 13.7　不同 VaR 值的 Kupiec 失败频率检验结果（置信度 95%）

模型	失败天数	失败频率	L_R 统计量
历史模拟法	11	11%	6.44573
蒙特卡罗法	4	4%	0.61498

由此我们可以得出如下结论：

第一，蒙特卡罗法在当前情况下通过了模型检测，能够较好地衡量我国碳交易市场存在的风险。

第二，历史模拟法没有通过模型检验，不能完全反映出我国碳交易市场中存在的风险。这部分程度上是由于历史模拟法假定市场因子的未来变化与历史变化完全一样，而我国的碳交易市场尚不成熟，市场风险与历史相比存在更大幅度的波动，所以历史模拟法在测量我国碳交易市场风险运用上存在一定局限性。

第四节　基于实证的中国区域碳金融交易市场 VaR 与 CVaR 值比较

我们抽样选取前述 6 个碳交易市场的交易数据作为研究对象（重庆碳排放权交易所自成立以来只有一次有效交易数据，样本容量过小，没有研究价值），数据样本为从各市场开放起，到 2015 年 1 月 9 日止的成交均价。采用对数日收益率时间序列来刻画碳金融市场的价格波动。

用蒙特卡罗法计算出不同置信水平下六个碳交易市场的 CVaR 值与 VaR 值，并将其互相比较，结果见表 13.8 和表 13.9。

表 13.8　六个市场 CVaR 值与 VaR 值的比较（90% 置信水平）

市场名称	模型类别	均值	最大值	最小值	样本容量
北京	VaR	-0.0438	-0.0304	-0.0676	199
	CVaR	-0.0544	-0.0492	-0.0576	199

续表

市场名称	模型类别	均值	最大值	最小值	样本容量
上海	VaR	-0.8603	-0.7174	-1.0311	195
	CVaR	-1.3138	-1.1771	-1.3889	195
天津	VaR	-0.0707	-0.0639	-0.0784	201
	CVaR	-0.0919	-0.0857	-0.1013	201
深圳	VaR	-0.1359	-0.1099	-0.1620	303
	CVaR	-0.2081	-0.1790	-0.2356	303
湖北	VaR	-0.0251	-0.0236	-0.0292	186
	CVaR	-0.0330	-0.0305	-0.0350	186
广州	VaR	-0.1413	-0.1264	-0.1453	126
	CVaR	-0.1702	-0.1669	-0.1717	126

表 13.9　六个市场 CVaR 值与 VaR 值的比较（95% 置信水平）

市场名称	模型类别	均值	最大值	最小值	样本容量
北京	VaR	-0.0550	-0.0499	-0.0625	199
	CVaR	-0.0630	-0.0544	-0.0718	199
上海	VaR	-1.1749	-1.1022	-1.2770	195
	CVaR	-1.4175	-1.3666	-1.5169	195
天津	VaR	-0.0654	-0.0548	-0.0771	201
	CVaR	-0.0781	-0.0658	-0.0922	201
深圳	VaR	-0.2061	-0.1900	-0.2272	303
	CVaR	-0.2524	-0.2139	-0.2938	303
湖北	VaR	-0.0324	-0.0310	-0.0346	186
	CVaR	-0.0370	-0.0358	-0.0385	186
广州	VaR	-0.1148	-0.1023	-0.1254	126
	CVaR	-0.1381	-0.1328	-0.1456	126

由表 13.8 与表 13.9 可知，CVaR 与 VaR 的变化趋势相同，但前者始终比后者偏大，特别是在面临市场剧烈波动，即风险较大时，CVaR 值比 VaR 大得更多。

由此可见，采用 VaR 进行风险值度量，容易导致风险低估，而且风险越大低估越明显，所以应采用更加客观保守的 CVaR 方法。与 VaR 相比，使用 CVaR 进行风险度量，更满足风险管理的谨慎性原则。因此从总体上说，CVaR 是一种可以覆盖更大范围风险的风险度量工具。

第五节　CVaR 方法在中国碳交易市场风险度量应用中存在的问题

由于 CVaR 风险测量方法具有可以综合度量市场风险的特征，而且比 VaR 风险测量方法更加全面与合理，所以它在国际金融市场上将有着巨大的应用空间，同样，应用 CVaR 对于中国的碳交易市场的风险度量是有着重大意义的。但从前文中我们可以看到，现阶段 CVaR 模型应用于中国碳交易市场风险的度量还不成熟，还存在以下几个问题。

第一，中国缺乏使用模型所必需的大量数据。虽然蒙特卡罗方法计算下的 VaR 方法与 CVaR 方法对历史数据依赖程度较低，但在大多数情况下波动性的测量和收益分布的确定都需要有大量的历史数据来支持。中国的碳交易市场起步很晚，产品种类单一，样本数量极其稀少，大多数交易所连超过 300 个交易日的交易数据都无法提供。这使得 VaR 与 CVaR 模型的建立及其有效性检验都面临着巨大的压力。

第二，风险管理与监管的配套设施建设不足，缺乏高素质人才。尽管 VaR 体系已经相当完善，CVaR 方法也有着很好的说明性，但模型的建立和计算过程还是相当复杂的，尤其在应用蒙特卡罗模拟法的时候，没有计算机相关软件的辅助，几乎是不可能完成运算的。这两种风险测度方法都是建立在统计学、数理知识，甚至是系统工程知识的基础上，在实际应用中需要大量的专业人才及相应的制度安排，这对中国目前的风险管理现状是个不小的挑战。

第三，缺乏统一的全国性碳交易市场。CVaR 不同于 VaR 模型的一个重要特性是其可加性，因此只有在计算投资组合时才能体现出 CVaR 模型的优势。但目前中国碳交易品种单一，7 个交易所分布在不同省市，成交量十分有限，尚不具备构建投资组合的充分条件。只有构建全国性的碳交易市场，打破地域限制，扩大碳交易品种，才能让 CVaR 模型真正发挥作用。

第四，不规范的政策导向极大地影响了市场风险度量。中国的碳交易市场目前仍处于起步阶段，各项配套法律法规与政策尚未完全落实。交易价格不能完全由市场决定，政府行为对价格影响极大，降低了金融资产市场化配置的效率，导致了金融资产价格的非市场化，使价格变动的风险在很大程度上被放大了。因此理论计算出的 CVaR 值往往无法预料到可能的政策风险，从而导致风险测量失效。

第十四章 中国碳金融交易市场风险管控的对策建议

第一节 完善法律框架、加强政策指导，建立规范的碳交易市场体系

现阶段国际经济金融环境十分复杂，中国经济从高速增长进入到新常态增长阶段，随着经济结构调整与金融改革的推进，中国的企业也越来越关注如何在新常态下利用好碳金融，尤其是掌控好风险从而更好地服务低碳经济发展。但是目前中国碳金融市场又处于初期的探讨阶段，各种不确定性使中国目前的碳金融交易市场的风险监管变得异常重要，从而对碳金融交易市场的法律框架、宏观政策和宏观监管提出了客观需要和完善要求。但是，目前中国金融业监管为分业监管模式，在这种体制下，仅靠单一部门是难以实现对这种复杂性系统的宏观审慎监管的。因此，我们认为应以立法的形式，在国家层面建立或指定一个有针对性的统一的协调机构，重点对碳金融交易风险的系统性风险进行法律框架完善、政策指导和宏观监管。

应该指出的是，在所有碳金融风险之中，争议最大、变数最多、风险最强的当数来自国际政策性的风险。一方面，在2010年的哥本哈根会议上，虽然面对全球气候异常变化的严峻形势，世界各国不得不在一定程度上互相妥协，谋求共同进行"绿色发展"的新型经济发展模式。各方坚持维护本国利益，在一些关键问题上始终无法达成一致。欧盟是最早关注气候异常的国家，早于2008年年底就通过了能源和气候一揽

子计划。欧盟在这个计划中承诺了 3 个 20% 的减排目标。但是美国没有成为签约国，不过美国也向全世界给出了承诺。美国承诺到 2020 年温室气体排放总量要比 2005 年温室气体排放总量减少 17%。而欧盟和美国以外的其他发达国家，如澳大利亚等国也分别根据本国情况确定了 2012 年后的目标。不过在此之外，发达国家与发展中国家就承担减排义务这一问题上始终无法达成一致。事实上，发达国家的温室气体排放历史积累量远远大于发展中国家，但美国始终拒绝就这一问题进行讨论，而坚持只考虑现在与未来的排放问题。这导致了众多发展中国家在减排任务与环境保护义务的双重压力下无法接受现有的减排方案。无论是"均等人均排放权"方案，还是"延伸巴西"方案，都没有考虑发达国家的历史责任，难以得到发展中国家的认可。因此，现行的发展中国家减排方案存在较大的变数，一旦发展中国家在经济发展的压力下放弃减排目标，则国际碳交易市场将面临极大的风险。

另一方面，我们还应正视发达国家所面临的政策性风险。虽然 2014 年欧盟能源政策评估报告的摘要显示，欧盟已经向实现其 2020 年能源和气候目标，并将分散的电力和天然气市场纳入一个单一能源市场迈出了重要一步。但值得注意的是 2008—2014 年间，欧盟各主要经济体的经济发展形势都不容乐观，目前欧盟的温室气体排放下降实际上伴随着欧盟地区经济发展的停滞。而作为欧盟区经济发展表现最好的德国，其温室气体排放量不仅没有下降，还出现了反弹的现象，只是到 2014 年的时候才比前几年有明显的下降。

鉴于温室气体的排放与经济发展呈正相关趋势，因此我们不得不慎重地考虑如下事实：一旦发达国家急于摆脱经济困境而置减排协议于不顾，或出于国内政治经济压力而向发展中国家施压，那么全球的碳金融交易市场就会出现巨大波动。

中国作为最大的发展中国家，自然也面临着减排与环保的双重压力。而由于中国长期以来将 GDP 产出作为政府直接考察指标，对环境保护相对漠视，导致了中国在 2013 年、2014 年多地爆发了大范围的雾霾天气，严重影响了人民生活质量，并直接威胁到人民群众的健康生存环境。虽然中国将能耗和排污目标写入了"十一五"规划，规划在"十一五"期间将 GDP 能耗降低大约 20%、将主要污染物排放总量减少 10%[①]，但从现实环境来看，中国面临的减排压力仍是比较巨大的。一方面国内环境尤其是空气质量的持续劣化对中国的减排提出了现实需求，另一方面后"京都时代"的来临，特别是伴随着中国 GDP 总量不断上升的趋势，发达国家必然将从政治、外交等领域向中国施加压力，要求中国承担起相应的减排义务。2014 年 11 月，中美双方就气候变化方面达成共识，在北京发布了联合声明，美国计划于 2025 年实现在 2005 年基础上减少 26%—28% 的温室气体排放，并努力将减排量达到 28%；中国预计二氧化碳排放于 2030 年左右达到峰值，中国政府承诺将努力降低排放使早日达峰，并计划减少一次能源消费，以非化石能源替代一次能源，提出到 2030 年非化石能源占一次能源消费比重提高到 20% 左右的目标。中美双方均计划继续为降低温室效应而努力，并随时间不断加大力度。这一声明实际上为我国工业化与城镇化发展盖上了天花板。

面对这种严峻的形势，建议中国应主动采取措施，从国家层面应对可能存在的政策风险。因此制度上的配套改革势在必行，必须完善法律框架、加强政策指导，建立规范的碳交易市场体系。通过改革寻求法律制度、技术、价值的平衡，另外要在国际谈判上争取更大的利益，比如要求发达国家提供相应的技术和资金的支持，争取更多的国际合作机会，始终坚持共同承担但责任有区别的原则。中国应针对国际及国内的减排需求进行全面的评估，对中国今后的减排任务和发展目标进行准确的定位。碳减排任务和目标的执行需要法律保障，因此要积极通过立法明确发展目标及路线，用法律保障碳金融交易和碳排放权等碳金融市场的合理定位，同时增强碳金融主体和产业界的市场预期。在明确发展任务与减排目标的基础上，中国政府应在政策面上不断引导低碳经济发展，通过低碳项目税收优惠、碳信贷担保等政策支持资本参与低碳经济

---

① 详见《中华人民共和国国民经济和社会发展第十一个五年规划纲要》。

建设。中国政府应通过立法明确政府和企业参与国际碳市场的机制和参与途径，并且加强与国际主要碳市场的合作，争取在认证体系和减排标准等方面的相互认可与互信，从而形成中国较强的参与能力，在国际谈判中取得更大的影响力，逐步使中国在国际碳市场竞争中取得重要地位。碳金融监管需要有法可依，相应的法律支持体系是必不可少的，同时较为完整的实施细则可以增强金融监管的可操作性，对于立法环境尚未成熟的业务和行业，也可先制定暂行条例。

第二节　运用技术手段、建立严格的碳金融风险防控体系

碳金融并非是完全的市场产物，从其形成之初就无法摆脱其身上浓重的政治印记，因此碳金融市场的运营也不能完全交给市场。政府应主动承担监管责任，建立严格而完善的碳金融风险防控体系。应从风险监控机制入手，构建涵盖碳金融交易市场风险评估、风险监控的一整套风险防控体系，力争做到全过程监控，实现防控的适时和有效。

一　构建中国碳金融风险监控机制

碳金融市场准入制度是金融风险防范和创新工具交易风险防范的第一关。政府应建立起全面的碳排放权交易准入机制，成立专业监管机构，对参与碳排放权交易的企业进行资格审核，严格审核交易机构的准入资格，组织全国统一的经纪人从业资格考试，将交易的规模与风险牢牢地控制在一定规模上。对碳金融产品的创新应持谨慎的欢迎态度，允许试错，但要严格控制其风险。在行业自律方面，中介机构首先要明确自己在市场中的性质与重要地位，明确自己的市场行为可能造成的风险和社会责任，从而提高其自律管理的自觉性及行业自律的重要性和权威性。市场监管体系是政府监管和行业自律相结合的监管，政府发挥的是主导监管的作用，行业自律为行业和市场稳定保驾护航。中介机构所形成的协会制度可以使全体成员共享资源，增强合作并减少成员间的利益

冲突，监督成员的交易活动的合规性，对违规行为及时发现和制止，维护市场秩序。

二 构建中国碳金融风险管理体系

(一) 构建中国独立的碳交易系统

欧盟独立交易系统（CITL）可作为中国碳金融市场的构建模板，中国的碳金融市场也应该建立这样的独立交易系统，通过这个系统可以对每笔场内交易均进行实时跟踪监控与管理，从而可以杜绝违规交易的发生。欧盟独立交易系统（CITL）也存在监管盲区，无法监测资金所有权与资金流向，所以要为确保系统的运行成效，交易所需要定期请专业技术公司为独立系统进行评估和更新。

结合欧盟 EUETS 价格崩盘的教训，以及欧盟建立的碳金融风险应对措施，中国碳金融市场交易，一方面要建立独立统一的交易系统，另一方面建议中国碳金融交易市场应建立基于独立统一的交易系统的风险监测体系，构建中国独立碳交易系统及风险监测体系，针对每个交易过程，交易系统都应按照以下 4 个步骤进行交易。

第一步，建立握手协议。每次交易申请提出后，交易系统都要与交易所建立加密的通信通道，确认交易者信息、交易状态及交易可行性。并将确认结果返回交易所。

第二步，实现进一步核查功能。一旦交易所与监视系统握手成功后，则交易系统会对交易者与被交易对象持有的排放权指标进行核查，对所在的注册系统进行核查，以确保交易的合法性。交易系统会自动评估每笔交易的风险，对超出系统风险阈值的交易，系统将强制中止交易，并将日志提交给监管机构。

第三步，实行系统大数据的日志封存。每日交易结束后，交易系统应保存交易快照，对关键交易数据进行备份，以备日后查询。

第四步，基于适时交易信息，建立风险监测预警系统，对可能出现的极端价格波动和异常交易，施行监测后的系统暂停交易等应对措施。

(二) 尽快建立中国的碳信用评级体系

碳信用评级是风险防范的一道重要防线，应充分地发挥碳信用评级在碳金融监管中的作用，既可以客观有效地评价碳金融主体的信用情况，碳金融参与机构的业绩，又有利于形成良性竞争机制，而且可以客观地指导碳金融机构市场行为，维护碳金融市场的正常运营，交易主体的理性投资，规避潜在市场风险。碳金融市场的发展目标是完全市场化运行，金融监管的最终理想化目标是监管的市场化，从而使本土碳金融机构信用评级体系的建立成为必然。目前中国碳信用评级市场主要被国际评级机构所主导，国内相应机制尚未建立起来，国内的碳信用评级呈现过度依赖国外评估机构的局面，这种局面不利于维护中国金融安全，也不利于中国争取国际碳金融市场主导权。因此，建议中国尽快建立自己的碳信用评级市场和碳信用评价体系，只有这样中国才能逐步获得国际碳评级话语权。

(三) 强化碳交易信息披露制度

交易信息披露是市场中最关键的要素，信息不对称会产生道德风险和逆向选择。美国2008年金融危机产生的主要原因是信息不对称，金融机构利用自己的信息优势在按揭贷款资产证券化过程中掩盖了风险，使风险不断积聚，最后导致危机。目前的碳金融市场是一个由发达国家主导的买方市场，发展中国家处于摸索和被发达国家牵制的局面。作为弱势群体的发展中国家必须联合起来，才可能从碳金融交易中获得主动权，才可能更好地利用清洁发展机制发展本国经济和提高技术。所以发展中国家应该建立碳金融的信息交流平台，互享信息资源，利用信息优势提高发展中国家在国际碳交易中的谈判能力，从而避免发达国家假公济私的行为，避免道德风险。具体实施过程可以采取循序渐进的原则，首先应健全中国的金融监管信息系统，然后在条件成熟时建立中国碳金融交易与监管信息中心，该中心专门从事有关信息的收集、整理、发布和研究，并发展其成为发展中国家谈判的共享信息，以保证我国碳交易市场和主体的长期稳定和安全性，达到提高金融监管效率的目的。

（四）以 CVaR 指标为核心，构建监管体系

风险管理与控制是中国碳交易市场管理、创新与监管的核心，而科学合理的碳金融风险评估体系构建则是碳金融风险管控的重中之重。前文的实证分析结果显示，VaR 及 CVaR 模型在衡量市场风险方面具有较高的实用价值。在风险度量方面，单一风险度量指标有着组合风险度量体系无法比拟的优势，组合风险度量体系中不同的指标和指标组合的判断准则有差异，可以根据指标到达阈值的多寡来判断风险和危机发生的大概概率，要获得准确的预警概率阈值需要加入个人的主观判断，这种差异也是较大的。

因此，应以 CVaR 作为核心指标，构建中国碳交易市场风险管理体系。监管部门可以利用 CVaR 对碳交易进行实时监控，对各个交易市场 CVaR 值进行监控，并可以对统一市场以及单个市场、单个交易者的成分日 CVaR 值进行监控，及早发现风险并预防风险。监管部门不但可以对一定风险周期内的 CVaR 值进行监控，而且可以按照周期内的实际损益进行对比。在风险监控体系中设置预警线，当 CVaR 值超过阈值则自动报警，监管部门有权要求相关交易者或是交易市场给出合理解释，以确定是否存在过度投资和投机行为，确认是否存在系统性风险，并视情况启动应急预案。监管部门也可以根据这一指标来进行宏观政策调控建议，从政策面管理风险。

第三节 循序渐进地构建中国统一的碳金融交易市场

当前中国存在 7 个独立的碳金融试点交易市场，这些市场分别位于 7 个地区，经过近年的运行，这些碳交易市场粗具规模，市场整体价格趋于稳定，价格在 20 元/吨到 90 元/吨之间波动，价格波动区间的稳定对未来全国碳市场的建立及其价格形成与波动有很强的示范作用。但值得注意的是，自碳交易市场启动到 2014 年 8 月 22 日，7 个碳市场的交易总量不足 1300 万吨，碳交易总额不足 5 亿元，表现为流动性不足的

特征。各地区配额总量大小与配额宽松程度,以及交易品种的单一化决定了碳交易市场的活跃度远远不及欧洲市场。另外,中国碳排放权市场虽然有7个试点,但涵盖区域范围明显太小,区域范围的小直接决定了买卖双方的参与者的数量少,这使得市场的流动性也小,这种流动性不足直接影响到碳交易市场的有效性与市场定价的权威性。自流动性严重不足,同样会影响到碳价的准确性。不过经过几年的交易,中国碳交易市场的碳价信号已经初步形成。由于碳交易市场的重要功能是价格发现,释放碳价格信号,碳价格信号可以反映碳减排成本,减排成本的大小直接决定企业减排的动力大小。

从实际情况看,中国各试点地区碳交易价格相差比较大,截至2014年8月22日,深圳市场最活跃,价格最高达到130.9元/吨,成交均价也是最高的,为70.2元/吨,波动幅度最大,达到+80%——-62%;成交最不活跃的是天津,最低价也出现在天津,为20.74元/吨,最低均价也在天津,为29.6元/吨。上海和北京市场价格波动幅度相对较小。7个交易市场的履约期都设定在每年6月或7月,可以观察到,除天津之外,2014年履约前最后一个月各个市场的成交量占总成交量的比重均超过了65%,这说明这些交易以履约为主要目的,这种交易市场集中度过高,从而使市场有效性不足,这种市场难以形成公允的价格。

值得注意的是,在各区域碳金融交易所迅速发展的同时,交易市场的价格风险也难以避免。以欧盟排放交易体系为例,2007年年末第一阶段将结束之时,碳排放的价格接近于零,给碳排放的多头方带来了巨大的损失。碳金融交易中由于标的物的复杂性、时间的跨期性及结果的不确定性,存在更多的未知风险。笔者注意到,在碳金融交易市场的各类风险中,市场风险是最突出的交易风险。基于此,建议我国碳金融交易的市场风险应利用VaR方法展开研究,以便为监管当局及交易主体的风险控制、区域碳金融的稳定发展提供有益参考。

然而,从发展态势来看,各个市场间存在一定的竞争,在这种情况下,各个交易市场很难自发性地形成一个大市场,不仅市场间存在重复建设与恶性竞争的可能，而且还可能导致较大的资源浪费并产生历史遗留问题。此外，由于金融市场间风险的传导性，分区域的碳交易市场会增大风险发生的概率和维度。因此，需要构建全国统一的碳交易市场，通过统一监管、统一定价、统一配额等对各区域碳交易所进行统一管理。从而保证国内碳交易价格的有序波动，保证碳金融市场风险的有效监测和防范，并促进碳金融市场的稳定发展。因此建议尽快建立全国统一的碳交易市场。

在交易平台与交易机制的建立方面，建议中国碳交易市场借鉴欧盟的 ETS 制度，逐步整合这 7 家碳金融市场。如将北京、上海、深圳的碳金融市场作为区域性碳金融中心试点，以其他具备条件的城市作为面，构建多层次的碳交易市场体系和多元化的碳金融服务体系，从而实现中国产业结构的低碳化发展与升级、各项资源的整合和可持续发展，达到共赢的局面。在统一市场的进程上，可充分考虑股权置换、并购重组等方式，先进行资本统一，然后统一交易平台，最后实现交易市场的完全统一。

在具体构建方式上，可以采取政策引导、自上而下的方式，通过中央政府建立一个更有效的价格发现机制，替代 7 个试点。在难以快速建立二级市场的情况下，中央政府可以通过高频次、周期性拍卖的方式对未来年度的全国配额进行提前发放，逐步建立一个有效的一级市场竞价机制。拍卖的配额数量比例不用太高，但是其数量和影响力会远远超过试点市场，一旦这一价格发现机制建立起来，试点市场的价格或者会逐渐趋同或者会跌至零，迫使其主动衔接。

构建统一的碳交易市场后，中国可以借鉴国外成熟经验设计出环境保护相关的交易品种，包括碳、氮化物、二氧化硫等在内的具有"可操作性"的减排品种。具体操作时可采取分步骤分阶段方式。准备阶段必须有深入的宣传，并细致地研究和制定交易规则，培训和组建团队；初试运行阶段要挑选合适的企业进行试点，这些企业可以是条件成熟的行业和大型企业；扩大运行阶段要建立在完善交易规则的基础上，并制定《碳减排交易法》，立法是保证碳交易市场正常运行的基础，在法治条件下全面实现中国政府经济转型减碳发展的根本保证，也是实现承诺的降低单位国内生产总值碳强度目标的根本保证。

第四节　对中国统一碳金融交易市场建设中风险管控的措施建议

中国碳金融市场的未来战略发展在于建立起中国统一的碳金融交易市场，目前国内的区域性碳金融市场的统一是大势所趋，这也是中国碳金融与国际接轨、国际化的需要，也是历史发展的必然。

中国统一的碳金融交易市场建设始终都要伴随风险管控的建设，尤其是当前中国统一的碳金融交易市场建设初期，风险管控的理论建设、制度建设和实践推动缺一不可。因此，针对中国碳金融交易市场发展的实际，建议中国碳金融交易市场建设中的风险管控建设重点加强如下三个方面的建设：

首先，建议积极探索整合7个独立的碳金融试点交易市场，构建全国统一的碳交易市场。以中国碳排放权交易体系（CCMS）建设为重点，整合可根据区域、行业、市场和品种的不同，设计出不同的时间顺序。通过碳交易监管体系的形成，同时逐渐实现对各区域碳交易所的统一管理。主要应从三个方面下功夫：一是统一监管。在条件成熟时建立以中国人民银行为主导的宏观审慎监管委员会负责识别、检测和控制系统性风险；建议在中国人民银行内部设立专门的碳金融监管部门负责碳金融的微观审慎监管。二是统一定价。针对碳排放指标在全国制定统一的、明确的定价体系，进而提高碳交易的效率和便利性。三是统一配额。在大力推进碳排放权交易试点基础上，实行全国统一的总量控制，并根据各区域GDP及碳排放量需求等因素分配配额，建立碳配额交易制度，培育公平、活跃的一体化的中国碳金融交易市场。

其次，建议采取有效的方法对各个碳交易市场主体的价格波动及其可能的风险实施有效的监测和防范。监管部门及相关金融机构可通过一定的模型，结合定性分析，构建全面有效的碳金融风险预警指标体系。

在可能发生较大市场风险的情况下，提前运用压力测试以检测碳金融市场在极端情况下可能的表现，并提前采取措施，最大限度地减少风险发生概率。

最后，建议中国政府持续加大对碳金融交易风险防控的关注和支持。碳金融是新生事物，政府应该在宏观层面从制度供给与环境培育的角度，对碳金融发展和风险防范进行规制和监管。一方面完善碳金融政策体系，对金融机构进行全面指导和监管；另一方面要不断健全碳金融交易平台建设，并指导碳交易所设立统一的风险防控准则。最终构建中国特色的统一风险可控的碳排放权交易体系，与欧盟碳排放权交易体系（EU-ETS）和美国芝加哥气候交易所（CCX）体系形成三个市场的"三足鼎立"，共同促进全球经济的绿色发展和可持续发展。

第五篇

中国碳金融交易的效率及溢出效应

第十五章　碳金融交易体系效率研究

本章主要结合相关指标研究碳金融交易体系效率，包括碳金融市场储蓄动员力、碳金融吸收储蓄向投资转化能力（绿色贷款的不良信贷率/净利息收入比）和碳资产配置效率（金融中介机构碳金融资本配置效率，股票市场碳金融资本配置效率和新增绿色信贷资本率）等指标，并从碳排放权配给机制、碳金融交易价格机制以及碳金融交易风险防控机制等方面对碳金融交易体系效率的影响机制进行分析。

第一节　碳金融交易体系效率评价

从全球范围的实践来看，碳金融交易体系有三个有机组成部分：第一，碳金融市场体系，包括交易平台、交易机制、交易产品、交易主体等方面；第二，碳金融组织服务体系，包括银行、证券、保险、基金等机构的碳金融活动、碳金融产品和服务创新；第三，碳金融监管体系，包括财政、金融等各方面的政策支持及监管政策。[①] 2013年下半年，中国已建立了多个碳排放权交易平台，北京、上海、天津、重庆、湖北、广州和深圳七个碳排放交易试点地区已全部开始实际交易。同时，中国金融机构也开始涉足碳金融业务，碳金融服务体系和监管体系仍在建设之中。

---

① 刘乃赫：《我国商业银行与碳金融体系构建》，硕士学位论文，东北师范大学，2011年，第7页。

一 中国碳金融交易体系发展现状

（一）中国碳金融市场体系现状

目前，中国碳金融市场体系以贷款型碳金融和以 CDM 项目为主要形式的交易型碳金融为主，但资本型碳金融、碳期货、碳期权、碳保险、碳货币等尚未得到发展。① 2014 年，北京、上海等 7 省（市）累计成交量约 1568 万吨二氧化碳，累计成交金额近 5.7 亿元人民币。但总体看来仍处于起步阶段，交易规模小，缺乏交易平台和统一的碳金融市场，中介市场发育不完善，缺乏专业的中介机构，市场主体对碳金融的参与力度不够，尚未建立起完善的碳金融市场体系。②

图 15.1 为中国 2004—2014 年各年度节能环保项目贷款金额。③ 从图 15.1 可以看到，中国银行业节能环保项目贷款额从 2004 年的 885 亿

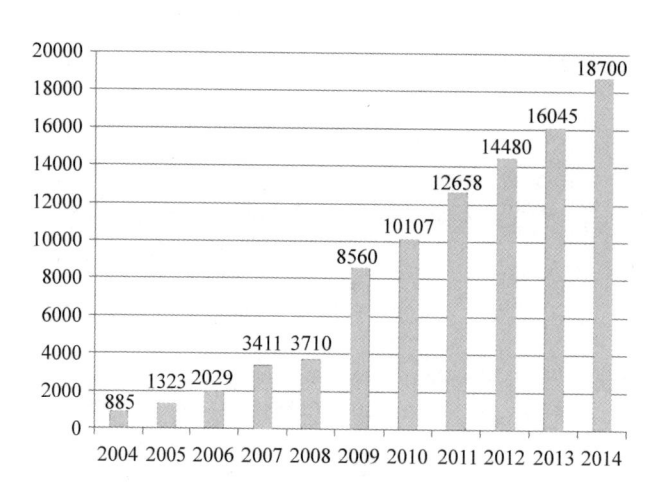

图 15.1　2004—2014 年中国银行业节能环保项目贷款额（单位：亿元）

---

① 碳金融可以表现为四个层次：一是贷款型碳金融，主要指银行等金融中介对低碳项目的投融资；二是资本型碳金融，主要指低碳项目的风险投资和在资本市场的上市融资；三是交易型碳金融，主要指碳排放权的实物交易；四是投机型碳金融，主要指碳排放权和其他碳金融衍生品的交易和投资（郭凯，2010）。

② 齐美东、毛秀英：《完善中国碳金融机制探讨》，《科学社会主义》2011 年第 4 期，第 129—132 页。

③ 数据由 2007 年至 2014 年各年度《中国银行业社会责任报告》整理而得。

元上升到 2014 年的 18700 亿元，增加了 20 倍多。自中国政府 2005 年正式颁布施行《清洁发展机制项目运行管理办法》以来，由于中国碳减排的成本优势和稳定的宏观政治经济环境，CDM 业务发展非常迅速，已经成为世界上最大的 CDM 东道国。图 15.2 显示各国注册 CDM 项目占东道国注册项目比例，截至 2013 年 2 月，中国 CDM 注册项目占东道国注册项目总数的 53.1%。在中国注册的 CDM 项目中，获批准数量最多的是新能源和可再生能源。有资料显示，在发达国家进行温室气体的减排成本大约 100 美元/吨碳，而在中国碳减排成本能够降低到 20 美元/吨碳。相比较之下，在中国开发 CDM 项目获取 CERs 就更加有比较优势，有助于发达国家低成本完成碳减排任务。同时，通过减排指标的转让能够让中国的 CDM 业主获得数十亿美元的收益，CDM 资金由发达国家向包括中国在内的发展中国家流动，中国 CDM 市场的买家早期主要是日本，目前则以欧洲买家居多。

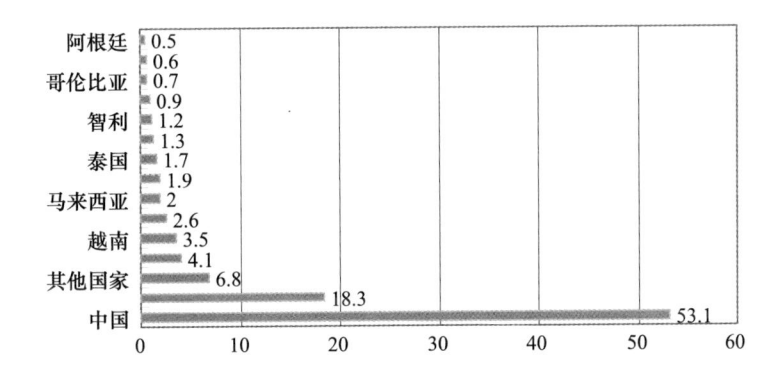

国家	比例
阿根廷	0.5
	0.6
哥伦比亚	0.7
	0.9
智利	1.2
	1.3
泰国	1.7
	1.9
马来西亚	2
	2.6
越南	3.5
	4.1
其他国家	6.8
	18.3
中国	53.1

图 15.2　各国注册 CDM 项目占东道国注册项目比例（%）
资料来源：根据联合国气候变化框架公约网站（http://www.unfccc.int）公布数据整理。

表 15.1 显示了 2013—2020 年全球主要区域碳信用供给情况。根据彭博新能源金融的预测，2013—2020 年，全球碳信用供给将达 31.27 亿吨 CO_2 当量，其中中国提供 14.13 亿吨 CO_2 当量，占 45%，欧洲供给 0.2 亿吨 CO_2 当量，美洲供给 2.94 亿吨 CO_2 当量。尽管中国是世界上最大

的碳信用供应国，但更多的差价收益为国外买家和中介获取，处于碳信用交易产业链的最底端，在 CDM 市场交易中缺乏定价能力。国际 CDM 交易平均价格为 17 欧元/吨，而中国交易价格只有 8—10 欧元/吨。[①]

表 15.1　　　　　　　2013—2020 年全球碳信用供给

（百万吨二氧化碳当量）

单位：（MtCO$_2$e）	2013	2014	2015	2016	2017	2018	2019	2020	总计
中国	277	267	212	178	141	117	112	109	1413
印度	71	50	42	48	44	35	32	29	351
中亚	8	3	7	11	9	8	8	9	63
亚洲其他国家	54	29	33	47	42	35	34	34	308
美洲	28	62	34	44	36	30	30	30	294
非洲	11	21	17	25	22	19	19	19	153
欧洲	0	0	2	4	4	3	3	4	20
中东	4	2	1	11	10	8	9	9	59
俄罗斯	0	0	7	14	12	10	11	11	65
合计	453	434	360	382	320	265	258	254	2726
其他	18	23	21	31	38	61	90	119	401
总计	471	457	381	413	358	326	348	373	3127

资料来源：王瑶、刘倩：《碳金融市场：全球形势、发展前景及中国战略》，《国际金融研究》2010 年第 9 期，第 64—70 页。

（二）中国碳金融服务体系现状

目前，国内金融机构总体上仍对涉入碳市场持观望态度，只有浦发银行和兴业银行等金融机构推出了围绕碳排放权设计的金融产品。两家银行在碳债券和碳资产质押贷款等领域，开始进行有益的尝试。

第一，商业银行。中国商业银行开展的碳金融业务主要有 CDM 融资、绿色信贷、中介服务及理财产品。针对 CDM 项目的融资则是中国

[①] 曹佳、王大飞：《我国碳金融市场的现状分析与展望》，《经济论坛》2010 年第 7 期，第 154—157 页。

商业银行参与碳金融业务最常见的方式。2009年,浦发银行成功为陕西某水电项目提供CDM财务顾问,这是中国银行业第一家成功完成的CDM中介服务,买卖双方成功签署《减排量购买协议》(ERPA),该协议每年为该项目业主带来超过160万欧元售碳的额外收入。该项业务的成功为中国商业银行提供了金融服务创新的新思路。2014年9月9日,全国首单碳资产质押贷款项目在武汉签约,这是国内首笔以碳排放权配额作为质押担保的贷款。湖北碳排放权交易中心、兴业银行武汉分行和湖北宜化集团有限责任公司三方签署了碳资产质押贷款和碳金融战略合作协议,企业利用自有的碳排放配额在碳金融市场获得了银行4000万元的质押贷款,用于实施国家推荐的通用节能技术,最大限度实现节能减排。湖北碳排放权交易中心作为第三方平台,为融贷双方提供质押物登记存管和资产委托处置服务,为银行与企业免除了后顾之忧。[1] 2014年12月,上海银行、上海环境能源交易所签署碳金融战略合作协议,并与上海宝碳新能源环保科技有限公司签署国内首单CCER(中国核证自愿减排量)质押贷款协议。通过在上海环境能源交易所质押国家发改委签发的CCER,上海银行为上海宝碳提供500万元质押贷款,该笔业务单纯以CCER作为质押担保,无其他抵押担保条件。

第二,基金公司。2014年10月,"嘉碳开元投资基金"系列产品在深圳排放权交易所举行路演,成为全国第一只私募碳基金,此次路演的产品还有"嘉碳开元平衡基金",这被认为是国内碳市场迎来的又一次金融创新。[2] 此次的两只私募碳基金由深圳嘉碳资本管理有限公司发行,交易标的为碳配额和CCER(核证自愿减排量),其中,"嘉碳开元投资基金"的基金规模为4000万元,运行期限为三年,而"嘉碳开元平衡基金"的基金规模为1000万元,运行期限为10个月。2014年11月,我国首只碳基金在湖北碳排放权交易中心低调上市。该基金首批规模为3000万元,基金发起方诺安基金管理有限公司将全部投向湖北碳

---

[1] 张子瑞:《国内首只私募碳基金启动》,《中国能源报》,2014-10-27。
[2] 张子瑞:《国内首只私募碳基金启动》,《中国能源报》,2014-10-27。

排放权交易市场。2015年1月，海通宝碳基金拟定总体规模达2亿元人民币，体量居国内碳基金前茅，也是首个大型券商参与的针对中国核证自愿减排量的专项投资基金。①海通宝碳基金由海通证券资产管理公司对外发行，海通新能源股权投资管理有限公司和上海宝碳新能源环保科技有限公司作为投资人和管理者，对全国范围内的中国核证自愿减排量进行投资。海通证券参与基金的设立，不仅标志着碳市场与资本市场的联通，也标志着碳排放权交易和碳金融体系的建设实现新的跨越。

第三，信托公司。信托投资公司是目前唯一准许同时在资本市场、货币市场和实业领域投资的金融机构，未来在碳金融领域的发展有得天独厚的优势。目前，中国的信托公司在碳金融领域的发展可以说是刚刚起步，只有少数的信托公司开展了低碳项目信托计划。中诚信托有限公司于2010年3月推出了"低碳清洁能源1号圆基风电投资项目集合资金信托计划"，该信托计划资金出资作为有限合伙人，与普通合伙人圆基重庆一起出资组建中诚圆基合伙企业，出资比例分别为90%和10%。通过中诚圆基对华能东营河口风力发电有限公司进行股权投资，预计收益率为7%—15%，投资期限为40个月。②2015年4月，中建投信托推出国内首只碳排放信托。该产品总规模为5000万元，优先级受益人预期基础收益9.5%/年。该款名为"中建投信托·涌泉1号"的集合资金信托计划产品已经开始发行，是首次信托公司与私募合作的金融产品，募集资金的投资范围是在中国碳交易试点市场进行配额和国家核证资源减排量之间的价差进行交易盈利。

第四，期货公司。国际上的碳金融衍生品主要为四大类：CER期货、EUA期货、CER期权、EUA期权。中国通过CDM机制出售给外国碳买家的CERs大多以远期交易为主，价格要比CER期货低，不利于中国行使国际碳市场话语权。目前，上海期货交易所正在研究碳排放权期

---

① 黎宇文：《CCER线上交易逐步启动》，《中国证券报》，2015-03-16。
② 王瞳：《我国金融企业发展碳金融业务研究》，硕士学位论文，首都经济贸易大学，2011年，第31页。

货，重点关注、探索碳排放权期货交易的可能性、交易风险、风险监测体系等问题。利用期货市场的价格发现和风险管理功能，可以提高中国碳资源的定价影响力，建立符合国内需求、与国际规则对接的碳市场体系。与一般商品交易相比，碳排放权交易存在着更大的政策性和技术性风险，因而，国际市场对于期货、期权等碳金融工具的需求日益显现，国际碳交易工具日趋丰富，碳金融体系不断发展。[①]

第五，保险公司。国内已有多家保险公司倡导低碳办公运营和环境保护成本管控，实行低碳经营方式，但暂时还没有开展碳金融相关的保险业务。2013 年 10 月，天平汽车保险股份有限公司（以下简称"天平保险"）再度出资 5 万元购买 1428 吨二氧化碳减排量，用以抵消其在 2009 年度总公司及全国各分公司自身运营过程中产生的全部排放。该碳减排指标来自湖南东坪水电项目。碳减排指标购买是目前国际上通行的环保手段，通常是在企业排放总量不突破的前提下，允许企业间相互交易已经从政府环保部门获得的许可碳排放量。这是天平保险第二次自愿完成碳减排交易。2009 年 8 月 5 日，天平保险出资 27.8 万元，在北京环境交易所成功购买了奥运期间北京绿色出行活动产生的 8026 吨碳减排指标，用于抵消公司 2004 年成立至 2008 年 12 月 31 日运营过程中产生的碳排放量，并因此成为国内首家通过自愿购买碳减排量实现碳中和的企业。[②]

（三）中国碳金融监管体系现状

政府监管是保障碳金融市场有效运行的要求。碳金融市场是脆弱的，如果放任自流就会趋向不公正和无效率，从而导致碳金融资源不能够实现有效配置，如 CERs 价格、碳价格非理性波动、CDM 市场买方垄断和 CDM 业主非法经营等。[③] 为了纠正市场失灵，需要政府适当地干预碳金融市场，规范碳金融市场交易，严惩市场中的不法行为。

---

① 王瞳：《我国金融企业发展碳金融业务研究》，硕士学位论文，首都经济贸易大学，2011 年，第 33 页。
② 李雪艳：《天平保险再购 1428 吨碳减排指标》，《中国保险报》，2010 – 11 – 19。
③ 陈晓春、施卓宏：《论碳金融市场中的政府监管》，《湖南大学学报》（社会科学版）2011 年第 3 期。

目前中国碳金融市场尚未成熟，没有建立专门的碳金融监管体系。碳金融市场的监管主要依靠政府出台一些非行政经济干预政策如绿色信贷政策[①]，而不是运用行政手段对碳金融的开展进行严格的监督和管理，这种经济监管政策能在一定程度上促进企业节能减排，但监管力度和影响效果有限。此外，中国还没有完善的碳金融方面的监管法规和条例，没有专门的碳金融监管机构，各相关机构也缺乏对碳金融活动监管的经验，亟待建立完善的碳金融监管机制。[②]

二 中国碳金融交易体系效率评价

由于碳金融体系21世纪后才开始起步，国内外对于碳金融体系效率的相应研究匮乏，然而，碳金融作为金融的形式之一，金融效率的评估方法对于碳金融效率的界定具有一定的指导意义。

（一）碳金融体系效率指标构建

碳金融体系的效率主要反映为金融资源的效率。作为一种资源，要实现有效配置，首先必须有相应的碳金融资产积累，可供配置的碳金融资源越多，其在整个金融和国民经济中发挥的作用越大；随着可供利用的碳金融资源的增加，如何有效对碳金融资源进行配置，实现帕累托最优，才能实现整个碳金融体系效率的提升，而碳金融资产的流向和其带来的资产回报率的高低，将引导整个经济的产业结构转型，决定低碳经济目标能否实现。因此，借鉴金融效率评价指标，本章将碳金融体系的储蓄动员能力和碳资本配置效率纳入评价指标体系。对于碳金融市场上金融企业、碳排放权交易所、证券公司、低碳产业的企业来说，其参与的碳金融交易是否有效，可以通过参与主体的成本收入比、资产利润率、成本利润率等效益指标来体现。对于金融机构来说，还需考虑将绿色信贷的不良贷款率、绿色

---

① 绿色信贷政策（green-credit policy），是环保总局、人民银行、银监会三部门为了遏制高耗能高污染产业的盲目扩张，于2007年7月12日联合提出的一项全新的信贷政策《关于落实环境保护政策法规防范信贷风险的意见》。

② 齐美东、毛秀英：《完善中国碳金融机制探讨》，《科学社会主义》2011年第4期，第129—132页。

信贷净利息收入比和净资产收益率等指标纳入评价指标体系。

第一,储蓄动员能力。储蓄动员能力总体上由一个国家的储蓄率综合反映。其衡量指标主要为:

一是存款增加额/(GDP-最终消费),反映动员全社会储蓄的能力;二是储蓄存款增加额/居民可支配收入,反映金融中介机构动员储蓄能力;三是低碳产业股票融资额/居民可支配收入,反映碳金融市场动员储蓄的能力;四是股票融资额/居民可支配收入,反映金融市场储蓄动员能力。

第二,碳资本配置效率。行业碳资本的配置效率可以通过如下模型获得:

$$\ln \frac{I_{it}}{I_{it-1}} = \alpha + \eta \ln \frac{V_{it}}{V_{it-1}} + \varepsilon_{it}$$

其中,I 表示行业固定的碳金融资产存量,V 表示行业碳金融资产增加值,i 表示行业,t 代表年份。$\eta > 0$ 表示在第 t 年内,某行业的碳金融资产增加值相对于上一年有所增加时,其固定碳金融资产净值也会增加,更多地将碳金融资源引入成长性好的低碳行业之中,碳资本配置效率较高,η 值越大表明碳资本配置效率越高。[1]

(1)绿色信贷额/贷款额,反映整个金融中介机构碳金融资本配置效率;

(2)低碳产业股票融资额/股票融资额,反映股票市场碳金融资本配置效率;

(3)绿色信贷/投资量,绿色贷款投资率,反映绿色信贷转换成资本能力;

(4)绿色贷款增加额/存款增加额,新增绿色信贷存贷比反映吸收的绿色储蓄向投资转换的能力。

第三,绿色信贷不良贷款率。绿色信贷不良贷款率为绿色信贷不良贷款总额/总贷款余额。绿色信贷不良贷款率反映了贷款企业还款能力,

---

[1] 模型形式借鉴了 Jeffrey Wurgler(2000)构建的计算行业资本配置效率的相关模型。

间接反映了企业对碳金融资本的利用效率和其产生的回报率,也衡量着碳金融行业资金融通风险。

第四,绿色信贷净利息收入比。绿色信贷净利息收入比为绿色信贷利息收入/贷款总利息收入。绿色信贷净利息收入比反映了碳金融资本在金融交易体系中的地位和收益,净利息收入比越高,碳金融资本发展动力越大,碳金融资本利用效率也越高。

第五,净资产收益率。净资产收益率又被称为股东权益收益率,其为使用碳金融资本的公司利润总额/所有者权益,该指标值越高,反映公司碳金融资本运用效率越高,投资收益越大。

目前中国碳金融体系效率,可以从宏观层面指标如储蓄动员力、碳资本配置效率着手,也可以从碳金融体系主体如银行、碳交易所、低碳企业这些微观主体的盈利表现、投入产出率等相应指标出发进行评估。然而,由于中国碳金融交易起步较晚,体系尚不健全,企业参与范围较窄,几乎尚未有企业构建专门的碳金融资产数据库,数据缺失,因此收集微观企业数据对中国碳金融体系效率进行量化评估较为困难。本章的数据将基于可获得的宏观数据,对比分析评价中国宏观碳金融效率。

(二) 中国碳金融交易体系效率分析

如前指标构建分析得知,储蓄动员力、碳资本配置效率等指标均可以对碳金融体系的宏观效率进行评估。我们利用1997—2013年数据,对各指标进行估算。表15.2 为1997—2013 年中国国内生产总值、最终消费、投资、储蓄、居民可支配收入等数据。由数据可计算获得用以评价中国碳金融宏观效率之一——储蓄动员力的各指标值估算值,如表15.3 和图15.3 所示。

表15.2　　　1997—2013 年中国GDP、储蓄等变动情况　　（单位：亿元）

年份	GDP	最终消费	投资	可支配收入	储蓄存款余额	贷款余额	存款余额	股票融资额
1997	78060	43579	24941	37275	46280	74914	82390	1293
1998	83024	46408	28406	39424	53407	86524	95698	841

续表

年份	GDP	最终消费	投资	可支配收入	储蓄存款余额	贷款余额	存款余额	股票融资额
1999	88479	49685	29854	42058	59621	93734	108779	944
2000	98000	61516	32917	47137	64332	99371	123804	2103
2001	108068	58953	37213	51856	73762	112315	143617	1252
2002	119095	62798	43499	43356	86910	131294	170917	961
2003	134977	67442	55566	59368	103617	158996	208056	1357
2004	159453	87033	70477	73192	119555	178198	241424	1510
2005	183617	96918	88773	83173	141051	194690	287170	1882
2006	215904	110413	109998	94746	161587	225347	335460	5594
2007	266422	128445	137323	111559	172534	261691	389371	8680
2008	316030	149113	172828	130543	217885	303395	466203	3852
2009	340320	166820	224598	143071	260771	399685	597741	6124
2010	399759	194115	251683	167688	303303	479196	718238	11972
2011	472115	228561	311485	196537	343636	547947	809368	5814
2012	529399	261993	374695	207344	399551	629910	917555	4134
2013	586673	292165	436528	249161	447602	718961	1043847	3868

资料来源：《1998—2014 中国统计年鉴》。

第一，储蓄动员能力结构严重失衡，碳金融市场储蓄动员能力低下。一国的储蓄动员能力反映了其金融市场可获得资源的多少。储蓄动员能力相应指标值越高，则一国的金融体系可获得相应的资源便会越多，金融体系融资能力便越强。

如表 15.3 所示，动员全社会储蓄指标值和储蓄率分别反映了 1997—2013 年中国动员全社会进行储蓄的能力和中国居民储蓄占国内生产总值的比率。从表 15.3 中可以看出，中国全社会的动员储蓄能力和中国的储蓄力呈现出相似的增长趋势。2007 年受金融危机影响，以及 2009 年后随着世界经济进入衰退，全社会动员储蓄力和储蓄率有所降低外，其余年份均保持着上升的趋势。1997—2013 年，中国全社会储蓄动员能力和储蓄率均值分别为 0.43 和 0.71，与世界发达国家两指标普遍处于 0.1 和 0.2[①]相比，中国的全社会储蓄动员能力明显高于发达国家。高全社会储蓄动员能力和高储蓄率，为中国碳金融市场的有效发展奠定了坚实的资源基础，碳金融体系发展所需的资金资源并不紧缺。

表 15.3　　　　　　　储蓄动员能力指标估算结果

年份	动员全社会储蓄	碳金融市场储蓄动员力	金融机构储蓄动员力	储蓄率	金融市场储蓄动员力
1997	0.4			0.59	0.03
1998	0.36		0.19	0.64	0.02
1999	0.34		0.16	0.67	0.02
2000	0.41		0.11	0.66	0.04
2001	0.4		0.2	0.68	0.02
2002	0.48		0.25	0.73	0.02
2003	0.55		0.39	0.77	0.02
2004	0.46	0.003	0.27	0.75	0.02
2005	0.53	0.004	0.29	0.79	0.02
2006	0.46	0.006	0.25	0.75	0.06
2007	0.39	0.03	0.12	0.65	0.08
2008	0.46	0.009	0.41	0.69	0.03
2009	0.77	0.017	0.33	0.77	0.04
2010	0.59	0.016	0.3	0.76	0.07
2011	0.37	0.009	0.24	0.73	0.03
2012	0.42	0.012	0.18	0.7	0.05
2013	0.4	0.011	0.12	0.67	0.06

注：由于中国股票市场数据采集问题，低碳板块股票数据统计节选 2004 年开始的数据，同绿色信贷统计时间一致，因此低碳数据时间为 2004—2013 年。

---

① 数据结果根据国际货币基金组织网站数据整理计算得到。

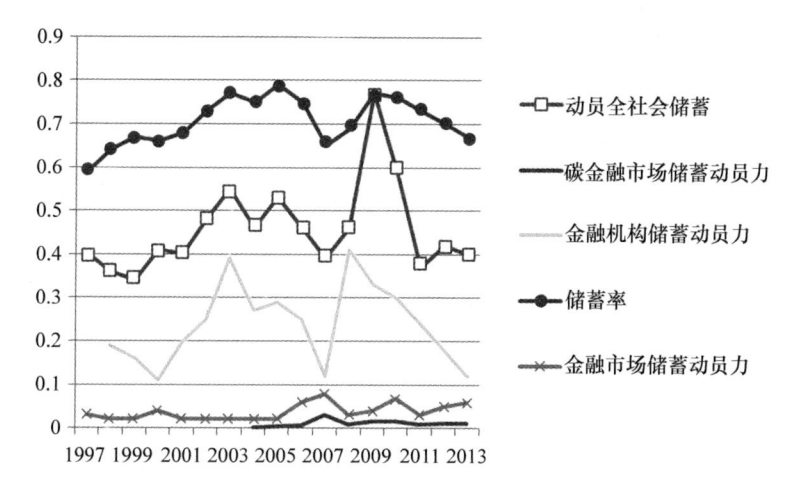

图 15.3 中国储蓄动员能力情况

从表 15.3 和图 15.3 可以看出,中国金融机构储蓄动员能力仅低于全社会的动员储蓄能力(金融中介机构储蓄动员能力均值为 0.21),且变化趋势与储蓄率和社会动员能力一致。

与储蓄率、全社会动员能力和金融中介机构储蓄动员相比,从表 15.3 的数值和图 15.3 中的趋势可以明显看出,中国碳金融市场的发展,能从金融市场上获得资源的可能性极小。碳金融市场储蓄动员能力更是薄弱,均值仅为 0.01,意味着中国碳金融市场资金仅能获得居民可支配收入的 1%。

储蓄动员能力作为衡量中国碳金融体系宏观效率的重要指标之一,反映了中国碳金融市场要有效发展所能获得资源的能力。然而,从估算结果分析看出,尽管中国的储蓄率、全社会储蓄动员能力很强,但这两个指标反映出的是碳金融市场间接融资的能力;而直接关乎碳金融市场自身融资效率的金融市场和碳金融交易市场储蓄动员能力指标值却相当低,现阶段,中国碳金融体系的融资效率较低,储蓄动员结构比例严重失调。

第二,碳金融资本配置缺乏效率。碳金融体系是否具有宏观效率,重要的一点便是碳金融体系是否成为经济的重要拉动力之一,推动经济发展。碳金融资本配置效率指标,碳金融体系的资源是否顺畅、有效转化为投资,正是碳金融体系宏观效率的体现。

从表 15.3 的计算结果可以看出,2004—2013 年间投向碳金融体系的资本呈现出增长的趋势,8 年之间,绿色信贷占金融中介机构总贷款额度比例从 0.5% 增长至 2.3%,约为 4.6 倍。然而,从整体上来说,碳金融资本在总体金融资本的配置中所占的比例仍然过低,总量过小,中国金融中介机构碳金融资本配置效率不足,有可能成为中国碳金融体系有效发展的制约之一。

股票市场碳金融资本配置效率反映了低碳企业通过股票市场筹集的发展低碳经济的资金比例。从表 15.4 中的计算结果可以看出,2004—2013 年,中国股票市场中,低碳股融资总额占股票市场融资总额的比例在 2006 年比 2005 年明显降低,其他年份较为平稳。2004—2013 年

表 15.4　　　　　碳资本配置指标估算结果

年份	金融中介机构碳金融资本配置效率	股票市场碳金融资本配置效率①	新增绿色信贷资本率	碳金融吸收储蓄向投资转化能力
2004	0.005	0.055	0.013	0.009
2005	0.007	0.066	0.015	0.015
2006	0.009	0.042	0.018	0.026
2007	0.013	0.049	0.025	0.004
2008	0.012	0.055	0.021	0.037
2009	0.021	0.053	0.038	0.013
2010	0.021	0.046	0.040	0.028
2011	0.023	0.045	0.041	0.011
2012	0.022	0.047	0.043	0.024
2013	0.024	0.050	0.047	0.027

注:股票市场碳金融资本数据由股票市场低碳板块相应数据表示。数据根据中国证券监督管理委员会公布数据整理得到。

---

① 由于低碳板块融资额度数据难以获得,计算股票市场碳金融资本配置效率值时,以低碳板块股票市值/股票总市值近似计算所得。

10年之间，这一比例基本没有增加，稳定在5%左右。中国股票市场上低碳股票发行规模很小，通过直接融资方式获得低碳企业的发展途径不畅，资金极为有限。股票市场碳金融资本配置效率较低，直接融资可获得的碳金融资本较小，市场活跃度低，影响整个碳金融体系效率。

新增绿色信贷资本率为低碳行业通过金融中介机构获得的贷款进行低碳产业投资占社会总投资的比率。它反映了新增绿色信贷对整个社会资本增加和整个经济增长的拉动作用，是碳金融体系重要的宏观效率衡量指标之一。从图15.4中可以看出，2004—2013年，中国新增绿色信贷资本率呈现出明显的上升趋势，说明碳金融交易体系的发展，新增绿色信贷的增加对中国资本形成和经济发展的推动作用逐年增加。然而，表15.4中的计算结果说明，尽管形势发展良好，但是中国新增绿色信贷资本率仍然较低，2013年也仅为4.7%，碳金融市场对整个经济发展所起到的总体作用较弱。

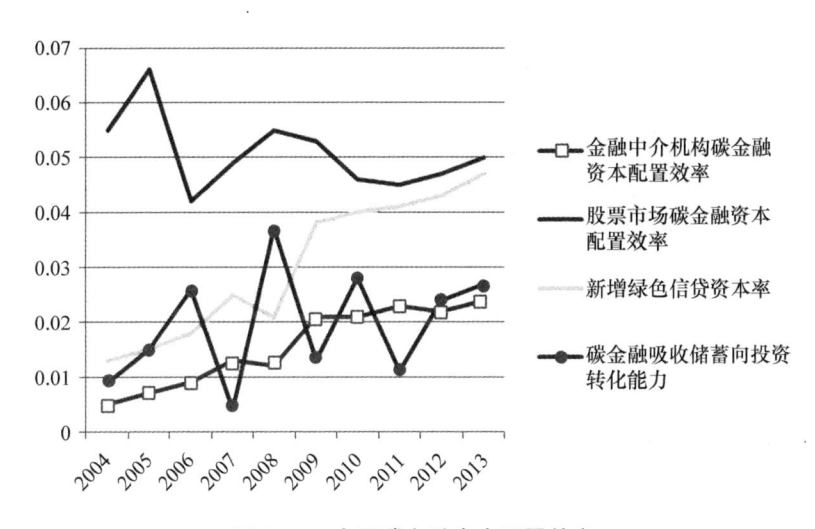

图15.4 中国碳金融资本配置效率

2004—2013年，中国绿色信贷贷款增加额占全国存款增加额的比例分别为0.9%、1.5%、2.6%、0.4%、3.7%、1.3%、2.8%、1.1%、2.4%和2.7%，波动浮动较大，投资转化能力极不稳定，较低的比率意味着中国碳金融吸收的储蓄向投资转换的能力严重不足,整个碳金融体系发展并不稳定,对宏观经济促进作用有限。

整体来说,无论是从中国碳金融体系的储蓄动员能力相应指标出发抑或是基于中国碳金融资本的配置效率计算结果,均可以清晰看出,中国碳金融体系从诞生至今,尽管总体上呈现出不断发展的趋势;然而,截至目前,中国碳金融体系的宏观效率仍然相当缺失。碳金融体系产生的初衷,便是希望通过这一市场的手段,实现中国减缓气候变化影响、减少二氧化碳排放、实现经济结构转型、发展低碳经济最终实现中国经济可持续发展。因此,仅仅建立起一个安全、稳定的碳金融体系绝不是我们的最终目标,要实现上述经济目标,必须要有一个高效运行的碳金融体系,而目前中国碳金融体系并未达到。

第二节　碳金融交易体系效率影响因子分析

尽管理论上碳金融市场是成本最低、效率最高的减排方式,但京都议定书以来国际实践表明,碳市场减排效率的影响因素错综复杂,对此我们结合国外学者以欧盟等市场为样本的相关研究,从排放权分配、碳交易价格、交易成本以及市场风险等角度,对影响碳金融交易效率的因素进行分析。

一　排放权配给机制

分配的公平性将直接影响各主体社会经济福利水平。正因如此,排放权初始分配(实质为减排责任)方式也成为国际排放权交易中最具争议的问题。

免费分配方式是指管理当局按照一定标准将排放许可证无偿发放给经济主体。根据采用的标准不同,免费分配方式有两种规则:溯源法则和标杆法则。溯源法则主要根据历史产量或碳排放量作为分配原则;如果依据已经建立的排放标准,或者规定单位产量的允许排放量,则为标杆法则。由于这种方式下排放主体不必支付许可证费用,而只需支付减排成本，通过在市场上交易许可证还可以获得收益，同时可以避免政治性运作的阻碍。因此，在实务上主要采用免费且从宽的分配方式。但是，免费分配有一些缺点往往为学者所诟病。首先，免费分配不符合污染者付费的原则；其次，溯源法则使得排放量较大的企业获得较高的配额，对于积极减排的企业是一种负向激励；最后，潜在厂商需由市场获得排放权，提高了新厂商的进入障碍。另外，将碳排放权分配给企业，而公众并没有获得补偿，从社会整体的角度来看有失公平。拍卖方式要求企业通过拍卖竞价获得排放权，从而使得分配更有效率。虽然拍卖增加了企业成本，但能够激励企业技术创新，减少碳排放水平。拍卖所获得的财政收入可以用于公共环境的治理和改善，提高社会的福利水平。更重要的是，拍卖可以形成一个碳排放权拍卖市场，相应的市场出清价格可以为参与者提供长期的价格信号，提高交易效率（Sijm，2006）。但是拍卖法在实施时遇到的阻力比较大。Sijm（2006）、Cramton & Kerr（2002）、Fischer（2003）从经济效率、环保有效性、政治可接受性、创新驱动等方面对免费分配和拍卖方式进行了比较，指出为实现排放权交易的有效配置，各主体的排放权配额量举足轻重。因为如果排放权交易市场中同时出现了拥有大量排放权需求的企业和能提供大量排放权配额的企业，交易市场将不能产生竞争性均衡价格，有损效率。对此，合理的初始排放权分配时必然不能创造出拥有大量排放权需求以及大量排放权供给的企业，所以，碳排放权交易市场中选择合适的初始分配方案至关重要。

Natsourse（2002）认为由于排放权交易的不同主体立场不一，制度制定者考虑因素颇多造成了排放权的初始分配成了一个具有争议的话题。林坦和宁俊飞（2011）用零和DEA模型对欧盟国家2009年的碳排放权的分配结果进行了评价，发现效率比较低；按照零和DEA模型的迭代结果，计算了公平的碳排放权分配结果以及调整方式矩阵。Krishnamurti & Hoque（2011）认为要改善碳市场效率需要四个建议：排放许可不能随意自由分配、跨时期的配额分配可以被允许、国际碳市场链接需要充分被挖掘、独立的管理机构应该被用来管理碳配额的分配和交易。

二 交易价格机制

虽然我国目前是世界上最大的 CER 供应国，但我国并没有取得相应的 CER 定价权，更别提对整个碳市场的定价影响，而定价权却牢牢掌握在欧盟手中，成了买方主导的碳金融产业链。由于我国自身的碳金融中介机构还不太成熟及一些企业缺少资金，还有 CDM 自身周期长、风险大及花费大的特点，使得一些国外的投资者介入，在提供资金时提出一些苛刻的条件，侵占了一部分企业的利润。在目前的国际碳市场中，在价格上一级市场的 CERs 相对二级市场贴水，二级市场 CERs 又相对 EUAs 贴水，即欧盟分配的碳排放配额价格最高，而通过在中国这样的发展中国家开展 CDM 项目产生的碳排放额度价格最低。鉴于目前发展中国家并没有减排义务，这种情况还不是太严重，等到将来发展中国家具有了减排义务，那时就已经没有了便宜的减排单位了，剩下的都是昂贵的减排单位，到头来发达国家摘了树上较低位置的苹果，留给发展中国家的就是高枝头的苹果了。

对我国来讲，虽然有非常丰富的碳减排资源和极具潜力的碳减排市场，但在碳交易的发展方面很落后，没有设立有效的碳交易制度，也没有建立碳金融市场，更没有碳基金、碳期货、碳证券等各种碳金融衍生创新产品，缺乏科学合理的利益补偿机制，使我国面临世界碳交易及其定价权缺失带来的严峻挑战。[①] 必须通过激烈的竞争形成的某一成交价格，就是当时的"供求平衡的价格"。它综合反映了大多数买家和卖家对当时及以后某一时间段内某种碳金融商品价格的观点，也反映了当时该种碳金融商品的供求情况。这种价格通过竞争而确定，并立刻向全世界传播，从而促使该金融商品"世界价格"的形成。[②] 同时，在碳金融

[①] 郑勇：《对我国面临碳金融及其定价权缺失的思考——我国应尽早建立碳排放权期货交易市场》，《科技进步与对策》2011 年第 27 期，第 146—149 页。

[②] 郑勇：《对我国面临碳金融及其定价权缺失的思考——我国应尽早建立碳排放权期货交易市场》，《科技进步与对策》2011 年第 27 期，第 146—149 页。

市场中形成的价格，其价格发现功能有利于形成公平、合理、统一的价格，也有利于消除垄断、促进竞争，提高碳金融交易效率，才能实现整个低碳产业的健康发展和国家利益的最大化（李亮亮，2013）。

三 交易成本

由于现实的排放权市场不会是一个信息完全对称的无摩擦市场，各种因素导致的交易成本（Transaction Costs）会普遍存在。[①] 由于交易成本的存在，碳市场形成的交易价格与边际治理成本不会直接相等。当碳市场边际交易成本递增时，如果初始配额被过多分配给某企业，则该企业总排放治理成本就可能偏离有效均衡点，从而导致减排效果和社会福利的下降；反之，当边际交易成本递减时，初始配额分配的偏离就会促使交易价格向有效均衡点收敛。Cason（2003）的研究验证了Stavins（1994）对碳市场交易成本的理论假设，基本结论是：交易成本的存在提高了碳交易价格和排放治理成本；边际交易成本越低，初始配额分配形成的市场势力越能导致交易价格下降并接近不存在交易成本时的均衡价格，交易规模也会随之增加；反之则相反；当边际交易成本不变时，初始配额分配对交易价格、交易规模和市场效率不产生影响。这一结论实际上验证了科斯定理的假设，即在产权界定明确及不存在交易成本或交易成本很小的状态下，一个具有外部性的市场无论初始产权如何分配，交易双方总能够通过协商谈判或市场机制实现资源有效配置。

交易成本影响碳市场效率根据市场发展的不同阶段而有显著差异。一般来说，在相对不成熟的碳排放权交易初期，交易成本对市场效率和交易价格有重要影响，这也是碳市场初期交易规模不大、不活跃的原因。随着碳排放权交易市场的完善和成熟，交易成本的影响和作用逐渐下降。理论上，如果一个碳市场充分有效，则碳市场形成的碳交易价格

[①] 交易成本理论是由诺贝尔经济学得奖主科斯（Coase, 1937）所提出，由于交易成本泛指所有为促成交易发生而形成的成本，因此很难进行明确的界定与列举，不同的交易往往就涉及不同种类的交易成本。

应与降低碳排放的最小边际成本相等。但由于一些不确定性因素对交易成本的影响，上述观点往往并不成立，并由此形成碳排放权价格与不同排放主体实际减排成本的差异，事实上也正是由于这些差异，减排市场才会有买有卖，即减排成本明显高于排放权价格的会选择在市场中购买碳排放权，反之会选择采取减排措施。从博弈论角度看，如果购买碳排放权的支出高于边际罚金，厂商可能采取欺骗行为隐瞒真实碳排放数据，从而造成碳市场的失灵。①

四 风险防控机制

就目前的风险管理能力而言，碳金融蕴含的风险是非常巨大的，其中不仅具有市场风险、信用风险和操作风险，而且政策风险、法律风险较大，目前包括金融机构在内的市场主体对政策风险和法律风险还缺乏足够的管控能力。② 一方面，国际公约的延续性问题产生了市场未来发展的最大不确定性。《京都议定书》的实施仅涵盖2008—2012年，各国对其有关规定仍存在广泛争议，目前实施的各项制度在2012年以后是否延续尚不得而知，这种不确定性对形成统一的国际碳金融市场产生最大的不利影响。另一方面，减排认证的相关政策风险也可能阻碍市场发展。在原始减排单位的交易中，交付风险是最大的风险，而在所有导致交付风险的因素中，政策风险最为突出。③ 因为，核证减排单位的发放是由专门的监管部门按照既定的标准和程序进行认证，即使项目获得成功，其能否通过认证而获得预期的核证减排单位，仍具有不确定性。从既有的经验看，由于技术发展的不确定性以及政策意图的变化，有关认证的标准和程序也在变化之中。而且，由于项目交易涉及不同国家，要受到东道国法律的限制，所以，碳金融交易市场发展面临的政策风险和法律风险是非常巨大的。这些风险是

---

① 张善明：《中国碳金融市场发展研究》，博士学位论文，武汉大学，2012年。
② 卞博、康亚岑、秦涛：《我国发展碳金融问题及策略研究》，《现代商贸工业》2010年第22期，第36—38页。
③ 同上。

市场主体难以控制的。

我国碳交易、碳金融业务和交易所平台都相对分散。碳交易业务主要基于 CDM 项目交易和基于自愿减排需求的 CER 交易，商业银行参与的业务主要是与各种低碳项目有关的绿色信贷业务。这些业务的共同特点是交易相对分散，流程较为复杂，在项目的风险评估和信息披露等方面存在不足。其结果是我国在国际碳市场上发言权缺失，在制度设计、规则制订和定价权的争夺等方面受制于人。交易所平台，存在着平台林立、职能重叠、监管缺失、业务不足等问题，这两方面的问题是开展碳金融业务的重要风险源[1]。

虽然我们可以通过一些方法降低或分散碳金融业务的风险，但是无法彻底规避风险。因此，碳金融业务的参与方还需要提高自身的风险应对能力，建立健全碳金融项目风险评估和管理制度。参与碳金融交易的商业银行、基金和中介机构要能够有效地识别碳金融项目面临的技术、市场、政策等方面的风险，并评估各种风险的大小及其可能带来的负面影响，进而针对本单位的风险承受能力和其他情况来确定能否参与相关项目以及参与的程度和方式。提高参与方的风险评估与管理水平，提高碳金融交易效率，为碳金融发展奠定坚实的市场基础[2]。

第三节　提升碳金融交易体系效率的政策建议

基于现有的研究成果，本书拟从制度创新、技术创新、产品创新等方面就提升碳金融交易体系效率提供政策建议。

一　建立短期固定的动态碳排放权配给机制

碳排放权配给机制从本质而言属于产权制度的具体化形式，李怀等

---

[1] 刘志成：《我国发展碳金融面临的风险和对策》，《武汉金融》2012 年第 6 期，第 31—33 页。

[2] 同上。

(2011)提出产权制度"效率生命周期"假说,认为产权制度的效率不是永恒的、固定不变的,通常具有效率诞生、效率递增、效率递减、效率丧失的生命周期过程,是由一种均衡转换成另一种均衡的动态的比较均衡结构。为了避免制度变迁带来的市场不确定,我们认为应该以发展的眼光,建立短期固定的动态碳排放权配给机制,提高碳金融交易体系的效率。

二 实行政策倾斜,鼓励技术创新

碳排放的监测、核查、认证等技术环节的发达程度制约了碳金融交易的发展。在中国碳金融交易机制的建立中应加强政策倾斜,加大政府支持,鼓励碳排放监测、核查、认证等环节技术的创新,会同环境保护相关部门,制定相应的政策条例和行业标准,比如确定国内碳排放计量方法和标准等。发挥政策导向作用,增强市场行为主体的环保意识,提高其参与碳金融市场活动的积极性,以提高碳金融交易体系的效率。

三 加强碳金融产品与业务创新,带动碳金融交易的需求

第一,大力发展我国本土碳基金。建议政府更多参与碳基金的设立,提高政府对低碳产业、清洁能源产业的推动作用,此外还应加强与国际机构的合作、鼓励创投参与设立基金等多种渠道保障融资渠道的畅通。[1]

第二,尽快建立我国碳期货交易中心,发挥碳期货的经济杠杆调节作用,满足碳金融交易主体风险规避以及套期保值的需求。

第三,加快碳保险业务创新和发展。2007 年 8 月由国务院办公厅所印发的《国家综合减灾"十一五"规划》中指出,要加强对巨灾的应对能力建设,重视防范应对,加强产品创新。2010 年以来,我国相继已有多家保险公司推出了绿色金融产品及服务,他们着眼于企业内部

---

[1] 刘铮:《碳金融体系及其效率分析》,硕士学位论文,吉林大学,2012 年,第 13 页。

运营方式的低碳化,通过用电子保单代替纸质保单等方式贯彻低碳理念。[①] 但由于我国低碳保险业发展起步较低,目前仅有少数几家保险公司开展低碳保险业务,且业务单一,仅有环境、气象保险,因此,拓展险种和业务类型等创新成为当务之急。

此外,在碳金融产品和业务创新方面,除了开发与低碳项目相关的理财产品、衍生产品等之外,还可以联合国际专业机构,为国内的减排企业和项目提供 CDM 项目开发、交易咨询、全程管理及指导等全方位、一站式金融服务;开发将银行传统的票据融资业务、信用证等多种业务运用到 CDM 项目中的金融业务;参与碳基金托管等。

---

① 刘铮:《碳金融体系及其效率分析》,硕士学位论文,吉林大学,2012 年,第 16 页。

第十六章　碳金融交易体系溢出效应研究

第一节　碳金融交易体系溢出效应的表现形式

溢出效应的种类有很多，按照作用方式的不同表现分为技术溢出效应和经济溢出效应。

一　技术溢出效应

技术溢出效应在实体经济中表现最明显。例如，节能减排技术一旦开发成形并具有经济推广价值，所有相关企业都有可能购买并使用该技术从事生产活动，以此获取一定收益，技术的快速扩散就是典型的技术溢出效应。

碳交易把原本一直游离在资产负债表外的气候变化因素纳入了企业的资产负债表，改变了企业的收支结构。从虚拟经济的角度看，金融机构为了防范气候变化的不确定性带来的风险以及为了获得更多、更可持续的利润开发了一些基于碳排放权的保险产品、衍生产品及结构性产品，于是碳排放权逐渐成为一种金融工具，其价格越来越依赖于金融市场，这意味着金融资本介入碳排放权市场，便使碳排放权不再是简单的商品。从经济流动性的角度看，碳金融本质上是一种金融活动，但与一般的金融活动相比，它最大的特点是：它更紧密地连接了金融资本与基于绿色技术的实体经济：一方面金融资本直接或间接投资于创造碳资产的项目与企业；另一方面来自不同项目和企业产生的减排量进入碳金融市场进行交易，被开发成标准的金融工具。

在碳金融交易条件下，那些积极进行低碳技术投资的企业往往会获得碳市场的先机。低碳技术创新有助于降低企业的碳排放量，从而降低企业的碳排放成本，企业节余的碳排放量还可以作为商品参与交易，由此产生额外的经济利益。碳市场为企业协调经济效益和环境效益的矛盾提供了新的契机。通过研发和应用新的低碳技术，高碳企业可以改变高能耗、高排放的生产经营模式，实现企业的可持续发展。[1] 另外，仅在市场调节机制的作用下，企业自发进行低碳技术改造的动力可能不足，低碳技术创新所具有的难度以及碳市场环境的不确定性，也给企业的低碳技术投资带来了一种新的风险，即碳风险。而具有不同潜质（优势和劣势）的高碳企业，也必将面临不同的机会和威胁。

利用节能减排的倒逼机制推动技术升级、清洁发展，已经成为我国的战略优选。党的十八届三中全会之后，释放金融的活力，发挥金融在经济中的核心作用，则是我国的另一个战略优选。金融领域可以发挥跨时配置资产的功能，为节能减排的各种技术商业化、项目实施运营、资产兼并重组等活动提供流动性支持。这不仅是要素成本的投入，更蕴含巨大的共赢共享的市场创新机会。[2]

二 经济溢出效应

在碳金融交易模式下，碳排放量作为一种有价商品被市场需要，某一产业的碳排放量越大，随之产生的机会成本就越高。尤其是在碳交易的收益大于低碳技术改造成本或者新产业的投资成本时，在经济利益的驱动下，更多的资金会流入到现有产业的低碳技术研发应用和以低碳技

---

[1] 田翠香、常超：《碳交易条件下高碳企业低碳技术创新的 SWOT 分析》，《中国证券期货》，2013-08-25，http://www.xzbu.com/2/view-5812191.htm
[2] 石玉东：《碳金融发展需要顶层设计支持》，和讯网，网址：http://news.hexun.com/2013-11-26/160041684.html

术为核心的新兴产业，包括清洁能源产业，如核能、风能、太阳能和水力发电等，从而推动产业结构升级和经济结构的进一步优化。

金融机构直接为相关节能减排项目提供融资支持，如股权投资、直接信贷支持等。通过这一方式可以有效拓宽节能减排项目的融资途径，促进项目的开展，从而实现产业结构的优化升级。绿色信贷业务是国内商业银行参与碳金融活动的核心。一方面，许多"三高"企业难以从商业银行得到资金支持；另一方面，根据国家有关的能源经济政策和产业政策，商业银行对从事节能减排、开发利用新能源和可再生能源、研发生产低耗能、低污染设备、实践绿色生产方式的企业或机构提供信贷扶持，有效促进该行业和相关企业的持续稳定发展。[①] 因此，金融机构积极探索碳金融业务创新之路，不仅可以解决低碳技术企业和新能源行业的融资问题，同时可以促使金融业在低碳经济背景下迎来自身发展的新机遇，进而引领金融业进入一个新的高速发展期。

另外，当执行严格的碳减排政策时，必然会给受控企业带来一定的减排成本，从而减缓经济增长，碳减排的成本可看作由环境规制引起的全部机会成本，包括社会由于遵守和执行规制导致的商品和服务的损失，以及产量的减少。

碳政策的成本主要包括：

其一，受控企业服从规制的成本；

其二，政府执行减排政策的成本或者说管理成本；

其三，间接成本（对产品质量、生产率、投资等造成的负效应）。

碳金融通过其价格信号引导企业将碳排放成本纳入投资决策，实现环境外部成本企业内部化。随着碳金融市场的不断深化，碳货币化程度不断提高，碳排放权进一步衍生成具有较强流动性的金融资产。碳金融

---

① 杜莉、李博（2012）认为越多的交易主体越倾向于售出额外更多的碳排放量，就意味着经济发展模式已经或正在努力实现从"高能耗、高污染、高排放"的粗放型增长模式，向节约型经济模式转变，也意味着产业结构越合理、越稳定。

体系使得企业能够进行主动合理的碳资产管理，进而减少企业进行碳减排的成本，从而可以减小由于碳减排政策带来的损失。长期来看，其经济增长负面效应将逐渐转向正面。从国外碳市场实践来看，并未对企业绩效和整体产出造成较大的冲击（Oberndorfer，2009；Convery，2008；Chevallier，2009；Demailly，2008）。

第二节　碳金融交易体系溢出效应的模型均衡分析

我们通过构建一个包含低碳部门的内生增长模型，探讨了在碳金融交易背景下低碳技术创新与经济增长的关系。对模型的均衡分析的基本结论是：从短期来看，低碳技术研发会挤占一般研发部门人力资本投入，从而降低经济增长率。而从长期来看，低碳技术对经济增长的关系是不确定的。低碳技术存量占总的技术存量比例越高，经济增长越快。

一　模型设定

（一）基本假设和代理人行为

类似 Romer、Barro 的内生增长模型，本章模型包括最终产品部门，中间产品部门，一般研发部门，并在模型中加入低碳研发部门。最终产品部门，一般研发部门和低碳研发部门都需投入人力资本，分别为 H_Y，H_N，H_{co_2}。而人力资本总量给定为 H，$H = H_Y + H_N + H_{co_2}$。整个经济体系运行机制如下：研发部门使用投入的人力资本结合当前的技术水平进行研发，然后将研发出来的中间产品专利权（N）卖给中间产品部门，中间产品部门用购买的专利权生产新的中间产品，并将中间产品出售给下游的最终产品部门。最终产品部门用购买的中间产品结合一定的人力资本（H_Y）来生产最终产品（H）。此外，由于在碳金融交易的情形下，尽管企业的减排成本有差异，但企业通过交易碳排放权将减排成本降至最低。因而，我们可以设立一个低碳部门来处理碳排放问题。低碳部门针对最终产品部门排放的温室气体，结合一定的人力资本（H_{co_2}）

进行减排。

首先，最终产品部门的生产函数采用 D-S 形式：

$$Y = AH_Y^{\alpha} \int_0^N x_i^{\beta} di, \alpha > 0, \beta > 0, \alpha + \beta = 1 \qquad (16.1)$$

其中，Y 表示最终产品，A 视为技术参数，包括法律体系，政治制度等。H_Y 为最终产品部门使用的人力资本。N 表示中间产品的种类，x_i 表示第 i 种中间品。这里，最终产品 Y 的价格单位化为 1。W_Y，W_N 分别表示投入到最终产品部门和研发部门的资本报酬率，P_{x_i} 表示中间产品 x_i 的价格，r 表示市场利率。假设资本市场，劳动力市场和最终产品市场都是完全竞争的。最终产品部门通过选择人力资本和中间产品的数量来使自己利润最大化：

$$\max_{H_Y, x_i} \pi = Y(H_Y, x_i) - W_Y - \int_0^N x_i P_{x_i} di \qquad (16.2)$$

最终产品部门企业利润最大化条件为：

$$W_Y = \frac{\alpha Y}{H_Y} \qquad (16.3)$$

$$x_i = H_Y \left(\frac{A\beta}{P_i}\right)^{\frac{1}{\alpha}} \qquad (16.4)$$

即 $\quad P_i = \beta A H_Y^{\alpha} x_i^{-\alpha} \qquad (16.5)$

由（16.4）可知，所有的中间品都等量地投入到最终产品部门，不妨令 $x = x_i$，$P = P_i$ 对于任意的第 i 种中间品。

其次，中间产品部门从研发部门购买专利权生产中间产品卖给最终产品部门，假定专利权的价格为 P_N，该专利权可以视作中间产品企业的固定成本。由（16.4）可知中间产品部门的需求函数，而中间产品部门由于具有专利权而进行垄断生产获得垄断利润，这也正是企业不断进行创新的微观机制。中间产品部门通过选择中间品价格来使利润最大化：

$$\max_P \pi_m = Px - x \qquad (16.6)$$

将（16.4）代入（16.6）中，由一阶最优条件得

$$P = \frac{1}{\beta} \tag{16.7}$$

进而可以得到垄断利润：

$$\pi_m = (\frac{1}{\beta} - 1)x \tag{16.8}$$

另外，中间产品部门是可以自由进出的，因而中间产品部门的固定成本，也就是专利权的价格为中间产品企业获得垄断利润的贴现值，在利率 r 不随时间变化（可以证明当研发成本不随中间品数量变化时，均衡状态下利率为常数）时，采用 Romer 的水平创新设定，即专利权可以永久保持，该贴现值为：

$$P_N = \int_t^\infty \pi_m e^{-r(s-t)} ds = \frac{\pi_m}{r} = \frac{\alpha}{r\beta} x \tag{16.9}$$

再次，一般研发部门投入人力资本 H_N 对中间产品进行研发，对获得的新的中间产品设计方案申请专利，并将专利权以价格 P_N 卖给中间产品部门。另外，研发部门的创新也取决于已有的技术存量。低碳研发也会增加技术存量。研发部门的生产函数为：

$$N' = \delta H_N [N + F(\varepsilon)] \tag{16.10}$$

其中 ε 是碳排放比例，$F(\varepsilon)$ 代表了低碳研发技术存量，其中 $F' < 0$。研发部门通过选择投入的人力资本来使利润最大化：

$$\max_{H_N} \pi_{RD} = P_N N' - W_N H_N \tag{16.11}$$

由一阶最优化条件，结合（16.9）（16.10）得：

$$W_N = \frac{\alpha}{r\beta} \delta x [N + F(\varepsilon)] \tag{16.12}$$

最后，低碳研发部门及其作用。最终产品企业在生产过程中会产生二氧化碳的排放，令二氧化碳的排放量为 Q，它和最终产品的产量成比例：

$$Q = \varepsilon Y \tag{16.13}$$

其中，ε 为碳排放的比例系数，企业通过碳金融交易将减排成本降低，因而我们可以假定存在着一个可以自由进出的低碳研发部门，通过投入一定的人力资本 H_{co_2} 可以降低比例系数。

$$\varepsilon' = -\eta\varepsilon H_{co_2} \qquad (16.14)$$

假定碳金融交易市场上的碳排放权价格为 P_E。假定排放权价格在一段较长时间内维持稳定，那么低碳研发的市场价值 V 为：

$$V \approx -\frac{\varepsilon' Y P_E}{r} \qquad (16.15)$$

那么低碳研发部门选择投入的人力资本 H_{co_2} 来使利润最大化：

$$\max_{H_{co_2}} \pi_{co_2} = V - H_{co_2} W_{co_2} \qquad (16.16)$$

由一阶最优条件得：

$$W_{co_2} = \frac{\eta\varepsilon Y P_E}{r} \qquad (16.17)$$

（二）家庭和市场均衡

假定代表性家庭在无限时域上有标准固定弹性效用函数：

$$U(c) = \int_0^\infty \frac{c^{1-\sigma}-1}{1-\sigma} e^{-\rho t} dt, \sigma > 0, \rho > 0 \qquad (16.18)$$

其中 σ 为跨期替代弹性的倒数，ρ 为消费者的时间偏好率。

家庭最优化得到消费增长率的一般表达式：

$$g_c = \frac{r-\rho}{\sigma} \qquad (16.19)$$

二 竞争性均衡和比较静态分析

假设经济体中的人力资本可以无成本地在各个经济体中自由流动，那么，在均衡条件下，各个部门间的人力资本报酬相等。即

$$W_Y = W_N = W_{co_2} \qquad (16.20)$$

结合（16.3），（16.4），（16.7），（16.12）最终产品部门和一般研发部门报酬相等意味着

$$H_Y = \frac{r}{\beta\delta} \frac{N}{N+F(\varepsilon)} \qquad (16.21)$$

结合（16.3），（16.4），（16.7），（16.17）一般研究部门和低碳研发部门报酬相等意味着

$$P_E = \frac{\alpha\delta x}{\eta}\frac{N+F(\varepsilon)}{Q} \qquad (16.22)$$

命题 1：在碳金融交易中，碳排放权价格与二氧化碳排放量成反比，与一般研发部门的知识存量成正比。

在碳金融交易背景下，企业排放的二氧化碳在某种程度上成为一种稀缺资源，而对这种稀缺资源的处理（碳减排）会带来收益。而一般研发部门的知识存量较高会使得新产品的研发更加容易，进行一般性研发获得的报酬较高，二氧化碳排放权必须保持较高的价格才能吸引人们进行低碳技术研发。这一点在欧洲碳交易市场（EU-ETS）体现得尤为明显。自 2008 年以来，ETS 似乎没有像欧盟所预期的那样发挥作用，欧盟成员国的碳排放总量并未因 ETS 而明显减少。ETS 碳排放配额分配过多，碳排放配额交易价格过低，不足以弥补新能源领域的投资，企业也就没有减少碳排放的动力。市场分析人士认为，要想促使 ETS 正常运转，碳排放交易价格就必须维持在每吨 50 欧元的水平。[①] 我们这一模型的推导结果提醒我国碳金融交易市场尽管在前期适当低价使得企业可以较好地适应碳交易，然而要吸引企业进行碳研发。一个适当较高的碳排放权价格是有必要的。另外，这一结果也显示由于我国的碳排放量巨大，对于这种稀缺资源的占有使得我国进行低碳研发的投资回报较高，减排的潜力巨大。

假设低碳部门计划的减排率为 μ，则由（16.14）得：

$$H_{co_2} = \frac{\mu}{\eta} \qquad (16.23)$$

由 $H = H_Y + H_N + H_{co_2}$，结合（16.21），（16.23）得：

$$H_N = H - \frac{r}{\beta\delta}\frac{N}{N+F(\varepsilon)} - \frac{\mu}{\eta} \qquad (16.24)$$

根据（16.1），（16.4）结合（16.24）可得稳态经济增长率 g_Y：

$$g_Y = \delta(H - \frac{r}{\beta\delta}\frac{N}{N+F(\varepsilon)} - \frac{\mu}{\eta}) \qquad (16.25)$$

---

① 严恒元：《欧盟碳排放交易体系再度受挫》，《经济日报》，2013 年 4 月 22 日。

令 $s = \frac{F(\varepsilon)}{N + F(\varepsilon)}$ 表示低碳技术存量占总的技术存量的比例,在平衡增长路径上,根据投资消费与产出的关系可知:其增长率与产出增长率相等。

命题2:平衡增长路径上,各经济变量的增长率为,

$$g_c = g_Y = g_K = \delta(H - \frac{r}{\beta\delta}(1-s) - \frac{\mu}{\eta}) \tag{16.26}$$

在技术参数和偏好参数 δ,η,β 确定的条件下,命题1表明在碳金融交易背景下的经济增长取决于低碳技术存量占总的技术存量的比例以及减排率。对命题1进行比较静态分析可以得到结论:

命题3:$\partial g/\partial s > 0$;$\partial g/\partial \mu < 0$

在碳金融交易背景下,低碳技术创新对经济增长的影响表现在两方面:首先从短期来看低碳技术研发会降低一般技术研发人力资本投入,从而会降低经济增长率,然而另一方面低碳技术研发可以增加总的技术存量,低碳技术存量占总的技术存量的比例越高,经济增长率越高,长期来看低碳技术研发与经济增长的关系是不确定的。这一命题提醒我们在碳金融交易的初始阶段减排幅度不应该过大,以免对经济造成过大影响。我们还应该大力发展低碳技术,提高低碳技术存量占总的技术存量的比例。

第三节 合理利用碳金融交易体系溢出效应的政策建议

一 健全碳金融市场法律法规体系

建立健全的碳金融市场法律法规体系是碳金融市场体系建设的前提和基础,也是保护碳金融市场参与主体权利并使其承担相应义务的重要保障。碳金融市场能对资本、技术等稀缺资源进行合理的分配,政府的行政职能应在规则的制定以及有效的监督管理等方面发挥作用,推动形成转方式、调结构的倒逼机制。而我国目前的法律框架难以适应碳金融

市场的发展。所以,政府应该加快应对气候变化立法进程,具有针对性地修订或出台与碳金融相关的法律法规,完善相应政策制度,尤其是要联合有关部门共同制定一系列具有较强操作性的碳金融市场活动实施细则。会同金融监管机构,借鉴发达国家先进的管理经验,制定相应的风险控制标准,规范碳金融市场监管机制。[1]

二 建立统一、完善的碳金融市场体系

结构完整、功能健全、行之有效的碳金融市场体系是碳金融活动得以开展的必要条件,也是有效发挥碳金融体系溢出效应的重要支撑。因此,我国政府应该抓住全球碳金融市场蓬勃发展的历史机遇,加快建立和完善符合我国国情的碳金融市场体系。

首先,搭建统一的碳交易市场平台。近年来,我国虽然已在北京、上海、武汉、天津等各地相继启动碳交易试点,但由于交易区域、功能和制度等方面的局限,发挥的作用十分有限。因此,我国应该尽快改变这种"遍地开花"的分散局面,加快整合现有碳交易试点,搭建统一的碳交易市场平台,聚集市场信息,扩大市场规模,增强我国碳交易的议价能力。[2]

其次,完善碳交易市场机制。历史经验已经表明,如果没有市场机制的引入,仅仅通过受控企业的自愿或强制行为是无法达到减排目标的。我国应针对碳排放总量的控制目标建立相应的市场运行机制,并逐步推广到整个行业乃至国民经济。建立一种能够实现严格意义上碳交易的运行机制,推动完成全国碳排放权交易总量设定和配额分配方案,出台重点行业、企业碳排放核算与报告标准,完善碳交易注册登记系统功能,促进我国碳交易市场的繁荣发展。

---

[1] 刘嘉夫:《CDM视角下中国碳金融市场对地区经济结构影响研究》,硕士学位论文,东北师范大学,2012年。

[2] 2015年10月,习主席访美期间,中美两国再度发表《气候变化联合声明》,中国将承诺到2017年启动全国碳排放交易体系。中美两国达成气候减排合约,意味着全球最大的两个碳排放体进入全球碳排放体系。中美气候减排的合约也是中国市场开启的一个信号,现在全国碳排放权交易市场方案已经进入了加速研究的阶段。

最后，开发碳金融产品市场。在建立针对碳排放指标等实体标的物的一级市场的基础上，还应逐步开发多元化、多功能性的碳金融产品市场，发挥证券交易所等二级市场的特有功能，为市场参与者提供满足需求多元化的产品。比如，建立在现货市场基础之上的期货市场，不仅具有规避风险和价格发现的功能，同时因其特有的"杠杆作用"可以有效扩大市场交易规模。因此，完善的碳金融市场体系必须具有多样化的产品市场，才能保证碳金融市场的持续、健康发展。

三 提高金融机构对碳金融市场的参与程度

金融机构作为碳金融市场体系重要的参与主体，其参与程度会直接影响到碳金融市场的发展程度。当前，我国金融机构刚刚开始涉足碳金融市场领域，主要通过绿色信贷业务、CDM项目融资等促进节能减排和低碳产业的发展，参与程度尚处于较低层次。碳金融市场的全面发展需要更多金融机构的深度参与，提供更全面的金融产品和服务。

从金融机构的参与广度来看，仅有商业银行的参与是远远不够的，政策性银行、保险公司、基金公司、信托投资公司及金融中介机构的加入能够有效地扩展碳金融市场的活动范畴。政策性银行，相较商业银行而言，不以营利为目的，可以根据国家政策导向充分发挥自身优势，为一些投资规模大、周期长、见效慢的项目提供资金支持。保险公司可以利用低碳项目实施时间长、风险因素多等特点，设计具有低碳特色的保险产品参与碳金融市场活动。基金公司和信托投资公司可以发行定投基金或信托产品等方式筹集社会资金，通过直接投资低碳项目或通过二级市场购买碳金融产品等途径为低碳项目的实施提供融资渠道。金融中介机构可以充分利用低碳项目开发程序复杂、交易规则严格、合同周期长等特点，加紧专业人才队伍建设，为低碳项目的开发实施提供中介、咨询服务，促进碳金融市场发展。

从金融机构的参与深度来看，目前以绿色信贷为主的产品结构过于单一，金融机构深入研发碳金融相关产品的空间还很大。就商业银行而言，可以开展基于 CDM 的 CERs 收益权质押贷款、发行绿色理财产品，为节能减排项目企业提供融资租赁或保理业务。就保险公司而言，可以为碳交易合同或碳减排购买协议的买方提供保险，也可以为开发 CDM 项目的企业提供保险，甚至可以探索将碳交易保险与碳资产证券化结合起来，形成碳资产的 CDS（Credit Default Swap，信用违约掉期合约），即对债权人所拥有债权的一种保险。总之，金融机构应该发挥自身专业优势，根据碳金融市场特性研发设计更多的金融产品，在促进碳金融市场发展的同时，也将为金融机构在低碳经济背景下的发展开拓更广阔的市场空间。

附　　录

附表1　　　　　　　　不同能源折算标准煤系数

能源类别	折算系数
原煤	0.7143 千克标准煤/千克
洗精煤	0.9 千克标准煤/千克
其他洗煤	0.2857 千克标准煤/千克
焦炭	0.9714 千克标准煤/千克
焦炉煤气	0.5714 千克标准煤/千克
其他煤气	0.62428 千克标准煤/千克
原油	1.4286 千克标准煤/千克
汽油	1.4714 千克标准煤/千克
煤油	1.4714 千克标准煤/千克
柴油	1.4517 千克标准煤/千克
燃油	1.4286 千克标准煤/千克
液化石油气	1.7143 千克标准煤/千克
炼厂干气	1.5714 千克标准煤/千克
天然气	1.33 千克标准煤/立方米
热力	0.03412 千克标准煤/百万焦耳
电力	0.1229 千克标准煤/千瓦小时

资料来源：《中国能源统计年鉴》。

附表 2　　　　　　中国主要能源二氧化碳排放系数

	CV	CC	COR	CO_2
单位	TJ/万 t　TJ/亿 Nm^3	tC/TJ	%	
一般烟煤	195.7	26.18	0.85	1.5968
洗精煤	263.34	25.4	0.96	2.3545
其他洗煤	83.63	25.4	0.96	0.7477
焦炭	284.47	29.4	0.93	2.8519
焦炉煤气	1735.4	13.6	0.99	8.5673
其他煤气	522.7	12.2	0.99	2.3148
原油	423	20	0.98	3.0400
汽油	448	18.9	0.98	3.0425
煤油	447.5	19.6	0.98	3.1517
柴油	433.3	20.2	0.98	3.1451
燃料油	401.9	21.1	0.98	3.0472
液化石油气	473.1	17.2	0.98	2.9240
炼厂干气	460.5	18.2	0.98	3.0116
天然气	3893.1	15.3	0.99	21.6219

资料来源：根据《北京市企业（单位）二氧化碳排放核算和报告指南（2013 年版）》和 IPCC 整理计算。

参考文献

庇古：《福利经济学》，华夏出版社 2007 年版。

陈波：《碳排放权交易市场的设计原理与实践研究》，中国经济出版社 2014 年版。

付加锋：《低碳经济理论与中国实证分析》，中国环境科学出版社 2012 年版。

郭福春：《中国发展低碳经济的金融支持研究》，中国金融出版社 2012 年版。

国家发展改革委宏观经济研究院《低碳发展方案编制原理与方法》教材编写组：《低碳发展方案编制原理与方法》，中国经济出版社 2012 年版。

林伯强、黄光晓：《能源金融》，清华大学出版社 2011 年版。

林建：《碳市场发展》，上海交通大学出版社 2013 年版。

马歇尔：《经济学原理》，华夏出版社 2013 年版。

世界银行：《碳金融十年》，石油工业出版社 2011 年版。

宋承先：《现代西方经济学》，复旦大学出版社 2004 年版。

索尼亚·拉巴特、罗德尼·R.怀特：《碳金融——碳减排良方还是金融陷阱》，石油工业出版社 2010 年版。

薛进军、赵忠秀：《中国低碳经济发展报告（2012）》，社会科学文献出版社 2011 年版。

杨永杰、王力琼、邓家姝：《碳市场研究》，西南交通大学出版社 2011 年版。

约翰·汉尼根:《环境社会学》,中国人民大学出版社 2009 年版。

中国清洁发展机制基金管理中心、大连商品交易所:《碳配额管理与交易》,经济科学出版社 2010 年版。

朱国华、褚玦海:《期货市场学——工具、机构与管理》,上海财经大学出版社 2004 年版。

诸大建、陈飞、刘国平:《中国低碳经济蓝皮书》,同济大学出版社 2012 年版。

巴曙松、吴大义:《能源消费、二氧化碳排放与经济增长——基于二氧化碳减排成本视角的实证分析》,《经济与管理研究》2010 年第 6 期。

白钦先:《百年全球金融业并购、历程、变迁及效应》,《国际金融研究》2001 年第 7 期。

鲍金红、胡璇:《我国现阶段的市场失灵及其与政府干预的关系研究》,《学术界》2013 年第 7 期。

曹佳、王大飞:《我国碳金融市场的现状分析与展望》,《经济论坛》2010 年第 7 期。

陈柳欣:《低碳经济:国外发展的动向及中国的选择》,《甘肃行政学院学报》2009 年第 6 期。

陈诗一:《工业二氧化碳的影子价格:参数化和非参数化方法》,《世界经济》2011 年第 8 期。

陈诗一:《中国工业分行业统计数据估算:1998—2008》,《经济学(季刊)》2011 年第 3 期。

陈晓春、施卓宏:《论碳金融市场中的政府监管》,《湖南大学学报》(社会科学版) 2011 年第 3 期。

陈晓枫、李伟:《金融发展理论的变迁与创新》,《福建师范大学学报》(哲学社会科学版) 2007 年第 3 期。

陈游:《碳金融:中国商业银行的机遇与挑战》,《财经科学》2009 年第 11 期。

陈正其:《中国工业分行业资本存量估计》,《经济研究导刊》2013 年第 34 期。

谌伟、诸大建：《中国二氧化碳排放效率低么？——基于福利视角的国际比较》，《经济与管理研究》2011年第1期。

成万牍：《中国发展"碳金融"正当其时》，《经济》2008年第6期。

程炜博：《银行碳金融业务模式》，《中国金融》2014年第4期。

戴玉林：《马科维兹模型的分析与评价》，《金融研究》1991年第9期。

单豪杰：《中国资本存量K的再估算：1952—2006年》，《数量经济技术经济研究》2008年第10期。

邓子基、唐文倩：《政府公共支出的经济稳定效应研究》，《经济学动态》2012年第7期。

丁兴业、田志娟：《论市场失灵的类型、原因及对策》，《武汉科技学院学报》2006年第8期。

董岩：《美国碳交易价格规制的进展及其启示》，《价格月刊》2011年第7期。

董竹、张云：《中国环境治理投资对环境质量冲击的计量分析——基于VEC模型与脉冲响应函数》，《中国人口·资源与环境》2011年第8期。

杜朝运、马彧菲：《试论我国碳排放权期货市场的构建》，《区域金融研究》2011年第9期。

杜莉、李博：《利用碳金融体系推动产业结构的调整和升级》，《经济学家》2012年第6期。

杜莉：《利用碳金融体系推动产业结构的调整和升级》，《经济学家》2010年第6期。

杜莉、孙兆东、汪蓉：《中国区域碳金融交易价格及市场风险分析》，《武汉大学学报》2015年第2期。

杜莉、王利、张云：《碳金融交易风险：度量与防控》，《经济管理》2014年第4期。

杜莉、武俊松：《我国碳金融宏观与微观监管体系的建构》，《武汉大学学报》（哲学社会科学版）2013年第5期。

杜莉、张云：《如何在碳金融交易中合理界定政府与市场的关系？——理论与实证》,《吉林大学社会科学学报》2015 年第 1 期。

杜莉、张云:《碳金融交易问题研究述评》,《江汉论坛》2013 年第 1 期。

杜莉、张云、王凤奎:《开发性金融在碳金融体系建构中的引致机制》,《中国社会科学》2013 年第 4 期。

杜莉、张云:《我国碳排放总量控制交易的分配机制设计——基于欧盟排放交易体系的经验》,《国际金融研究》2013 年第 7 期。

段茂盛、庞韬:《全国统一碳排放权交易体系中的配额分配方式研究》,《武汉大学学报》(哲学社会科学版)2014 年第 5 期。

樊纲、苏铭、曹静:《最终消费与碳减排责任的经济学分析》,《经济研究》2010 年第 1 期。

付允等:《低碳经济的发展模式研究》,《中国人口资源与环境》2008 年第 3 期。

高帆:《交易效率的测度及其跨国比较:一个指标体系》,《财贸经济》2007 年第 5 期。

高旋、王积田:《基于 DEA 的我国低碳板块上市公司技术效率与规模效率分析》,《商业会计》2013 年第 10 期。

高杨、李健:《基于 EMD-PSO-SVM 误差校正模型的国际碳金融市场价格预测》,《中国人口·资源与环境》2014 年第 6 期。

高莹、郭琨:《全球碳交易市场格局及其价格特征——以欧洲气候交易体系为例》,《国际金融研究》2012 年第 12 期。

管清友:《碳货币猜想》,《中国外汇》2009 年第 10 期。

国家发改委经济研究所课题组等:《专题报告三:货币政策机制化相关问题研究》,《经济研究参考》2014 年第 7 期。

国务院发展研究中心课题组:《全球温室气体减排:理论框架和解决方案》,《经济研究》2009 年第 3 期。

韩国文、陆菊春:《碳金融研究及其评价》,《武汉大学学报》2014 年第 3 期。

韩鑫韬:《美国碳交易市场发展的经验及启示》,《中国金融》2010 年第 24 期。

何川：《中国碳期货市场初探》，《现代商业》2008 年第 20 期。

何小钢、张耀辉：《中国工业碳排放影响因素与 CKC 重组效应——基于 STIRPAT 模型的分行业动态面板数据实证研究》，《中国工业经济》2012 年第 1 期。

和秀星：《实施"绿色金融"政策促进可持续发展战略》，《青海金融》1998 年第 10 期。

胡振华、佘小云：《白糖期货市场流动性实证分析》，《企业家天地》2009 年第 3 期。

郇志坚、陈锐：《碳排放权市场价格发现功能的实证分析》，《上海金融》2011 年第 7 期。

黄志刚、谢娇玲、黄艳林：《我国碳排放权期货产品开发研究》，《企业经济》2012 年第 12 期。

李亮亮、许春燕、李振国：《碳金融定价权分析》，《中国商贸》2013 年第 30 期。

李仁杰：《市场化与绿色金融发展》，《中国金融》2014 年第 4 期。

李涛、傅强：《中国省际碳排放效率研究》，《统计研究》2011 年第 7 期。

李威：《国际法框架下碳金融的发展》，《国际商务研究》2009 年第 4 期。

李玮、梁文群、张荣霞等：《基于随机前沿模型的山西省碳排放效率评价》，《资源科学》2012 年第 10 期。

林伯强、蒋竺均：《中国二氧化碳的环境库兹涅茨曲线预测及影响因素分析》，《管理世界》2009 年第 4 期。

林坦、宁俊飞：《基于零和 DEA 模型的欧盟国家碳排放权分配效率研究》，《数量经济技术经济研究》2011 年第 3 期。

刘华、郭凯：《国外碳金融产品的发展趋势与特点》，《银行家》2010 年第 9 期。

刘亦文、胡宗义：《中国碳排放效率区域差异性研究——基于三阶段

DEA 模型和超效率 DEA 模型的分析》，《山西财经大学学报》2015年第 2 期。

刘英：《国际碳金融及衍生品市场发展研究》，《金融发展研究》2010年第 11 期。

刘英、张征、王震：《国际碳金融及衍生品市场发展与启示》，《金融发展研究》2010 年第 10 期。

刘志成：《我国发展碳金融面临的风险与对策》，《武汉金融》2012 年第 6 期。

刘自俊、贾爱玲、罗时燕：《欧盟碳排放权交易与其他国家碳交易衔接经验》，《世界农业》2014 年第 2 期。

马大来、陈仲常、王玲：《中国省际碳排放效率的空间计量》，《中国人口资源与环境》2015 年第 1 期。

莫建雷、朱磊、范英：《碳市场价格稳定机制探索及对中国碳市场建设的建议》，《气候变化研究进展》2013 年第 9 期。

潘涛、付蕾：《我国碳金融体系发展现状及对策研究》，《人民论坛》2012 年第 10 期。

逄锦聚：《我国碳金融交易的几个基本理论问题》，《经济学家》2012年第 11 期。

乔海曙、谭烨、刘小丽：《中国碳金融理论研究的最新进展》，《金融论坛》2011 年第 2 期。

屈小娥：《中国省际全要素能源效率变动分解——基于 Malmquist 指数的实证研究》，《数量经济技术经济研究》2009 年第 8 期。

沈悦、李善燊、马续涛：《VAR 宏观计量经济模型的演变与最新发展——基于 2011 年诺贝尔经济学奖得主 Smis 研究成果的拓展脉络》，《数量经济技术经济研究》2012 年第 10 期。

史晓琳：《构建我国商业银行碳金融内部风险管理长效机制》，《金融论坛》2010 年第 1 期。

谭建生、麦永冠：《再论碳债券》，《中国能源》2013 年第 5 期。

唐葆君、申程：《欧洲二氧化碳期货市场有效性分析》，《北京理工大学学报》（社会科学版）2012年第2期。

汪忠德、周代数：《"后京都"时代：清洁发展机制何去何从?》，《中国石化》2010年第5期。

王定祥、琚丽娟：《碳金融理论研究评述与展望》，《西部论坛》2013年第1期。

王丽娜、朱亚兵：《对中国碳交易定价机制的几点思考》，《价格理论与实践》2010年第9期。

王留之、宋阳：《略论我国碳交易的金融创新及其风险防范》，《现代财经》2009年第6期。

王巧芳：《浅议碳市场中银行的业务模式与风险》，《学理论》2009年第25期。

王修华、赵越：《我国碳排放交易的定价困难及破解思路》，《经济研究》2010年第4期。

王修华、赵越：《中国碳交易的定价困境及破解思路》，《理论探索》2010年第5期。

王遥、刘倩：《中国的低碳经济选择和碳金融发展问题研究》，《投资研究》2010年第2期。

王瑶、刘倩：《碳金融市场：全球形势、发展前景及中国战略》，《国际金融研究》2010年第9期。

王增武、袁增霆：《碳金融市场中的产品创新》，《中国金融》2009年第24期。

王增武、袁增霆：《推进碳金融工具的创新发展》，《中国经济报告》2010年第1期。

王振山：《浅谈金融资源的分配与金融效率的提高》，《天津经济》1998年第12期。

魏善吉、郭超洁：《国外银行业碳金融业务开展经验及启示》，《商业时代》2013年第3期。

吴贤荣、张俊飚、田云等：《中国省域农业碳排放：测算，效率变动及影响因素研究——基于DEA-Malmquist指数分解方法与Tobit模型运用》,《资源科学》2014 年第 1 期。

席俊波:《我国商业银行碳金融业务研究》,《黑龙江对外经贸》2011 年第 1 期。

谢绵陛:《碳交易的国际实践经验与启示》,《东南学术》2013 年第 3 期。

胥刚:《论绿色金融——环境保护与金融导向新论》,《中国环境管理》1995 年第 4 期。

徐文舸:《"碳货币方案":国际货币发行机制的一种新构想》,《国际金融研究》2012 年第 10 期。

许广月、宋德勇:《中国碳排放环境库兹涅茨曲线的实证研究——基于省域面板数据》,《中国工业经济》2010 年第 5 期。

薛俊宁、吴佩林:《技术进步、技术产业化与碳排放效率——基于中国省际面板数据的分析》,《上海经济研究》2014 年第 9 期。

颜鹏飞、张青:《论约翰·穆勒的国家适度干预学说》,《经济评论》1996 年第 6 期。

杨莉:《北美碳市场的发展和展望》,《产业与科技论坛》2011 年第 12 期。

杨奇志、朱睿琪:《碳金融对我国商业银行发展影响探讨》,《现代商贸工业》2013 年第 4 期。

杨姝影、蔡博峰、肖翠翠、刘文佳、赵雪莱:《国际碳金融市场体系现状及发展前景研究》,《环境与可持续发展》2013 年第 2 期。

杨小红:《我国商业银行发展碳金融业务的影响因素及对策》,《福建论坛》(人文社会科学版)2013 年第 3 期。

杨志、陈波:《碳交易市场走势及欧盟碳金融全球化战略研究》,《经济纵横》2011 年第 1 期。

袁鹏:《基于物质平衡原则的中国工业碳排放绩效分析》,《中国人口·资源与环境》2015 年第 4 期。

袁鹰:《碳金融:不仅仅是机会》,《金融博览》(财富)2008 年第 8 期。

曾刚、万志宏：《国际碳金融市场：现状、问题与前景》，《国际金融研究》2009年第10期。

张存刚、张小瑛：《"碳金融"发展现状、前景及对策研究》，《甘肃理论学刊》2010年第7期。

张玘、林珊、赵颖婕：《政府在低碳产业发展中的作用——基于"钻石"模型理论的分析》，《学术界》2011年第7期。

张广胜、王珊珊：《中国农业碳排放的结构，效率及其决定机制》，《农业经济问题》2014年第7期。

张浩、刘元根、朱佩枫：《欧盟碳排放权交易市场价格发现的实证研究》，《工业技术经济》2013年第6期。

张建军、段润润、蒲伟芬：《国际碳金融发展现状与我国市场主体的对策选择》，《西北农林科技大学学报》2014年第1期。

张建军、段润润、蒲伟芬：《国际碳金融发展现状与我国市场主体的对策选择》，《西北农林科技大学学报》（社会科学版）2014年第1期。

张军、吴桂英、张吉鹏：《中国省际物质资本存量估算：1952—2000》，《经济研究》2004年第10期。

张胜利、俞海山：《中国工业碳排放效率及其影响因素的空间计量分析》，《科技与经济》2015年第4期。

张晓艳、张斌：《碳金融背景下我国商业银行业务创新研究》，《未来与发展》2013年第6期。

张盈、匡建超、王众：《中外碳交易市场发展现状分析》，《中外能源》2014年第3期。

章升东、宋维明、何宇：《国际碳基金发展概述》，《林业经济》2007年第7期。

赵红军：《交易效率：衡量一国交易成本的新视角——来自中国数据的检验》，《上海经济研究》2007年第11期。

郑春梅、刘红梅：《欧盟碳排放权价格波动特征研究》，《时代金融》2013年第11期。

仲云云、仲伟周：《中国区域全要素碳排放绩效及影响因素研究》，《商业经济与管理》2012 年第 1 期。

周健:《中国低碳经济与碳金融研究综述》,《财经科学》2010 年第 5 期。

周莉萍:《全国低碳经济与金融创新研讨会综述》,《金融评论》2009 年第 1 期。

周五七、聂鸣:《中国工业碳排放效率的区域差异研究》,《数量经济技术经济研究》2012 年第 9 期。

朱德进、杜克锐:《对外贸易、经济增长与中国二氧化碳排放效率》,《山西财经大学学报》2013 年第 5 期。

朱德米、虞铭明:《公众、政府、企业共同参与排污权交易的有效性研究》,《经济与管理研究》2014 年第 8 期。

朱汉之、马奕尧:《低碳经济视角下国际碳金融市场的发展与风险控制》,《城市资源与环境》2013 年第 12 期。

郭凯:《发展多层次区域性"金融"探讨》,《金融时报》2010 年 3 月 22 日。

姜红:《气候变化是迄今为止最严重的市场失灵现象——访英国学术院院长尼古拉斯·斯特恩勋爵》,《中国社会科学报》2014 年 7 月 7 日。

孙钰涵、贾森:《碳交易市场对低碳技术转让的影响研究》,2012 管理创新、智能科技与经济发展研讨会,2012 年 8 月 25 日。

岳杰、居岩岩、王璟珉:《碳排放权交易风险管理的识别、评估与应对》,《第六届(2011)中国管理学年会会计与财务分会场论文集》,2011 年。

《联合国拟实施新规助中国发展减排项目》,FT 中文网(http://cdm.ccchina.gov.cn/Detail.aspx? newsId=46611&TId=2)。

《欧盟采取措施提高碳交易价格》,中国清洁发展机制网(http://cdm.ccchina.gov.cn/Detail.aspx? newsId=51154&TId=2)。

《欧盟碳市场改革草案终获通过 欧洲碳价随即反弹》,中国能源报(http://www.chinapower.com.cn/newsarticle/1232/new1232326.asp)。

《碳排放权交易管理暂行办法》,中华人民共和国国家发展和改革委员会应对气候变化司（http：//qhs.ndrc.gov.cn/gzdt/201412/t20141212_652035.html）。

《中国核证减排量（CCER）》，中国碳汇林（http：//www.carbontree.com.cn/NewsShow.asp? Bid =9042）。

《中国或成为世界第一大碳交易市场三个方面衡量》，中国网（http：//www.china.com.cn/news/world/2013 - 11/22/content_30680071.htm）。

Abadie L. M., Chamorro J. M., "European CO_2 Prices and Carbon Capture Investments", *Energy Economics*, No. 30, 2008.

Alberola, E., Chevallier, J. and Cheze, B., "Emissions Compliances and Carbon Prices Under the EUETS: A Country Specific Analysis of Industrial Sectors", *J. Policy Model*, Vol. 31, No. 3, 2009.

Alberola, E., Chevallier, J. and Cheze, B., "Price Drivers and Structural Breaks in European Carbon Prices", *Energy Policy*, Vol. 36, 2008.

Alberola, E., Chevallier, J. and Cheze, B., "The EU Emissions Trading Scheme: The Effects of Industrial Production and CO_2 Emissions on European Carbonprices", *Int Econ*, Vol. 116, No. 4, 2008.

Alexander Brauneis, Roland Mestel, Stefan Palan, "Does a Cap on the Carbon Price Have to be a Cap on Green Investments", *Empirica*, No. 2, 2012.

Alexander Brauneis, Roland Mestel, Stefan Palan, "Inducing Low-carbon Investment in the Electric Power Industry Through a Price Floor for Emissions Trading", *Energy Policy*, No. 53, 2013.

Anderson B., Di Maria C., "Abatement and Allocation in the Pilot Phase of the EU ETS", *Environmental and Resource Economics*, No. 1, 2010.

Andrew Stocking, "Unintended Consequences of Price Controls: An Application to Allowance Markets", *Journal of Environmental Economics and Management*, No. 1, 2012.

Anger N., Oberndorfer U., "Firm Performance and Employment in the EU

Emissions Trading Scheme: An Empirical Assessment for Germany", *Energy Policy*, Vol. 36, No. 1, 2008.

Anna Creti, Pierre-André Jouvet, Valérie Mignon, "Carbon Price Drivers: Phase I Versus Phase II Equilibrium?", *Energy Economics*, Vol. 34, No. 1, 2012.

Arthur van Benthem, Suzi Kerr, "Scale and Transfers in International Emissions Offset Programs", *Journal of Public Economics*, No. 107, 2013.

Bao-jun Tang, Cheng Shen, Chao Gao, "The Efficiency Analysis of the European CO_2 Futures Market", *Applied Energy*, Vol. 112, 2013.

Bardhan, P., "India and China: Governance Issues and Development", *The Journal of Asian Studies*, Vol. 68, 2009.

Beat Hintermann, "Allowance Price Drivers in the First Phase of the EU-ETS", *Journal of Environmental Economics and Management*, Vol. 59, No. 1, 2012.

Benz, E., Truck, S., "CO_2 Emission Allowances Trading in Europe-Specifying a New Class of Asset", *Problems and Perpectives in Management*, 2006.

Benz E., Truck S., "Modeling the Price Dynamics of CO_2 Emission Allowances", *Energy Econ*, Vol. 31, No. 1, 2009.

Betz R., Sato M., "Emissions Trading: Lessons Learnt from the 1st Phase of the EU ETS and Prospects for the 2nd Phase", *Clim Policy*, Vol. 6, 2006.

Boot and Thakor, "Financial System Architecture", *Review of Financial Studies*, Vol. 10, No. 3, 1997.

Buckley, N., "Short-Run Implications of Cap-And-Trade Versus Baseline-And-Credit Emission Trading Plans: Experimental Evidence", McMaster University Department of Economics, 2005.

Carbon Finance at the World Bank, *State and Trends of the Carbon Market 2011*, Washington D. C.; World Bank Institute, 2011.

Cason, T. N. and L. Gandgadharan, "Transactions Cost in Tradeable Permit

Markets: An Experimental Study of Pollution Market Designs", *Journal of Regulation Economics*, Vol. 23, No. 2, 2003.

Chaurey, A., Kandpal, T. C., "Carbon Abatement Potential of Solar Home Systems in India and Their Cost Reduction Due to Carbon Finance", *Energy Policy*, Vol. 37, Issue 1, 2009.

Chevallier J., Ielpo F., Mercier L., "Risk Aversion and Institutional Information Disclosure on the European Carbon Market: A Case-study of the 2006 Compliance Event", *Energy Policy*, Vol. 37, No. 1, 2009.

Chichilnisky and Sheeran, *SavingKyoto: An Insider's Guide to What it is, How it Works and What it Means for the Future*, London: Garfield House, 2009.

Coase, Ronald H., "The Problem of Social Cost", *Journal of Law and Economics*, Vol. 3, No. 1, 1960.

Convery F., Ellerman D., Perthuis C. D., "The European Carbon Market in Action: Lessons from the First Trading Period (interim report)", *Working Paper*, 2008.

Cramton P., Kerr S., "Tradeable Carbon Permit Auctions: How and Why to Auction not Grandfather", *Energy Policy*, Vol. 30, No. 4, 2002.

Daskalakis G., Markellos R. N., "Are the European Carbon Markets Efficient?", *Review of Futures Markets*, Vol. 17, No. 2, 2008.

Daskalakis, G., Psychoyios, D. and Markellos, R., "Modeling CO_2 Emission Allowance Prices and Derivatives: Evidence from the European Trading Scheme", *Journal of Banking and Finance*, Vol. 33, 2009.

Demailly D., Quirion P., "European Emission Trading Scheme and Competitiveness: A Case Study on the Iron and Steel Industry", *Energy Economics*, Vol. 30, No. 4, 2008.

Dirk Scheer, Wilfried Konrad, Oliver Scheel, "Public Evaluation of Electricity Technologies and Future Low-carbon Portfolios in Germany and the USA", *Energy, Sustainablity and Society*, Vol. 3, 2013.

Duco Brouwers, "Risk Manngement in Carbon Trading-Managing the Risk of European CO_2 Allowance Trading Under the EU-ETs", *Working Paper*, 2006.

Dutschkea, M., et al., "Value and Risks of Expiring Carbon Credits from CDM Afforestation and Reforestation", *HWWA. Discussion Paper* 290, 2004.

Ehrhart K. M., Hoppe C. and Loschel and R., "Abuse of EU Emissions Trading for Tacit Collusion", *Environ Resource Econ*, Vol. 41, 2008.

Ellerman A. D., Buchner B., "The European Union Emissions Trading Scheme: Origins, Allocation, and Early Results", *Review of Environment al Economics and Policy*, Vol. 1, No. 1, 2007.

Ellis J. and Kamel S., "Overcoming Barriers to Clean Development Mechanism Projects", *OECD Papers*, Vol. 7, No. 1, 2007.

Ellis J., Winkler H., Corfee-Morlot J. and Gagnon-Bebrun F., "CDM: Taking Stock and Looking Forward", *Energy Policy*, Vol. 35, 2007.

Emilie Alberola, J. C., Benoît Chèze, "Emissions Compliances and Carbon Prices Under the EU ETS: A Country Specific Analysis of Industrial Sectors", *Journal of Policy Modeling*, No. 31, 2009.

Eric Cowan, "Topical Issues in Enviromental Finance", *Research Paper Asia Branch of the Canadian International Development Agency (CIDA)*, 1999.

European Commission. International carbon market, [2014 – 06 – 21], http://ec.europa.eu/clima/policies/ets/linking/index_en.html.

Eva Benz, Stefan Trück, "Modeling the Price Dynamics of CO_2 Emission Allowances", *Energy Economics*, No. 1, 2009.

FENG ZhenHua, WEI YiMing, WANG Kai, "Estimating Risk for the Carbon Market Via Extreme Value Theory: An Empirical Analysis of EU ETS", *Applied Energy*, Vol. 99, 2012.

Fernando Palao, Angel Pardo, "Assessing Price Clustering in European Carbon Markets", *Applied Energy*, No. 92, 2012.

Fischer Carolyn, "Emissions Pricing, Spillovers, and Public Investment in Environmentally Friendly Technologies", *Energy Economics*, No. 30, 2008.

Fischer C., Parry, W. Pizer, "Instrument Choice for Environmental Protection When Technological Innovation is Endogenous", *Journal of Environmental Economics and Management*, Vol. 45, 2003.

Frank J., Redmond L., "Market and Price Developments in the EU ETS", *Review of Environmental Economics and Policy*, Vol. 1, No. 1, 2007.

Färe R. et al., "Characteristics of a Polluting Technology: Theory and Practice", *Journal of Econometrics*, No. 2, 2005.

Färe R., Grosskopf S., Pasurka J. C. A., "Environmental Production Functions and Environmental Directional Distance Functions", *Energy*, No. 7, 2007.

Frunza et al., Missing Trader Fraud on the Emissions Market. Documents de Travail 2010 (7). Centre d'Economie de la Sorbonne, Paris.

Garcia B., Roberts E., "Carbon Finance Environmental Market Solutions to Climate Change", *Working Papers*, *Yale School of Forestry and Environmental Studies*, 2008.

Gary Koop, Lise Tole, "Forecasting the European Carbon Market", *Journal of the Royal Statistical Society: Series A*, Vol. 176, No. 3, 2013.

George Daskalakis, Dimitris Psychoyios, Raphael N. Markellos, "Modeling CO_2 Emission Allowance Prices and Derivatives: Evidence from the European Trading Scheme", *Journal of Banking & Finance*, No. 1, 2009.

George Daskalakis, Dimitris Psychoyios, Raphael N. Markellos, "Modeling CO_2 Emission Allowance Prices and Derivatives: Evidence from the European Trading Scheme", *Journal of Banking & Finance*, No. 7, 2009.

Georg Zachmann, Christian von Hirschhausen, "First Evidence of Asymmetric Cost Pass-through of EU Emissions Allowances: Examining Wholesale Electricity Prices in Germany", *Economics Letters*, Vol. 99, No. 3,

2008.

Goldsmith, R. W., *Financial Structure and Development*, New Haven: Yale University Press, 1969.

Gollop, F., Swinand, G., "From Total Factor to Total Resource Productivity: An Application to Agriculture", *American Journal of Agricultural Economics*, No. 80, 1998.

Gossling, S., "Voluntary Carbon Offsetting Schemes for Aviation: Efficiency, Credibility and Sustainable Tourism", *Journal of Sustainable Tourism*, Vol. 15, 2007.

Goulder, L. H., *Induced Technological Change and Climate Policy*, Pew Center on Global Climate Change, 2004.

Guan, D., Hublacek, K., Weber, C. L., Peters, G. P., Reiner, D. M., "The Drivers of Chinese CO_2 Emissions from 1980 to 2030", *Global Environ Change*, Vol. 18, 2008.

Hellmann, T., K. Murdock and J. Stiglitz, "Financial Restraint and the Market Enhancing View", in Aoki, Kim and Okuno-Fujiwara eds., "The Role of Government in East Asian Development", Cambridge: Oxford University Press, 1997.

Hintermann, B., "Allowance Price Driversin the First Phase of the EU ETS", *Journal of Environmental Economics and Management*, Vol. 59, 2010.

Hogarth J. R., "Promoting Diffusion of Solar Lanterns Through Microfinance and Carbon Finance: A Case Study of FINCA-Uganda's Solar Loan Programme", *Energy for Sustainable Development*, Vol. 16, No. 4, 2012.

Ian Plimer, *Heaven and Earth: Global Wanning, the Missing Science*, 2009.

Jana Szolgayova, Sabine Fuss, Michael Obersteiner, "Assessing the Effects of CO_2 Price Caps on Electricity Investments—a Real Options Analysis", *Energy Policy*, No. 10, 2008.

Jeffery Wurgler, "Financial Markets and Allocation of Capital", *Journal of Financial Economics*, Vol. 58, 2000.

Jeremy Greenwood, Bruce D. Smith, "Financial Markets in Development, and the Development of Financial Markets", *Journal of Economic Dynamics and Control*, Vol. 21, No. 1, 1997.

J. Luukkanen, J. Panula-ontto, J. Vehmas, Liu Liyong, J. Kaivo-oja, L. Hayha, B. Auffermann, "Structural Change in Chinese Economy: Impacts on Energy Use and CO_2 Emissions in the Period 2013 – 2030", *Technological Forecasting & Social Change*, Vol. 94, 2015.

Joachim Schleich, Karl-Martin Ehrhart, Christian Hoppe, Stefan Seifert, "Banning Banking in EU Emissions Trading?", *Energy Policy*, No. 1, 2006.

Jonathan D. Rubin, "A Model of Intertemporal Emission Trading, Banking, and Borrowing", *Journal of Environmental Economics and Management*, No. 31, 1996.

Jose M. C., Rocio R., Jose M. R. C., "Will China Comply with its 2020 Carbon Intensity Commitment?", *Environmental Science & Policy*, Vol. 47, 2015.

Julia Glenday, "Carbon Storage and Emissions Offset Potential in an East African Tropical Rainforest", *Forest Ecology and Management*, No. 235, 2006.

Julien Chevallier, "Carbon Futures and Macroeconomic Risk Factors: A View from the EUETS", *Energy Economics*, No. 4, 2009.

Julien Chevallier, Johanna Etner, Pierre-André Jouvet, "Bankable Emission Permits Under Uncertainty and Optimal Risk-management Rules", *Research in Economics*, No. 4, 2011.

Kara M., Syri S. et al., "The Impacts of EU CO_2 Emissions Trading on Electricity Markets and Electricity Consumers in Finland", *Energy Economics*, No. 30, 2008.

Karl Martin E., Christian H., Joachim S., et al., "The Role of Auctions and Forward Markets in the EU ETS: Counter Balancing the Cost Inefficiencies of Combining Generous Allocation with a Ban on Banking", *Climate Policy*, Vol. 5, No. 1, 2005.

Kijima M., Maeda A., Nishide K., "Equilibrium Pricing of Contingent Claims in Tradable Permit Markets", *Journal of Futures Markets*, No. 1, 2009.

Krishnamurti, C., Hoque, A., "Efficiency of European Emissions Markets: Lessons and Implications", *Energy Policy*, Vol. 39, 2011.

Labaltt S. and White R. R., *Carbon Finance: The Financial Implications of Climate Change*, Hoboken N. J.: John Wiley & Sons, Inc., 2007.

Laporta, R., Lopez-de-Silanes, Florencio, A. Shleifer, and R. Vishny, "Investor Protection and Corporate Governance", *Journal of Financial Economics*, Vol. 58, 2000.

Larson D. F. and Parks P. Risks, *Lessons Learned, and Secondary Markets for Greenhouse Gas Reductions*, Policy Research Working Paper 2090, 1999.

Lise W., Sijm J., Hobbs B. F., "The Impact of the EUETS on Prices, Profits and Emissions in the Power Sector: Simulation Results with the COMPETES EU 20 Model", *Environmental and Resource Economics*, No. 47, 2010.

Lutter, R. and Shogren, J. F., "Tradable Permits Tariffs: How Local Air Pollution Affects Carbon Emissions Permit Trading", *Land Economics*, 2002.

Marc J. Roberts, Michael Spence, "Effluent Charges and Licenses Under Uncertainty", *Journal of Public Economics*, No. 5, 1976.

Maria Mansanet-Bataller, A. P., Enric Valor, "CO_2 Prices, Energy and Weather", *Energy Journal*, No. 28, 2007.

Maria Mansanet-Bataller, J. C., Morgan Herve-Mignucci, Emilie Alberola, "EUA and sCER Phase II Price Drivers: Unveiling the Reasons for the Existence of the EUA-sCER Spread", *Energy Policy*, No. 3, 2011.

Marian Leimbach, Nico Bauer, Lavinia Baumstark, Ottmar Edenhofer, "Mitigation Costs in a Globalized World: Climate Policy Analysis with REMIND-R", *Environmental Modeling & Assessment*, Vol. 15, No. 3, 2010.

Marius-Cristian Frunza, Dominique Guegan, "An Economic View of Carbon Allowances Market", *Working Paper*, 2009.

Martin L. Weitzman, "Prices vs. Quantities", *The Review of Economic Studies*, No. 4, 1974.

McGuinness M., Ellerman A. D., CO_2 Abatement in the UK Power Sector: Evidence from the EU ETS Trial Period. MIT Centre for Energy and Environmental Policy Research. Working Paper 2008 – 010.

Mckinnon, R. I., "Money and Capital in Economic Development", Washington DC: The Bookings Institution, 1973.

Merton H. Miller, Jayaram Muthuswamy, Robert E. Whaley, "Mean Reversion of S & P 500 Index Basis Changes: Arbitrage-induces or Statistical Illusion?", *Journal of Finance*, Vol. 49, 1994.

Michelle Chan, "Ten Ways to Game the Carbon Market", *Friends of the Earth*, No. 5, 2010.

Michio Watanabe, Katsuya Tanaka, "Efficiency Analysis of Chinese Industry: A Directional Distance Function Approach", *Energy Policy*, No. 12, 2007.

Mohamed El Hédi Arouri, Fredj Jawadi, Duc Khuong Nguyen, "Nonlinearities in Carbon Spot-futures Price Relationships During Phase II of the EU ETS", *Economic Modelling*, Vol. 29, No. 3, 2012.

Montagnoli, A., Frans, P. D., "Carbon Trading Thickness and Market Efficiency", *Energy Economics*, Vol. 32, 2010.

Montgomery, W. D., "Markets in Licenses and Efficient Pollution Control Programs", *Journal of Economic Theory*, Vol. 5, No. 3, 1972.

Natsourse, *Review and Analysis of the Emerging International Green House Gas market*, PCF Report, 2002.

Nicholas Linacre, Alexandre Kossoy, Philippe Ambrosi, *State and Trends of the Carbon Market 2011*, Annual Report of World Bank, 2011.

Noah C. Dormady, "Carbon Auctions, Energy Markets & Market Power: An Experimental Analysis", *Energy Economics*, No. 44, 2014.

Nobuko Yabe, "An Analysis of CO_2 Emissions of Japanese Industries During the Period Between 1985 and 1995", *Energy Policy*, Vol. 32, No. 5, 2004.

Oberndorfer U., "EU Emission Allowances and the Stock Market: Evidence from the Electricity Industry", *Ecological Economics*, Vol. 68, No. 4, 2009.

Oberndorfer U., Rennings K., "Costs and Competitiveness Effects of the European Union Emissions Trading Scheme", *Eur Environ*, Vol. 17, No. 1, 2007.

Paulsson E., "A Review of the CDM literature: From Fine-tuning to Critical Scrutiny?", *International Environmental Agreements: Politics, Law and Economics*, Vol. 9, No. 1, 2009.

Peter John Wood, Frank Jotzo, "Price Floors for Emissions Trading", *Energy Policy*, No. 3, 2011.

Piia Aatola, Markku Ollikainen, Anne Toppinen, "Price Determination in the EUETS Market: Theory and Econometric Analysis with Market Fundamentals", *Energy Economics*, No. 36, 2013.

Qunwei Wang et al., "Marginal Abatement Costs of Carbon Dioxide in China: A Nonparametric Analysis", *Energy Procedia*, No. 5, 2011.

Ramanathan R., "A Multi-factor Efficiency Perspective to the Relationships Among World GDP, Energy Consumption and Carbon Dioxide Emissions", *Technological Forecasting and Social Change*, Vol. 73, No. 5, 2006.

Reilly, J. M., Jacoby, H. D., and Prinn, R. G., *Multi-gas Contributors* to Global Climate Change: Climate Impacts and Mitigation Costs of Non-CO_2 Gases, Arlington, VA, Pew Center on Global Climate Change, 2003.

Requate T., "Dynamic Incentives by Environmental Policy Instruments: A Survey", Ecological Economics, Vol. 54, No. 2, 2005.

Requate T., Unold W., "Environmental Policy Incentives to Adopt Advanced Abatement Technology: Will the True Ranking Please Stand Up", European Economic Review, Vol. 47, No. 1, 2003.

Scheel H., "Undesirable Outputs in Efficiency Valuations", European Journal of Operational Research, Vol. 132, No. 2, 2001.

Seifert J., Uhrig-Homburg M., Wagner M., "Dynamic Behavior of CO_2 Spot Prices", Journal of Environmental Economics and Management, Nol. 2, 2008.

Seiford L. M., Zhu J., "Modeling Undesirable Factors in Efficiency Evaluation", European Journal of Operational Research, Vol. 142, No. 1, 2002.

Shaw, Edward, Financial Deepening in Economic Development, Oxford University Press, 1973.

Shephard, R. W., Theory of Cost and Production Function, Princeton: Princeton University Press, 1970.

Sijm J., Berk M., Elzen M., Options For Post-2012 EU Burden Sharing and EU ETS Allocation [A]. ECN report, ECN-E-07-016 [C], 2006.

Sijm J. P. M. et al., The Impact of the EUETS on Electricity Prices, Netherlands: Energy Research Centre of the Netherlands ECN-E—08 - 007, 2008.

Sonia Labatt, Rodney R. White, Carbon Finance: The Financial Implications of Climate Change, New Jersey: John Wiley & Sons. Inc., 2007.

Stavins, R. N. and Richards, K. R., The Cost of US Forest-based Carbon Sequestration, Arlington, VA, Pew Center on Global Climate Change,

2005.

Stavins, R. N. A., "U. S. Cap-and-Trade Proposal to Address Global Climate Change", Discussion Paper, Washington, D. C.: Brookings Institution, 2007.

Stranlund J. K., "The Regulatory Choice of Noncompliance in Emissions Trading Programs", *Environmental and Resource Economics*, Vol. 38, No. 1, 2007.

Valentina Bosettia, Carlo Carraro, Romain Duval, "What Should We Expect from Innovation a Model-based Assessment of the Environmental and Mitigation Cost Implications of Climate Related R&D", *Energy Economics*, Vol. 33, 2011.

Vencheh A. H., Matin R. K., Kajani M. T., "Undesirable Factors in Efficiency Measurement", *Applied Mathematics and Computation*, Vol. 163, No. 2, 2005.

Yongrok Choia, Ning Zhanga, P. Zhoub, "Efficiency and Abatement Costs of Energy-related CO_2 Emissions in China: A Slacks-based Efficiency Measure", *Applied Energy*, No. 10, 2012.

Zhang N., Choi Y., "Total-factor Carbon Emission Performance of Fossil Fuel Power Plants in China: A Metafrontier Non-radial Malmquist Index Analysis", *Energy Economics*, Vol. 40, 2013.

Zhou P., Ang B. W., Han J. Y., "Total Factor Carbon Emission Performance: A Malmquist Index Analysis", *Energy Economics*, Vol. 32, No. 1, 2010.